개정증보판

의역
난중일기
亂中日記

개정증보판

의역
난중일기

이순신이 보고 쓴
임진왜란 7년사

이순신 지음
김종대 엮어 옮김

가디언

머리말

1.

『난중일기』는 이순신이 자신의 눈으로 본 임진왜란 7년사다. 이순신은 임진전쟁 첫날부터 마지막 날까지, 정유년에 체포되어 백의종군을 한 약 반년을 빼면, 줄곧 전쟁터였던 바다에서 살면서 그 기간 내내 자신이 직접 보고 들은 바와 직접 행한 바를 일기로 기록해 후세에 남겼다. 그는 처음부터 끝까지 나라를 위한 한마음으로 일기를 썼기 때문에 그의 일기는 정신적 가치 면에서 하나로 꿰어졌고 가장 신뢰할 수 있는 역사적 기록물이 되었다.

2.

나는 수십 년 전부터 한편으로는 그의 내면적 정신 가치를 공부하고, 다른 한편으로는 배운 바를 강의하기도 했다. 그리고 지금도 이 일을 계속하고 있다. 강의를 하다 보면 『난중일기』가 반드시 등장하고 그 내용을 읽게 된다. 그럴 때마다 곤혹스러움을 느끼는데, 그것은 지금까지 『난중일기』를 번역한 책이 수십 권에 이르지만 서로 다르게 번역된 부분이 많고, 무슨 말인지 이해하기 어려운 대목도 적지 않기 때문이다. 그래서 나는 보통의 이순신 공부인들이 함께 쉽게 읽을 수 있는 『난중일기』의 필요성을 강하게 느끼고 있었다. 이런 이유로 『난중일기』에 대한 의역(의역이란 원문의 단어나 구절에 지나치게 얽매이지 않고 전체의 뜻을 살리어 번역함을 말한다.)을 시도한 것이다.

오해가 없도록 한 말씀 덧붙이자면, 본인은 한문에 능통한 한학자도 아니고 역사를 전공한 역사학자도 아니어서 이 분야에 관해 학문적 업적을 세울 수 있는 사람이 아니다. 또 그럴 의도도 없다. 단지 원문의 문면적 해석에다 이순신의 삶의 진면목을 조금이나마 비춰 볼 수 있고, 수십 년간 일기를 써 왔기에 일기라는 글의 특성도 조금은 이해할 수 있을 것 같아서, 쉽게 읽을 수 있는 『난중일기』 의역을 감히 시도했을 뿐이다.

3.
의역 원문은 최두환의 『새번역 난중일기』 속 '영인본 난중일기'와 '초고본'을 토대로, '전서본'과 '일기초'를 보완한 노승석의 『신완역 난중일기 교주본』을 기본으로 했다. 또 많은 번역서를 두루 비교 검토해 의역의 기초로 삼았다. 번역서는 홍기문과 노산 이은상의 번역서를 비롯해 최두환, 임기봉, 노승석, 윤헌식 선생의 번역서를 중첩적으로 대비하며 살펴보았다.

홍기문과 이은상은 두말할 필요 없는 이 분야의 전통을 세운 대가이자 개척자여서, 두 분의 번역서를 가장 많이 읽고 살펴보았다. 노산의 번역은 평소에도 줄곧 읽었으나 홍기문 선생의 번역은 이번 의역 작업 때 처음 접했는데, 여러모로 눈을 다시 뜨게 만들었다. 또 이 같은 전통적 번역에 더하여 임기봉 선생의 독특한 반론도 흥미롭게 눈여겨보았고, 고전에 대한 해박한 식견으로 기어이 완성본을 만들고자 하는 노승석 선생의 열정과 윤헌식 선생의 과학적이고 정성스러운 탐구 모습에 감탄을 금치 못했다.

4.
읽을 때 참고해야 할 몇 가지 사항을 다음과 같이 덧붙인다.
① 날짜는 지금까지의 관행에 따라 음력으로 표기했지만, 독자의 이해를 돕기 위해 양력을 위첨자로 추가 표기해 두었다.
② 일기 중에는 오늘날 흔히 안 쓰는 문장과 단어들이 많이 나오는데 문맥상 짐작할 수 있는 부분은 그대로 두었고, 의역자의 의견을 덧붙이거나 설명이 필요한 부분은 덧붙이는 말 혹은 주석으로 해설을 붙였다.
③ 일기 원문에 "가리포첨사, 장흥부사 등이 왔다"를 적을 때 관직명을 빼고 그냥 "가리포, 장흥이 왔다"로 표기할 때가 있는데, 이는 의역 시 그대로 따르려고 했다.
④『난중일기』는 한 영웅의 7년에 걸친 장대한 스토리다. 그중에서 주요 부분이라 생각되는 것을 매해, 매달 요약하여 해당 일기의 해와 달의 머리 부분에 간략히 서술했다.
⑤ 일기 중 정유년 8월 4일부터 같은 해 10월 8일까지는 일기가 두 번 중복되어 있다. 중복된 부분은 중복된 일기 라 하여 해당 날짜 일기분에 병렬하여 썼다.

5.
이 책『의역 난중일기』는 2023년 4월부터 2024년 8월까지 '국제신문'에 연재되었고, 그것에 약간의 수정과 보완을 거쳐 책으로 엮었다. 연재를 시작할 때에는 책으로 출간할 생각까지는 없고, 출력해 묶어서 이순신 공부인들의 참고 자료로만 쓸 생각이었지만 주위의 권유로 단행본으로 내기로 했다.

인사드리고 싶은 분이 계신다. 홍기문 선생이 쓰신 고서의 뜻을 알려 주고 참고 책자를 복사해 전해 준 남송우 석좌교수님과 이진서 교무님, 이 책의 출간을 맡아 준 부산여해재단 이용흠 이사장님, 그리고 교정을 비롯한 원고 작성에 온갖 애를 써준 유재기 재단 사무처장님과 박신정 팀장께 감사의 인사를 드린다. 마지막으로 이순신 사업에 시종일관 동참하고 있는 출판사 가디언의 신민식 대표에게 깊은 감사의 인사를 드린다.

2024. 11.
의역자 김종대

개정증보판을 내며

이 책을 내고 나서 난중일기 공부방을 열고 매달 2시간 이상 10명의 작은 이순신들과 읽고 토론을 했다. 그 과정에서 몇몇 오역된 부분을 발견했고, 부적절한 의역도 눈에 띄었으며 간혹 좀 더 잘 설명했어야 할 부분도 있었다. 그뿐만 아니라 이순신 공부와 관련되는 주요 인명, 지명 등의 색인을 마련하는 것도 이순신 공부의 편의를 위해 꼭 필요하다고 느꼈다. 이 때문에 개정증보판을 내게 되었는데 책을 출간한 지 1년도 안 되어 이 작업을 하게 되었으니 변명의 여지 없이 죄송할 뿐이다. 이 작업에 난중일기 공부방의 박신정님과 부산여해재단 이주영 팀장의 도움이 많았다. 감사의 인사를 드린다.

2025. 10.
김종대

발간사

의역자 김종대 재판관을 알게 된 지는 꽤 오래되었다. 역자가 부산 동부지원장이던 당시 내가 조정위원으로 활동하면서 인연이 시작되었다. 2002년 『이순신 평전』을 발간하여 이미 이순신 전문가로도 알려져 있던 재판관은 첫 책 이후 네 차례의 개정을 거쳐 마침내 『이순신, 하나가 되어 죽을힘을 다해 싸웠습니다』라는 역작을 세상에 내놓았다.

5년에 한 번꼴로 새롭게 다듬어져 나온 이번 개정판은 『이순신 평전』의 결정판이기도 하다. 해가 거듭될수록 책의 페이지는 두꺼워졌고 저자의 이순신에 대한 애정과 탐구의 깊이만큼 책의 내용도 깊어졌다. 첫 책인 『이순신 평전』의 서문에서 밝힌 바와 같이 그는 1975년 공군본부 법무관실에서 노산 이은상 선생의 역작 『충무공의 생애와 사상』을 교재로 정훈 교육을 시작하면서부터 이순신의 삶에 매료되었다고 한다. 이후 30년이 넘는 공직 생활 동안 이순신은 언제나 그의 가슴에 살아 있는 참스승이었다.

마지막 개정판의 서문에는 "이순신의 진면목을 찾아가는 어리석은 구도자의 한 여정이라 이해해 주기 바란다"라는 말로 겸손을 표했지만 이 책은 이제 이순신을 공부하는 이라면 누구나 한 번쯤은 꼭 만나야

할 책이 되었다. 나 또한 이 책을 통해 사랑과 정성, 정의와 자력이라는 이순신 정신의 뿌리를 알게 되었고, 이러한 이순신 정신이 하나의 가치 회로를 이루어 나아간다면 우리의 삶은 어떤 고난 속에서도 성공의 길로 향할 거라는 굳은 확신을 얻었다. 『의역 난중일기』의 발간사를 쓰면서 역자의 이순신 연구 과정을 회상하는 이유는 이만큼 이순신에 푹 빠진 사람만이 『난중일기』를 제대로 번역할 수 있을 것이란 생각에서이다.

이처럼 평생 한 사람의 내면세계를 궁구했던 역자가 이번에는 그 한 사람이 썼던 일기를 다시 세상에 내놓았다. 이순신 장군의 『난중일기』가 그것이다. 일기는 임진년 4월 13일 왜의 침략으로 전쟁이 발발하기 3개월 전부터, 정확하게는 그해 음력 정월 초하루부터 노량해전에서 장군이 전사하기 이틀 전인 1598년 11월 17일(음력)까지 쓰였다. 『난중일기』에는 전쟁 당시의 참혹한 상황과 고단한 진중의 군정은 물론 기상 변화로 인한 농사일 걱정까지 담았고, 거기에 더해 어머니에 대한 애틋한 마음은 특히 우리의 가슴을 울린다. 평생의 동지이자 후원자였던 류성룡에 대한 마음도 담담하게 기록해 놓고 있다.

『의역 난중일기』는 '국제신문'에 연재를 알리는 첫 기사가 실린 2023년 4월 3일부터 2024년 8월 26일 결산 좌담까지 총 70회에 걸쳐 연재가 되었다. 연재가 되는 동안 내내 '마치 이순신 장군의 일기를 직접 읽는 듯한 생생한 경험'이라는 구독자들의 찬사가 끊이지 않았다. 이런 독자들의 관심에 역자는 『의역 난중일기』의 의미를 다음과 같이 말했다. "수많은 『난중일기』가 세상에 나와 있지만 이순신을 공부하고 그의 정신을 따라 배우고자 하는 이들에게 이순신의 생각에 가장 근접한 『난중일기』를 세상에 내놓을 필요가 있다. 어려움이 따르더라도 나는 『난중일기』의 새로운 번역판인 『의역 난중일기』를 써보려고 한다."

약간의 한자 음에, 대부분 한글을 상용하는 오늘날의 세대가 400여 년 전에 한문으로 쓰인 일기를 아무런 도움 없이 읽는다는 것은 거의 불가능에 가깝다. 게다가 번역은 시대적 상황이나 번역자에 따라 스펙트럼이 넓다. 이런 정황에서 전문 번역가도, 한문을 전공하지도 않은 재판관의 『의역 난중일기』에 보낸 독자들의 관심은 그의 의역이 어떤 번역가보다 이순신의 내면에 근접해 있기 때문일 것이다. 아마도 그는 평생 자신이 만났던 이순신의 면모를 이 한 권의 책 속에 빼곡히 담아 장군의 진정한 목소리를 전하고 싶었을 것이다. 그런 맥락에서 본다면 이번 『의역 난중일기』는 책의 부제처럼 이순신이 '보고 쓴' 임진왜란 7년의 역사가 고스란히 담긴 최고의 역사서이기도 하다.

지금 우리 사회가 누리고 있는 물질적 풍요와는 별개로 갈등과 분열이 우리의 발목을 붙잡고 있다. 2016년 재판관은 세월호의 충격을 딛고 일어나 부산여해재단을 설립했다. 부산여해재단은 이순신 정신을 선양하고 사회 곳곳에 이순신 정신을 전파하기 위해 다양한 활동을 전개하고 있다. 이 책의 출간을 출발점으로 삼아 우리 사회 곳곳에 퍼진 고질적인 병폐를 해결하기 위해 더욱 분발할 것이다. 또한 대한민국을 넘어 세계 곳곳에 이순신 정신이 물결치도록 다양한 문화사업을 전개하고자 한다. 『이순신 평전』, 『난중일기』가 새로이 영어, 일어, 중국어, 포르투갈어 등으로 번역되는 그 날이 멀지 않았다. 다시 한번 역자의 노고에 깊은 존경과 감사의 마음을 전한다.

2024. 11. (사)부산여해재단 이사장 이용흠

임진왜란 연표

■ 1592년 임진년

※날짜는 음력으로 표기했습니다.

1월 6일	풍신수길도요토미 히데요시 전국 영주들에게 총동원령
3월 27일	풍신수길 나고야성을 향해 교토 출발
4월 13일	오전 8시 일본군 선봉 대마도 오우라항 출발 오후 5시 일본군 선봉 부산 도착
4월 14일	일본군 제1군 소서행장고니시 유키나가 부산진성 공격 부산진성 함락, 부산진첨사 정발 전사
4월 15일	동래성 함락, 동래부사 송상현 전사
4월 18일	조선 조정 류성룡을 도체찰사, 신립을 도순변사, 이일을 순변사로 임명 조령, 죽령, 추풍령에 방어선 편성 일본군 제2군 가등청정가토 기요마사 부산 상륙
4월 27일	일본 제1,2군 조령 돌파, 성주성 함락, 이일 장군 패퇴, 경상도 육군 붕괴
4월 28일	신립 장군 탄금대 배수진 일본 제1군에 궤멸, 충주성 함락
4월 30일	선조, 서울을 떠나 평양으로 향발 일본군 서울 향해 진격
5월 2일	김명원의 퇴각으로 한강 방어선 붕괴
5월 3일	일본군 서울 입성
5월 7일	이순신 옥포해전, 합포해전 승리 조선 조정 평양으로 이동
5월 8일	적진포해전 승리
5월 29일	이순신 사천해전 승리
6월 2일	이순신 당포해전 승리
6월 5일	이순신 제1차 당항포해전 승리 조선 육군 5만 용인전투에서 일본군 1,600명에 대패 일본 제4군 강원도 회양 진입
6월 7일	이순신 율포해전 승리
6월 8일	곽재우 의병군 정암진전투 승리 일본군 제1군 및 제3군 대동강 도착
6월 11일	조선 조정 평양 포기, 의주로 향발
6월 14일	선조 명나라 망명 결심, 광해군 분조分朝 발족
6월 15일	평양성 함락
6월 19일	명나라 원군 부총병 조승훈 선발대 1,300여 명 입국
6월 22일	선조 의주 도착 일본군 제6군 금산 점령

7월 8일	조선 육군 웅치, 이치서 격전 이순신 한산대첩 승리
7월 10일	안골포해전 승리
7월 17일	명 선발대 조승훈, 조명연합군 평양성 공격 실패
7월 24일	두 왕자 임해군, 순화군 가등청정에 포로로 잡힘 곽재우 의병군 현풍, 창녕, 영산성 수복 일본군 제2군 함경도 회령 입성
8월 28일	이순신 함대 가덕도 도착
9월 1일	이순신 부산포해전 승리, 제해권 장악 명나라 사신과 소서행장 평양에서 강화회담
10월 10일	제1차 진주성전투 김시민 전사, 진주성 방어 승첩
12월 10일	명나라 원군 본대 선발대 압록강 도강 권율 수원 독성산성서 일본군 격퇴
12월 25일	명나라 원군 이여송 본대 4만여 명 압록강 도강, 정주 도착

■ 1593년 계사년

1월 9일	조명연합군 평양성 탈환, 일본 제1군과 제3군 전면 퇴각
1월 15일	경상도 의병군 성주성 탈환 일본군 제2군 전면 퇴각 시작
1월 27일	조명연합군 벽제관전투 패배
2월 12일	권율 행주산성전투서 일본군 격퇴, 이순신 함대 웅포해전
2월 29일	서울 이북 일본군 서울로 집결
3월 10일	풍신수길 일본군에 서울에서 철수령
4월 9일	명나라 심유경과 일본 소서행장 강화회담 타결
4월 20일	권율, 명나라 이여송 서울 입성
5월 3일	조명연합군 남진 시작 일본군 선발대 부산 도착
6월 29일	제2차 진주성전투, 진주성 함락
7월 14일	이순신 여수에서 한산도 두을포로 이진
7월 15일	명나라 강화사절 부산으로 귀환
8월 8일	이여송 등 명군 3만 명 철군
8월 30일	이순신을 삼도수군통제사로 임명
10월 1일	조선 조정 서울로 환도

■ 1594년 갑오년

1월 20일	명나라 심유경과 일본 소서행장, 웅천에서 풍신수길의 가짜 항복문서 작성
3월 4일	제2차 당항포해전
8월 3일	명군 철수 완료, 일본군 3만 8,000명 잔류
12월 30일	명 조정 일본으로 책봉사 파견 결정

■ 1595년 을미년

1월 30일	명 책봉사 북경 출발
11월 22일	명 책봉사 서울 남원 경유 부산 도착

■ 1596년 병신년

5월 10일	일본군 제2군 주력 본국 철수
6월 15일	명 책봉사 부산 출발 일본군 제1군 주력 본국 철수
9월 3일	풍신수길 명 책봉사 접견 강화회담 결렬, 명 사절 추방, 재침 준비령

■ 1597년 정유년

1월 15일	일본군 선발대 1만 1,500명 조선 재침 시작
1월 27일	이순신 파직, 원균을 삼도수군통제사로 임명
2월 16일	명 책봉사 북경 귀환
2월 22일	일본군 14만 5,000명 동원 전면 재침공
5월 8일	명나라 원군 재투입군 5만 5,000명 서울 도착
7월 16일	원균 지휘 조선 수군 칠천량해전 완패, 원균 전사
8월 3일	이순신 삼도수군통제사로 복귀, 일본군 전주로 진군
8월 16일	남원성 함락, 황석산성 함락
8월 25일	전주성 함락
8월 30일	일본군 우군 주력 서울 향해 북진
9월 7일	조명연합군 직산전투에서 대승
9월 16일	이순신 명량해전 승리, 재해권 되찾음, 일본군 전면 퇴각 시작
10월 9일	일본군 남해안 왜성으로 퇴각
12월 23일	조명연합군 울산왜성 총공격

■ 1598년 무술년

1월 4일	조명연합군 울산성 공격 실패 퇴각
2월 17일	이순신 수군기지 목포 보화도서 고금도로 이진
7월 16일	진린의 명 수군 고금도 옆 묘당도에 진 침
8월 18일	풍신수길 사망
9월 21일	조명연합군 동로군 울산성 총공격
9월 28일	조명연합군 중로군 사천성 총공격
10월 2일	조명연합군 서로군 순천왜성 총공격
10월 3일	명나라 수군 진린 순천왜성 공방전
10월 15일	일본군 전면 퇴각령
11월 19일	조명연합수군 노량해전 승리, 이순신 전사
11월 24일	조명연합육군 순천왜성 입성
11월 26일	전 일본군 퇴각 완료

이순신 연표

※ 양력 표기는 한국천문연구원에서 제공한 날짜로 정했습니다.

1545년	1세	3월 8일^{양력 4월 28일} 서울 건천동에서 출생
1565년	21세	결혼
1572년	28세	훈련원별과 시험 낙방
1576년	32세	2월 식년무과 합격 12월 함경도 동구비보의 권관이 됨
1579년	35세	2월 훈련원의 봉사가 됨 10월 충청병사의 군관이 됨
1580년	36세	7월 전라좌수영 발포의 수군만호가 됨
1582년	38세	1월 발포 수군만호 파직 5월 훈련원봉사로 복직 됨
1583년	39세	7월 함경도 남병사의 군관이 됨 10월 함경도 건원보의 권관이 됨 11월 부친 별세
1586년	42세	1월 사복시의 주부에 임명 1월 함경도 조산보의 만호가 됨
1587년	43세	7월 녹둔도 둔전관 겸임 9월 여진족의 기습을 격퇴했으나 파직되어 백의종군함 - 2월 녹도, 가리포, 흥양 등지에 왜구가 침입함
1588년	44세	1월 시전부락 공격작전에서 공을 세워 백의종군에서 풀려남 - 10월 정여립 사건 발생함
1589년	45세	2월 전라감사 이광의 군관 겸 조방장이 됨 12월 전라도 정읍의 현감이 됨, 태인현감 겸임
1590년	46세	7월 고사리진 첨사로 임명되었으나 대간들의 반대로 취소됨 8월 만포진 첨사로 임명되었으나 대간들의 반대로 취소됨 - 3월 통신사를 왜에 파견함^{정사 황윤길, 부사 김성일}
1591년	47세	2월 전라도 진도군수로 임명되었다가 결국 전라좌수사가 됨
1592년	48세	임진년^{선조 25} 4월 12일 거북선 완성 4월 13일^{양력 5월 23일} 임진왜란 발발 4월 27일 경상도 출전 명령을 받음 5월 4일^{양력 6월 13일} 첫 출전 5월 7일^{양력 6월 16일} 옥포승첩 6월 2일^{양력 7월 10일} 당포승첩 7월 8일^{양력 8월 14일} 한산승첩 9월 1일^{양력 10월 5일} 부산승첩

1593년	49세	계사년^{선조 26} 2월 10일~3월 6일 웅포지역 왜적 격파 웅포승첩 7월 14일^{양력 8월 10일} 한산도 이진 8월 15일 전라좌도수군절도사 겸 경상·전라·충청 삼도수군통제사 임명
1594년	50세	갑오년^{선조 27} 3월 4~5일^{양력 4월 23~24일} 당항포해전에서 왜선 31척 격파 제2차 당항포승첩 3월 12일 명나라 선유사 담종인의 금토패문禁討牌文에 항의 답서 보냄 9월 29일~10월 8일 거제 장문포 수륙연합 작전 실시
1595년	51세	을미년^{선조 28} 2월 원균을 경상우수사에서 충청병사로 전출
1596년	52세	병신년^{선조 29} 전쟁소강기 철저한 군진 관리 하에 견내량 고수 작전으로 일관함 - 12월 강화교섭 결렬
1597년	53세	정유년^{선조 30} 2월 함거에 실려 서울로 압송 4월 1일^{양력 5월 6일} 투옥된 지 28일 만에 출옥해 백의종군 4월 11일 모친 별세 7월 16일^{양력 8월 28일} 원균의 삼도수군 대패, 원균 사망 8월 3일 삼도수군통제사 재임명 8월 20일 전라도 이진으로 진을 옮김 8월 24일 전라도 어란진으로 이진 8월 29일 진도 벽파진으로 이진 9월 16일^{양력 10월 26일} 명량승첩 10월 29일 목포 보화도로 이진
1598년	54세	무술년^{선조 31} 2월 17일 완도 고금도로 이진 7월 16일 명나라 수군 도독 진린이 5,000명을 이끌고 고금도로 옴 8월 18일 풍신수길 사망 9월 20일~10월 9일 수륙합동으로 왜교성의 소서행장 부대 공격 11월 19일^{양력 12월 16일} 노량승첩을 거두고 순국

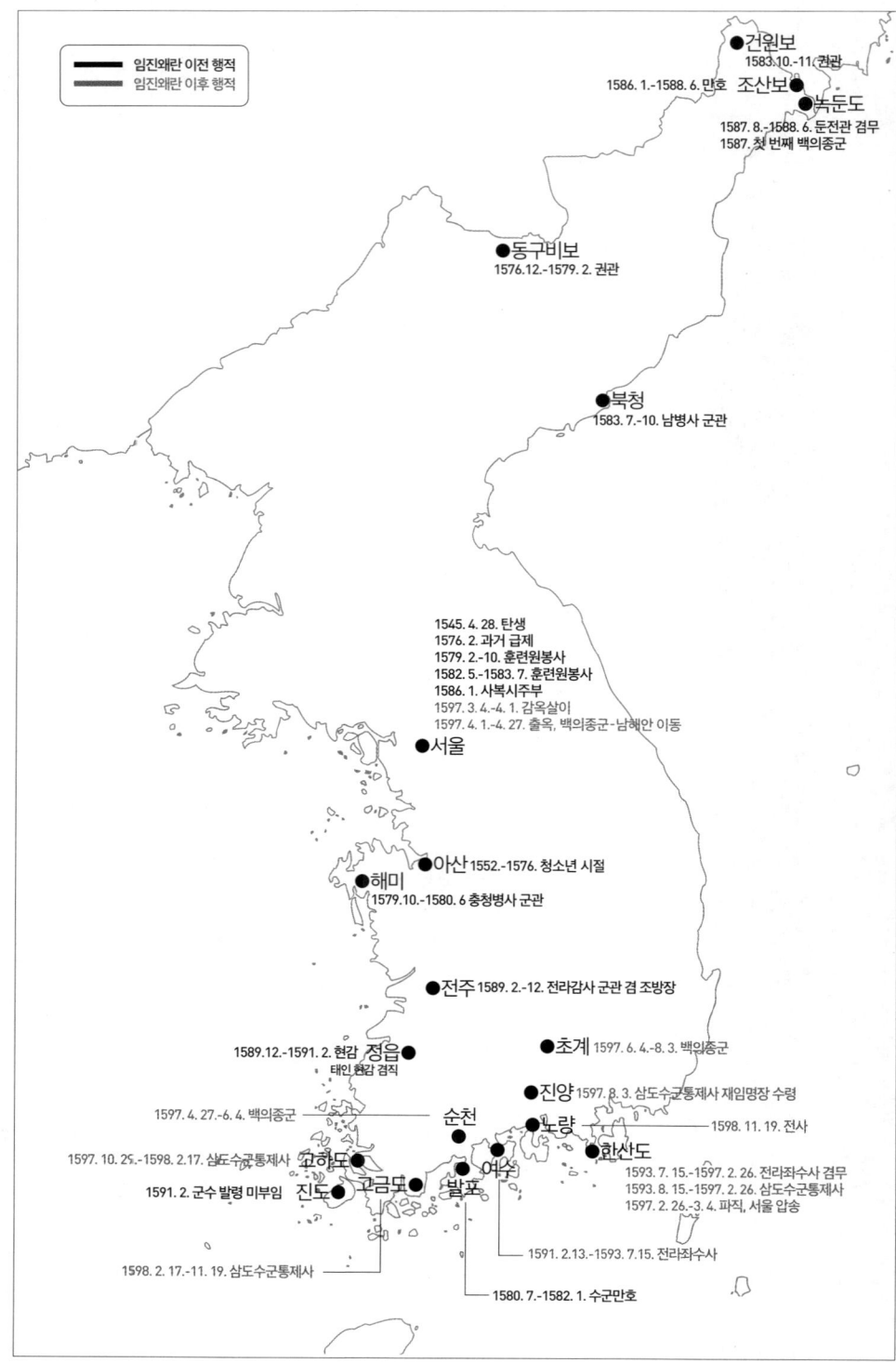

주요해전지

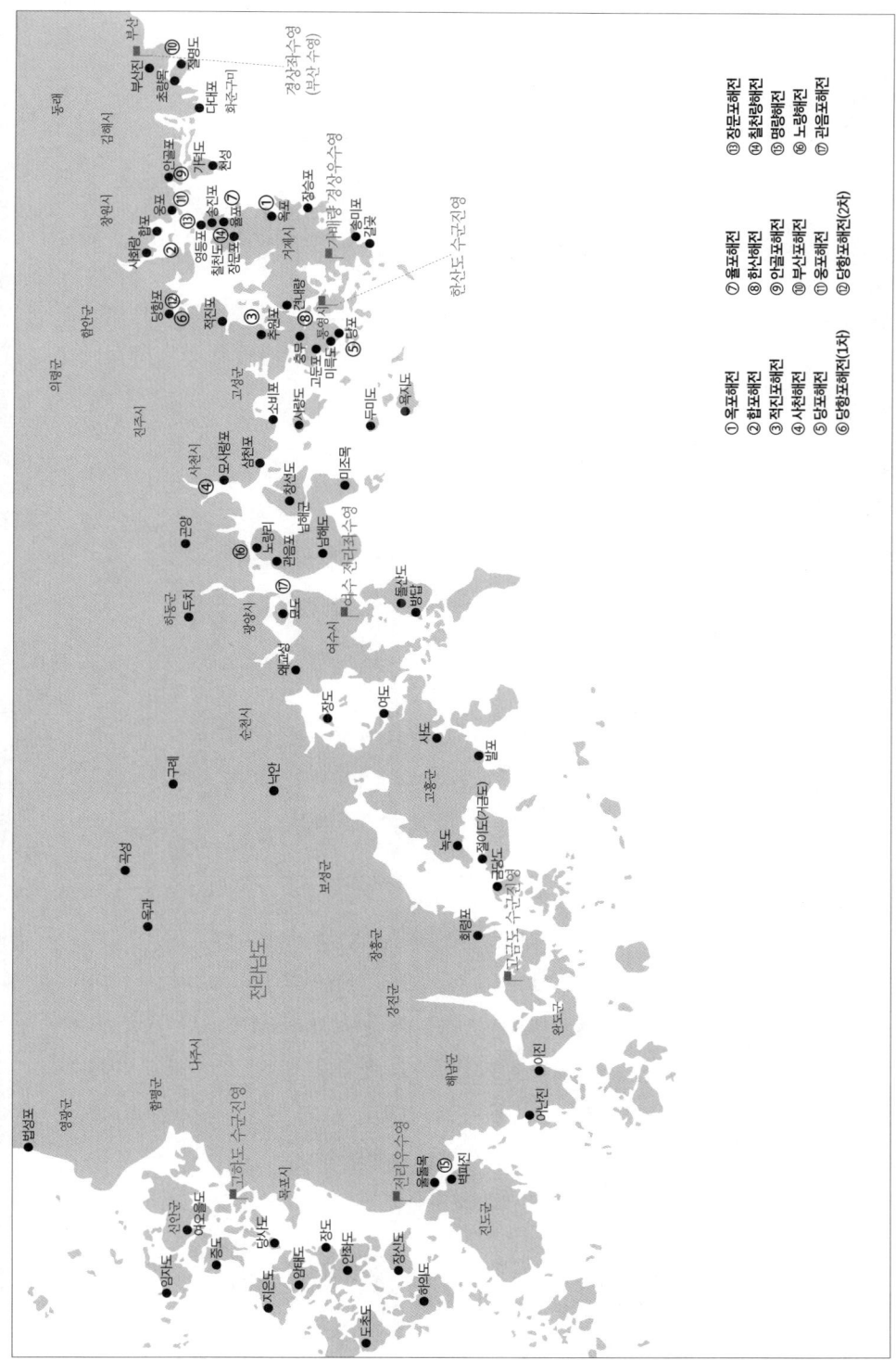

차례

머리말		4
개정증보판을 내며		8
발간사		9
- 임진왜란 연표		12
- 이순신 연표		16
- 이순신행적도		18
- 주요해전지		19

임진일기 壬辰日記 1592

1월	진중 생활, 정월 첫 일기를 쓰다	27
2월	관할 5포를 순시하며 군비를 점검하다	33
3월	거북선을 진수(進水)하다	41
4월	조선 침공이 시작되다	48
5월	임진년 제1차 출전, 옥포에서 첫 승전하다	54
6월	제2차 출전, 네 번 승리하다	57
8월	부산대첩, 왜적의 본진을 격파하다	61

계사일기 癸巳日記 1593

2월	왜적 소탕을 위해 웅천으로 가다	67
3월	한산도로 가 적을 칠 일을 궁리하다	78
5월	왜적, 이순신을 피하기에 급급하다	83
6월	진주성 함락의 비보를 듣다	96
7월	여수를 떠나 한산도로 이진하다	109
8월	삼도수군통제사가 되다	120
9월	"견내량을 지켜 바다를 지켜 낼 것이다!"	129

갑오일기 甲午日記 **1594**	1월	설에 곰내로 가 어머니를 뵙다	137
	2월	제2차 당항포해전을 준비하다	148
	3월	전투를 중지하라는 담종인의 '금토패문'에 항의하다	161
	4월	진중 과거로 인재를 보충하다	170
	5월	장마와 비바람을 견디다	177
	6월	군사와 군량 확보에 애를 쓰다	185
	7월	외교와 군무 처리에 나라 걱정이 태산이다	192
	8월	원균과의 불화가 깊어지다	204
	9월	수륙합동작전으로 장문포를 공격하다	213
	10월	장문포 패전의 책임을 두고 장수들 간 불신이 깊어지다	222
	11월	수군 장수로서의 일상이 지속되다	230

을미일기 乙未日記 **1595**	1월	나라와 어머니 걱정에 뜬눈으로 밤을 새다	241
	2월	원균, 충청병사로 전출 가다	246
	3월	바다를 지키는 데 한 치의 소홀함이 없다	252
	4월	즉각 출동이 가능하도록 엄정한 군기를 유지하다	259
	5월	소금을 구워 군자금을 마련하다	266
	6월	오랜 진중 생활, 장수와 군사의 건강이 위태롭다	274

7월	전쟁 장기화로 시름이 깊어지다	282
8월	촉석루에 올라 진주성전투 참패를 생각하며 통분해하다	290
9월	충청수사 선거이와 작별의 정을 나누다	297
10월	항왜(降倭)들을 시켜 불탄 대청과 다락방을 수리하다	304
11월	견내량을 지키며 적장의 움직임을 정탐하다	311
12월	청어를 잡아 곡식으로 바꾸고, 체찰사를 만나 군량 확보에 최선을 다하다	317

병신일기 丙申日記 1596

1월	군량미를 마련하고 적을 경계하는 일상이 지속되다	325
2월	장기화된 강화협상으로 군기가 어지러워지다	335
3월	불편한 몸만큼 마음도 산란하다	346
4월	적의 우두머리 풍신수길이 사망했다는 헛소문을 듣다	357
5월	강화회담과 관계없이 바다 지키는 데 빈틈이 없다	364
6월	부하들과 매일 활을 쏘고 술도 자주 하다	373
7월	흉흉해지는 민심, 이몽학의 난을 한탄하다	380
8월	아픈 몸으로 전쟁 재발에 대비하다	388
윤8월	체찰사 배려로 어머니를 뵙다	396

	9월	전라도를 순시하고 민심을 살피다	403
	10월	마지막으로 어머니께 수연을 베풀어 드리다	410

정유일기 丁酉日記 **1597**	4월	감옥에서 나와 백의종군하던 중 어머니와 영이별하다	417
	5월	초계의 권율 원수 막하로 가다	428
	6월	모여곡에 거처를 잡고 한결같이 나라를 걱정하다	439
	7월	칠천량에서 원균의 조선 수군 대패하다	454
	8월	다시 삼도수군통제사의 명을 받다	468
	9월	명량에서 크게 이기다	484
	10월	아들 면을 잃고 절망하며 고하도에 진을 치다	499
	11월	명량승첩 포상이 없어도 수군 재건에 최선을 다하다	511
	12월	수군 재건에 심혈을 기울이다	519

무술일기 戊戌日記 **1598**	1월	장수들과 모여 새해를 축원하다	529
	9월	조명연합의 수군, 육군이 순천왜성을 공격하다	530
	10월	뇌물 받은 유정 제독, 군사를 철수하다	534
	11월	노량에서의 마지막 전투를 결심하다	537

찾아보기 542

壬辰日記
임진일기

1592

이순신은 임진년 정월 초하루부터 일기를 썼다. 부임한 지 열 달이 지나서다. 전쟁은 넉 달 뒤에야 시작되었는데, 새해가 되면서 무엇인가 모르지만 특별한 예감이 그를 움직였던 것 같다. 왜 그에게 이런 특별한 예감이 생겼을까?

☾ 1월 진중 생활, 정월 첫 일기를 쓰다

> 날씨를 살펴보고 어머니를 걱정하면서 정월 진중 생활의 첫날 일기가 시작된다. 특히 16일의 일기에 그의 공직자 관이 확연히 드러난다.

1월 1일 2월 13일   맑음. 설날 아침에 아우 우신禹臣과 조카 봉菶, 아들 회薈가[1] 왔길래 덕담을 나누었다. 다만 어머니를 떠나 남쪽에서 두 번이나 설을 쇠니 간절한 회포를 이길 길이 없다. 전라병사兵使의 군관 이경신李敬信이 와서 병사의 편지와 장전과 편전 등 임금에게 진상할 여러 가지 세물[2]을 전해 주고 갔다.

1월 2일 2월 14일   맑음. 나라의 제삿날이라 공무를 보지 않았다.[3] 친지 김인보金仁甫와 덕담을 나누었다.

---

1) 이순신의 가계

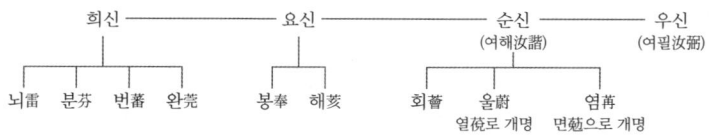

이순신은 본처에서 아들 셋과 딸 하나, 소실에서 두 아들(훈薰, 신藎)과 두 딸을 둠.

2) 8도의 방백, 병사, 수사, 목사들은 설이 되면 임금에게 새해를 경하하는 글과 예물을 올렸다. 이런 세물은 모아 배편으로 서울로 운송되었다.

3) 공무를 보지 않았다는 뜻은 오늘날 임시공휴일쯤으로 이해하면 될 것 같다.

1월 3일 2월 15일　맑음. 동헌에 나가 별방군別防軍을 점검하고, 관할 각 관官, 포浦에[4] 공문을 써 보냈다.

1월 4일 2월 16일　맑음. 동헌에 좌기[5]하여 공무를 봤다.

1월 5일 2월 17일　맑음. 늦도록 그대로 동헌에 눌러앉아 공무를 봤다.

1월 6일 2월 18일　맑음. 동헌에 나가 공무를 봤다.

1월 7일 2월 19일　아침에는 맑더니 늦게부터 밤까지 눈비가 내렸다. 조카 봉이 아산으로 갔다. 남원 유생이 전문箋文[6]을 받들어 가려고 들어왔다.

1월 8일 2월 20일　맑음. 객사[7]에 나갔다가 동헌에서 공무를 봤다.

1월 9일 2월 21일　맑음. 아침밥을 일찍 먹고 동헌으로 나가 전문을 봉하여 올려 보냈다.

---

4) 전라좌수영 관할 관, 포는 5관 5포를 말하는데, 5관은 '순천, 보성, 광양, 흥양, 낙안'이고, 5포는 '방답, 여도, 사도, 녹도, 발포'이다.
5) 위엄이 있는 태도나 차림으로 앉음.
6) 여기서는 임금께 올리는 신년하례의 글을 말한다.
7) 임금에게 매월 망궐례[지방관리들이 초하루와 보름에 임금을 직접 배알하지 못하므로 임금과 궁궐의 상징인 궐폐(闕牌)에 예를 올림.]를 올리고, 높은 관리들이 출장 오면 머무는 건물로서(여수의 진남관이 이에 해당함.) 동헌보다 컸고 격이 높았다.

1월 10일 2월 22일   종일 비가 왔다. 방답[8]에 새 첨사입부 이순신李純信가 부임하여 들어왔다.

1월 11일 2월 23일   종일 가랑비가 왔다. 늦게야 동헌에 나가 공무를 봤다. 이봉수李鳳壽가 선생원先生院[9] 돌 뜨는 곳에 가보고 와서 보고하기를, 벌써 큰 돌 17덩이에 쇠사슬 꿸 구멍을 뚫었더라고 했다.[10] 서문 밖 해자[11]가 네 발쯤 무너졌다. 심사립沈土立과 이야기했다.[12]

1월 12일 2월 24일   궂은비가 개지 않고 내렸다. 식후에 객사에 들렀다가 동헌으로 나갔다. 본영 및 각 포구의 진무鎭撫,관리들에게 활쏘기 시합을 열어 우승자를 뽑았다.

1월 13일 2월 25일   아침에는 흐렸다. 동헌에 나가 공무를 봤다.

1월 14일 2월 26일   맑음. 동헌에 나가 공무를 본 후 활을 쏘았다.

1월 15일 2월 27일   흐렸으나 비는 오지 않았다. 새벽에 망궐례를 올렸다.

---

8) 전라남도 여수시 돌산읍. 이때는 방답에서도 거북선 1척이 만들어지고 있었기 때문에 새 첨사의 부임에 그는 많은 관심을 가졌다.
9) 전라남도 여수시 율촌면 신풍리.
10) 쇠사슬을 돌에 꿰어 엮어 본영 바다 앞에 설치하는 본영 요새화 작업이 진행되었다.
11) 동물이나 외부인 특히 적으로부터 침입을 방어하기 위해 성 주위를 파서 경계로 삼은 구덩이.
12) '이야기했다'라는 말은 앞으로도 자주 나오는데 단순한 사적 이야기를 했다는 말이 아니라 대부분이 전략, 방비 등 공무에 관해 의논했다는 의미다.

1월 16일 2월 28일　맑음. 동헌에 나가 공무를 봤다. 각 고을의 품계 받은 벼슬아치와 색리아전 등이 인사하러 왔다. 방답의 병선[13] 일을 맡은 군관과 색리들이 병선의 공정工程 관리를 제대로 하지 않았기 때문에 곤장을 쳤다. 우후[14] 이몽구李夢龜가 첨사 부재 중 대리를 보고 있었는데 그조차도 역시 점검을 제대로 아니하여 이 지경까지 이르게 된 것이니 해괴하기 짝이 없다. 맡은 공무를 어줍잖게 여기고 돌보지 않으면서 제 한 몸만 살찌우려 드니 앞날의 일도 짐작할 만하다.[15] 성 밑에 사는 토병 박몽세朴夢世는 석수石手랍시고 선생원 돌 뜨는 곳에 가서 이웃집 개까지 잡아먹었기에 곤장 80대를 쳤다.

1월 17일 2월 29일　맑았으나 춥기가 한겨울 같았다. 아침에 순찰사와 남원반자判官에게 문안 편지를 보냈다. 저녁에 쇠사슬을 꿸 구멍 낸 돌을 실어 오기 위해 김효성金孝誠이 제4호 전선戰船을 거느리고 선생원으로 떠났다.

1월 18일 3월 1일　맑음. 동헌에 나가 공무를 봤다. 여도[16]의 제1호 선이 돌아갔다. 우등계문優等啓聞[17]과 대가단자代加單子[18]를 순찰사영[19]

---

13) 거북선 1척도 포함되었을 것이다.
14) 수사의 행정참모 격으로 정4품이다.
15) 그가 이날 이몽구에 대해 한 인물평은 훗날(정유년 8월 13일, 10월 24일 일기 참조.) 그대로 되었으니, 공심으로 사람을 보면 정확한 평가가 나오는 것 같다.
16) 전라남도 고흥군 점암면 여호리.
17) 활쏘기 시합에서 우등한 자를 보고함. 1월 12일 일기 참조.
18) 본인 대신 품계를 올려 줄 사람의 명단.
19) 당시 순찰사 감영은 전주에 있었다.

으로 봉하여 보냈다.

1월 19일 3월 2일　맑음. 동헌에서 공무를 본 뒤에 각 부대를 점검했다.

1월 20일 3월 3일　맑으나 바람이 세게 불었다. 동헌에 나가 좌기하여 공무를 봤다.

1월 21일 3월 4일　맑음. 동헌에 나가 공무를 봤다. 감목관[20]이 와서 잤다.

1월 22일 3월 5일　맑음. 아침에 광양현감 어영담魚泳潭이 와서 인사했다.

1월 23일 3월 6일　맑음. 둘째 형 요신堯臣의 제삿날이라 공무를 보지 않았다. 사복시[21]에서 받아 와 기르던 말을 올려 보냈다.

1월 24일 3월 7일　맑음. 맏형 희신羲臣의 제삿날이라 공무를 보지 않았다. 순찰사의 답장을 보니 "고부군수 이숭고李崇古를 유임하여 달라는 장계를 올린 것 때문에 대간의 공박을 당하여 그 관계로 사직을 청했다"고 한다.

1월 25일 3월 8일　맑음. 동헌에 나가 공무를 본 뒤 활을 쏘았다.

---

20) 목장에 관한 일을 관장하던 외관직.
21) 임금이 타는 말을 관리하는 관청.

1월 26일 3월 9일　　맑음. 동헌에 나가 공무를 보았다. 흥양고흥현감 배흥립裵興立과 순천부사권준權俊가 와서 함께 이야기했다.

1월 27일 3월 10일　　맑음. 오후에 광양현감이 왔다.

1월 28일 3월 11일　　맑음. 동헌에 나가 공무를 봤다.

1월 29일 3월 12일　　맑음. 동헌에 나가 공무를 봤다.

1월 30일 3월 13일　　흐리나 비는 오지 않았다. 초여름같이 따뜻했다. 동헌에 나가 공무를 보고 나서 활을 쏘았다.

☾ 2월   관할 5포를 순시하며 군비를 점검하다

> 평소처럼 좌수영 군무를 처리하며 전쟁 준비에 정성을 다한다. 하순에는 관할 5포를 순시하며 군비를 점검한다. 이때 이순신과 함께 나라를 구할 전라수군의 명장들이 속속 등장한다.

2월 1일 3월 14일   새벽에 망궐례를 올렸다. 안개비가 잠깐 뿌리다가 늦게는 개었다. 선창(船倉)[1]으로 나가 쓸 만한 널빤지를 고르는데, 때마침 방천 안에 몽어 떼가 밀려 들어왔기에, 그물을 쳐서 잡았는데 2,000여 바지게나 되어 참으로 장쾌했다. 우후 이몽구를 데리고 전선 위에 앉아 술을 마시며 새봄의 경치를 즐겼다.

2월 2일 3월 15일   맑음. 동헌에서 공무를 봤다. 쇠사슬을 건너 매는데 필요한 크고 작은 돌 80여 개를 실어 왔다. 활 10순1순은 화살 5발을 쏘았다.

2월 3일 3월 16일   맑음. 새벽에 우후가 각 관과 포를 검열하러 배를 타고 나갔다. 공무를 마친 뒤 활을 쏘았다. 제주 사람이 자녀

---

1) 전라남도 여수시 연등동 입구.

여섯 식구를 거느리고 도망쳐 나와 금오도[2])에 배를 대고 있는 것을 방답 경비선이 붙잡아 데려왔다. 즉시 문초를 하고 나서, 승평순천으로 압송하여 가두어 두라고 공문을 써 보냈다. 저녁에 화대석[3.] 4개를 운반하여 왔다.

2월 4일 3월 17일   맑음. 동헌에 나가 공무를 본 뒤에 북쪽 봉우리의 연대신호대 쌓는 곳에 오르니, 쌓아 놓은 곳이 매우 튼튼해 무너질 염려가 없었다. 이봉수가 애썼음을 짐작할 수 있었다. 연대 작업이 끝날 때까지 바라보고 있다가 저녁에야 내려와 해자를 순시했다.

2월 5일 3월 18일   맑음. 동헌에 나가 공무를 본 뒤 활 18순을 쏘았다.

2월 6일 3월 19일   종일 바람이 크게 불었다. 동헌에 나가 공무를 봤다. 순찰사관찰사, 이광李洸에게서 편지가 두 차례나 왔다.

2월 7일 3월 20일   맑다가 바람이 크게 불었다. 동헌에 나가 공무를 봤다. 발포만호가 부임한다는 공문이 왔다.

2월 8일 3월 21일   맑다가 또 바람이 크게 불었다. 동헌에 나가 공무를 봤다. 이날 거북선에 쓸 돛베 29필을 받아들였다. 정오에

---

2) 전라남도 여수시 남면.
3) 등불을 설치하기 위해 돌로 만든 대.

말을 타면서 활을 쏘는데 조이립趙而立과 변존서卞存緖가 자웅을 겨루었다. 조이립이 이기지 못했다. 우후가 방답에서 돌아와 방답첨사가 방비에 온 정성을 다하더라고 대단히 칭찬했다. 동헌 뜰에다 돌기둥을 받친 화대를 세웠다.

2월 9일 3월 22일　맑음. 새벽에 쇠사슬을 꿸 긴 나무를 베기 위해 이원룡李元龍에게 군사를 거느리게 하여 두산도돌산도로 보냈다.

2월 10일 3월 23일　안개비가 오면서 개었다 흐렸다 했다. 동헌에 나가 공무를 봤다. 김인문金仁問이 순찰사영에서 돌아왔다. 순찰사의 편지를 보니, 통역관들이 왜적으로부터 뇌물을 많이 받고 "왜가 조선을 향도 삼아 명을 치러 온다"며 명나라에 무고하고, 명나라에서는 우리와 일본 사이에 무슨 딴 뜻이 있는 것이 아닌가 의심까지 하게 했으니, 그 흉측함을 무엇이라 말할 수 없다. 통역관들이 이미 잡혔다고는 하지만 해괴하고 통분함을 참을 수 없었다.

2월 11일 3월 24일　맑음. 식후에 배 위에서 새로 뽑은 군사들을 점검했다.

2월 12일 3월 25일　맑고 바람도 잤다. 식후 동헌에 나가 공무를 보고서 해운대[4]로 자리를 옮겨 활을 쏘았다. 그리고 나서 글짓기 놀이를 하는데 침렵치沈獵雉라는 운자韻字를 띄워 봤더니 군관들은 모

---

4) 전라남도 여수시 동북쪽에 있는 작은 섬.

두 절구絕句를 찾지 못해 조용했으나 조이립만 절구로 시를 읊었다. 저녁 노을이 짙어서야 돌아왔다.

2월 13일 3월 26일　맑음. 전라우수사이억기李億祺의 군관이 왔기에 대궐에 보낼 화살대 100다발과 쇠 50근을 보냈다.

2월 14일 3월 27일　맑음. 아산 어머니께 문안하기 위해 나장使令5) 2명을 보냈다.

2월 15일 3월 28일　비바람이 매우 사납게 일었다. 동헌에 나가 공무를 봤다. 새로 쌓은 접안 축대가 많이 무너져 석수들에게 벌을 주고 다시 쌓게 했다.

2월 16일 3월 29일　맑음. 동헌에 나가 공무를 본 뒤 활 6순을 쏘았다. 이달 말에 복역을 마치고 교대할 군사를 점검했다.

2월 17일 3월 30일　맑음. 나라 제삿날이라 공무를 보지 않았다.

2월 18일 3월 31일　흐림.

2월 19일 4월 1일　맑음. 순찰하러 본영을 떠나 백야곶6)의 감목관이 있는 곳에 이르니, 순천부사 권준이 그 아우를 데리고 와서 기

---

5)　고을이나 병마사·수사의 영문에 있는 사령.
6)　전라남도 여수시 화양면 백야도.

■ 5포 순찰로

다리고 있었는데, 기생까지 왔다. 비가 온 뒤라 진달래가 활짝 피어 그 경치의 아름답기가 형언하기 어렵다. 저물어서야 이목구미[7]에 이르러 배를 타고 여도에 이르니 흥양현감과 여도권관 김인영金仁英이 마중 나왔다. 방비를 검열하고 나니 흥양현감은 내일 제사가 있다고 먼저 갔다.

2월 20일 4월 2일　맑음. 아침에 모든 방비와 전선을 점검해 보니, 모두 새로 만든 것이고 무기도 엔간히 완비되어 있었다. 늦게야 떠나서 흥양으로 오는데, 좌우 산에는 진달래꽃이요 저편 들녘에는 곱게 피어나는 풀잎들로 산과 들이 마치 한 폭의 그림 같다. 옛날

---

7) 　전라남도 여수시 화양면 이목리.

에 신선이 사는 곳이 있었다더니 바로 이런 경치가 아니었을까?

2월 21일 4월 3일   맑음. 공무를 본 뒤에 주인홍양현감이 자리를 베풀어 활을 쏘았다. 조방장8) 정걸丁傑도 와서 보고 능성현감 황숙도黃叔度도 와서 함께 취했다. 배수립裵秀立도 나와 함께 술잔을 나누며 즐기다가 밤이 깊어서야 헤어졌다. 신홍헌申弘憲에게는 술을 주어 전날 불러 일을 시켰던 삼반하인군노軍奴·사령使令·급창及唱 등들에게도 나누어 먹이도록 했다.

2월 22일 4월 4일   아침에 공무를 본 뒤에 녹도로 갔다. 황숙도도 동행했다. 먼저 홍양 전선소에 이르러 배와 집기류를 직접 점검했다. 그길로 녹도만호정운鄭運가 새로 쌓은 문루門樓 위로 올라가 보니, 경치의 아름다움이 군내에서는 으뜸이다. 만호의 애쓴 정성이 안 미친 곳이 없다. 홍양현감과 능성현감 및 만호와 함께 취하도록 마시고 또 겸하여 횃불을 밝혀 대포 쏘는 연습을 보다가 이슥해서야 헤어졌다.

2월 23일 4월 5일   흐림. 늦게야 배를 타고 발포로 가는데, 맞바람逆風이 세게 불어 배가 더 나아갈 수가 없었다. 간신히 성 위쪽에 도착하여 배에서 내려 말을 탔다. 비가 몹시 쏟아져 일행 모두가 비에 흠뻑 젖었다. 발포로 들어가니 해는 이미 저물었다.

---

8) 제승방략에 따라 중앙에서 지방 방어를 위해 파견된 무장. 주장을 돕는 장수.

2월 24일 4월 6일 가랑비가 온 산을 덮어 지척을 분간할 수 없었다. 비를 무릅쓰고 길을 떠나 마북산馬北山 아래의 사량沙梁에 이르러 배를 타고 노를 재촉하여 사도[9]에 이르니 흥양현감도 이미 와 있었다. 전선을 점검하고 나니 날이 저물어서 거기서 그대로 묵었다.

2월 25일 4월 7일 흐림. 여러 가지 전쟁 준비에 결함이 많아 군관과 담당 아전들을 처벌했고, 첨사김완金浣를 불러들여 잘 가르쳐서 보냈다. 이곳의 방비가 다섯 포구 가운데 최하위인데도 순찰사가 포상하라고 장계를 올렸기 때문에 죄를 조사하지 않았다 하니 참으로 기가 막혀 웃을 일이다. 맞바람이 세게 불어 출항할 수가 없어서 그대로 잤다.

2월 26일 4월 8일 아침 일찍 출항하여 개이도介伊島에 이르니 여도진의 배와 방답진의 배가 마중 나왔다. 날이 저물어서야 방답에 이르러 공사례公私禮[10]를 마치고서 무기를 점검했다. 장전과 편전은 하나도 쓸 만한 것이 없어 딱했으나 전선은 완비되었기에[11] 그나마 다행이다.

2월 27일 4월 9일 흐림. 아침에 점검을 마친 뒤 북쪽 봉우리에 올라가 지형을 살펴보았다. 깎아지른 이 외딴 섬은 사면에서 적의 공격을 받을 수 있음에도 불구하고, 성과 해자가 모두 매우 엉성하

---

9) 전라남도 고흥군 영남면 금사리.
10) 방답첨사가 새로 부임해 왔기 때문에 '공적 절차와 사적 절차의 인사'를 한 것임.
11) 1월 16일 일기 참조.

니 무척 근심된다. 첨사가 정성을 다하건마는 부임한 지 얼마 되지 않아 미처 시설을 못 했으니 어찌하랴. 저녁나절에야 배를 타고 경도張軍島에 이르니, 여필과 조이립, 군관, 우후 등이 술을 싣고 마중 나왔다. 이들과 함께 마시고 즐기다 해가 넘어간 뒤에야 숙소로 돌아왔다.

2월 28일 4월 10일　흐렸으나 비는 오지 않았다. 동헌에 나가 공무를 본 뒤에 활을 쏘았다.

2월 29일 4월 11일　날은 맑으나 바람이 크게 불었다. 동헌에 나가 공무를 보았다. 순찰사의 공문이 왔는데, 순천부사 권준을 육군의 중위장으로 데려간다고 하니[12] 답답하다.

---

12) 당시 권준은 수군 중위장을 맡고 있었는데 관찰사가 그를 육군의 중위장으로 임명해 순찰사영으로 데려갔다.

☾ 3월 거북선을 진수(進水)하다

> 왜관에 있던 왜인들이 모두 자기 나라로 철수하는 등 전쟁이 곧 일어날 것은 너무도 명백했건만 조선은 여전히 조용했다. 그런 고요 속에서도 그는 홀로 전쟁 방비에 심혈을 기울인다. 마침내 3월 27일, 거북선이 진수되며 완성 단계에 이른다.

3월 1일 4월 12일 망궐례를 올렸다. 오늘이 정해진 기일이라 모든 군병을 점고占考하고 구분하여, 번을 마친 군사는 놓아 보냈다. 공무를 마친 뒤에 활 10순을 쏘았다

3월 2일 4월 13일 흐리고 바람이 불었다. 나라 제삿날이라 공무를 보지 않았다. 승군僧軍 100명이 돌을 올려 성벽을 쌓았다.

3월 3일 4월 14일 비가 저녁 내내 왔다. 오늘은 삼짇날 명절이건만 비가 이렇게 내리니 답청踏青[1]도 할 수 없어서 조이립, 우후, 군관 등과 동헌에서 술을 마시며 이야기했다.

3월 4일 4월 15일 맑음. 아침에 객사로 나가 조이립을 배웅하고,

---

1) 자라나는 보리나 풀을 밟는 일.

동헌에서 공무를 본 뒤에 서문의 해자와 성벽의 증축한 데를 순시했다. 승군들이 성돌을 올려 쌓는 것이 성실치 않으므로 책임자首僧를 잡아다가 곤장을 쳤다. 아산에 문안 갔던 나장이 돌아왔는데 어머니께서 편안하시다 하니, 다행이다.

> 덧붙이는 말   지난 2월 14일 나장들이 어머니를 문안 갔다가 이날 돌아왔으니 여수에서 아산까지 왕복으로 20일 가까이 걸렸다. 그는 여수에서 아산 어머니 계신 곳으로 다달이 나장을 보내 어머니를 문안했다. 그에게 어머니는 하늘이었다天只. 어머니는 전쟁이 터지자 아산을 떠나 여수의 아들 곁으로 오는데 그 이유 중에는 효자인 자식이 문안하는 불편을 덜어 주고 오직 나랏일전쟁에만 전념하게 하려는 깊은 뜻이 있었던 것 같다.

3월 5일 4월 16일   맑음. 동헌에 나가 공무를 보고 군관들과 활을 쏘았다. 저물녘에 서울 갔던 진무가 돌아왔다. 그 편에 좌의정 류성룡柳成龍이 편지와 『증손전수방략增損戰守方略』이라는 책을 보내 왔다. 이 책을 보니 수전·육전·화공전 등 모든 싸움의 전술을 낱낱이 설명했는데, 참으로 만고의 훌륭한 책이다.

3월 6일 4월 17일   맑음. 아침을 먹고 난 뒤 사무를 보고 군 기물을 점검했는데, 활, 갑옷, 투구, 전통, 환도 등이 깨지고 헌 것이 많아 담당 아전, 활 만드는 장인, 감고검사하는 관리 등을 처벌[2]했다.

3월 7일 4월 18일   맑음. 동헌에 나가 공무를 보고 나서 활을 쏘았다.

3월 8일 4월 19일   종일 비가 내렸다.

3월 9일 4월 20일   종일 비가 내렸다. 동헌에 나가 공무를 보았다.

3월 10일 4월 21일   날은 맑으나 바람이 불었다. 동헌에 나가 공무를 보고 난 뒤에 활을 쏘았다.

3월 11일 4월 22일   맑음.

3월 12일 4월 23일   맑음. 식후 일찍 배 타는 곳으로 나가 경강선京江船[3]을 점검했다. 다시 배를 타고 소포召浦로 나갔으나 때마침 동풍이 크게 일었고 격군格軍, 노 젓는 군사도 없어서 도로 돌아왔다. 곧바로 동헌에 나가 공무를 본 뒤에 활 10순을 쏘았다.

>   **덧붙이는 말**   당시 본영 선소船所는 소포에 있었다. 여기서 거북선의 건조가 끝나면 정조(停潮, 만조나 간조 때에 물의 높이가 변하지 아니하는 시간) 시에 설치된 철쇄를 넘어 진수하여 맞은편 정박지로 가게 된다. 아마도 그는 이날 거북선의 진수

---

2) 곤장을 치는 것이 당시 군에서 하는 통상적 처벌의 수단이었다.
3) 한강을 거쳐 서울 다니는 배.

를 시도하려 했던 것 같다. 진수 예정 시간에 강한 동풍이 불어 진수가 불가능했기 때문에 보름 후 다시 돌아오는 정조 시에 맞춰 27일 진수를 시도해 성공한다.

3월 13일 4월 24일 날이 점점 흐려지기 시작했다. 순찰사에게서 편지가 왔다.

3월 14일 4월 25일 종일 많은 비가 내렸다. 이른 아침에 순찰사를 만나러 순천으로 가는데,[4] 비가 몹시 퍼부어서 길 앞을 분간할 수가 없었다. 간신히 선생원에 이르러 말에게 꼴을 먹이고서 다시 해농창평[5]에 이르니, 길바닥에 물이 석 자나 괴었다. 겨우 순천부에 이르렀다. 저녁에 순찰사와 만나 업무도 보고, 흉금을 터놓고 그간 쌓인 이야기를 나누었다.[6]

3월 15일 4월 26일 흐린 가운데 가랑비가 오다가 저녁나절에는 개었다. 누상樓上에서 활을 쏘았다. 군관들에게도 편을 갈라 활을 쏘게 했다.

3월 16일 4월 27일 맑음. 순천부사가 환선정에서 술자리를 차렸기에 술을 마시고 겸하여 활도 쏘았다.

---

4) 아마도 거북선의 건조 과정을 보고하고 도움을 청하러 간 듯하다.
5) 전라남도 순천시 해룡면.
6) 이광은 이순신의 전 상사였다. 이순신이 중용되지 못함을 안타까이 여기고는 전라순찰사(감사)로 오면서 그를 자기의 조방장으로 삼았다. 직후 이순신은 정읍현감이 되었다가 바로 전라좌수사가 되기 때문에 두 사람은 서로 통하는 사이였을 것이다.

3월 17일 4월 28일   맑음. 새벽에 순찰사에게 작별을 고하고 선생원에 이르러 말을 먹인 뒤에 본영으로 돌아왔다.

3월 18일 4월 29일   맑음. 동헌에 나가 공무를 봤다.

3월 19일 4월 30일   맑음. 동헌에 나가 공무를 봤다.

3월 20일 5월 1일   비가 많이 쏟아졌다. 늦게 동헌에 나가 공무를 보고 각 관방의 회계를 살폈다. 순천부사의 적정敵情을 수색하는 일이 제 날짜에 미치지 못했기 때문에 대리장수代將, 담당 아전, 도훈도都訓導 등을 문책했다. 사도첨사김완는 다른 데와 의논해서 적정을 수색하라고 공문을 보냈음에도 불구하고 단독으로 수색을 했다고 하며, 더구나 반나절 동안에 내나로도,[7] 외나로도[8]와 대평두, 소평두 섬을 모두 다 수색하고 그날로 사도로 돌아왔다고 하니, 이 일은 시간상 너무도 명백한 거짓이다. 그 거짓을 바로잡고 문책하려고 흥양현과 사도진에 공문을 보냈다. 몸이 몹시 불편하여 일찍 숙소로 들어왔다.

3월 21일 5월 2일   맑음. 몸이 불편하여 아침 내내 누워 앓다가 늦게야 동헌에 나가 공무를 봤다.

---

7)   전라남도 고흥군 동일면.
8)   전라남도 고흥군 봉래면.

3월 22일 5월 3일　　맑음. 성 북쪽 봉우리종고산 아래에 도랑을 파는 일로 우후 및 군관 10명을 나누어 보냈다. 식후에 동헌에 나가 공무를 봤다.

3월 23일 5월 4일　　아침에 흐리고 저녁나절에는 개었다. 식후 동헌에 나가 공무를 봤다. 보성에서 보내올 널빤지가 아직 안 들어왔기에 공문을 보내어 담당 아전을 잡아들이라고 독촉하였더니, 순천의 소국진蘇國進을 올려 보냈으므로 그에게 곤장 80대를 쳤다. 순찰사가 편지를 보냈는데 보니, 발포권관은 군사를 거느릴 만한 재목이 못 되기로 갈아 치우겠다고 하므로 아직 갈지 말고 그대로 유임하여 방비에 종사하게 해달라고 답장을 보냈다.

3월 24일 5월 5일　　나라 제삿날이라 공무를 보지 않았다. 우후가 수색을 마치고 무사히 돌아왔다. 송희립宋希立이 순찰사와 도사都事의 답장을 가져왔다. 순찰사는 답장에서 영남관찰사김수金睟로부터 받은 편지 내용을 다음과 같이 일러 주었다. "대마도주종의지宗義智가 공문을 보내 말하기를, '지난번에 대마도의 배들을 모아 귀국조선에 보냈는데, 만일 도착하지 않았다면 아마도 풍랑에 침몰되었을 것이라'고 하는데 그 말은 매우 거짓되고 음흉하다. 동래에서 서로 바라다보이는 바다인데 그럴 리가 만무하며, 말을 이렇게 거짓으로 꾸며 대니, 그 간사함을 헤아리기 어렵다."

3월 25일 5월 6일　　맑으나 바람이 크게 불었다. 동헌에 나가 공무를 본 뒤에 활 10순을 쏘았다. 경상우병사가 "평산포[9]"에 들르지 아니하고 곧장 남해로 간다"고 알려 왔다. 나는 그를 만나지 못해 유감스럽다는 뜻으로 답장을 보냈다.[10] 새로 쌓은 성을 순시해 보니, 남쪽으로 아홉 발이나 무너져 있었다.

3월 26일 5월 7일　맑음. 우후와 송희립이 함께 남해로 갔다. 늦게 동헌에 나가 공무를 본 뒤에 활 15순을 쏘았다.

3월 27일 5월 8일　맑고 바람조차 없다. 일찍 아침을 먹은 뒤 배를 타고 소포로 갔다. 거북선이 쇠사슬을 가로질러 진수를 끝마치고 밧줄로 기둥 나무에 연결되는 과정을 바라보았다. 겸하여 거북함에서 대포 쏘는 시험을 하는 것도 보았다.

3월 28일 5월 9일　맑음. 동헌에 나가 공무를 봤다. 활 10순을 쏘았는데, 5순은 모조리 맞고, 2순은 네 번을 맞고, 3순은 세 번 맞았다.[11]

3월 29일 5월 10일　맑음. 나라 제삿날이라 공무를 보지 않았다. 아산에 문안 갔던 나장이 돌아왔다. 어머니께서 편안하시다니 참으로 다행이다.

---

9) 경상남도 남해군 남면 평산리.
10) 이순신은 경상우병사가 여수에 가까운 평산포에 온다 해서 그를 직접 만나 뭔가 의논해 보고 싶었던 것 같다. 그 일이 불발되자 다음 날 우후와 송희립을 남해로 보내 대신 만나 보게 한 것 같다.
11) 총 50발 중 42발을 맞혔다. 그가 활 쏜 것 중에서 잘 맞은 것을 일기에 썼을 것이라고 보더라도, 가히 명궁이라 할 만하다.

☽ 4월   조선 침공이 시작되다

> 드디어 일본의 조선 침공이 시작된다. 선발 부대인 소서행장小西行長, 고니시 유키나가이 이끄는 제1진 1만 8,700명의 군사가 대마도를 출발해 4월 13일 오후 5시경 부산 우암포에 도착함으로써 임진 7년 전쟁의 막이 오른다. 이순신은 침공 하루 전인 12일 거북선을 완성했고, 1년이 넘도록 왜의 침략을 예견하고 준비해 왔기에 두려움 없이 바로 출전 준비에 들어간다.

4월 1일 5월 11일   흐림. 새벽에 망궐례를 올렸다. 공무를 본 뒤에 활 15순을 쏘았다. 별조방別助防을 점고했다.

4월 2일 5월 12일   맑음. 먹은 것이 체했는지 몸이 몹시 불편하더니 점점 더 아파 종일토록 그리고 밤새도록 신음했다.

4월 3일 5월 13일   맑음. 기운을 차리지 못해 어지러웠고 밤새도록 고통스러웠다.

4월 4일 5월 14일   맑음. 치료를 받으니 비로소 통증이 조금 가라앉았다.

4월 5일 5월 15일   맑다가 저녁나절에 비가 조금 내렸다. 동헌에 나가 공무를 봤다.

4월 6일 5월 16일   맑음. 진해루鎭海樓[1]로 나가 잠시 공무를 본 뒤에 군관들에게 활을 쏘게 했다. 아우 여필을 위해 전별연餞別宴을 차려 주었다.

4월 7일 5월 17일   나라 제삿날이라 공무를 보지 않았다. 낮 10시 경에 비변사에서 비밀 공문이 왔는데, 영남관찰사김수와 우병사조대 곤의 보고에 근거해서 낸 공문이다.

4월 8일 5월 18일   흐리되 비는 오지 않았다. 아침에 어머니께 보낼 물건을 봉해 놓았더니 늦게 아우 여필이 가지고 떠나갔다. 타관에 혼자 남아 앉았으니 온갖 회포가 몰려온다.

4월 9일 5월 19일   아침에 흐리더니 늦게는 맑아졌다. 동헌에 나가 공무를 봤다. 방응원方應元의 군 입대에 관한 일로 공문을 작성해 보냈다. 군관들이 활을 쏘았다. 광양현감이 수색하는 일 때문에 배를 타고 왔다가 저물어서 하직하고 돌아갔다.

4월 10일 5월 20일   맑음. 식후 동헌에 나가 공무를 봤다. 활 10순을 쏘았다.

---

1) 전라좌수영의 남문(정문)임. 옆에 활터가 있었다.

4월 11일 5월 21일   아침에 흐리더니 늦게는 맑아졌다. 공무를 본 뒤에 활을 쏘았다. 순찰사이광의 편지와 별록별지로 붙은 부록을 순찰사의 군관 남한南侃이 가져왔다. 비로소 베로 거북선에 쓸 돛을 만들어 달았다.

4월 12일 5월 22일   맑음. 식후에 배를 타고 돛을 단 거북선에 가서 지자·현자포를 쏘아 마지막 실전 연습을 성공리에 마쳤다. 드디어 거북선의 건조가 성공했다. 어제 온 순찰사의 군관도 거북선의 성공적인 건조를 잘 살펴보고 갔다. 정오에 동헌으로 나가 활 10순을 쏘았다. 동헌으로 올라갈 때 노대석路始石[2]을 보았다.

4월 13일 5월 23일   맑음. 동헌에 나가 공무를 본 뒤에 활 15순을 쏘았다.

> 덧붙이는 말   이날 오후 5시경 왜적 선발 부대가 부산 우암에 도착한다.

4월 14일 5월 24일   맑음. 동헌에 나가 공무를 본 뒤에 활 10순을 쏘았다.

> 덧붙이는 말   이날 오전 부산진성이 무너지고 부산진첨사 정발鄭潑 장군이 전사했고, 오후에는 다대포가 함락되고 다대

---

2) 말을 타고 내리기 편하도록 하기 위해 쓰는 디딤돌.

포첨사 윤흥신尹興信이 순국한다.

4월 15일 5월 25일   맑음. 나라 제삿날이라 공무를 보지 않았다. 순찰사의 편지와 별록에 대한 답장을 써서 역졸을 시켜 달려 보냈다. 해 질 무렵 영남우수사원균元均의 통문이 왔는데, 왜선 90여 척이 와서 부산 앞 절영도영도에 정박했다고 한다. 이와 동시에 또 수사원균의 공문이 왔는데 왜적 350여 척이 이미 부산포 건너편우암에 도착했다고 한다. 영남관찰사의 공문도 왔는데, 역시 같은 사연이다. 그래서 즉시 장계를 올리고 겸하여 전라도의 순찰사, 병마사, 우수사에게도 공문을 급송했다.

4월 16일 5월 26일   밤 10시쯤에 또 영남우수사의 공문이 왔는데 부산진이 이미 함락되었다고 한다. 분하고 원통함을 이길 수가 없다. 즉시로 장계를 올리고, 또 전라감사순찰사, 전라병사, 전라우수사에게도 공문을 보냈다.

4월 17일 5월 27일   흐리고 비가 오더니 늦게 개었다. 영남우병마사에게서 공문이 왔다. 왜적이 부산을 함락시킨 뒤에 그대로 머물면서 물러가지 않는다고 한다. 시름을 쫓느라 활 5순을 쏘았다. 번을 그대로 서는 수군上番과 번을 새로 드는 수군下番이 잇달아 방비할 근무처로 갔다.

> 덧붙이는 말   서울에는 이날 새벽 경상좌수사 박홍朴泓으로부터 왜군 침략의 급보가 전해졌다. 조정과 백성은 공포에

떨었다. 급히 신립申砬을 도순변사, 이일李鎰을 순변사, 파직한 김성일金誠一을 다시 경상우도초유사로 삼아 적을 막으라 하였다.

4월 18일 5월 28일   아침에 흐렸다. 이른 아침에 동헌에 나가 공무를 봤다. 순찰사의 공문이 왔는데 발포권관은 이미 파직되었으니, 대리假將를 정하여 보내라고 하였다. 그래서 군관 나대용羅大用으로 정해서 당일로 떠나보냈다. 낮 2시쯤에 영남우수사의 공문이 왔다. 동래성도 함락되었고, 양산조영규趙英圭, 울산이언함李彦諴 두 군수도 조방장으로서 동래성으로 들어갔다가 모두 패했다고 하니 통분하여 말을 할 수가 없다. 경상좌병사이각李珏와 경상좌수사박홍朴泓가 군사를 이끌고 동래 뒤쪽까지 갔다가 그만 즉시 회군했다고 하니 더욱더 원통했다. 저녁에 순천의 군사를 거느리고 오는 병방이 석보창3)에서 머뭇거리고 있으면서 군사들을 데리고 오지 않으므로 잡아들여 가두었다.

4월 19일 5월 29일   아침에 품방의 굴착 공사4)를 주관할 군관을 정해 보내고, 속히 작업을 마치기 위해 몸소 동문 위로 나가 품방 공사를 독려했다. 오후에는 격대5)를 올리는 일을 순시했다. 이날 급히 입대한 군사 700명을 점검하고 품방 공사 등을 돕게 했다.

---

3) 전라남도 여천군 쌍봉면 봉계리 석창.
4) 품방 모양의 함정을 파는 공사.
5) 포를 쏘기 위해 성에 붙여 설치한 구조물.

4월 20일 5월 30일   맑음. 동헌에 나가 공무를 봤다. 영남관찰사의 공문이 왔다. "적들의 형세가 크고 맹렬해서 이를 막아 낼 수가 없고, 승리를 타서 올라오는 기세가 마치 무인지경과 같다"고 하면서, 조정에 "전라도에서 전선을 정비하여 경상도로 와 후원해 주기를 바란다"는 뜻의 장계를 올렸다고 하였다.

4월 21일 5월 31일   맑음. 진해루 옆 활터에 앉아서 성 앞에 군사들이 줄지어 정렬하도록 명령을 내렸다. 오후에 순천부사가 달려와서 약속을 듣고 갔다.

4월 22일 6월 1일   새벽에 탐망하기 위하여 군관들을 보냈는데, 배응록裵應祿은 절갑도[6]로 가고 송일성宋日成은 금오도[7]로 갔다. 또 이경복李景福, 송한련宋漢連, 김인문 등으로 하여금 적대敵臺, 성곽의 전망대에 쓸 나무를 운반해 오라고 각각 군사 50명씩을 데리고 돌산도로 가게 하고, 나머지 군사들은 품방 공사에 투입했다.

[4월 23일부터 30일까지 일기는 빠지고 없음.]

덧붙이는 말   4월 27일 이순신은 첫 출전 명령을 받는다. 4월 29일 신립이 충주전투에서 패하고 전사하자 다음 날 30일 새벽, 선조宣祖는 서울을 버리고 명나라를 향해 도주한다.

---

6) 전라남도 고흥군 금산면 거금도.
7) 전라남도 여천군 남면 금오도.

☾ 5월 임진년 제1차 출전, 옥포에서
        첫 승전하다

> 이달부터 9월 1일까지 임진년 4대 승첩옥포·당포·한산·부산승첩이 이루어지고 이로써 제해권을 장악하는데, 5월 일기에는 4일 첫 출전하는 날의 과정과 29일 2차 출전의 첫 전투인 사천해전이 기록되어 있다.

5월 1일 6월 10일   수군이 본영 앞바다에 모두 모였다. 이날은 흐리되 비는 오지 않고 남풍이 크게 불었다. 진해루에 앉아서 방답첨사이순신李純信, 흥양현감배흥립, 녹도만호정운 등을 불러들이니, 모두 분격하며 제 한 몸을 잊은 모습이다. 실로 의사義士들이라 할 만하다.

5월 2일 6월 11일   맑음. 삼도순변사신립의 공문과 우수사이억기의 공문이 도착했다. 송한련이 남해에서 돌아와서 하는 말이, "남해현령, 미조항첨사, 상주포·곡포·평산포의 만호 등이 하나같이 왜적의 소식을 듣고는 벌써 달아나 버렸고, 무기와 군 기물 등도 죄다 흩어 버려 남은 것이 없다"고 했다. 참으로 경악할 일이다. 정오경에 배를 타고 바다로 나가 진을 치고 여러 장수와 진격을 약속하니, 모두 기꺼이 나가 싸울 뜻을 가졌으나 낙안군수신호申浩만은 피하려는 뜻을 가진 것 같으니 한탄스럽다. 그러나 군법이 있으니, 비록 물러나 피하려 한들 그게 될 법한 일인가. 저녁에 방답의 첩입선일종의 수송선 3척이 돌아와 앞바다에 정박했다. 비변사에서 진격 명령이 내려왔다. 창평현령이 부임하였다는 공문을 와서 바쳤다. 이날 밤 군호를 용호龍虎라 하고, 복병은 산수山水라 하였다.

5월 3일 6월 12일   아침 내내 가랑비가 내렸다. 적의 동향을 물은 데 대한 경상우수사의 회답 편지가 새벽에 왔다. 오후에 광양현감^{어영담}과 흥양현감^{배흥립}을 불러 함께 이야기하던 중 모두 분한 마음을 나타냈다. 전라우수사가 수군을 끌고 오기로 약속했기에 첩입군을 싣고 오는 판옥선을 보고 우수사가 온다고 기뻐하였으나, 군관을 보내어 알아보았더니 그건 방답의 배였다. 실망하였다. 그러나 조금 뒤에 녹도만호가 보자고 하기에 불러들였다. 그의 말이 "우수사는 오지 않고 왜적은 점점 서울 가까이 다가가니 통분한 마음 이길 길 없거니와 만약 기회를 늦추다가는 후회해도 소용없다"는 것이었다. 정운의 건의를 받아들여 곧 중위장^{이순신李純信}을 불러 내일 새벽에 떠날 것을 약속^{명령}하고, 장계를 써서 보냈다. 이날 여도수군 황옥천黃玉千이 적이 두려워 집으로 달아나 피해 있는 것을 잡아 와서 목을 베어 군중 앞에 높이 매달았다.

5월 4일 6월 13일   맑음. 먼동이 틀 때에 출항했다. 곧바로 미조항 앞바다에 이르러 다시 약속^{지시}하기를 우척후, 우부장, 중부장, 후부장 등은 오른편을 맡아 개이도[1]로 들어가면서 정탐하고, 대장선과 나머지 배들은⋯.[2]

---

1) 전라남도 여수시 화정면 개도리.
2) 온 나라가 패배의 절망 속에 빠졌을 때 그가 구국을 향해 첫 출전하는 이날은 그를 낳은 어머니가 태어난 날이다.

[이후 제1차 출진으로 거둔 옥포승첩을 비롯하여 5월 5일부터 28일까지 일기는 빠지고 없음.]

5월 29일 7월 8일   맑음. 우수사가 오지 않으므로 홀로 여러 장수를 거느리고 새벽에 출항하여 곧장 노량에 이르렀다. 미리 약속한 곳에 와서 기다리고 있던 경상우수사 원균을 만나 왜적이 주둔해 있는 곳을 물었다. 왜적들은 지금 사천 선창[3]에 있다고 하므로 바로 거기로 가보았다. 적들은 벌써 뭍으로 올라가서 산 위에다 진을 치고 배는 그 산 아래에 줄지어 매어 놓았는데 항전하려는 태세가 재빠르고 튼튼했다. 나는 장수들을 독려하여 일제히 달려들며 화살을 비 퍼붓듯이 쏘고 각종 총통을 우레같이 쏘아 댔다. 적들은 겁을 먹고 무서워서 더는 싸우지 않고 물러났다. 이 싸움으로 화살을 맞은 적의 수는 헤아릴 수 없을 정도이고 적을 벤 머리 수도 수없이 많았다. 한편 우리도 군관 나대용이 탄환에 맞았고, 나도 왼쪽 어깨 위에 탄환을 맞았다. 탄환이 어깨에서 등으로 스쳐 뚫고 나갔지만 생명에 지장을 받을 만한 중상은 아니었다. 또한 활꾼과 격군 중에서도 탄환을 맞은 사람이 많았다. 적선 13척을 불태워 없애고 물러 나왔다.[4]

---

3) 경상남도 사천시 용현면 선진리.
4) 제2차 출진으로 거둔 당포승첩의 첫 전투인 사천해전을 기록한 일기다.

☾ 6월 제2차 출전, 네 번 승리하다

사천해전에 이어 당포·당항포·율포해전 등 제2차 출전으로 거둔 네 승첩을 기록하고 있다.

6월 1일 7월 9일   맑음. 사량도[1] 바다 가운데서 진을 치고 밤을 지냈다.

6월 2일 7월 10일   맑음. 아침에 떠나 곧장 당포[2] 선창에 이르니 적선 20여 척이 줄지어 정박하고 있었다. 우리 배들은 적을 둘러싸고 전투를 시작했다. 적선 중의 대장 배 1척의 크기는 우리나라 판옥선만 했다. 배 위에는 누각을 꾸몄는데, 높이가 두 길한 길은 2.4m은 되겠고, 누각 위에는 왜장이 떡 버티고 앉아 꼼짝도 하지 않았다. 편전과 승자총통으로 비 오듯 마구 쏘아서 적장을 거꾸러뜨리니 그제야 적들이 동시에 놀라 흩어졌다. 계속해 여러 장졸이 일제히 힘을 모아 한꺼번에 쏘아 대니 화살에 맞아 거꾸러지는 자가 얼마인지 헤아릴 수도 없었다. 거의 한 놈도 남겨 두지 않고 모조리 섬멸했다. 얼마 지나지 않아 왜적의 큰 배 20여 척이 부산으로부터 줄지어 들어오다가 우리 군사를 바라보고서는 놀라 도망

---
1) 경상남도 통영시 사량면 금평리.
2) 경상남도 통영시 산양읍 삼덕리.

쳐 개도介島[3]로 들어가 버렸다.[4]

6월 3일 7월 11일 　맑음. 아침에 다시 장수들을 독려하여 개도를 협공하러 갔으나, 적은 이미 달아나 버려 사방에 한 놈도 없었다. 고성 등지로 쫓아 가보고 싶었으나 아군의 형세가 외롭고 약하기 때문에 울분을 참으면서 고성 땅 고둔포[5]에서 머물며 밤을 지냈다.

6월 4일 7월 12일 　맑음. 고둔포를 출발해 다시 당포로 갔다. 우수사가 오기를 애타도록 기다리면서 이리저리 생각하며 둘러보고 있는데, 정오가 되니 이억기 우수사가 장수들을 거느리고 돛을 나부끼며 나타났다. 진중의 장병들이 기뻐서 뛰지 않는 이가 없었다. 병력을 합쳐 놓고 약속을 거듭한 뒤에 착포량[6] 바다 가운데서 밤을 지냈다.

6월 5일 7월 13일 　아침에 출항하여 고성 땅 당항포에 이르니, 판옥선만큼 큰 배 1척이 보였고 그 배의 높다란 누각에는 적장으로 보이는 자가 앉아서 중선中船 12척과 소선小船 20척을 지휘하고 있었다. 한꺼번에 적선을 들이받아 깨뜨리면서 대포와 화살을 빗발같이 쏘아 대니, 활을 맞은 자가 부지기수요 왜장의 머리 벤 것만도 모두 7급級이나 되었다. 그 나머지 적들은 육지로 올라가 달아났지

---

3) 경상남도 통영시 산양읍 추도(싸리섬).
4) 2차 출진에서 거둔 두 번째 승첩인 당포해전을 기록한 일기다.
5) 경상남도 통영시 산양읍 풍화리.
6) 경상남도 통영시 당동과 마수동 사이의 해협. 착량.

만 그 숫자는 얼마 되지 않았다. 이 싸움으로 우리 군사의 위풍을 크게 떨치었다.[7]

6월 6일 [7월 14일] 맑음. 적선의 동정을 살피며, 당항포 바다에서 그대로 잤다.

6월 7일 [7월 15일] 맑음. 아침에 출항하여 영등포 앞바다에 이르러서 적선이 율포에 있다는 정보를 듣고 복병선으로 하여금 탐지하게 했다. 적선 5척이 먼저 우리 군사가 오는 것을 알고 부산 쪽 넓은 바다로 달아나는데, 우리의 여러 전선이 추격하여 사도첨사 김완이 1척을 온전히 나포했고, 우후도 1척을 온전히 나포했으며, 녹도만호 정운 역시 1척을 온전히 나포했다. 왜적의 머리 벤 수가 36급이었다.[8]

6월 8일 [7월 16일] 맑음. 우수사와 함께 적을 깰 방책을 의논하면서 닻을 내리고 바다 가운데서 밤을 지냈다.

6월 9일 [7월 17일] 맑음. 마지막으로 천성, 가덕 등지를 모두 수색했으나 왜적은 하나도 보이지 않았다. 재삼 수색해 보고 나서 군사를 돌려 당포로 돌아와 밤을 지냈다. 새벽도 되기 전[10일]에 배를 띄워 미조항 앞바다에 이르러 우수사와 다음을 기약하고 진을 파했다.

---

7) 2차 출진에서 거둔 세 번째 승첩인 당항포해전을 기록한 일기다.
8) 2차 출진의 마지막 승첩인 율포해전을 기록한 일기다.

6월 10일 7월 18일   맑음.

[6월 11일부터 8월 23일까지 일기는 빠지고 없음.]9)

---

9)   한산승첩, 안골포승첩이 7월에 이루어지는데 유감스럽게도 7월 일기는 없다.

☾ 8월 부산대첩, 왜적의 본진을 격파하다

> 8월은 부산포승첩을 위한 달이다. 8월 1일 전라좌·우수군이 좌수영 앞바다에 모여 23일간 기동진법 훈련을 하고 24일 부산포를 향해 출전하여 9월 1일 부산포승첩을 거두는데, 일기는 8월 24일 여수 출발부터 8월 28일 가덕도에 도착할 때까지만 남아 있다.

8월 24일 9월 29일 맑음. 객사에서 정 영공조방장 정걸을 만나고 동헌에서 아침밥을 같이 했다. 곧장 자리를 침벽정枕碧亭으로 옮겨 부산포로 가서 적을 칠 일을 의논하는데 우수사가 와 셋이서 점심을 함께 하며 뜻을 같이 했다. 오후 4시쯤에 배를 띄워 노를 재촉해 노량에 이르러 바다 가운데 닻을 내렸다. 다시 자정에 달빛을 타고 행선하여 사천 모사랑포[1]에 이르니 동이 트는데 새벽 안개가 사방에 잔뜩 끼어 지척을 분간하기 어려웠다.

8월 25일 9월 30일 맑음. 오전 8시쯤에 안개가 걷히고 삼천포 앞바다에 이르니 평산포만호가 와서 공장公狀[2]을 바쳤다. 거의 당포에 다다랐을 때 경상우수사와 만나 배를 매어 놓고 적을 칠 일을 의

---

1) 경상남도 사천시 용현면 주문리.
2) 공식적으로 만날 때 내는 편지.

논했다. 오후 4시쯤에 당포에 도착했고 거기서 밤을 지냈다. 한밤중에 잠시 비가 내렸다.

8월 26일 10월 1일   맑음. 견내량見乃梁에 이르러 배를 세우고 우수사와 더불어 적을 칠 일을 의논했다. 순천부사 권준도 왔다. 저녁에 배들을 옮겨 각호사角乎寺3) 앞바다에서 밤을 지냈다.

8월 27일 10월 2일   맑음. 영남우수사와 함께 의논하고, 배를 옮겨 거제 칠천도에 이르자 웅천현감 이종인李宗仁이 와서 이야기했다. 들으니, 왜적의 머리를 35급이나 베었다고 한다. 저물녘에 제포4)의 서쪽 원포院浦5)로 건너가니 밤이 벌써 10시나 되었다. 배 위에서 잤다. 서풍마저 차게 부니 나그네 마음이 산란한 데다 이날 밤에는 꿈자리조차 심히 사나웠다.

8월 28일 10월 3일   맑음. 새벽에 앉아 지난 밤의 꿈을 다시 생각해 보았다. 처음에는 흉몽凶夢같이 생각되었지만 다시 바꾸어 생각해 보니 길몽吉夢이라 생각되었다. 가덕에 도착했다.

> 덧붙이는 말   적의 본진이 있는 부산을 공격하여 꼭 이기면 좋겠지만 너무 벅찬 전투였다. 그 끝에 이순신은 27일 악몽(시신을 보고 상여 나가는 꿈이었을 것이다.)을 꾸었다. 그러나 마

---

3) 경상남도 거제시 사등면 오량리에 있는 신광사.
4) 경상남도 창원시 진해구 웅천2동.
5) 경상남도 창원시 진해구 원포동.

음을 바꾸어 부정적 의식에서 벗어나고자 했다. 그래서 그는 이날 일기에서 보듯 흉몽을 길몽으로 여기며 애써 마음을 돌려 부산포해전을 대승첩으로 이끈다.

[8월 29일부터 계사년 1월 30일까지 일기는 빠지고 없음.]

癸巳日記 / 계사일기

1593

계사년 봄에도 전쟁은 계속된다. 명나라 군사는 참전 후 벽제관 전투에서 패배하자 싸움을 피하고 강화회담 쪽으로 말머리를 돌린다. 왜적들이 남하하자 조정에서는 적이 본국으로 퇴각하는 줄 알고 이순신에게 도망가는 적을 죽이라고 여러차례 다그친다. 그러나 적은 일부 철수하지만 아직도 5만의 병력을 남겨 남해안 쪽에 성을 쌓고 주둔시켜 재침의 시기를 노린다. 이순신은 견내량을 고수함으로써 조선 바다를 지켜 낼 수 있다는 확신 아래 7월에 한산도로 진을 옮겼고, 8월에 겸삼도수군통제사라는 새 직함을 맡아 3년 8개월간, 견내량을 두고 적과 대치하면서 한산도 생활을 시작한다.

🌙 2월 왜적 소탕을 위해 웅천으로 가다

계사년 2월은 웅포해전을 치르는 달이다. 이순신은 조정의 명령을 받고 이달 6일에 웅천의 웅포로 나가 2월 내내 웅포의 적을 친다. 웅포해전은 임진년의 4대 전투와 같이 제해권을 좌우하는 큰 전투는 아니었고, 이후에도 그런 전투는 없다. 임진대첩 이후 적이 이순신에게 겁먹고 더 이상 바다에서는 그와 싸우려 하지 않았기 때문이다. 당시 왜적은 전쟁을 끝내고 돌아가는 것이 아니라 남쪽에 진지를 구축하고 강화협상을 유리한 국면으로 이끌고자 했는데, 우리 조정은 적이 퇴각하는 줄 알고 이순신에게 퇴각하는 적을 섬멸하라는 명령을 수없이 내린다. 이 와중에 원균은 우리 어부의 목을 베어 자기의 공功으로 삼으려는 만행을 저질러 완전히 이순신의 눈 밖에 난다.

2월 1일 3월 3일   종일 비가 왔다. 발포만호황정록, 여도만호김인영, 순천부사권준가 모여들었다. 발포진무 최이崔己가 두 번이나 군법을 어기었으므로 군율로써 처형사형했다.

2월 2일 3월 4일   늦게야 개었다. 녹도가장, 사도첨사, 홍양현감 등의 배가 들어왔으며, 낙안군수도 왔다.

2월 3일 3월 5일　　맑음. 장수들이 회합하기로 약속하고 거의 다 모였는데, 보성군수 김득광金得光가 미처 오지 못했다. 동쪽 웃방에 나와 앉아서 순천부사, 낙안군수, 광양현감과 한참 동안 의논했다. 이날 경상도에서 포로가 되었다가 돌아온 김호걸金浩乞과 나장 김수남金水南이 뇌물을 많이 받고는 "명부에 올라 있는 격군 80여 명이 도망갔다"고 거짓 보고하며 그들을 잡아 오지 않았다. 몰래 군관 이봉수와 정사립鄭思立 등을 보내 그중 70여 명을 찾아 잡아다가 각 배에 나눠 배치하는 동시에, 김호걸과 김수남은 그날로 목을 베었다. 오후 8시쯤부터는 비바람이 크게 몰아쳐 간신히 여러 배를 구호하였다.

2월 4일 3월 6일　　늦게야 개었다. 성 동쪽이 아홉 발이나 허물어졌다. 객사를 거쳐 동헌에 나가 공무를 봤다. 오후 6시경부터 비가 몹시 쏟아지더니 밤새도록 그치지 않고, 바람 또한 사납게 불어 각 배들을 간신히 구호하였다.

2월 5일 3월 7일　　경칩이라 둑제[1]를 지냈다. 비가 억수같이 내리다가 늦게야 갰다. 아침을 먹은 뒤 대청으로 나가 공무를 봤다. 보성군수가 밤을 새워 육지로 해서 달려왔으므로, 뜰 아래 붙잡아다 놓고 기일 어긴 죄를 문초하였더니 "순찰사 권율權慄와 도사 등이 명나라 군사를 접대하는 차사원差使員 사무를 맡겨 강진, 해남 등지의 고을로 불려 갔기 때문에 늦었다"고 공술하였다. 이 역시 공무라

---

1) 군대 행렬 앞에 세우는 둑기에 지내는 제사.

그 대장代將과 도훈도 및 담당 아전들만 대신 처벌했다. 이날 저녁에 서울서 온 벗 이언형李彦亨을 송별하기 위한 술자리를 베풀었다.

2월 6일 3월 8일   아침에 흐리다가 서서히 맑아졌다. 밤 2시경 첫 나팔角을 불고, 날이 새기 전 두 번째 나팔을 불고, 이어 세 번째 나팔을 불자, 배를 풀고 돛을 달아 나아갔다. 정오에는 잠시 역풍이 불었다. 저물어서야 사량2)에 도착해 거기서 잤다.

> 덧붙이는 말   그는 일기의 서두에 꼭 날씨를 자세히 적었다. 맑고 흐리고 비 오고 바람 부는 것이 어느 시간에, 무슨 비 무슨 바람이 어느 정도인지를 자세히 적는데, 그것은 배를 띄워 싸워야 하는 수군에게는 미리 헤아려야 할 필수 요인이기 때문이다. 이날도 세 번 나팔을 불며 일기 관찰을 한 후에 출항하는 모습을 보이는데 이는 이순신이 반드시 지키는 출전할 때의 모습이다.

2월 7일 3월 9일   맑음. 날이 새자 사량을 출발하여 곧장 견내량에 이르니 경상우수사 원균이 먼저 와 있기에 함께 적 칠 일을 의논했다. 기숙흠奇叔欽도 와서 보고, 이영남李英男, 이여념李汝恬도 왔다.

2월 8일 3월 10일   맑음. 아침에 영남우수사가 내 배로 와서 전라우수사가 시간을 어기고 있음을 몹시 욕하며 탓하고는 당장에 먼

---

2) 경상남도 통영시 사량면 양지리.

저 떠나겠다고 한다. 나는 애써 말려 기다리게 하고, 오늘 한낮에는 당도할 것이라 하였다. 과연 정오에 전라우수군이 돛을 달고 들어오므로 온 진중이 바라보고는 기뻐하지 않는 이가 없었다. 맞아들이고 본즉 거느리고 온 배가 40척이 안 되었다. 이날 오후 4시쯤에 출항하여 초저녁에 온천도칠천도에 도착했다. 본영에 보낼 편지를 썼다.

2월 9일 3월 11일   많은 비가 오므로 첫 나팔을 불고 날씨를 관찰하였더니 종일 큰비가 올 것 같아 출발하지 않았다. 과연 큰비가 계속 오므로 그대로 머물며 떠나지 않았다.

2월 10일 3월 12일   아침에는 흐리다가 점차 맑아졌다. 오전 6시경에 배를 띄워 곧장 웅천현 웅포[3)]에 이르니 적선이 줄지어 정박하고 있었다. 두 번이나 유인했으나 진작부터 우리 수군을 겁내어 나올 듯하다가는 돌아가 버리므로 끝내 잡아 없애지 못했다. 참으로 분하다. 밤 10시쯤에 영등포 뒤 소진포[4)]로 들어가 배를 매고 밤을 지냈다.

2월 11일 3월 13일   흐림. 아침에 순천의 탐후선정탐선이 되돌아가는 편으로 본영에 편지를 보냈다. 군사를 쉬게 하고 그대로 머물렀다.

---

3) 경상남도 창원시 진해구 남문동.
4) 경상남도 거제시 장목면 장목리 송진포.

2월 12일 3월 14일   아침엔 흐리다가 서서히 맑아졌다. 삼도의 군사[5]가 새벽에 일제히 출항하여 곧장 웅천현 웅포에 이르니 적들은 어제와 같이 나아갔다 물러갔다 하며 아무리 꾀어 보아도 끝내 바다로 나오지 않았다. 어제 오늘 두 번이나 쫓았으나 두 번 다 잡지 못하니 너무도 분하다. 이날 저녁에 도사都事가 우후에게 통지를 보냈다. 명나라 장수에게 줄 군수물자를 배정했다는 내용이라 한다. 저녁에 칠천도에 오자 비가 쏟아지기 시작해서 밤새 그치지 않았다.

2월 13일 3월 15일   비가 억수같이 쏟아지더니 오후 8시쯤에야 그쳤다. 적 토벌에 관해 의논할 일로 순천부사, 광양현감, 방답첨사를 불러다 이야기했다. 정담수鄭聃壽, 어란포만호가 와서 만나 봤다. 활과 화살을 만드는 장인匠人 대방大邦과 옥지玉只 등은 본영으로 돌아갔다.

2월 14일 3월 16일   맑음. 증조부의 제삿날이다. 이른 아침에 본영 탐후선이 왔다. 아침을 먹은 뒤에 삼도 군사들을 모아 적 칠 일을 약속할 적에 영남우수사는 병으로 오지 못했고, 전라 좌·우도의 장수들만 모여 약속했다. 다만 우후가 술에 취하여 함부로 지껄이며 떠드니 그 기막힌 꼴을 어찌 말로 다 하겠으며, 어란포만호 정담수, 남도포만호 강응표姜應彪도 역시 같은 꼬락서니였다. 이같이 큰 적을 무찌르자고 약속하는 자리에 술에 만취되어 이 지경까지 이르다니 그들의 사람됨에 통분함을 이길 길이 없다. 저녁에 칠천

---

5)   전라좌·우수군과 경상수군.

도로 돌아왔다. 가덕첨사 전응린이 보러 왔다.

2월 15일 3월 17일　　아침에 맑더니 저녁에는 비가 왔다. 날씨는 따뜻하고 바람도 잤다. 과녁을 내걸고 활을 쏘았다.[6] 순천부사, 광양현감이 왔고, 사량만호 이여념, 소비포[7]권관 이영남, 영등포만호 우치적禹致積이 또 왔다. 이날 순찰사의 공문이 왔는데, "명나라에서 수군을 보내는 것을 알리니 미리 알아서 잘 대처하라"는 것이었다. 또 순찰사의 영리營吏가 보낸 별도의 비밀 보고서에는 "명나라 군사들이 2월 1일 서울에 들어가 왜적을 모두 섬멸하려고 한다"고 하였다. 어제 약속에 못 온 원균이 저녁 무렵에 보러 왔다.

2월 16일 3월 18일　　맑은데 늦은 아침부터는 큰 바람이 불었다. 들으니 영의정 정철鄭澈이 사은사로 북경을 간다고 하여 노비단자路費單子를 정원명鄭元明에게 보내면서 그것을 사신 가는 일행에게 전하라고 일러 보냈다. 정오경에 우수사가 와 점심을 함께 먹고 갔다. 순천부사, 방답첨사도 와서 봤다. 밤 10시쯤에 신환愼環과 김대복金大福이 교서敎書 2통과 부찰사副察使의 공문을 가져왔다. 보니, 명나라 군사가 평양에 이어 바로 개성松都까지 진격했으나 이달 6일에는 벽제관에서 서울에 있는 적에게 크게 당했다는 것이었다.

2월 17일 3월 19일　　흐리기만 하고 비는 오지 않았지만 종일 동풍

---

6)　지난해 5월 29일 사천해전에서 어깨에 총상을 입은 뒤 처음으로 일기에서 활을 쏘았다는 기록이 나온다.

7)　경상남도 고성군 하일면 동화리.

이 불었다. 새벽에 재계했다.[8] 이영남, 허정은許廷誾, 정담수, 강응표 등이 와서 봤다. 오후에 우수사에게 가봤다. 새로 온 진도군수 성언길成彦吉도 봤다. 우수사와 함께 영남우수사의 배에 갔다가 선전관이 임금의 분부를 가지고 온다는 소식을 들었다. 노를 바삐 저어 진으로 돌아오는 도중에 선전표신宣傳標信[9]을 가진 선전관을 만나 급히 배 위로 맞아들여 임금의 분부를 받들고 보니, "급히 적이 돌아갈 길목으로 나가서 물길을 차단하고 도망치는 적을 섬멸토록 하라"는 것이었다. 즉시, 받았다는 답서를 써 주고 나니 밤은 벌써 새벽 2시였다.

2월 18일 3월 20일 맑음. 이른 아침에 출항하여 웅천에 이르니 적의 형세는 전날과 다름없었다. 사도첨사를 복병장伏兵將으로 임명하여 여도만호, 녹도가장, 좌·우별도장, 좌·우돌격장, 광양 2호선, 흥양 대장,[10] 방답 2호선 등을 거느리고 송도[11]에 매복하게 하고 모든 배로 하여금 적을 꾀어내게 하니 과연 적선 10여 척이 따라 나왔다. 경상도 복병선 5척이 재빨리 나아가 쫓아갈 때 다른 복병선들도 돌진해 들어가 일제히 적선들을 에워싸고 여러 무기를 쏘아 대니 왜적이 부지기수로 죽었고, 머리 1급도 베었다. 적의 기세가 크게 꺾여 다시는 나와서 항거하지 못했다. 날이 저물기 전에 장수들을 거느리고 원포로 가서 물을 긷고 어둠을 타고 영등포 바다 가

---

8) 이날은 세종(世宗)의 제삿날이다.
9) 선전관청에서 발급하던 표신(標信). 왕명이나 군사 기밀, 기타 긴급한 일을 전하는 나무 패.
10) 당시 흥양현감 배흥립은 전라순찰사 권율의 휘하로 차출되고 대신 다른 장수가 대장을 맡음.
11) 경상남도 창원시 진해구 연도동 송도.

운터에 이르렀다가 되돌아 사화랑12)에서 진을 치고 밤을 지냈다.

2월 19일 3월 21일   맑음. 서풍이 크게 불어 배를 띄울 수가 없으므로 떠나지 못했다. 남해현령에게 붓과 먹을 보냈더니 그가 와서 고맙다는 인사를 했다. 고여우高汝友, 적량만호와 이효가李孝可, 감목관도 와서 봤다. 그대로 사화랑에 진을 치고 있었다.

2월 20일 3월 22일   맑음. 새벽에 출항할 때 동풍이 약간 불었다. 적과 교전할 때에 바람이 갑자기 크게 불어 배들이 서로 부딪치고 깨어지게 되었는데 어떻게 방지할 길이 없었다. 곧 호각을 불게 하고 초요기지휘기를 올려 전투를 중지시키니 다행히도 배들이 크게 상하지는 않았다. 그러나 흥양의 1척, 방답의 1척, 순천의 1척, 본영의 1척이 서로 들이받아 깨지고 말았다. 날이 저물기 전에 소진포로 돌아와 물을 긷고 밤을 지냈다. 해 질 무렵 사슴 떼가 동에서 서로 치달리는데 순천부사가 몇 마리를 잡아 보냈다.

2월 21일 3월 23일   흐리고 바람이 크게 불었다. 이영남, 이여념이 와서 봤다. 우수사 원균과 순천부사, 광양현감도 와서 봤다. 저녁에 비가 오더니 자정이 되어서야 그쳤다.

2월 22일 3월 24일   새벽에 구름이 짙게 끼고 동풍이 크게 불었지만 적을 무찌르는 일이 급하므로 출항하여 사화랑에 이르렀고, 거

---

12) 경상남도 창원시 진해구 웅천2동.

기서 바람 멎기를 기다렸다. 이윽고 바람이 조금 자는 듯하므로 재촉하여 웅천에 이르러 삼혜三慧와 의능義能 두 승장과 의병 성응지成應祉를 제포로 보내어 곧 상륙할 것같이 하고, 또 우도의 장수들도 변변치 못한 배를 골라 동쪽으로 보내어 곧 상륙하는 것같이 했더니 왜적이 당황하여 갈팡질팡하는 것이었다. 이 틈을 타서 모든 배를 몰아 일시에 무찌르니, 적들의 세력이 분산되고 약해져서 거의 섬멸할 수 있었다. 그런데 이때 발포의 2호선과 가리포[13]의 2호선이 명령하지도 않았는데 제멋대로 돌입하다가 그만 얕은 곳에 얹혀 적에게 습격을 당하게 된 것은 참으로 통분하여 가슴이 찢어질 것만 같다. 얼마 뒤에 진도의 지휘선이 적에게 포위되어 하마터면 구하지 못할 뻔하게 된 것을 우후가 곧장 달려가 구해 냈다. 경상좌위장과 우부장은 이를 보고도 끝내 못 본 체하고 구하지 않았으니, 그 괘씸함을 이루 표현할 길이 없다. 참으로 통분했다. 곧바로 경상우수사를 힐책했지만 당연한 것처럼 말하니 탄식할 일이다. 오늘의 이 분함을 어찌 다 말하랴. 이 모두가 경상우수사로 인한 것이다. 돛을 달고 소진포로 돌아와 잤다. 아산에서 뇌雷와 분芬의 편지가 웅천 진중으로 왔고, 어머님의 편지도 왔다.

2월 23일 3월 25일 흐렸으나 비는 오지 않았다. 아침에 우수사가 보러 왔고 이른 아침에는 소비포, 영등포, 와량 등이 보러 왔으며 식후에는 원균 수사가 왔고 순천부사, 광양현감, 가덕첨사, 방답첨사도 왔다. 특히 경상우수사 원균의 음흉함은 이를 길이 없다.[14]

---

13) 전라남도 완도군 완도읍 군내리.
14) 아마도 원균은 어제의 일이 자기 쪽 탓이 아니고 전라수군의 탓이라며 대들었을 것이다.

최천보崔天寶가 서울 쪽에서 와서 명나라 군사의 소식을 자세히 전하고 조도어사調度御史의 편지와 공문도 전한 뒤 그날 밤으로 돌아갔다.

2월 24일 3월 26일 맑음. 새벽에 아산과 온양에 보낼 편지와 집에 보낼 편지를 써서 보냈다. 아침에 배를 띄워 영등포 앞바다에 이르니 비가 몹시 퍼부어 바로 댈 수가 없어서 배를 돌려 칠천량으로 돌아왔다. 비가 그침에 우수사, 순천부사, 가리포첨사, 진도군수와 함께 편하게 장막에서 회의를 했다. 초저녁에 병선과 기구를 만들어 보낼 것을 지시하는 문서와 흥양에 갈 공문을 써 보냈다. 양곡 90되로 자염말갈기을 사도록 보냈다.

2월 25일 3월 27일 맑음. 바람이 거세어 그대로 칠천량에 머물렀다.

2월 26일 3월 28일 바람이 많이 불어 종일 머물고 있었다.

2월 27일 3월 29일 날씨는 맑으나 바람이 크게 불었다. 우수사 이억기와 함께 적 칠 이야기를 했다.

2월 28일 3월 30일 맑은 데다 바람조차 없었다. 새벽에 출항하여 가덕으로 왔으나 겁에 질린 웅천의 적들은 기가 죽어 움츠리고만 있어 끌어내어 싸울 수가 없었다. 그래서 우리 배가 곧장 김해강

서낙동강 아래쪽 독사리목¹⁵⁾으로 향하는데 우부장이 변고를 알리므로 여러 배가 돛을 달고 급히 달려가 작은 섬을 에워쌌다. 관찰한즉, 경상수사 군관의 배와 가덕첨사의 사후선척후선 등 2척이 섬에서 들락날락하며 태도가 수상하므로, 잡아 와서 경상수사 원균에게 보냈더니 수사가 크게 성을 냈다. 알고 보니 그의 본심은 수급首級을 탐하여 군관을 보내어 고기 잡는 사람들의 목을 잘라 가려고 한 것이다. 초저녁에 막내아들 염苒이 왔다. 사화랑에서 잤다.

2월 29일 3월 31일   흐림. 바람이 또 몹시 불까 염려되어 배를 칠천량으로 옮겼다. 우수사 이억기가 와서 봤다. 경상우수사가 오고 순천부사와 광양현감도 와서 봤다.

2월 30일 4월 1일   종일 비가 왔다. 뜸배의 창문 밑에 쭈그리고 앉아 있었다.

---

15) 부산광역시 강서구 녹산동.

☾ 3월   한산도로 가 적을 칠 일을 궁리하다

> 2월에 이어 계속해서 바다 위에서 살며 웅천을 공격하다가 3월 8일에는 한산도로 가 그곳에서 장시간 주둔하며 적 칠 일을 의논하고 궁리한다.

3월 1일 4월 2일   잠깐 맑다가 저녁에 다시 비가 왔다. 방답첨사는 왔는데 순천부사는 병으로 오지 못한다고 한다.

3월 2일 4월 3일   온종일 비가 와 배의 봉창 밑에 쭈그리고 앉아 있자니, 온갖 회포가 가슴에 치밀어 올랐다. 이응화李應華를 불러다가 한참 이야기한 뒤 "순천부사의 배로 가서 순천부사의 병세를 알아보라"고 했다. 이영남, 이여념이 와서 그 편에 원균의 비리[1]를 들으니 실로 한탄스럽기 짝이 없다. 이영남이 일본도를 두고 갔다. 그에게 들은즉, 강진의 두 사람이 포로가 되었다가 살아 돌아왔는데 고성현령에게 붙잡혀 가서 문초를 받고 갔다고 한다.

3월 3일 4월 4일   아침에 비가 왔다. 삼짇날 명절인데도 흉악한 적이 물러가지 않으니 이렇게 군사를 거느리고 바다에 떠 있어야만 하는구나. 또 명나라 군사들이 과연 서울을 탈환한 것인지 아닌지

---

1) 2월 28일 일기 참조.

조차 모르니 민망하기 이를 데 없다. 오늘도 종일 비가 내렸다.

3월 4일 4월 5일   오랜만에 비가 개었다. 우수사가 와서 종일 이야기했다. 원 수사도 왔다. 순천부사⁽권준⁾의 병이 중해졌다고 한다. 또 소식을 들으니, 명나라 장수 이여송⁽李如松⁾이 개성까지 왔다가 북로⁽함경도⁾ 쪽로 간 왜적[2]이 설한령⁽雪寒嶺⁾을 넘었다는 말을 듣고는 전진을 포기하고 평양으로 되돌아가 버렸다고 한다. 통분하고 답답함을 이길 길이 없다.

3월 5일 4월 6일   맑았지만 바람이 몹시 사납다. 순천부사가 병으로 돌아간다기에 친히 배웅하여 보냈다. 탐후선⁽연락선⁾이 왔다. 내일로 적을 치러 가자고 약속하였다.

3월 6일 4월 7일   맑음. 새벽에 출항하여 웅천에 이르자 적들이 허겁지겁 뭍으로 도망쳐 산 중턱에 진을 쳤다. 군관들이 적진을 향해 철환과 편전을 비 오듯 쏘니 죽는 자가 무척 많았다. 사로잡혀 갔던 사천 여인 1명을 빼앗아 왔다.[3] 칠천량에서 잤다.

3월 7일 4월 8일   맑음. 우수사와 의논하여 날이 새기 전에 출항하여 걸망포[4]에 이르니 날이 이미 새었다.

---

2) 가등청정⁽加藤清正, 가토 기요마사⁾.
3) 이순신은 적을 죽이는 것 못지않게 적에 납치된 우리 백성을 데려오는 것을 소중히 여겼다.
4) 경상남도 통영시 용남면 화삼리.

3월 8일 4월 9일　　맑음. 한산도로 돌아와 아침밥을 먹고 나니 광양현감, 낙안군수, 방답첨사가 왔다. 방답첨사와 광양현감은 술과 안주를 준비해 왔고, 우수사도 왔다. 어란포만호도 쇠고기로 만든 음식 몇 가지를 보내 왔다. 저녁에는 비가 왔다.[5]

3월 9일 4월 10일　　궂은비가 종일 왔다. 원식元埴, 원균의 사촌이 와서 봤다.

3월 10일 4월 11일　　맑음. 아침에 배를 띄워 사량으로 갔다. 낙안 사람이 행재소行在所로부터 와서 전하는 말이 "명나라 군사가 진작 개성까지 왔으나 연일 비가 와 길이 질어 행군하지 못하고 있지만 날만 개면 바로 서울로 들어가기로 약속했다"고 한다. 이 말을 듣고 기쁨을 이기지 못하였다. 첨사 이홍명李弘明이 와서 봤다.

　　덧붙이는 말　　명나라 군사가 어서 빨리 서울을 탈환해 주길, 그래서 전쟁이 빨리 끝나길 바라는 마음이 간절했음을 잘 보여 준다. 그러나 명나라 군사는 남의 나라를 위해 쉽게 목숨을 바치고자 하지 않았다.

3월 11일 4월 12일　　맑음. 아침에 원 수사와 이 수사가 함께 와서 술을 마시며 이야기를 나누었다. 원 수사는 몹시 취하여 동헌으로 돌아갔다. 본영여수의 탐후선이 왔는데 돼지 세 마리를 잡아 왔다.

---

5) 이날은 이순신의 생일이다. 진중에서 맞는 생일의 모습이 이날 일기에 적혀 있다.

3월 12일 4월 13일　맑음. 아침에 각 고을에 공문을 처결해 보냈다. 본영 병방兵房 이응춘李應春도 처결한 공문들을 정리하여 돌아갔다. 아들 염과 나대용, 덕민德敏, 김인문도 본영으로 돌아갔다. 식후에 우수사의 사처방임시 숙소에서 바둑을 두는데 광양현감이 술을 가지고 왔다. 밤 12시경에 비가 내렸다.

3월 13일 4월 14일　비가 몹시 오다가 아침 늦게야 맑아졌다. 우수사 이억기와 첨사 이홍명이 바둑을 두었다.

3월 14일 4월 15일　맑음. 각 배들이 출동해 배 만들 재목을 선소에 실어다 놓고 왔다.

3월 15일 4월 16일　맑음. 우수사가 이곳으로 왔다. 여러 장수들이 관덕정觀德亭6)에서 활 쏘는 시합을 했는데, 우리 편 장수들이 66분分을 이겼다. 그러자 우수사가 떡과 술을 장만하여 왔다. 저물면서부터 비가 몹시 왔는데 밤새도록 쏟아졌다.

3월 16일 4월 17일　서서히 맑아졌다. 장수들이 또 활 쏘는 시합을 했는데, 우리편 장수들이 역시 30여 분을 이겼다. 원 수사도 왔다가 몹시 취해서 돌아갔다. 낙안군수가 왔기에 고부군수에게 가는 편지를 주어 보냈다.

---

6)　활터 정자의 별칭이다.

3월 17일 4월 18일   맑으나 종일 큰 바람이 불었다. 우수사가 제의하여 활쏘기를 했는데, 광풍 때문에 활 쏘는 모양새가 엉성해 우스웠다. 신경황申景潢이 본영에서 와서 전하기를 "임금의 분부를 받들고 선전관이 본영에 왔다"고 하기에 곧바로 그를 본영으로 되돌려 보냈다.

3월 18일 4월 19일   맑은데 모진 바람이 종일토록 불어 사람들이 마음대로 출입하지 못했다. 소비포와 아침밥을 같이 했다. 우수사와 바둑을 두어 이겼다.[7] 남해현령 기효근奇孝謹이 와서 봤는데 저녁에 돼지 한 마리를 잡아 왔다. 밤 10시경 비가 내렸다.

3월 19일 4월 20일   비 옴. 우수사와 함께 적 칠 일을 의논하였다.

3월 20일 4월 21일   맑음. 우수사와 더불어 계속 적 칠 일을 의논했다. 오후에 선전관이 임금의 분부를 가지고 온다는 소식을 들었다.

3월 21일 4월 22일   맑음.

3월 22일 4월 23일   맑음.

[3월 23일부터 4월 30일까지 일기는 빠지고 없음.]

---

7)   그의 바둑 상대는 주로 이억기 우수사와 이홍명 첨사였던 것 같다.

🌙 5월 왜적, 이순신을 피하기에 급급하다

> 여수 본영에 귀환한 지 한 달 만에 또 나아가 적을 치라는 조정의 명령을 받고 이순신은 다시 군사를 모아 경상 바다로 출진한다. 적은 이순신을 피하기만 했기에 큰 싸움은 없어도, 그는 진지를 옮겨 다니며 바다 위에서 손님을 맞이하고 군무를 처리하면서 온갖 힘든 일을 겪는다.

5월 1일 5월 30일   맑음. 날이 새자 망궐례를 드렸다.

5월 2일 5월 31일   맑음. 선전관 이춘영李春榮이 임금의 분부를 가지고 왔는데, 대개 적의 퇴로를 차단하고 적을 섬멸하라는 것이었다. 이날 보성군수, 발포만호 두 장수가 와서 만났다. 나머지 장수들은 정한 기일을 물렸기 때문에 모이지 아니했다.

5월 3일 6월 1일   맑음. 우수사가 수군을 거느리고 와 약속은 지켰지만 뒤떨어져 못 온 수군의 수가 많으니 한탄스러웠다. 선전관 이춘영은 돌아가고 연이어 이순일李純一, 선전관이 온다 한다.

5월 4일 6월 2일   맑음. 오늘이 어머니 생신이건만 가서 축수의 잔을 올리지 못하니 평생 한이 되겠다.[1] 우수사와 군관들과 함께 진해루 옆 활터에서 활을 쏘았다.

5월 5일 6월 3일   맑음. 선전관 이순일이 영남에서 돌아왔기에 아침밥을 대접했는데 전하는 말이 명에서 나에게 '은청금자광록대부銀靑金紫光祿大夫'의 작위를 내렸다고 하는데 아마도 잘못 전해진 것 같다.[2] 저녁나절에 우수사, 순천, 광양, 낙안 등과 술을 마시며 담론했으며, 군관들은 편을 갈라 활을 쏘았다.

5월 6일 6월 4일   아침에 친척 신정愼定과 조카 봉이 해포[3]에서 왔다. 저녁나절에 퍼붓듯 내리는 비가 온종일 와 개천 물이 넘쳐흘러 비를 기다리던 농민들을 만족시켜 주니 참으로 다행이다. 저녁 내내 친척 신정과 이야기했다.[4]

5월 7일 6월 5일   흐리되 비는 오지 않았다. 우수사와 함께 아침밥을 먹고 진해루에서 행군 준비를 끝낸 뒤 배에 올랐다. 떠나기 직전 발포의 도망갔던 수군을 잡아 왔기에 처형사형하고, 입대에 관한 사무를 태만히 한 순천의 이방은 일단 처형을 미루었다. 배가 남해 미조항에 이르자 동풍이 크게 불고 파도가 산더미 같아 간신히 배를 대고 잤다.

---

1) 그는 아버지가 돌아가셨을 때도 약 한 첩 달여 드리지 못하고 영결조차 못 한 것이 평생의 한이 되었다고 자책했었다.
2) 이 글에 비추어 볼 때, 임진년에 떨친 그의 명성은 명나라에도 널리 퍼져 있었음을 짐작할 수 있다.
3) 충청남도 아산시 인주면 해암리.
4) 아마도 어머니를 여수로 모셔 오는 문제에 관한 이야기였을 것이다.

5월 8일 6월 6일　　흐리되 비는 오지 않았다. 새벽에 출항하여 사량 바다 가운데에 이르니 사량만호가 나왔다. 우수사原均는 어디 있느냐고 물었더니, 지금 창신도5)에 있는데 군사들이 모이지 않아 미처 배를 타지 못했다고 한다. 곧바로 당포에 이르니, 이영남이 와서 보고 수사의 망령된 짓이 많음을 자세히 말했다. 당포서 잤다.

5월 9일 6월 7일　　흐림. 아침에 출항하여 걸망포에 이르니 바람이 순조롭지 못했다. 우수사, 가리포첨사具思稷와 한자리에 앉아 작전을 토의했다. 저녁에 수사 원균이 배 2척을 거느리고 왔다.

5월 10일 6월 8일　　흐리되 비는 오지 않았다. 아침에 출항하여 견내량에 이르렀다. 늦게 높은 곳으로 올라가 흥양의 군사를 검열하고, 약속한 날에 오지 못했거나 온 군사의 숫자가 비어 있는 장수들을 처벌했다. 우수사와 가리포첨사가 와서 모여 앉아 이야기했다. 조금 있으니 선전관 고세충高世忠이 임금의 분부를 전하러 왔는데 분부의 내용은 역시 "후퇴하여 돌아가는 왜적을 무찌르라"는 것이다. 부찰사의 군관 민종의閔宗義가 공문을 가지고 왔다. 저녁에 영남우후 이의득李義得과 이영남이 와서 밤늦게 이야기하다 헤어졌다. 봉사 윤제현尹齊賢6)이 본영에 왔다는 편지를 보냈기에 본영에서 좀 더 머물러 있어 달라고 답장을 써 보냈다.

---

5)　경상남도 남해군 창선면 창선도.
6)　이순신 누이의 사돈이다.

5월 11일 6월 9일　　맑음. 선전관 고세충이 돌아갔다. 늦게 우수사의 진중에 갔더니 이홍명이 오고 가리포첨사도 왔다. 바둑을 두었다. 뒤이어 순천부사가 오고 광양현감도 오고 가리포첨사는 술과 고기를 내었다. 조금 있자니 영등포로 적정을 탐지하러 갔던 사람들이 돌아와서 보고하기를 "가덕도 바다 멀리에 왜적선이 무려 200여 척이나 머물며 드나들고 있고 웅천의 적도 전과 다름없다"고 했다. 선전관이 돌아갈 때 임금의 분부를 효과적으로 집행하는 문제 등에[7] 관해서 도원수와 체찰사에게 보내는 3통의 서장을 1장의 서류로 만들어 보냈다. 이날 남해현령도 보러 왔었다.

5월 12일 6월 10일　　맑음. 본영 탐후선이 들어왔다. 그 편에 순찰사의 공문과 명나라 시랑 송응창宋應昌의 통첩을 가지고 왔다. 그 내용 중에는 사복시의 말 5필을 중국에 보내야 하니 올려 보내라는 지시도 있어 병방진무를 담당자로 정해 보냈다. 늦게 경상수사가 왔다. 선전관 성문개成文漑가 보러 와서 피란 중에 계신 임금의 사정을 자세히 전했다. 통곡할 일이다. 새로이 정철正鐵로 만든 총통銃筒을 비변사로 보냈다. 동시에 흑각궁黑角弓, 후시화살를 성문개에게 넉넉히 주었는데 그것은 성문개가 이일李鎰,순변사의 사위라고 했기 때문이다. 저녁에 이영남, 윤동구尹東耈가 보러 왔다. 고성현령 조응도趙應道도 보러 왔다. 이날 새벽에 좌·우도의 정찰할 군사를 뽑아 영등포 등지로 보냈다.

---

7)　삼도수군에 한 사람의 주장(主將)이 필요하다는 것 등으로 추정됨.

5월 13일 6월 11일   맑음. 작은 산등성이에 과녁을 쳐서 매달아 놓고, 순천부사, 광양현감, 방답첨사, 사도첨사 및 우후와 발포만호 등 여러 장수가 편을 갈라서 활을 쏘아 자웅을 겨루다가, 날이 저물어 배로 내려왔다. 밤에 들으니, 경상도 우수사에게 선전관 도언량都彦良이 와 있다고 했다. 밤이 되니 달빛은 배에 가득 차고, 홀로 앉아 이 생각 저 생각에 온갖 근심이 가슴을 치밀었다. 자려 해도 잠이 오지 않다가 닭이 울 때야 어렴풋이 잠이 들었다.

5월 14일 6월 12일   맑음. 선전관 박진종朴振宗과 선전관 영산령寧山令 예윤禮胤이 임금의 분부를 받들고 한꺼번에 왔다. 그들에게서 피란 중인 임금의 사정과 명나라 장수들이 하는 짓거리를 들으니 참으로 통탄스럽다. 나는 우수사의 배에 옮겨 타고 선전관들과 이야기하는데 술이 두어 순배巡杯 돌았을 때 경상우수사 원균이 나타나서 형편없이 술주정을 했다. 배 안의 모든 장병들 중 분개하지 않는 이가 없었고 그 고약스런 짓을 말로 다 할 수가 없다. 영산령은 술에 취해 넘어져 정신을 못 차리니 어처구니가 없다. 저녁에 두 선전관이 돌아갔다.

5월 15일 6월 13일   맑음. 아침에 낙안군수가 와서 봤다. 조금 지나서 윤동구가 그의 대장원균의 장계 초본을 가지고 와서 보이는데, 거짓으로 속이는 것이 이루 말로 다 할 수가 없다. 늦은 아침에 조카 해荄와 아들 울蔚이 봉사 윤제현과 함께 왔다. 점심나절 과녁을 걸어 놓은 활터로 가서 순천부사, 광양현감, 사도첨사, 방답첨사 등이 승부를 겨루기에 나도 한몫 거들어 쏘았다. 저녁에 배로 돌아와 기다리고 있던 윤 봉사와 여러 이야기를 나누었다.

5월 16일 6월 14일   맑음. 아침에 적량만호 고여우, 감목관 이효가, 이응화, 강응표가 보러 왔다. 각 고을 공문과 소장에 대한 처결을 해주었다. 조카 해와 아들 회가 돌아갔다. 몸이 몹시 불편하여 베개를 베고 신음했다. 들으니 "명나라 장수가 중도에서 진격을 늦추며 머뭇거리는 것은 무슨 딴 모략이 있는 것 같다"고 한다. 나라를 위해서 걱정이 많은 중에 일마다 이 모양이니 더욱더 한심스러운 생각이 들어 눈물을 지었다. 낮에 윤 봉사에게서 서울 관동^{명륜동}의 숙모가 양주 천천으로 피란 갔다가 거기에서 세상을 떠나셨다는 말을 듣고 통곡함을 참지 못했다. 언제부터 세상사가 이렇게 차가운고! 장사는 누가 맡아서 지내는지? 대진大進이 먼저 죽었다니 더욱더 슬픈 일이로다.

5월 17일 6월 15일   맑음. 새벽에 바람이 크게 불었다. 순천부사, 광양현감, 보성군수, 발포만호와 이응화가 보러 왔었고, 변존서는 병 때문에 돌아갔다. 경상수사가 군관을 시켜 진양^{진주}의 긴급 보고서를 전했다. 보니 "제독 이여송은 지금 충주에 있으면서 적을 친다고는 하지만 적도들은 오히려 사방으로 흩어져 분탕질과 약탈을 일삼고 있다"고 하니 통분하고 또 통분하다. 종일 바람이 몰아치니 마음도 산란하다. 고성현령이 군관을 보내어 문안하고 겸해서 추로수^{약술 이름}와 쇠고기 요리, 꿀통을 가져 왔으나, 복중^{숙모상}이라 받자니 미안하고 정으로 보낸 것을 의리상 돌려보낼 수도 없으므로 군관들에게 내주었다. 몸이 몹시 불편하여 일찍 배 안의 방으로 들어 갔다.

5월 18일 6월 16일 맑음. 이른 아침에 몸이 무척 불편하여 온백원위장약 네 알을 먹었다. 우수사와 가리포가 와서 만나고 조금 있으니 시원하게 설사가 나오며 좀 편안해진 듯하다. 종 목년木年이 해포에서 왔는데 어머니께서 평안하시다고 한다. 곧 답장을 써서 돌려보내며 미역 5동1동은 10가닥을 함께 보냈다. 접반사接伴使에게, 적의 형세에 치기 쉽고 어려운 점과 또 삼도수군에 한 사람의 주장主將을 세워야 한다는 점 등 3건의 공문을 1장의 서류로 만들어 보냈다. 전주부윤이 공문을 보냈는데, 자신이 임시로 지금 순찰사의 직무까지 겸직하게 되었다고 하면서도 겸직한 순찰사의 도장은 찍지 않았으니 그 까닭을 모르겠다. 대금산과 영등포 등지의 탐망군이 돌아와 보고하기를, "왜적선이 출몰은 하지만 그리 대단한 흉모兇謀는 없다"고 했다. 새로 협선 2척을 만드는 데 사용할 못이 없다고 한다.

5월 19일 6월 17일 맑음. 아침밥을 윤 봉사와 함께 먹는데 장수들이 애써 권하여 억지로 고기를 먹게 되니 비감해 가슴이 메었다. 순찰사의 공문에는 "명나라 장수유원외劉員外의 패문에 따라 왜적이 점령한 부산 바다 어귀로 진작에 나아가 길을 끊어 막았어야 했다"고 했다. 공문을 즉시 받았다는 확인서와 공무에 관해 청원하는 글을 써서 보성 사람을 시켜서 보냈다. 순천부사가 쇠고기 등을 보내 왔다. 방답과 이홍명을 만났고 기숙흠도 보았다. 영등포 탐망인이 와서 다른 변고는 없다고 보고했다.

5월 20일 6월 18일 맑음. 날이 밝아 대금산의 탐망군이 와서 보고

하는 것도 전날 영등포의 보고와 마찬가지였다. 순천부사가 다녀 갔다. 소비포권관도 왔다 갔다. 정오경 탐망군이 와서 왜선이 1척도 보이지 않는다고 보고하므로 본영 군관에게 "왜적의 물건공물貢物을 실어 오도록 하라"는 편지를 썼다. 이 편지를 흥양 사람이 가지고 떠났다.

5월 21일 6월 19일　새벽에 출항하여 거제 유자도[8]가 있는 바다에 이르니, 대금산 탐망군이 와서 "적이 여전히 드나들고 있다"고 했다. 저녁에 우수사와 오랫동안 이야기했다. 이홍명이 다녀갔다. 오후 2시쯤부터 비가 내리기 시작하니 농작물이 좀 소생할 것 같다. 이영남이 왔기에 만나 보니 "수사 원균이 거짓 내용으로 통문을 돌려 군사들을 속이고 이간질함으로써 대군을 동요하게 했다"고 한다. 그 음흉함을 이루 말할 수 없다. 밤새도록 광풍이 몰아치고 비까지 내렸다. 새벽녘에 이르러 거제 선창에 배를 대니 곧 22일이다.

5월 22일 6월 20일　사람들이 바라던 차에 비가 아주 흡족하게 왔다. 늦은 아침에 나대용이 본영에서 기별을 가지고 왔는데, 그 내용은 "명나라 시랑 송응창의 패문과 이를 가지고 오는 그의 파견원과 전라도의 도사와 선전관 한 사람이 들어온다"는 것이다. 송시랑의 파견원은 전선을 살펴보기 위하여 온다고 했다. 곧 이들을 영접하도록 우후를 내보냈다. 오후에 칠천량으로 진을 옮겨온 뒤 접대할 절차를 문의하기 위해 나대용을 내어보냈다. 저녁에 방답이 와서 명나라 관리를 접대하는 일에 관해 조언했다. 경상우수사

---

8) 경상남도 거제시 고현동의 작은 섬. 지금은 매립되었다.

의 군관 김준계金遵繼가 와서 그 대장원균의 의사를 전하고 갔다. 비가 종일 그치지 않았다. 흥양군관 이호李琥가 죽었다는 보고를 받았다.

5월 23일 6월 21일   흐리기만 하고 비가 오지 않더니 늦게는 비가 오락가락했다. 우수사가 오고 이홍명도 왔다. 경상우병사 최경회崔慶會의 군관이 와서 적의 소식을 전하고, 또 본도전라도 병사선거이宣居怡의 편지와 문서가 왔는데, "창원에 있는 적을 치고 싶으나, 적의 형세가 거세기 때문에 경솔히 나아갈 수 없다"고 했다. 저녁에 급히 아들 회가 와서, 명나라 관원이 여수 본영에 이르렀고 바로 배를 타고 출발했기 때문에 곧 이리로 들어올 것이라고 전했다. 어두워진 후에 경상수사도 명나라 관원을 접대하는 일로 와서 의논하였다.

5월 24일 6월 22일   비가 오락가락했다. 손님을 맞기 위해 아침에 거제 앞 칠천량 바다 어귀로 진을 옮겼다. 나대용이 명나라 관원을 사량 바다 가운데서 발견하고 먼저 와서 전하되, "명나라 관원과 통역 표헌表憲과 선전관 목광흠睦光欽이 함께 온다"고 한다. 오후 2시쯤에 명나라 관원 양보楊甫가 진문에 도착했다. 영접 책임을 진 우별도장 이설李渫이 나가 맞아 배로 안내하여 오니 우선 우리 배의 위용을 보고 매우 기뻐하는 기색이다. 내가 탄 배로 청하여 오르게 하고, 황제의 은혜를 재삼 사례하며 마주 앉기를 청하니 굳이 사양하며 선 채로 한 시간이 지나도록 이야기하면서 수군의 위용이 훌륭하다고 칭찬을 아끼지 아니했다. 예단을 올리니, 처음에는 굳이 사양하는 듯하다가 마침내 받고는 매우 기뻐하면서 두 번

세 권 감사하다고 사례했다. 표신을 상 위에 모신 후, 선전관과 조용히 의논하였다. 아들 회가 밤에 본영으로 돌아갔다.

5월 25일 6월 23일   맑음. 명나라 관원과 선전관은 어제 취한 술이 쉽게 깨지 않는 모양이다. 아침에 통역 표헌을 청하여 명나라 장수가 무슨 말을 하던가 하고 물으니, "명나라 장수의 의사가 어떤지는 잘 알 수가 없고, 다만 왜적을 쫓아 보내고 싶다고만 자꾸 얘기하더라"고 했다. 또 역관이 이어 말하기를 "송 시랑이 수군의 허실을 알고자 하여 그가 거느린 군중軍中의 탐정 양보를 보낸 것인데, 우리 수군이 이렇게도 장하니 기쁘기 한이 없다"고 했다. 늦게 명나라 관원이 본영으로 돌아갔다. 그들이 노자로 쓸 비용도 체지로써 주었다. 정오에 거제현 앞에 있는 유자도 앞바다 가운데로 진을 옮기고서 우수사와 오랫동안 군사 문제를 토의했다. 광양현감이 왔고 최천보와 이홍명은 와서 바둑을 두다 헤어졌다. 저녁에 조붕 趙鵬, 원균의 군관이 와서 이야기하다 갔다. 오후 8시가 넘어 영남에서 오는 명나라 사람 2명과 우감사영의 아전 한 사람과 접반사 군관 한 사람이 진문에 이르렀는데 밤이 깊어 맞아들이지 못했다.

5월 26일 6월 24일   비가 많이 왔다. 아침에야 명나라 사람을 만나보았다. 그는 절강성의 포수 왕경득王敬得인데 글자는 좀 알고 있으나 거듭 말만 하므로, 한참이나 이야기했지만 알아들을 수 없어서 답답했다. 순천부사가 개고기를 삶아 차려 놓았고, 광양현감이 오고 우수사도 와 함께 이야기했다. 가리포는 청했으나 오지 않았다. 비는 그치지 않고 밤새도록 퍼붓듯이 왔으며 밤 10시쯤부터 바람마저 세게 불어 모든 배를 안정시킬 수가 없었다. 처음에는 우수사의 배와 맞부딪치는 것을 간신히 구해 놓았더니, 또 발포만호가 탄 배와 맞부딪쳐 부서질 뻔하다가 겨우 면했다. 군관 송한련이 탄 협선은 발포 배에 부딪쳐 많이 상했다고 한다. 비바람이 지나간 뒤에 경상우수사가 와서 봤다. 순변사 이빈李薲이 공문을 보냈는데, 실제보다 지나친 말이 많이 쓰여 있으니 우습다.

5월 27일 6월 25일 비바람에 배들이 계속 부딪칠 것 같아 진을 유자도로 옮겼다. 협선 3척이 간 곳 없더니 저녁나절에야 들어왔다. 순천과 광양이 와서 개고기를 차려 냈다. 영남병사최경회의 답장이 오고, 전라병사선거이의 편지도 왔다. 영남병사의 답장에는 원 수사가 송경략이 보낸 화전火箭9)을 저 혼자만 쓰려고 계획해 가만히 두고만 있다 한다. 비웃음거리다. 전라병사의 편지에는 "오늘 창원의 적들을 토멸하러 가다가 궂은비가 오고 개지 않아 실행하지를 못했다"고 했다.

5월 28일 6월 26일 종일 비가 왔다. 순천부사와 이홍명이 왔기에 적 칠 일을 의논했다. 광양현감을 그대로 유임되게 해달라는 장계를 가지고 갔던 사람이 돌아와 알려 주기를, "임금도 독운어사 임발영任發英을 아주 부정한 사람으로 보고 '조사하여 처벌하라'는 분부를 내렸다 하였고, 수군 일족의 징발에 관한 것에 대해서는 '전처럼 하라'는 명령을 내렸다"고 했다. 비변사의 공문이 왔는데,

---

9) 불로 적을 공격하는 무기.

광양현감은 그대로 유임시킨다는 것이었다. 같이 온 서울의 관보소식지를 들여다보니 통분함을 금치 못했다. 용호장의병장의 특칭 성응지成應祉를 그 배를 갈아탈 수 있게 하는 전령傳令을 주어 본영으로 내보냈다.

5월 29일 6월 27일   비가 계속 왔다. 방답첨사와 영등만호 우치적이 왔기에 만났다. 접반사김수金睟, 도원수김명원金命元, 순변사이빈, 순찰사권율, 전라병사선거이, 전라도방어사이복남李福男에게 공문을 보냈다.[10] 오후 8시쯤 변유헌卞有憲[11]과 이수李銖 등이 보러 왔다.

5월 30일 6월 28일   종일 비가 오다가 오후 4시쯤 개는 듯하더니 도로 비가 내렸다. 아침에 윤 봉사가 문안을 오고, 변유헌도 왔길래 적의 동태를 물어보았다. 이홍명이 다녀갔다. 원 수사가 송 경략이 보낸 화전을 혼자서만 쓰려고 꾀하길래 병사선거이의 공문을 통해서 "나누어 보내라"고 했는데도 듣지 않고 '화살 전부를 혼자 쓰라고 받은 것'이라는 등 무리한 말만 자꾸 지껄이고 있다니 우습다. 명나라 고관이 보낸 화전 1,530개를 나눠 쓰지 않고 온통 혼자서만 쓰려 하는 그 심보가 고약하기 짝이 없다. 저녁에 조붕이 와서 하는 이야기는 남해 기효근의 배가 내 배 곁에 대었는데 그 배에다 어린 색시를 싣고서는 남이 알까 봐 쉬쉬한다는 것이다. 가소롭다. 이같이 나라가 위급한 때를 당했어도 예쁜 색시를 태우고 거

---

10) 당시 왕명을 전하거나 전시 작전지휘 감독권을 행사하는 사람들이 체찰사, 어사 외에도 이처럼 층층이 겹쳐 있었다. 이순신은 군사에 관한 명령이 한 군데서 나오지 않아 매우 혼란스럽다고 자주 한탄했다.

11) 이순신 누이의 아들이다.

기에 마음을 쏟으니 그 마음 씀씀이가 장수로서 될 말인가. 그러나 그 대장이라는 원 수사 역시 그러하니 어찌하랴. 윤 봉사는 일이 있어서 본영으로 돌아갔다. 군량미 14섬을 실어 왔다.

☾ 6월 진주성 함락의 비보를 듣다

> 5월에 이어 6월에도 한산도, 견내량을 중심으로 진을 옮겨 가며 바다를 지킨다. 왜적은 이순신 함대만 보면 싸움을 피한다. 5월 말이나 6월 초순에 어머니를 여수 곰내 마을로 모셔 온 듯하다. 또 하순에는 진주성전투에 많은 관심을 기울이고 걱정했음을 볼 수 있는데, 진주는 호남을 지켜 내는 요충지이기 때문이다.

6월 1일 6월 29일   맑음. 아침에 탐후선이 들어왔다. 그 편에 온 어머님 편지를 보니 평안하시다고 한다. 다행이다. 아들의 편지와 조카 봉의 편지도 한꺼번에 왔는데 "명나라 관원 양보가 왜물(倭物)[1]을 보고 아주 좋아하면서 말 안장을 하나 가지고 갔다"고 했다. 순천과 광양이 보러 왔다. 탐후선이 왜물을 가져왔다. 충청수사 정걸이 왔다. 나대용, 김인문, 방응원 및 조카 봉도 왔다. 그 편에 어머님이 편안하시다는 기별도 들었다. 다행이다. 충청수사와 더불어 조용히 이야기하다가 저녁밥까지 대접했다. 그때 들으니 "황해도에서 왕자들과 함께 잡힌 장계군 황정욱(黃廷彧)과 순변사 이영(李瑛)이 포로에서 풀려나기 위해 왜장들과 굴욕적인 강화를 논의하더라"하니 개탄을 금할 수 없다.

---

1) 왜로부터 노획(鹵獲)한 물건.

> **덧붙이는 말** 이순신은 수군병력 강화를 위해 5월 중순경 두 차례에 걸쳐 충청수군의 지원을 요청한다. 그 요청이 받아들여져 이날 충청수사가 경상도로 왔다. 2개월 후 이순신을 통제사로 삼을 때는 충청도가 포함된 겸삼도수군통제사로 임명한다.

6월 2일 6월 30일 맑음. 아침에 본영에 공문을 처결하여 보냈다. 온양의 강용수姜龍壽가 진으로 와서 명함만 들여보내고는 먼저 경상수사에게 갔다. 본영 판옥선과 군관 송두남宋斗南, 이경조李景祚, 정사립이 본영으로 돌아갔다. 순찰사의 군관이 적의 정세를 물으러 왔길래 우수사와 상의해 자세히 대답해 보냈다. 강용수가 원견元埍과 함께 다시 왔길래 양식 5말을 주어 보냈다. 정 영공정걸이 내 배에 와서 이야기했고 가리포도 와 이야기하였는데, 함께 적을 쳐부수어 물리치자 다짐하고 헤어졌다.

6월 3일 7월 1일 아침에는 맑더니 저녁나절에 비가 많이 왔다. 지휘선上船을 연기로 그을리기 위하여 좌별도장의 배로 옮겨 탔다. 막 활을 쏘려 하는데 큰비가 내리기 시작했다. 온 배 안에 비가 새지 않는 곳이 없어 마른자리를 골라 앉을 데가 없으니 한심스럽다. 평산포김축金軸, 소비포이영남, 방답이순신李純信이 함께 보러 왔다. 저물녘에 순찰사권율, 순변사이빈, 병사선거이, 방어사이복남의 공문이 왔는데 딱한 사정이 많았다. 각 도의 군마軍馬가 많아야 5,000을 넘지 못하고, 또 양식도 거의 다 떨어져 간다고 한다. 왜적의 발악은 날로 더해 가는데 우리 하는 일은 일마다 이러하니 과연 모두가 나라를 위해 무엇을 하며 지위를 누리고 있는 것인지! 어찌하랴! 어찌하랴! 초저녁에 지휘선으로 돌아와서 잠자는 방으로 들어갔다. 비는 밤새도록 내렸다.

6월 4일 7월 2일   종일 비가 왔다. 식전에 순천부사가 왔고, 식후에는 충청수사와 이홍명과 광양현감이 와서 종일 적 무찌를 일을 의논하였다.

6월 5일 7월 3일   종일 비가 쏟아져 배 밖으로 나다닐 엄두가 나지 않았다. 낮에 우수사가 왔다가 해 진 뒤에 돌아갔다. 저물녘에는 바람이 몹시 세차게 불므로 각 배를 간신히 구호했다. 이홍명이 왔다가 저녁밥을 먹고 돌아갔다. 경상수사가 웅천의 적도들이 혹 감동포[2]로 들어가기도 하니 지금 들어가 치자고 공문을 보냈다. 그 음흉한 꾀가 가소롭다.

> 덧붙이는 말   웅포에서 부산까지는 워낙 많은 적이 수륙으로 배치된 까닭에 부산 쪽으로 출병해 적을 깨는 것이 사실상 불가능함에도 원균은 계속 부산 쪽으로 출병을 재촉해 이순신을 곤경에 빠트린다.

6월 6일 7월 4일   개다 비 오다 했다. 순천부사가 보러 와 만났더니 보성군수가 교체되고 그 자리에 김의검金義儉이 임명되었다고 한

---

2)   부산광역시 북구 구포동.

다. 충청수사가 배에 왔기에 적 칠 일을 의논했다. 이홍명이 왔다. 방답첨사도 왔다가 곧 돌아갔다. 저녁에 본영 탐후인이 와서 어머니께서 편안하시다고 한다. 또 흥양 도양장에서 오는 말들이 낙안에 와서 모두 죽었다 하니[3] 경악을 금치 못했다.

6월 7일 7월 5일　　흐리되 비는 오지 아니했다. 순천과 광양이 오고 충청수사도 오고 이홍명도 와서 종일토록 적 칠 일을 의논하였다. 저녁에 본도 우수사의 우후이정충李廷忠가 와서 서울 안 소식을 낱낱이 전하였다. 분노와 한숨이 나오는데 끝이 없다.

6월 8일 7월 6일　　잠깐 맑다 말고 바람도 고르지 않았다. 경상수사의 우후이의득가 군관을 시켜 생전복을 선사하였기에 옥구슬 30개를 답물로 보내 주었다. 군관 나대용이 병으로 본영에 돌아갔고, 병선 진무 유충서도 병으로 교체되어 육지로 올라갔다. 광양현감이 오고 소비포도 왔는데 광양현감은 쇠고기를 가져와 함께 먹었다. 탐후선이 들어왔다. 각 고을의 담당 아전 11명을 처벌했다. 옥과玉果의 향소鄕所[4]는 전년부터 수군을 징집해 보내는 사무를 게을리하여 결원이 거의 수백 명에 이르렀는데도 매양 속이고 허위 보고를 했다. 그래서 오늘은 목을 베고 높이 매달아 보였다. 모진 바람은 그치지 않고 마음속도 산란했다.

6월 9일 7월 7일　　지루하던 장마가 걷히니 진중의 장병들 중 기

---

3)　사복시에 보낼 말들이 폐사한 듯 보인다.
4)　군사 징발 업무 담당자.

뻐하지 않는 이가 없다. 몸이 몹시 불편하여 종일 배에 누워 있었는데 순천부사와 광양현감이 와서 개고기를 차려 내놓았다. 접반사의 공문이 왔다 해서 보았더니 "제독 이여송이 문경새재를 넘어 왜군을 추격하다 말고 충주로 되돌아 가버렸다" 하니 실망했다. 의병 성응지가 돌아오면서 본영의 군량미 50석을 싣고 왔다.

6월 10일 7월 8일   맑음. 우수사와 가리포가 오고 순천도 왔기에 작전 계획을 세부적으로 의논했다. 삿자리 草표 20닢을 짰다. 저녁에 영등포 탐망군이 와서 보고하는데, 웅천의 적선 4척이 제 나라로 돌아갔고 또 김해 어귀에 적선 150여 척이 나타났는데 19척은 제 나라로 돌아가고 그 나머지는 부산을 향해 갔다고 한다. 수사 원균이 밤 2시쯤에 또 공문을 보냈는데, 내일 새벽에 나아가 적을 치자는 것이었다. 끝없는 흉계와 시기하는 꼴을 말로써는 다 못 하겠다. 나가서 적을 치는 일도 다 때가 있는 것이다. 네 고을로 군량에 대한 공문을 만들어 보냈다.

6월 11일 7월 9일   잠깐 비가 오다가 개었다. 아침에 영남우수사 원균의 어젯밤 공문 중에 "적을 칠 때가 이때다"고 억지 부린 부분을 철회하라고 공문을 작성하여 원균에게 보냈더니 술에 취하여 정신이 없다는 핑계를 댈 뿐 고쳐 들으려 하지 않았다. 12시 약속 시간에 맞춰 충청수사의 배로 갔더니 그가 먼저 내 배에 와서 기다린다기에 다시 내 배로 와서 충청수사와 잠깐 이야기하고 헤어졌다. 그길로 우수사의 배로 갔더니 마침 가리포첨사, 진도군수, 해남현감 등이 우수사와 술자리를 차려 놓고 마시고 있길래 나도 몇 잔 마시고 돌아왔다. 탐후인이 와서 고목告目, 정찰 보고서을 바치고 갔다.

6월 12일 7월 10일   잠깐 비가 오다가 개었다. 아침에 흰 머리카락 여남은 오라기를 뽑았다. 머리카락이 흰들 무엇이 어떠하랴마는 다만 위로 늙은 어머님이 계시기 때문이다. 종일 혼자 앉아 있는데 사량만호가 찾아와 만나고 갔다. 밤 10시쯤에 변존서와 김양간金良幹이 들어와 행궁行宮의 기별을 전하는데, 동궁東宮, 광해군께서 병으로 편치 않다고 하니 걱정스럽기 짝이 없다. 정승 류성룡의 편지와 지사 윤우신尹又新의 편지가 왔다. 종 갓동㖚同과 철매哲每가 병으로 죽었다 하니 참 가엾구나! 승려 해당海棠도 왔다. 밤에 원 수사의 군관이 와서 "명나라 정탐 군인 5명이 은밀히 들어왔다"고 전해 주고 갔다.

6월 13일 7월 11일   맑음. 저녁나절에 잠깐 비가 오다가 그쳤다. 명나라 사람 왕경王敬과 이요李堯가 와서 수군의 상황을 살피고 갔다. 그들에게 들으니, 제독 이여송이 적을 진격하지 않다가 명나라 조정으로부터 문책을 당했다고 한다. 그들이 들려주는 말마다 분격할 일뿐이어서 참으로 비분강개했다. 저녁에 진을 거제 땅 세포5)로 옮겨 머물렀다.

6월 14일 7월 12일   비가 잠깐 오다가 개었다. 아침밥을 먹은 후에

---

5)   견내량 근처인 지금의 성포.

낙안이 보러 왔다. 가리포첨사를 청해 아침밥을 같이 했다. 순천부사, 광양현감도 왔는데 광양현감은 개고기를 차려 내놨다. 전운사轉運使 박충간朴忠侃의 공문과 편지가 왔다. 경상좌·우수사[6]의 공문이 왔다. 저물녘에 비바람이 세게 치더니 얼마 뒤에 그쳤다.

6월 15일 7월 13일 비가 잠깐 오다가 개었다. 우수사, 충청수사, 순천부사, 낙안군수, 방답첨사 등을 청해 철맞이 음식을 먹으면서 함께 이야기하다가 저물어서야 헤어졌다.

6월 16일 7월 14일 잠시 비가 왔다. 저녁나절에 낙안군수를 통하여 진해의 고목을 얻어 보니 "함안에 있는 각 도의 대장들이 왜군이 황산동으로 나가 진을 쳤다는 소문을 듣고는 모두 진양과 의령으로 물러나서 방어한다"고 한다. 참으로 놀라운 일이다. 순천, 광양, 낙안이 왔다. 초저녁에 영등포의 탐망군이 와서 보고하는데, 김해, 부산에 있던 적선 무려 500여 척이 안골포, 웅포, 제포 등지로 들어왔다고 한다. 다 믿을 수는 없지만, 적도들이 세력을 모아서 옮겨 다니며 침범할 계획도 없지 않을 것이므로 우수사와 충청수사 정걸에게 이 사실을 공문으로 통지해 두었다. 밤 10시쯤에 대금산 탐망군이 와서 보고하는 것도 마찬가지였다. 송희립을 경상우수사에게 보내 의논하게 하니, 내일 날이 밝으면 군사를 거느리고 오겠다고 했다. 아직 적의 계책을 헤아리긴 어렵다.

---

6) 당시 경상좌수사 이수일(李守一)은 보임은 되었으나 군사가 흩어지고 없어 실제 전투에는 참여하지는 않은 듯하다. 그래서 경상우수사를 그냥 경상수사 혹은 영남수사로 부르곤 했다.

> 덧붙이는 말 왜적은 당시 제2차 진주성 공격을 대대적으로 준비하고 있었다. 6월 15일 함안 점령, 18일 의령 점령 후 22일부터 진주성을 공격한다. 이순신은 우리 육군이 초기부터 방어선을 물려 후퇴하는 것을 보고 놀라워한다. 또 수시로 적의 진주 공격 소식을 들으며 걱정하기 시작한다.

6월 17일 7월 15일 비가 오다 개다 하였다. 이른 아침에 경상우수사 원균, 전라우수사 이억기, 충청수사 정걸 등이 와서 계책을 의논했는데, 함안에 있던 장수들이 진주로 후퇴하여 방어한다는 것이 사실이었다. 식사를 한 뒤에 이억기의 배로 옮겨 가서 종일 토론했다. 조붕이 창원에서 돌아와선, 진주로 가는 적세가 너무 대단하다고 했다.

6월 18일 7월 16일 혹 비도 오고 혹 개기도 했다. 아침에 탐후선이 들어왔는데 한가로이 있다가 닷새 만에야 돌아왔으니 매우 잘못된 일이라 곤장을 때려 보냈다. 오후에 경상우수사의 배로 가서 같이 앉아 군사 일을 의논하면서 계속 한 잔 한 잔 하다가 몹시 취하여 돌아왔다. 부안의 용인이 와서 자기 모친이 갇혔다가 풀려 나왔다고 했다.

6월 19일 7월 17일 혹 비도 오고 혹 개기도 했다. 바람이 세차게 불며 그치지 않기에 진을 오양역[7] 앞으로 옮겼으나, 바람에 배를

---

7) 경상남도 거제시 사등면 오량리.

고정할 수가 없어서 다시 고성 역포[8]로 옮겼다. 봉과 변유헌 두 조카를 본영으로 보내어 어머니의 안부를 알아 오게 하였다.[9] 왜물과 명나라 장수에게 줄 물건, 기름 먹인 물건 등을 함께 실어서 본영으로 보냈다. 각 도에 공문을 발송하였다.

6월 20일 7월 18일   흐리며 바람이 크게 불었다. 조상의 제삿날이어서 종일 혼자 앉아 있었다. 저물어 방답, 순천, 광양이 보러 왔다. 조붕이 그의 조카 조응도와 함께 와서 봤다. 배 만들 재목을 실어 내느라 그대로 역포에 머물렀다. 밤에는 바람이 잤다.

6월 21일 7월 19일   맑음. 아침에 진을 한산도 망하응포[10]로 옮겼다. 점심 때 원연元埏, 원균의 동생이 왔다. 우수사를 청해 함께 앉아 술을 몇 잔 마시고 헤어졌다. 아들 회가 들어와 문안할 때 어머니께서 편안하심을 들었다. 다행이다.

6월 22일 7월 20일   맑음. 새 전선을 건조하기 시작했다. 목수조선공 214명이 일을 하는데 본영에서 72명, 방답 35명, 사도 25명, 녹도 15명, 발포 12명, 여도 15명, 순천 10명, 낙안 5명, 홍양과 보성에서 10명을 보냈다. 방답은 처음에 15명만 보냈기에 담당 군관과 아전을 처벌하기 위해 조사했는데 그 진술이 아주 거짓되었다. 제2호

---

8) 경상남도 통영시 용남면.
9) 이순신은 1593년 5월 말이나 6월 초에 어머니를 아산에서 여수 곰내마을로 모셔 온 것 같다. 어제는 탐후선이 늦게 들어오며 어머니 소식을 놓친 데 대해 문책했고, 그래서 오늘 두 조카를 직접 보내어 어머니 안부를 알아 오도록 한 것이다.
10) 경상남도 통영시 한산면 염호리 관암포(추정).

지휘선우후 이몽구의 배의 갑판수 손걸孫乞을 본영으로 돌려보냈는데 못 된 짓만 하면서 바다에 떠돌아다닌다기에 잡아다 그 죄를 다스리고 겸하여 우후의 군관 유경남柳景男도 처벌했다. 오후에 가리포첨사가 왔다. 적량만호 고여우와 감목관 이효가도 왔다. 저녁때 소비포권관 이영남이 다녀갔다. 초저녁에 영등포 탐망군이 와서 보고하기를 별다른 소식은 없지만 "적선 2척이 온천칠천량으로 들어왔다가 나가는 것을 봤다"고 한다.

> **덧붙이는 말** 이순신의 상과 벌은 엄격하고도 분명했다. 반드시 사전에 조사를 확실히 했고 적절한 범위에서 양형을 했다. 당시 수군에서 주로 쓰는 처벌 방법은 곤장이었다. 그리고 '처벌했다' 하지 않고, '처형했다'고 할 경우에는 사형을 집행했다는 뜻이다.

6월 23일 7월 21일 　맑음. 날이 밝자 목수들을 점호하였는데 1명의 결근자도 없었다. 새 배에 쓸 밑판을 다 만들었다.

6월 24일 7월 22일 　식후 큰비가 오고 강풍이 불더니 저녁까지 그치지 않았다. 저녁에 영등포 탐망군이 와서 보고하기를 "적선 500여 척이 23일 한밤중에 소진포로 모여 들어갔는데 그 선봉대는 칠천량에 이르렀다"고 한다. 밤에 대금산 탐망군이 보고하는 것 역시 마찬가지였다.

6월 25일 7월 23일 　큰비가 하루 종일 내렸다. 우수사와 함께 적을 칠 일을 의논하는데, 가리포도 오고 경상우수사도 와서 함께 상의했다. 들어 보니, 적이 진주를 포위해 놓고도 어느 적도도 진주성으로 진격하지 못하고 있다고 했다. 연일 비가 내려서 적도들이 물에 막혀 진격하지 못한 것을 보면 하늘이 호남지방을 돕는 것이다. 다행이다. 낙안의 군량 130섬 9말은 나눠 주고 순천의 군량 200섬은 가져와서 방아를 찧는다고 한다.

6월 26일 7월 24일   비가 많이 오고 남풍이 거세게 불었다. 복병선이 변고를 보고하되, "적의 크고 작은 배 수십 척이 오양역 바다 앞까지 이르렀다" 하므로 호각을 불어 닻을 올리고 모두 적도[11]로 가서 진을 쳤다. 순천 군량 150섬 9말을 받아들여 의능의 배에 실었다. 저녁에 김붕만金鵬萬이 진양의 적정을 살피고 와서 보고하기를, "적도들이 진주성 동문 밖에서 사방 100리에 이르도록 진을 합쳤는데, 연일 비가 많이 와서 물에 막히자 독기를 부리며 공격하고 있다. 그러나 큰물이 장차 적진을 휩쓸게 되면 적은 밖으로부터 구원병과 식량을 운송할 보급로가 끊기게 된다. 이때 우리가 대군을 합쳐 쳐들어간다면 한꺼번에 섬멸할 수 있다"고 했다. 적은 이미 양식이 떨어진 듯하고, 우리 군사는 편안히 앉아서 고달픈 적을 맞게 되었으니 그 형세가 백전백승을 기약할 수 있는 것이다. 하늘이 이렇게 도와주니 바다로 적이 비록 500, 600척이 몰려오더라도 우리 군사를 당해 내지 못할 것이다.

---

11) 경상남도 통영시 도산면 도선리 화도.

6월 27일 7월 25일　비가 오다 개다 하였다. 정오에 적선 2척이 견내량에 나타났다고 하기에 전군을 거느리고 나가 보니 이미 달아나고 없어 불을도[12] 앞바다에 진을 쳤다. 아침에 순천부사, 광양현감을 불러다가 적 무찌를 일을 토의했다. 충청수사가 홍양에 군량을 빌려 달라고 했더니 자기들도 모자란다면서 거절하더라며 나에게 3섬만 꾸어 달라기에 보내 주었다. 듣자니 강진의 배가 적선과 마주쳐 싸우는 변고가 생겼다 한다.

6월 28일 7월 26일　비가 오다 개다 하였다. 어제 강진의 정탐선이 적과 싸운다는 소식을 들었기에 진을 이끌고 출발하여 견내량에 이르니, 적도들은 우리 군사를 바라보고 놀라 황급히 달아나는 것이었다. 역풍과 역조를 받아 들어올 수가 없어서 계속 거기에 머물러 밤을 보내다가 밤 2시쯤 되어서야 다시 불을도에 돌아왔다. 이 날이 바로 명종明宗의 제삿날이었기 때문이다. 종 봉손奉孫과 애수愛守 등이 들어왔길래 고향아산의 선산 소식을 자세히 물어보았다. 아무 탈 없다 하니 참으로 다행이다. 원 수사와 우수사가 함께 와서 군사 일을 의논하였다.

6월 29일 7월 27일　서풍이 잠깐 불더니 청명하게 개었다. 순천부사, 광양현감이 와서 봤다. 어란만호정담수, 소비포권관 등도 와서 봤다. 종 봉손 등이 아산으로 돌아가는 편에 홍洪, 이李 두 선비와 윤선각先覺에게 편지를 써 보냈다. 〈진주가 함락되었다. 황명보黃明甫, 충

---

12) 경상남도 거제시 둔덕면 술역리 방화도.

청병사 황진, **최경회**경상우병사, 서예원徐禮元, 진주목사, 김천일金千鎰, 창의사, 이종인李宗仁, 김해부사, 김준민金俊民, 거제현령이 전사하였다고 한다.〉[13]

---

[13] 일기 마지막 〈 〉 부분은 훗날 소급해 추가 삽입한 것 같다.(7월 19일 일기 참조.)

☽ 7월 여수를 떠나 한산도로 이진하다

> 2개월 가까이 여수를 떠나 결망포, 견내량, 제포, 유자도, 칠천량, 불을도, 한산도 망하응포와 세포 등지로 진지를 옮겨 가며 적과 대치하면서 그 부근을 수색한다. 혹시라도 적이 견내량을 넘어 오면 그때마다 즉각 추격했고 이순신이 출동하기만 하면 적은 무서워 허겁지겁 도주했다. 이런 일이 반복되자 그는 주로 배 위에서 살다가 이제 한산도 두을포로 본진을 옮긴다. 한산섬으로 전라우수군과 경상수군, 충청수군도 와 한산도는 이제 삼도수군의 본진으로 변모해 간다.

7월 1일 7월 28일   맑음. 인종仁宗의 제삿날이다. 밤기운이 몹시 차서 잠을 이루지 못했다. 나라를 근심하는 마음이 조금도 놓이지 않아 홀로 배 뜸 아래에 앉았으니 온갖 회포가 일어난다. 선전관이 내려온다는 소식을 듣기가 무섭게 초저녁에 벌써 선전관유형柳珩이 임금의 분부를 가지고 당도했다.

7월 2일 7월 29일   맑음. 우수사가 내 배로 와서 함께 선전관을 대접하고 점심 후에 헤어져 돌아갔다. 해 질 무렵에 김득룡金得龍이 와서 진주가 위태하다고 전했다. 놀라움과 우려를 가늠 길이 없다. 그러나 그럴 리가 만무하다. 응당 어떤 미친 사람이 잘못 전한 말이리라. 초저녁에 원연과 원식이 와서 군영을 험담으로 중상해 말을 하니 웃음이 나온다.

7월 3일 7월 30일   맑음. 적도들이 몇 척의 배로 견내량을 넘어오고 한편으로는 뭍으로도 나오니 통분하다. 우리 배가 추격하러 나갔더니 그만 도망쳐 버렸다. 도로 물러 나와 잤다.

7월 4일 7월 31일   맑음. 흉악한 적 수만 명이 죽 벌여 서서 기세를 올리고 있으니 모욕을 당한 것 같아 심히 분하다. 저녁에 걸망포로 물켜나 진을 치고 잤다.

7월 5일 8월 1일   맑음. 새벽에 탐망군이 와서 보고하는데, 적선 10여 척이 견내량을 넘어온다고 한다. 그래서 여러 배를 한꺼번에 출항하여 견내량에 이르니, 적선은 허겁지겁 달아났다. 거제 땅 적도에 말馬만 있고 사람은 없기에 그 말을 싣고 왔다. 늦게 변존서가 본영으로 떠났다. 또 진주가 함락되었다는 급보가 광양에서 왔는데, 두치豆恥1)의 복병한 곳에서 성응지와 이승서李承緒가 보낸 것이다. 걸망포로 돌아와 진을 치고 밤을 지냈다.

7월 6일 8월 2일   맑음. 아침에 방답첨사가 와서 보고, 소비포권관도 와서 봤다. 한산도에서 새로 만든 배를 끌고 오기 위해 중위장이 장수들을 데리고 나가 새 배를 예인해 왔다. 공방工房 곽언수

---

1) 전라남도 광양시 다압면과 경상남도 하동군 하동읍 사이의 섬진강 변에 있는 곳으로 '두치진'으로 불리었다. 진주에서 전라도로 가는 길목이고 요충지이다.

郭彥壽가 행재소에서 들어왔는데, 그 편에 도승지 심희수沈喜壽와 지사 윤자신尹自新과 좌상 윤두수尹斗壽가 편지를 보내왔고, 윤기헌尹耆獻도 안부를 보내 왔다. 같이 보낸 기별지關報를 보니 탄식할 일들이 많다. 흥양이 군량을 실어 왔다.

7월 7일 8월 3일   맑음. 순천부사, 가리포첨사, 광양현감이 와서 군사 일을 의논했다. 가볍고 날랜 배 15척을 뽑아 위장하여 견내량 등지로 가서 탐색하게 해보았으나 적의 행적은 자취도 없다고 한다. 거제에서 적에게 사로잡혔다 돌아온 한 사람에게 왜적의 소행을 꼼꼼히 물어보니, "흉적들이 우리 수군의 위세를 보고 물러가려 한다"고 하고, 또 "진주는 함락되었지만 적이 설마 전라도로 넘어가기야 하겠는가"라고 한다. 이 말은 제멋대로 지어낸 거짓말일 것이다. 우수사가 내 배로 왔기에 대적할 일을 논의했다.

7월 8일 8월 4일   남해로 왕래하는 사람 조붕에게서 "적이 광양으로 쳐들어온다는 소문을 듣고 광양 사람들이 미리 고을 관청과 창고를 불 지르고 노략질하였다"고 하는 말을 들으니, 해괴함을 이길 길 없다. 순천부사, 광양현감을 곧 보내려고 하다가 뜬 소문을 믿을 수 없어 중지하고, 사도군관 김붕만을 내보내어 알아보게 하였다.

7월 9일 8월 5일   맑음. 남해현령이 와서 "광양, 순천이 이미 노략질을 당했다"고 거듭 말한다. 그래서 광양현감과 순천부사, 송희립, 김득룡, 정사립을 떠나보냈고 이설은 어제 먼저 보냈었다. 이 소식이야말로 정말 뼈아픈 일이라 말을 못 하겠다. 우수사, 경상우수사와 함께 일을 논의했다. 이날 밤바다 위에 달은 밝고 잔물결 하나 일지 않아 물과 하늘이 한 빛을 이루었는데, 서늘한 바람이 언뜻 불어오고 홀로 뱃전에 앉아 있으려니 온갖 근심이 가슴을 파고들었다. 한밤에 본영 탐후선이 들어와서 적정을 알리는데, 실은 왜적이 아니고 영남의 피란민이 왜놈 옷으로 가장하고 광양으로 마구 들어가 여염집을 불 지르고 분탕질했다고 하니 그나마 다행이라 생각되었다. 또 진주가 함락되었다고 하는데 진주의 일만은 절대로 그럴 리 만무하다. 닭이 벌써 운다.

7월 10일 8월 6일 맑음. 김붕만이 두치에서 와서 하는 말이, "광양의 일은 사실이다. 다만 왜적 100여 명이 도탄[2]에서 물을 건너와 광양을 침범해 들어왔는데, 총은 한 발도 쏜 일이 없다"고 했다. 왜적이 들어왔다면 총을 쏘지 않을 리가 있겠는가. 경상우수사와 본도 우수사가 왔고 원연도 왔다. 저녁에 오수吳水가 거제의 가참도 가즈도에서 와서 하는 말이, "적선은 안팎에서 모두 보이지 않는다" 하고, 또 말하기를 "사로잡혔다가 도망쳐 나온 사람에게서 확인한 것인데, 무수한 적의 무리가 창원 등지로 향해 되돌아가더라"고 했다. 그러나 사람들이 하는 말을 다 믿을 것은 못 된다. 초저녁에 한산도 끝의 세포로 진을 옮겼다.

7월 11일 8월 7일 맑음. 아침에 이상록이, 명령을 어기고 먼저 떠

---

2) 경상남도 하동군 화개면 탑리에 있는 섬진강 물길.

난 장수들에게 전령을 전할 일로 나갔다가 돌아와 보고하기를 "적선 10여 척이 견내량에서 내려온다"고 하므로 닻을 올려 바다로 나가니, 적선 5, 6척이 벌써 진 앞에 이르기에 그대로 추격하였더니 견내량을 넘어 달아나 버렸다. 오후 4시쯤 걸망포로 돌아와 물을 길어 배에 실었다. 사도첨사가 와서 하는 말이 "두치나루를 적이 건너왔다는 것은 헛소문이요, 광양 사람들이 왜놈 옷으로 변장해 저희끼리 난리가 난 것처럼 꾸며 난동을 부리고 노략질을 한 것"이라 하고, 또 "그들에 의해 순천과 낙안 고을은 이미 분탕질당하였다"고 하니 통분함을 이길 길 없다. 어두울 무렵 오수성吳壽成이 광양에서 와서 보고하는데, "광양이 왜적으로부터 화를 입었다는 것은 모두 진주의 피란민과 제 고을 사람들이 꾸며 낸 흉계다"라고 하면서 "고을의 곳간은 털려 막막하고 여염집 마을도 모두 비어 있어 하루 종일 돌아다녀도 사람이 없고, 순천이 가장 심하고 낙안이 그다음"이라 하였다. 달 아래 우수사의 지휘선에 이르니 원균과 그 동생 원연이 먼저 와 있었다. 군사 일을 의논하다가 헤어졌다.

7월 12일 8월 8일　맑음. 식사하기도 전에 울蔚과 송두남과 오수성이 돌아갔다. 가리포와 낙안을 청해다가 적 막는 일을 의논하고 함께 점심을 한 뒤 헤어졌다. 가리포 군량 진무가 와서 전하는 말이 "사량 앞바다에 와서 자는데 왜적들이 우리 옷으로 변장하고, 우리 배를 타고 돌입하여 총을 쏘며 노략질을 하려고 했다" 한다. 그래서 곧 바로 각각 가볍고 날랜 배 3척씩 9척을 내어 달려가 잡아 오게 하고, 또 각각 3척씩을 정하여 착량으로 보내어 착량을 막고 있다가 돌아오라고 명했다. 고목이 왔는데, 광양이 분탕 당한 경위를 말해 주는 내용이었다.

7월 13일 8월 9일　맑음. 본영 탐후선이 들어와서, 광양, 두치 등에 적의 모습은 볼 수 없다고 한다. 흥양현감이 들어왔고 우수사도 왔다. 순천의 격군이며 거북선에서 일하던 경상도 태생 태수太壽의 종이던 자가 달아나다가 잡혀 왔기에 사형에 처했다. 가리포가 왔기에 만나 보았다. 늦게 흥양현감배흥립이 들어와서 두치의 거짓 보고와 장흥부사 유희선柳希先이 겁을 먹고 망령된 말을 퍼뜨린 일을 전했다.3) 또 그 고을흥양산성 창고의 곡식을 남김없이 나누어 주었다 하그, 해포에는 백중에 쓸 콩 40섬을 보내 주었다고 했다. 또 자신이 참전했던 행주산성의 승첩에 관해서도 이야기해 주었다. 저녁에 우수사가 청하기에 그의 배로 갔더니 가리포첨사가 몇 가지 먹음직한 음식을 차려 내놓았다. 밤 2시경이 되어서야 헤어졌다.

7월 14일 8월 10일　맑다가 비가 조금 왔다. 진을 한산도 두을포4)로 옮겼다. 비가 먼지를 적실 정도였다. 몸이 몹시 불편하여 온종일 신음했다. 순천부사가 들어와서 장흥부사가 퍼뜨린 헛소문이 순천부에도 전해져서 순천 고을도 시끄러웠다고 전해 주는데, 말로써는 다 이를 수가 없다. 함께 점심을 먹고 그대로 머물렀다.

---

3)　장흥부사 유희선은 당시 전라도 두치진을 지키던 복병장이었는데 진주성이 함락되자 그 소문만 듣고 도망가다가 광양과 순천을 지날 때 적병이 몰려온다고 헛소문을 내는 바람에 난민들이 왜적을 가장해 창고를 불 지르고 노략질하는 사태가 발생했다. 그 여파는 낙안, 구례, 곡성에까지 미쳤고 이로 인해 유희선은 훗날 처형된다.

4)　경상남도 통영시 한산면 두억리 의항. 지금의 제승당 가는 길목의 포구다.

덧붙이는 말 이날 이후 이순신은 이곳 의항에 본진을 두고 3년 8개월을 머문다. 견내량만 지키면 적으로부터 바다를 지켜 낼 수 있다고 생각했기 때문에 견내량을 지키는 최적의 요새인 이곳으로 진을 옮긴 것이다. 물론 조정의 허락도 얻었고 부하 장수들과 의견 교환도 충분히 한 결과다.

7월 15일 8월 11일 맑음. 저녁나절에 사량의 수토선搜討船이 들어오고 여도만호 김인영과 순천의 지휘선을 타고 다니는 김대복이 들어왔다. 가을 기운이 바다로 드니 나그네 회포가 어지럽다. 홀로 배 뜸 밑에 앉았으니 마음이 몹시도 번거롭네. 달빛이 뱃전에 비치니 정신은 맑아져 서늘하고, 잠을 이루지 못하는 새에 어느덧 닭이 운다.

7월 16일 8월 12일 아침에는 맑다가 점차 구름이 끼더니 저녁나절에는 소낙비가 지나갔다. 농사에는 흡족하다. 몸이 몹시 불편했다.

7월 17일 8월 13일 종일 비가 왔다. 몸이 몹시 불편하다. 광양현감이 왔다.

7월 18일 8월 14일 맑음. 몸이 불편하여 앉았다 누웠다 했다. 정사립 등이 돌아왔고 우수사도 와서 만나 봤다. 신경황이 두치에서 와서 적의 변고는 헛소문임을 전했다.

7월 19일 8월 15일 맑음. 이경복이 병사선거이에게로 가는 편지를 가지고 떠났다. 이영남이 와서, 진주, 하동, 사천, 고성 등지의 적이 벌써 모두 후퇴하여 돌아갔다고 전했다. 저녁에 광양현감이 진주에서 피살된 장수들의 명부를 보내왔는데, 이를 보니 참으로 비참하여 원통함을 이길 길이 없다.

> **덧붙이는 말**　이순신은 끝까지 진주의 함락 소식을 믿으려 하지 않다가 이날에서야 확인하고, 6월 29일 일기 하단에 이 소식을 소급해 삽입한 것으로 보인다. 호남을 지키려면 진주를 꼭 지켜 내야 했는데, 진주 함락 소식을 확인하는 그의 심정은 어땠을까.

7월 20일 8월 16일　맑음. 탐후선이 본영에서 돌아왔는데 그 편에 병사의 편지와 명나라 장수의 보문報文이 왔다. 보문의 내용을 보니 참으로 터무니없다. 두치의 적이 명나라 군사에게 몰리어 달아났다고 하니 듣도 보도 못한 거짓말이다. 상국上國 사람들이 이와 같으니 다른 사람들이야 일러 뭐하겠는가. 통탄할 일이다. 충청수사와 순천부사, 방답첨사, 광양현감, 발포만호, 남해현령 등이 와서 봤다. 이해李荄, 조카와 윤소인尹素仁이 본영으로 돌아갔다.

7월 21일 8월 17일　경상우수사와 전라우수사, 충청수사가 함께 와서 적을 토벌하는 일을 의논하는데, 원 수사의 하는 말은 함께하는 일을 항상 안되는 쪽으로만 끌고 가는 말할 수 없는 흉계이다. 이런 사람과 일을 같이 하고 있으니 과연 훗날 후회됨이 없을까. 그의 아우 연이 뒤미처 와서 군량을 빌려 갔다. 흥양도 왔다가 어두워서 돌아갔다. 초저녁에 오수 등이 거제 망보는 곳에서 와서 보고하기를, "영등포에는 적선이 여전히 머물면서 제 맘대로 횡포를 부린다"고 했다.

7월 22일 8월 18일　맑음. 오수가 사로잡혔다가 도망쳐 온 사람들을 실어 오기 위해 나갔다. 울둘째 아들이 들어와서, 어머니께서 평안하시고 염막내아들의 병도 점점 나아지고 있다고 자세히 말했다.

7월 23일 8월 19일　맑음. 울이 돌아갔다. 충청수사 정걸을 청해 점심을 함께 했다.

7월 24일 8월 20일　맑음. 순천부사, 광양현감, 흥양현감이 왔다. 저녁에 방답첨사와 이응화가 보러 왔다. 오수가 돌아와서 하는 말이, "적이 물러가긴 하였으나 장문포5) 적들은 여전하다"고 한다. 아들 울이 본영에 잘 도착했다고 한다.

7월 25일 8월 21일　맑음. 우수사가 와서 이야기했다. 조붕이 와서 하는 이야기가, 영남으로 내려온 체찰사류성룡가 영남수사원균에게 공문을 보내 많은 것을 물어보았다고 한다.

7월 26일 8월 22일　맑음. 순천부사, 광양현감, 방답첨사가 왔다. 우수사도 와서 함께 이야기했다. 가리포첨사도 왔다.

---

5) 경상남도 거제시 장목면 장목리.

7월 27일 8월 23일　　맑음. 우수영6)의 우후이정충가 본영을 거쳐서 와 우도右道의 사정을 전하는데 놀랄 만한 일들이 많았다. 체찰사에게 갈 편지와 공문을 썼다. 경상도 우수영 영리가 체찰사에게 보낼 공문의 초안을 가지고 와서 보고했다.

7월 28일 8월 24일　　맑음. 아침에 체찰사 앞으로 보내는 편지를 또 썼다.7) 경상우수사 및 충청수사와 본도 우수사가 함께 와서 약속했다. 이때 원 수사의 증오심과 속임수 쓰는 것은 말도 안 되고 형편이 없었다. 정여흥鄭汝興이 공문과 편지를 가지고 체찰사에게로 갔다. 순천부사, 광양현감이 와서 보고 곧 돌아갔다. 사도첨사가 "복병했을 때에 잡은 보자기8) 10명이 왜놈 옷으로 변장하고 하는 짓거리가 각본에 따라 매우 꼼꼼하게 한 것 같다" 하므로 잡아다가 추궁을 하니 뭔가 이유를 대는 듯 하더니 결국 "경상우수사가 시킨 일이다"고 했다. 그래서 발바닥에 곤장만 10여 대씩 때리고 내쫓냈다.

7월 29일 8월 25일　　맑음. 새벽꿈에 사내아이를 얻었다. 그것은 포로로 잡혀 왜적의 앞잡이 노릇을 하던 사내아이가 붙잡혀 올 꿈이다. 순천부사, 광양현감, 사도첨사, 흥양현감, 방답첨사를 불러와서 적을 막을 일을 의논하는데, 흥양현감은 학질을 앓아서 곧 돌

---

6)　전라남도 해남군 문내면 서상리.
7)　어제 보고받은 원균의 공문 초안을 보고 원균의 이간질에 대해 해명했을 것이다.
8)　바닷속에 들어가서 조개나 미역 따위의 해산물을 따는 일을 하는 사람. 그들이 타는 배를 포작선이라 했다.

아가고 남은 사람들은 조용히 앉아 있었고 방답첨사는 복병할 당직이라 돌아갔다. 본영 탐후인이 와서 아들 염의 병이 다시 심해졌다고 하니 걱정이 되어 피가 마른다. 저녁에 보성군수, 소비포권관, 낙안군수가 들어왔다.

☾ 8월   삼도수군통제사가 되다

> 이달 초하루 조정에서는 삼도수군통제사라는 직제를 신설하고 이순신을 첫 통제사로 삼지만(교서는 9월 12일에 내려지고 공은 10월 1일에 이를 수령했다.) 본직은 여전히 전라좌수사이고 직급도 그대로이니 다른 수사들이 완벽히 그의 부하가 되었다고는 보기 어렵다. 물론 통제사가 되기 전에도 그랬지만 통제사가 된 후에도 그는 항상 다른 수사들을 존중하는 가운데 인격과 능력으로 바다 수호의 책임을 다해 나갔지 결코 권세로 상대방을 제압하려 하지 않았다.(특히 원균과의 관계에서 알 수 있다).

8월 1일 8월 26일   맑음. 새벽꿈에 큰 대궐에 이르렀는데 마치 서울인 것 같았고 기이한 일도 많았다. 영의정류성룡이 와서 인사를 하기에 나도 답례를 하였다. 임금의 파천하신 일에 관하여 이야기하면서 눈물을 뿌리며 탄식하다가, 적의 형세는 이미 종식되었다고도 말하였다. 그리고 서로 의논할 때 좌우 사람들이 무수히 구름같이 모여드는 것을 보고 깨었다. 아침에 우후이몽구가 다녀갔다.

> 덧붙이는 말   나라의 방위를 맡은 벼슬아치들이 자기들 직분을 저버린 탓에 임금은 피란을 가고, 백성들의 삶은 도탄에 빠지게 되었다. 류성룡과 이순신은 정성을 다해 임금을

보필하나, 간신배가 구름처럼 모여드는 세태를 어찌하나 걱정하는 꿈인 듯하다. 특히 이순신을 통제사로 임명하기로 한 그날, 이 같은 꿈을 꾼 것은 무슨 조짐일까?

8월 2일 8월 27일   맑음. 마음이 답답하여 닻을 올려 포구[1]로 나가니 충청수사 정걸이 따라 왔다. 순천부사, 광양현감이 보러 왔으며 소비포도 왔다. 저녁에 진 친 곳으로 돌아오니 이홍명이 왔길래 저녁을 함께 했다. 어두울 녘에 우수사가 내 배로 와 "방답첨사가 부모를 뵈러 휴가 가겠다는 말을 대신 올려 달라고 간절히 청했다"고 하나 장수들을 잠시도 내보낼 수 없다고 답했다. 우수사 원균이 망령된 말을 하며 나에게 좋지 못한 말을 많이 하더라고 전하나, 진실이 그렇지가 않은 것이니 무슨 상관을 하랴. 염의 병이 어떻게 된 건지 모르고, 적도 얼른 소탕되지 않아 마음이 무거워 밖에 나와 바람을 쐬고 있는데 탐후선이 들어왔다. 염의 아픈 데가 곪아서 침으로 쨌더니 피고름이 많이 흘러나왔는데 며칠만 늦었더라도 구하기 어려웠다고 알려 주었다. 큰일 날 뻔했다. 지금은 조금 생기가 났다 한다. 다행한 심정을 어찌 다 말하랴. 의사 정종 鄭宗의 은혜가 참으로 크다.

덧붙이는 말   이순신은 수많은 음해를 받고도 평정심을 유지하는데, 그것은 위 일기에 나오듯이 "진실이 그렇지가 않은 것이니 무슨 상관을 하랴"라고 자신의 마음을 정돈할 수

---

1) 한산진의 입구이다.

있었기 때문이다.

8월 3일 8월 28일   맑음. 이경복, 양응원梁應元과 영리 강기경姜起敬 등이 들어왔다. 염의 종기를 침으로 째던 일을 자세히 전하는데 새삼스레 놀랐다. 며칠만 더 늦었더라면 살리지 못했을 것이라 했다.

8월 4일 8월 29일   맑음. 순천부사, 광양현감이 와서 만나고는 돌아갔다. 저녁에 도원수의 군관 이완李緩이 삼도의 적세를 재빨리 보고하지 않는다고 담당 군관과 아전을 잡으러 진으로 왔다. 웃음거리다.[2)]

8월 5일 8월 30일   맑음. 조붕, 이홍명, 우수사 및 우후가 와서 밤이 깊어서야 돌아갔다. 소비포권관도 사무를 마저 처리해야 한다고 돌아갔다. 이완은 술이 취해서 내 방에 있다가 잠이 들어 버렸다. 쇠고기를 얻어서 각 배에 나누어 보냈다. 아산에서 이예李禮가 밤에 왔다.

8월 6일 8월 31일   맑음. 아침에 이완이 송한련, 여여충呂汝忠을 도원수에게로 잡아갔다. 악습이 이처럼 거듭되니 탄식할 일이다. 식사를 한 뒤에 순천부사, 광양현감, 보성군수, 발포만호, 이응화 등이 보러 왔다. 저녁에 경상우수사 원균이 오고, 우수사 이억기, 충청수사 정걸도 와서 의논을 했다. 그중에 우수사 원균이 하는 말

---

2) 이순신이 통제사가 되니 도원수 쪽에서 소위 군기 잡기에 나섰다. 이를 보고 이순신이 가소롭게 생각한 것이다.

은 걸핏하면 속이면서 꾸며 하는 것이라 앞뒤가 맞지 않으니 참으로 한심한 일이다. 저녁에 잠시 비가 오다 그쳤다.

8월 7일 9월 1일 아침에 맑더니 오랜만에 비가 많이 내렸다. 농사에 흡족하겠다. 가리포첨사가 오고 소비포와 이효가도 와서 만나 보았다. 당포만호가 작은 배를 찾아가려고 왔기에 사량만호에게 "주어서 보내라"고 일렀다. 가리포첨사는 점심을 함께 하고 떠났다. 저녁에 경상우수사의 군관 박치공朴致公이 와서 적선이 물러갔다고 전했다. 그러나 원균 수사와 그의 군관은 하도 속임수를 잘 쓰니 믿을 수가 없다.

8월 8일 9월 2일 맑음. 식후에 순천부사, 광양현감, 방답첨사, 흥양현감 등을 불러들여 복병선 투입 등에 관한 일을 같이 논의한 후 결정했다. 충청수사의 전선 2척이 들어왔는데, 1척은 쓸 수 없다고 한다. 김덕인金德仁이 충청도의 군관으로 들어왔다. 전라순찰사이정암李廷馣의 군인 2명이 적의 형세를 살핀 공문을 가지고 왔다. 적세를 알려고 우수사가 유포3)로 가 원균과 만난다고 하니 우스웠다.

8월 9일 9월 3일 맑음. 아침에 아들 회가 들어와서 어머니께서는 편안하시고 염은 병이 조금 나아졌다고 하니 기쁘고 다행이다. 오후에 우수사의 배에 이르니 충청수사도 왔는데 "영남수사는 복병

---

3) 경상수군의 진영이 설치된 곳과 가까운 곳이다.(염호리 대고포)

군을 함께 내보내기로 약속해 놓고는 슬며시 혼자 먼저 보냈다"고 한다. 매우 놀랄 일이다.

8월 10일 9월 4일   맑음. 아침에 방답의 탐후선이 들어오는 편에 임금님의 분부와 비변사의 통문과 감사의 공문이 함께 도착했다. 해남현감이 이 첨사이홍명와 같이 왔고 순천부사, 광양현감도 왔다. 우수사가 청하므로 그의 배로 가니 해남현감이 술자리를 차려 놓았다. 그러나 몸이 불편하여 간신히 앉아서 이야기만 하다가 돌아왔다.

8월 11일 9월 5일   늦게 소나기가 쏟아지고 바람이 몹시 불었다. 오후에 비는 그쳤으나 바람은 그치지 않았다. 몸이 몹시 불편하여 온종일 앉았다 누웠다 했다. 여도만호에게 사흘간의 말미를 주고 도망간 격군을 붙잡아 오도록 명해 보냈다.[4]

8월 12일 9월 6일   비가 오다 개다 하였다. 몸이 몹시 불편하여 종일 누워서 신음했다. 옷이 젖도록 식은땀이 나는데도 억지로 일어나 앉아 있었다. 순천부사, 우수사가 오고 이 첨사도 왔다. 종일 바둑을 두었다. 가리포첨사도 왔다. 본영 탐후선이 들어와서 어머니께서 평안하시다고 한다.

---

4) 1592년~1593년 8월 사이에 전사자와 전염병으로 인한 사망자는 이순신 휘하의 수군 총 6,200여 명 중 600여 명이 넘어 그는 심각한 병력 부족에 시달려야 했다. 그래서 도망병을 잡아 오는 일은 지휘관의 아주 중요한 일상이 되었다.

8월 13일 9월 7일   본영에서 온 공문을 처결하여 보냈다. 몸이 몹시 불편하여 홀로 장대 아래에 앉았으니, 일어나는 회포가 천 갈래 만 갈래다. 이경복에게 장계를 가지고 가라고 내어 보냈고, 경庚의 어미에게는 노자를 체자證明書로 써서 보내 주었다. 송두남이 군량미 300섬과 콩 300섬을 실어 왔다.

8월 14일 9월 8일   맑음. 방답첨사가 명절추석 음식을 갖추어 왔길래 우수사와 충청수사와 순천부사도 불러 함께 먹었다.

8월 15일 9월 9일   맑음. 오늘은 추석이다. 우수사, 충청수사, 순천부사, 광양현감, 낙안군수, 방답첨사, 사도첨사, 흥양현감, 녹도만호 송여종宋汝悰, 이응화, 이홍명, 전라좌·우도의 모든 영공이 함께 모여 이야기했다.[5] 어머니를 위해 아들 회를 본영으로 보냈다.

8월 16일 9월 10일   맑음. 광양현감이 명절 음식을 갖추어 왔기에 우수사, 충청수사, 순천부사, 방답첨사를 불렀다. 가리포첨사, 이응화 등도 함께 왔다. 아침에 들으니 제만춘諸萬春[6]이 일본에서 도망쳐 나왔다고 한다.

8월 17일 9월 11일   맑음. 지휘선을 연기로 그을리기 위하여 좌별도장의 배로 옮겨 탔다. 저녁나절에 우수사의 배로 가니 충청수사도

---

5) 위 추석 명절 모습을 보더라도, 아직 이순신이 통제사 임명 교서를 받기 전이지만 실제로는 벌써 삼도수군을 통솔하고 있었음을 알 수 있다.
6) 임진년 9월에 포로로 잡혀간 경상우수영 소속 군관이다.

왔다. 제만춘을 불러서 문초해 보니, 분개해하는 말과 기막힌 사연들이 많이 있었다. 종일 의논하고 나서 헤어졌다. 밤이 되기 전에 다시 지휘선으로 옮겨 탔다. 이날 밤 달은 낮 같고 물결은 비단결 같아 회포를 견디기 어려웠다. 새로 만든 배를 진수했다.

8월 18일 9월 12일   맑음. 우수사 이억기, 충청수사 정걸과 함께 이야기했다. 순천부사와 광양현감도 와서 봤다. 조붕이 와서 하는 말이, 경상우수사의 군관 박치공이 장계를 가지고 서울로 올라갔다고 했다.

8월 19일 9월 13일   맑음. 아침 후, 원균 수사가 있는 곳으로 가서 내 배에 옮겨 타라고 청하였다. 우수사, 충청수사도 왔고 원연도 함께 이야기했다. 원연이 전도된 말을 하기에 나무랐더니 원 수사가 나를 증오하면서 거짓말을 끝없이 지어내는데 기가 차서 말로 다 할 수가 없다. 원균 형제가 옮겨간 뒤에 천천히 노를 저어 진으로 돌아와 우수사, 정 수사와 같이 앉아 자세히 이야기했다.

8월 20일 9월 14일   아침 후, 순천, 광양, 흥양이 오고 이응화도 왔다. 송희립을 순찰사이정암에게 보내 문안하게 하고 아울러 제만춘을 문초한 공문을 가지고 가 보고하게 했다. 돌산도 근처에 이사해 온 자들로서 작당해 해적질하는 자들이 있다고 해서 방답첨사이순신李純信와 사도첨사김완에게 좌우 두 편으로 부대를 편성해 가지고 가서 잡아들이라고 했다. 저녁에 적량만호 고여우가 왔다가 밤이 깊어서야 갔다.

8월 21일 9월 15일　　맑음.

8월 22일 9월 16일　　맑음.

8월 23일 9월 17일　　맑음. 윤간尹侃[7]과 조카 뇌와 해가 와서 어머니께서 평안하시다고 한다. 염의 병이 나아지니 이번에는 울이 학질을 앓는다는 소식을 들었다.

8월 24일 9월 18일　　맑음. 조카 해가 돌아갔다.

8월 25일 9월 19일　　맑음. 꿈에 적이 나타나는 것이 보였기에 새벽에 각 도의 대장에게 알려서 바깥 바다外洋로 나가 진을 치게 하였다. 해 질 무렵에 한산도 안쪽 바다로 다시 돌아왔다.

> 덧붙이는 말　　류성룡이 쓴 『징비록』을 보면 "달빛이 매우 밝은 어느 날, 이순신은 갑자기 일어나 앉으면서 장수들을 불러 적의 기습이 있을 것이라 하여 준비하도록 명령했다. 과연 적선이 수없이 어둠을 타고 습격해 오므로 우리 배들도 포를 쏘며 함성을 질렀다. 적은 우리가 이미 대비하고 있었음을 알고 당황한 나머지 감히 더 이상 덤비지 못하고 달아나 버리니 여러 장수가 모두 순신을 신으로 여겼다"는 취지의 글이 있는데, 아마 이날 일도 그 같은 사례 중 하나이지

---

7) 이순신 누이의 사위이고, 윤제현 봉사의 아들이다. 윤제현은 계사년 5월 10일 일기에 나온다.

않았을까 추측해 본다.

8월 26일 9월 20일　비가 오다 맑아졌다 했다. 경상우수사 원균이 오자 순천부사, 광양현감, 가리포첨사는 부리나케 되돌아가고 조금 있으니 우수사와 충청수사 정걸이 와서 모였다. 홍양현감이 대접하려고 명절 음식을 가져왔다. 원균 수사가 술을 마시고 싶다 하기에 간소하게 대접하였더니 잔뜩 취하여 흉악하고 도리에 어긋나는 말을 함부로 지껄이니 심히 놀랍고 해괴하다. 낙안군수는 풍신수길豊臣秀吉, 도요토미 히데요시이 명나라 황제에게 올리는 글의 초안을 베낀 것과 명나라 군관이 낙안에 와서 써 준 기록을 보내왔다. 이를 보니, 저린 아픔에 분노가 치밀어 견딜 수가 없었다.

8월 27일 9월 21일　맑음.

8월 28일 9월 22일　맑음. 경상우수사 원균이 와서 되지도 않는 거짓말로 흉계를 꾸미며 적을 치러 출동하자고 한다. 심히 해괴하다.

8월 29일 9월 23일　맑음. 아우 여필과 아들 울, 변존서가 한꺼번에 왔다.

8월 30일 9월 24일　맑음. 경상우수사 원균이 다시 와서 영등포로 출동하자고 독촉한다. 참으로 음흉스럽다. 자기가 거느린 25척의 배는 모두 다 내어보내 감추어 놓고, 다만 7, 8척을 가지고 출동하자는 말을 하니, 그 마음을 쓰고 행사함이 다 이 수준이다.

9월 "견내량을 지켜 바다를 지켜 낼 것이다!"

> 이순신이 통제사가 되고 삼도수군이 한산도로 진을 옮겨 온 뒤에도 "견내량을 지켜 바다를 지켜 내겠다"는 큰 전략은 변함이 없다. 적의 동향을 예의 주시하면서 적침을 막을 준비를 하고, 장수들과 의논하고, 배 만들고, 나라를 걱정하는 일은 쉼 없이 계속된다.

9월 1일 9월 25일 맑음. 원균 수사가 왔기에 우수사와 충청수사를 불러 의논한 뒤 공문을 만들어 도원수권율와 순변사이빈에게 보냈다. 아우 여필, 변존서, 조카 뇌 등이 되돌아갔다.

9월 2일 9월 26일 맑음. 장계의 초안을 잡아서 정서하도록 내려 줬다. 경상우후 이의득, 이여념사량만호 등이 왔기에 만나 봤다. 어두울 녘에 이영남이 와서, "병마사 선거이가 곤양에서 공을 세웠다"고 한 일과 "남해현령기효근이 도체찰사류성룡에게 견책을 받고도 공손치 못했다 하여 불려 갔다"는 소식을 전했다. 참 가관이다. 기효근의 형편없음은 이제 도체찰사도 다 알았을 것이다.

9월 3일 9월 27일 맑음. 아침에 조카 봉이 들어와서 어머니께서 평안하시다고 하고 본영 안의 소식도 들려주었다. 장계를 올리려고 초안을 작성해 내려 주었다. 순찰사이정암의 편지가 왔는데, "무릇 군사들의 일족을 대신 징발하는 사무는 일체 하지 말라"고 하였다. 이는 새로 부임하여 사정을 잘못 알고 하는 말이다.[1]

9월 4일 9월 28일　맑음. 폐단을 진술하는 것[2]과, 총통을 올려 보내는 것[3]과, 제만춘을 불러서 문초한 사연을 올려 보내는 것 등 3통의 장계를 봉하여 올리는데, 이경복이 지니고 갔다. 정승 류성룡, 참판 윤자신, 지사 윤우신, 도승지 심희수, 지사 이일, 안습지, 윤기헌에게 편지를 쓰고 전복을 정표로 보냈다. 조카 봉은 윤간과 함께 돌아갔다.

9월 5일 9월 29일　맑음. 식후 충청수사 정걸의 배 곁에다 내 배를 바짝 붙여 대어 놓고서 종일토록 의논했다. 광양현감, 흥양현감 및 우후 이몽구가 와서 보고 돌아갔다.

9월 6일 9월 30일　맑음. 새벽에 배 만들 목재를 운반해 오기 위해 여러 배를 함께 내보냈다. 우수사의 배로 가서 적 칠 일을 종일 이야기했다. 거기서 원균이 나를 공격하고 제거하려 한다는 말을 들었고, 또 정담수가 근거도 없는 말을 만들어 옮기고 다닌다는 말도 들으니 참 가관이다. 바둑을 두고 나서 돌아왔다. 저물녘에 여러 배가 배 만들 목재를 끌고 왔다.

---

1) 이순신은 나라가 위급해 방법이 없을 때에는 일시 연좌제라도 책임을 지워, 수군을 확보해야 나라를 지켜 낼 수 있다는 자신의 생각을 수차례 상신해 왔다. 그러나 그의 건의는 거의 묵살되었다.
2) 수군 병력의 충원에 관한 일.
3) 정철 총통의 제조 성공에 관한 일. 9월 14일 일기 말미에 실었다.

9월 7일 10월 1일   맑음. 아침에 끌어다 놓은 목재를 거두어 들였다. 방답첨사가 다녀갔다. 순찰사^{이정암}에게 폐단을 진술하는 공문과 군사 배치를 바꾸는 일에 대한 공문을 만들어 보냈다. 종일토록 홀로 앉아 있자니 마음이 편치 않다. 탐후선이 오기를 몹시 기다렸지만 오지 않는다. 가슴이 답답하고 열이 나서 창문을 닫지 않고 잤더니 외풍을 많이 쐬어 머리가 아프다. 염려스럽다.

9월 8일 10월 2일   맑으나 바람은 요란하게 불었다. 새벽에 송희립 등을 당포의 산⁴⁾으로 내보내어 사슴을 잡아 오게 했다. 우수사가 충청수사와 함께 왔다.

9월 9일 10월 3일   맑음. 식후 함께 모여서 산마루에 올라가 활 3순을 쏘았다. 우수사, 충청수사 및 여러 장수가 함께 모였는데, 광양현감은 병으로 참석하지 못했다. 저물녘에 비가 왔다.

9월 10일 10월 4일   맑음. 공문을 처결해 탐후선 편에 보냈다. 저녁 나절에 우수사의 배에 가서 방답첨사도 오도록 청해 함께 술을 마시고 헤어졌다. 체찰사의 비밀 공문이 들어왔다. 보성군수가 왔다가 돌아갔다.

9월 11일 10월 5일   맑음. 충청수사 정걸이 술을 마련하여 찾아 왔다. 우수사도 오고 낙안군수, 방답첨사도 왔기에 함께 마셨다. 흥

---

4) 경상남도 통영시 산양읍 남평리 미륵산. 당시에는 그곳에 사슴이 많이 살고 있었나 보다.

양현감이 휴가를 받아 갔고 서몽남에게도 휴가를 주었다.

9월 12일 10월 6일　맑음. 식후 소비포권관, 유충신柳忠信, 여도만호 등을 불러 술을 대접했다. 발포만호가 돌아왔다.

9월 13일 10월 7일　맑음. 새벽에 종 한경漢京, 돌쇠乭世, 해돌年石과 자모종自慕終 등이 들어왔다. 저녁에 일을 다 마친 종 금이金伊, 해돌, 돌쇠 등은 돌아갔다. 양정언梁廷彦도 함께 돌아갔다. 그러나 저녁 후 비바람이 크게 일어서 밤새도록 그치지 않았으니 어떻게들 잘 갔는지 모르겠다.

9월 14일 10월 8일　종일 비가 오고 큰 바람이 불었다. 홀로 배의 봉창가에 앉았으니 생각이 천 갈래 만 갈래다. 순천부사가 돌아왔다. 정철 총통은 전쟁에 가장 긴요한 것인데도 우리나라 사람들은 그 만드는 법을 잘 알지 못하였다. 온갖 연구를 하여 이제야 새로 총을 만드니 왜의 총보다도 나았다. 명나라 사람들이 와 진중에서 시험 사격을 해보고는 정밀하기가 왜총보다 낫다고 말하며 칭찬하지 않는 이가 없었다. 이미 그 묘법을 알았으니 도내에서 같은 모양으로 많이 만들어 내는 것이 좋겠기에 순찰사와 병사에게 공문을 돌리고 견본도 보냈다.

9월 15일 10월 9일　맑음.

[9월 16일부터 12월 30일까지 일기는 빠지고 없음.]

난중일기

甲午日記 / 갑오일기

1594

작년계사년 8월 이후 명나라 군사는 대부분 철수했고 남아 있는 명군도 싸움은 피하고 강화만 주장한다. 강화국면 속에서도 3월에는 제2차 당항포전을, 9~10월에는 장문포전을 치뤄야 했다. 특히 3월에는 명의 담종인이 적을 치고 있는 이순신에게 강화하고자 하는 적을 더이상 치지 말고 한산도 진지로 돌아가라고 명령한다. 그러나 왜군은 아직도 남해안 연안에 11개의 성(지금도 그때 지은 왜성의 흔적이 남아 있다.)을 쌓고 4만이 넘는 병력을 주둔시켜 놓고 돌아갈 생각이 없었다. 이런 환경 속에서 적을 몰아내고 하루속히 국권을 회복하고자 하는 수군통제사 이순신의 갑오년은 답답하기만 하다.

☾ 1월 설에 곰내로 가 어머니를 뵙다

> 군사훈련차 본영 여수로 가 설을 쇠고 어머니를 뵌 뒤, 17일 다시 한산도로 돌아오면서 통제사로서의 고단한 진중 생활이 계속된다.

1월 1일 2월 20일   비가 퍼붓듯이 내렸다. 난리 중이지만 어머니를 모시고 함께 한 살을 더하게 되니 다행스러운 일이다. 군사훈련과 전쟁 준비하는 일이 급해 어머님을 하직하고 고음내를 떠나 늦게 본영으로 돌아왔다. 비는 그치지 않았다. 신愼 사과司果[1]에게 안부를 물었다.

1월 2일 2월 21일   비는 그쳤으나 흐렸다. 나라 제삿날이라 공무를 보지 않았다. 신 사과를 청하여 의논하는 중에 배 첨지배경남裵慶男도 왔다.

1월 3일 2월 22일   맑음. 동헌에 나가 공문을 처결해 내려보냈다. 날이 저물어 관아로 돌아와서 조카들과 덕담을 나누었다.

1월 4일 2월 23일   맑음. 동헌에 나가 공문을 처결해 내려보냈다.

---

1) 군사 조직 오위(五衛)에 속속된 정6품의 군직(軍職).

다시 신 사과와 배 첨지와 함께 이야기했다. 남홍점南鴻漸[2]이 본영에 왔다길래 그 가족이 어디로 피란 가 지냈는지 등을 물어보았다.

1월 5일 2월 24일　비가 계속해 내렸다. 신 사과가 와서 이야기했다.

1월 6일 2월 25일　비. 동헌에 나가 남평南平의 도병방都兵房[3]을 처형했다. 저녁 내내 공문을 처결했다.

1월 7일 2월 26일　비. 동헌에 나가 공무를 보았다. 저녁에 남의길南宜吉이 들어오길래 마주 앉아 밤이 깊도록 이야기하고서 헤어졌다.

1월 8일 2월 27일　맑음. 동헌방에 앉아 배 첨지, 남의길과 종일토록 이야기했다. 늦게 공무를 보았고 남원의 도병방을 처형했다.

1월 9일 2월 28일　맑음. 아침에 남의길과 함께 이야기했다.

1월 10일 3월 1일　맑음. 아침에 남의길을 맞이하여 이야기하는데, 피란하던 일과 그때 길바닥에서 고생하던 일을 자세히 들었다. 개탄스러움을 이기지 못했다.

1월 11일 3월 2일　흐리되 비는 오지 않았다. 아침에 어머니를 뵈

---

2) 이순신의 사촌 누이동생의 남편. 남의길과 동일인이다.
3) 큰 고을에서 군사에 관한 일을 맡아 하던 병방의 우두머리.

려고 배를 타고 바람을 따라 바로 곰내熊川로 향했는데 남의길, 윤사행尹士行, 조카 분이 같이 갔다. 어머님께 가니 아직 주무시고 계셨다. 목소리를 높여 부르니 놀라 깨어 일어나셨다. 숨결이 약하여 돌아가실 날이 얼마 남지 않으신 듯하다. 남모르게 애달픈 눈물만 흘릴 뿐이다. 그래도 말씀하시는 데는 어긋남이 없으셨다. 적을 토벌하는 일이 급하여 오래 머물 수가 없었다. 이웃에 사는 손수약孫守約의 처가 죽었다는 부음을 받았다.

1월 12일 3월 3일   맑음. 아침 식사를 한 뒤에 어머니께 하직을 고하니 "잘 가거라. 부디 나라의 치욕을 크게 씻도록 해라"라고 두 번 세 번 타이르시며 조금이라도 떠난다는 말에 탄식하지 않으셨다. 선창에 돌아오니 몸이 좀 불편한 것 같아 바로 뒷방으로 들어갔다.

> 덧붙이는 말   공과 사를 분명히 하고 항상 공公을 먼저 생각하고 사私를 뒤에 놓는 이순신의 선공후사 정신은 그 어머니로부터 유전된 것으로 보이는데, 이날의 일기는 이를 잘 나타내어 오늘날까지 회자된다.

1월 13일 3월 4일   맑으나 바람이 세게 불었다. 몸이 너무 불편하여 자리에 누워서 땀을 내었다. 종 팽수彭壽와 평세平世가 보러 왔다.

1월 14일 3월 5일   흐리며 바람이 세게 불었다. 아침에 조카 뇌의 편지를 보니, 설날 아산 산소에서 제사를 지낼 때 떠돌아다니는 무리 200여 명이 산을 둘러싸고 음식을 달라고 덤비므로 제사를 뒤로 물렸다고 한다. 놀라운 일이다. 느직이 동헌에 나가 장계 올릴 것을 봉함하고, 승장 의능의 면천에 관한 공문[4]도 함께 봉하여 올렸다.

1월 15일 3월 6일   맑음. 이른 아침에 남의길 및 조카들과 정월대보름 음식을 먹고 나서 동헌으로 나갔다. 남의길은 "영광으로 되돌아가려 한다"고 했다. 종 진辰을 찾아내라는 공문을 작성했다. 동궁[5]의 분부를 전하는 서한이 왔는데, 군사를 이끌고 적을 토벌하는 일을 독려하는 것이었다.

1월 16일 3월 7일   맑음. 남의길을 청해 전별의 술잔을 나누면서 나도 그만 취해 늦게야 동헌에 나갔다. 황득중黃得中이 들어왔다. 그에게 들으니 "문학정5품 유몽인柳夢寅이 암행어사로 흥양현에 들어와서 온갖 문서를 압수해 갔다"고 한다. 저물녘 방답첨사와 배 첨지가 와서 이야기했다.

1월 17일 3월 8일   새벽에 눈이 오고 저녁나절에 비가 왔다. 이른 아침에 아우 여필과 조카들의 전송을 받으며 본영을 떠나 한산진을 향해 출항했다. 다만 조카 분과 아들 울은 한산진으로 데리고

---

4) 승려 유정(惟政)이 '의승장 의능을 면천시켜 주는 공문'을 체찰사 윤두수가 작성한 공문처럼 위조했음을 발견하고 왕에게 조치해 줄 것을 보고하는 내용이다.
5) 동궁(광해군)은 1593년(계사년) 11월경 남부지방으로 내려와 전주에 머물며 무군사(撫軍司)라는 행영을 설치하고 임금을 대신하였다.

왔다. 오늘 장계를 띄워 보냈다. 오후 4시쯤에 와두[6]에 이르니 맞바람이 불고 물이 빠져서 배를 운항할 수가 없었다. 닻을 내리고 잠시 쉬다가 오후 6시쯤 다시 닻을 올려 노량에 이르러 잤다. 여도 만호, 순천부사, 이감 및 우후 등도 와 함께 잤다

1월 18일 3월 9일   맑음. 새벽에 떠날 때는 역풍맞바람이 세게 일다가 창신도에 이르니 순풍으로 변하였다. 그래서 돛을 올려 사량에 다다랐는데 그때부터는 도로 역풍이 세게 불고 많은 비가 내렸다. 사량만호 이여념과 경상수사의 군관 전윤田允이 보러 왔다. 전윤이 말하기를 "수군을 거창에서 징발해 왔다"고 한다. 그리고 도원수가 그 수군 징발을 방해하려고 했다는 것이다. 어처구니가 없다. 자고로 남의 공적을 시기하는 일은 늘 넘쳐 났거늘 새삼 한탄한들 무엇하랴! 여기서 그대로 잤다.

> **덧붙이는 말**   당시 육군과 수군은 서로 병력이 부족해 병력을 징집하는 과정에서 종종 갈등을 빚었다. 도원수 권율이 방해했던 것도 그 때문이다. 이럴 때 이순신은 어떻게 그로 인한 스트레스를 해소했을까? 이날 일기 내용("자고로 남의 공적을 시기하는 일은 늘 넘쳐 났거늘")을 읽어 보면서 그의 마음 달래는 법을 들여다보는 것도 의미가 있을 것이다. 계사년 8월 2일 일기도 함께 읽어 보자.

---

6)   경상남도 남해군 고현면 관음포 인근 언저리.

1월 19일 3월 10일　흐리다가 저녁나절에는 개었다. 바람이 세게 불더니 해 질 무렵에는 더욱 거세졌다. 아침에 출항하여 당포 먼바다에 이르렀고 거기서 돛을 펼치니 바람이 밀어 주어 순식간에 한산도에 도착하였다. 활터 정자(射亭)에 올라앉아 장수들과 더불어 이야기했다. 저녁에 경상우수사 원균도 왔다. 소비포권관 이영남에게서 "영남의 여러 배의 사부와 격군이 거의 다 굶어 죽어 간다"는 말을 들으니, 참혹하여 차마 다 들을 수가 없었다. 원 수사와 공연수, 이극함이 그들이 좋아하는 여자들과 모두 다 사통했다고 한다.

> **덧붙이는 말**　한산도는 적을 막기 위해 임시로 이진해 온 곳이라 막사를 지어 생활했다. 동헌도 없고 객사도 없었다. 대신 몇 개의 활터 중에서 간이 정자를 지었고 또 필요한 임시 건물을 짓고 방을 만들어 사용했다. 초기에는 활터 정자에서 망궐례도 올리고 공무도 처리하고 활도 쏘았다. 이날은 이순신이 여수로 출장 갔다 돌아오는 날인데 장수들이 마중 나와 이야기한 이곳 역시 활터 정자였다. 현재 그 활터 정자의 정확한 위치는 알 수 없으나 지금의 우물 있는 곳 혹은 수루 주변이 아니었을까 추정한다. 다만, 지금 한산대첩기념비가 있는 곳에서 문어포 방향의 평지에도 무과 시험을 본 과장터와 활터가 있었던 것으로 짐작된다.

1월 20일 3월 11일　맑으나 바람이 세게 불고 몹시 춥다. 여러 배에서 옷이 없는 사람들이 거북이처럼 웅크리고 추위에 떠는 소리를 내는데, 차마 듣지 못하겠다. 낙안군수, 우수사 우후가 와서 봤다.

저녁나절에 소비포권관, 웅천현감 이운룡李雲龍, 진해현감 정항鄭沆도 왔다. 그러나 진해현감은 명령을 거부하고 제때 오지 않아서 처벌하려고 작정하고 있었기 때문에 만나 보지 않았다. 바람이 다소 자는 듯했으나 그래도 순천 권준이 들어올 일이 걱정된다. 군량미조차 오지를 않으니 이 또한 민망스럽다. 병들어 죽은 자들을 거두어 장사 지낼 차사원 임무를 맡을 사람으로 녹도만호를 정하여 보냈다.

> **덧붙이는 말** 군량미가 부족해 굶어 죽는 군사들을 먹이지 못하고, 입힐 옷이 없어 추위에 떨게 하고, 전염병으로 대책 없이 죽어 가는 병사들을 보면서도 뚜렷한 방안이 없어 민망한 마음을 견뎌야 하는 공의 고통을 생각하며 이날 전후의 일기를 재음미해 본다.

1월 21일 3월 12일   맑음. 아침에 본영의 격군 742명에게 술을 먹였다. 광양현감이 들어왔다. 저녁에 녹도만호가 와서 보고하는데, "병들어 죽은 시체 214구를 거두어서 묻었다"고 한다. 사로잡혔다가 도망쳐 나온 2명이 우수사 원균의 진영에서 내게로 와 적의 정세를 생각나는 대로 말했지만 믿을 수가 없었다.

1월 22일 3월 13일   맑음. 날씨가 따뜻하고 바람도 없었다. 활터 정자에 올라앉아 진해현감에게 교서에 숙배례를 행하게 하고 지었던 죄에 벌을 준 뒤 종일 활을 쏘았다. 녹도만호가 병들어 죽은 시체 217구를 거두어 묻었다고 했다.

1월 23일 3월 14일   맑음. 낙안군수가 하직을 고하고 나갔다. 흥양의 전선 2척이 들어왔다. 최천보崔天寶, 유황柳滉, 유충신柳忠信, 정량丁良 등도 들어왔다. 늦게 순천부사도 들어 왔다.

1월 24일 3월 15일   맑고 따뜻하다. 아침에 산역山役하는 일로 송덕일이 귀장이耳匠, 목수 41명을 데리고 나갔다. 영남우수사 원균이 군관을 보내어 보고하기를, "경상좌도에 있는 왜적 300여 명을 베어 죽였다"고 한다. 정말 기쁜 일이다. 평의지平義智[7]가 지금 웅천에 있다고 하는데 자세하지 않다. 유황을 불러서 암행어사[8]가 흥양에서 압수해 간 사건에 대해 물으니, "많은 문서를 제멋대로 가져갔다"고 했다. 놀라운 일이다. 또 격군에 대한 일을 들으니, 아전들이 저지른 잔학한 짓은 이루 다 말할 수 없었다. 군령을 내려 모집에 불응한 군사 144명을 붙잡아 오라고 하고 또 흥양현감을 독촉하여 전령을 보내도록 했다.

> **덧붙이는 말**   이순신은 평소 원균이 하는 일을 대체로 못마땅하게 생각했다. 그렇다고 하나부터 열까지, 원균의 행동이라면 무조건 싫어했던 것은 아니다. 이날처럼 그가 나라를 위해 잘한 일이 있으면 칭찬하며 기뻐했다. 단지 그런 일이 참 드물었을 뿐이다.

1월 25일 3월 16일   흐리다가 저녁나절에 맑아졌다. 송두남, 이상록

---

7)   종의지(宗義智, 소 요시토시). 19대 대마도주.
8)   1월 16일 일기에 나오는 유몽인을 말한다.

등이 새로 만든 배를 가지고 오려고 사부와 격군 132명을 인솔해 갔다. 아침에 우수영의 우후가 와서 아침을 함께 하고 늦게는 활을 쏘았다. 우우후우수영의 우후가 여도만호와 활쏘기 시합을 했는데 여도만호가 7푼을 이겼다. 나만 활 10순을 쏘고 다른 사람들은 모두 20순을 쏘았다. 저녁에 종 허산許山이 술병을 훔치다가 붙잡혔기에 곤장을 때렸다.

1월 26일 3월 17일   맑음. 아침에 활터 정자로 올라가서 순천부사권준가 기일을 어긴 죄를 신문하고 공문을 작성하였다. 이어 활 10순을 쏘았다. 포로로 잡혔다가 도망친 사람은 진주 여인 1명과 고성 여인 1명 그리고 서울 사람 2명인데, 서울 사람은 정창연鄭昌衍과 김명원의 종이라고 한다. 또 왜인 1명이 스스로 투항해 왔다는 보고를 받았다.

1월 27일 3월 18일   맑음. 새벽에 배 만들 목재를 끌어올 일로 우후이몽구가 나갔다. 새벽에 변유헌과 이경복이 들어왔다고 했다. 아침에 충청수사구사직9)의 편지가 오고 어머니의 편지와 아우 여필의 편지도 왔는데, 어머니께서 평안하시다고 했다. 다행이다. 다만 횃불 든 강도들이 동문 밖 해운대에 나타나고, 미평10)에도 강도가 들었다고 한다. 매우 놀랄 일이다. 늦게 미조항첨사와 순천부사가 함께 왔다. 아침에 소지신청서와 그 밖의 공문을 처결해 내려보내고 스스

---

9)   정걸의 후임이다.
10) 전라남도 여수시 미평동.

로 투항한 왜인 1명을 신문하고 공술을 받았다. 원 수사의 군관 양밀梁謐이 제주판관양질의 편지와 말 안장과 해산물, 귤, 감자 등을 가져왔기에 해산물과 과일 등은 바로 어머니께 보내드렸다. 저녁에 녹도송여종가 복병한 곳에 왜적 5명이 나타나 함부로 총질을 하고 다녔는데, 한 놈은 활을 쏘아 잡아서 목을 베고, 나머지 놈들은 화살을 맞고는 도주해 버렸다. 저물녘에 소비포권관이 왔다. 우후가 배 만들 목재를 싣고 왔다.

1월 28일 3월 19일   맑음. 아침에 우후가 와서 봤다. 종사관정경달丁景達에게 보낼 조목과 공문을 작성하여 강진 영리에게 주어 보냈다. 늦게 원식이 서울로 간다며 작별하러 왔기에 술을 대접하여 보냈다. 경상우후가 보고하기를, "명나라 총병 유정劉綎이 남원을 떠나 이달 25, 26일 사이에 서울로 돌아갔다"고 하며, 또 "위무사[11] 홍문관 교리 권협權悏이 경상도 내를 모두 순시한 뒤에 수군영에도 들어올 것이라"고 했다. 또 "도적 송유진宋儒眞과 연좌된 이산겸李山謙 등을 잡아 가두었고, 도적 떼 90여 명이 아산, 온양 등지의 관리들을 붙들어 가두고 함부로 횡행하다가 모두 붙잡혀 목이 잘렸다"고 한다. 또 "호익장김덕령金德齡은 근일 중에 들어올 것이다"고 했다. 저물녘부터 비가 오기 시작하여 밤이 새도록 내리는데 빗소리가 자못 쓸쓸하다. 전선을 만들기 시작했다.

1월 29일 3월 20일   비가 온종일 그리고 밤새도록 왔다. 새벽에 모

---

11) 장병을 위로하려 파견된 관리.

든 배가 폭우에도 불구하고 아무 탈 없었다는 보고를 받았다. 몸이 불편하여 저녁 내내 누워서 신음하는데 큰 바람 센 파도가 거세게 요동을 치니 마음이 몹시도 괴롭다. 미조항첨사 김승룡金勝龍가 배를 정비하기 위해 돌아갔다.

1월 30일 3월 21일   흐리고 바람이 세게 불다가 저녁나절에는 개고 바람도 조금 잠잠해졌다. 순천부사, 우수사 우후, 강진현감 유해劉瀣이 왔다. 미조항첨사가 돌아가는 편에 앞서 붙잡아 온 평산포 도망병 3명을 딸려 보냈다. 어제 이어 몸이 몹시 불편했고 종일 땀을 흘렸다. 군관과 장수들은 활을 쏘았다.

🌙 2월 제2차 당항포해전을 준비하다

> 적정을 탐색하고, 장수들을 만나 의논하고, 활을 쏘고, 도망병을 잡아 오고, 나라를 걱정하는 등 통제사의 일상은 2월에도 변함없이 계속된다. 특히 이달은 왕명을 받고, 당항포 쪽으로 모이는 적을 치기 위한 제2차 당항포해전 각별한 준비를 한다. 삼도수군이 한산도로 모인다.

2월 1일 3월 22일　　맑음. 늦게 활터 정자로 올라가 공문을 처결해 보냈다. 청주의 겸사복 국왕 호위군사 이상李祥이 임금의 분부를 가지고 왔는데, "경상감사 한효순韓孝純의 장계에 의하면 경상좌도의 적들이 모여서 거제로 들어간다는데 그것은 장차 전라도로 침범하려 하는 것이니, 경은 삼도의 수군을 합하여 적을 섬멸하라"는 것이다. 오후에 우수사의 우후를 불러 활을 쏘았다. 초저녁에 사도첨사가 전선 3척을 거느리고 진에 이르렀다. 이경복李景福, 노윤발盧潤發, 윤백년尹百年 등이 도망병을 싣고 육지로 들어가는 배 8척을 붙잡아 왔다. 밤에는 가랑비가 내리더니 얼마 안 있어 그쳤다. 사도첨사가 들어왔다.

2월 2일 3월 23일　　맑음. 아침에 어제 잡아 온 도망병을 실어 내던 사람들의 죄를 다스렸다. 사도첨사가 와서 낙안신호이 파면되었다고 했다. 늦게 활터 정자로 올라가 바람의 형세는 좋지 않았지만 활

10순을 쏘았다. 동궁에게서 회답이 왔고, 각 관, 포의 서류를 처결하여 보냈다. 사도첨사가 기한 내에 오지 아니한 이유에 대해 신문했다.

2월 3일 3월 24일　맑음. 새벽꿈에 한쪽 눈이 먼 말을 보았다. 무슨 조짐인지 모르겠다. 식사를 한 뒤에 활터 정자에 올라 활을 쏘았다. 거센 바람이 강하게 불었다. 우조방장어영담이 왔는데, 그에게서 역적들의 소식¹⁾을 들으니 걱정되고 통분함을 이길 길이 없다. 우수영 우후가 배정된 부물군수물을 여러 장수에게 고루 보냈다. 원식, 원전元㙉이 와서 상경한다고 했다. 원식은 남해현령에게 쇠붙이를 바치고 면천 공문 1장을 받아 가지고 갔다. 날이 저물어 막사로 내려왔다.

2월 4일 3월 25일　맑고, 바람이 세게 불었다. 조식 후에 순천부사, 우조방장을 불러서 이야기했다. 늦게 본영의 전선과 거북선이 들어왔다. 조카 봉과 이설, 이언량李彦良, 이상록 등이 강돌천姜㐗千을 데리고 왔는데 동궁의 명령을 가져 왔고 좌찬성 정탁鄭琢의 편지도 왔다. 각 관, 포의 서류를 처결해 보냈다. 순천부사가 알려주기를, 무군사광해군의 행영의 공문에 의거한 순찰사의 공문에는 "이순신이 진중에서 과거를 보자고 품의 올린 것은 아주 옳지 않으니 추고조사해야 한다"는 것이다. 가소롭다. 조카 봉이 오는 편에 어머니께서 평안하시다는 소식을 들으니 기쁘고도 다행이다.

---

1) 앞의 1월 28일 일기 참조. 송유진이 스스로 의병대장이라 하며 무기를 약탈해 역모를 꾀한 사건.

덧붙이는 말 지난해1593년 12월 광해군의 명에 의해 전주에서 임시 과거를 보게 되었는데, 이순신은 "수군은 전주까지 가기 어려우니 한산도 진영에서 따로 과거를 보도록 해달라"고 품의를 올렸고 이해1594년 4월 한산진영에서 무과 시험이 실시된다. 그러나 이 과정에서 순찰사의 위 공문 때문에 이순신은 5일 후 동궁에게 해명하는 답장을 보내야 했다.

2월 5일 3월 26일　맑음. 새벽꿈에 좋은 말을 타고 바위가 첩첩한 산마루로 올라가니 아름다운 산봉우리가 동서로 뻗쳐 있고, 산마루 위에는 평평한 곳이 있어서 거기에 집터를 잡으려다가 깨었다. 무슨 징조인지 모르겠다. 또 어떤 미인이 홀로 앉아 손짓을 하는데, 나는 소매를 뿌리치고 응하지 않았으니 우스운 꿈이었다. 아침에 군기사에서 받아온 흑각궁 100개를 낱낱이 헤아려 수결서명했고, 화피벚나무 껍질 89장도 역시 계산하여 수결했다. 발포만호, 우수영 우후가 보러 왔기에 식사를 함께 했다. 늦게 활터 정자로 올라가서 순창, 광주의 담당 아전들을 처벌했다. 우조방장어영담, 우우후, 여도만호 등과는 활을 쏘았다. 원수의 회답 공문이 왔는데, 유격遊擊 심유경沈惟敬이 얼마 있지 않아 화친을 결정한다고 한다. 그러나 적의 간사한 꾀와 교묘한 술수는 헤아릴 수가 없다. 전에도 적의 술책에 속고 이제 또 이처럼 빠져드니 한탄스럽다.[2) 저녁때 날씨가 찌는 것 같아 마치 초여름이나 된 듯하다. 밤이 되면서 비가 시작하였다.

---

2) 명의 심유경이 지난해 6월, 강화협상을 위해 왜적을 만났지만 왜적은 그 직후에 대대적으로 진주성을 공격했다. 이 사실을 목격한 이순신은 강화협상을 왜의 사기극 이상으로 여기지 않았고 적에게 속고 있는 심유경 또한 믿을 수 없는 인물로 보았다.

덧붙이는 말   이날의 꿈은 2월 1일에 내려진 임금의 명령에 따라 행하는 다음 달 제2차 당항포전이 반쪽 승리에 그친다는 선몽先夢 같다. 또 어영담은 1593년 11월에 파직되었으나 (어영담의 후임으로 임시현감 김극성이 부임했다가 최산택이 현감으로 옴.) 이순신의 탄원으로 죄에서 벗어나 1593년 12월경부터 이순신의 우조방장이 되어 함께 일할 수 있게 된 것이다.

2월 6일 3월 27일   오전엔 비가 오다가 오후에는 개었다. 순천부사, 조방장, 웅천현감, 사도첨사가 보러 왔다. 어두울 무렵 흥양현감과 김방제金邦濟가 오면서 유자 30개를 가져왔는데 갓 딴 것처럼 싱싱했다.

2월 7일 3월 28일   날은 맑은데 서풍이 세게 불었다. 아침에 우조방장이 보러 와서 제2전선부지휘선에 타고 싶다고 했다. 어머님과 홍군우洪君遇, 이숙도李叔道, 강인중姜仁仲 등에게 문안 편지를 써서 조카 분이 가는 편에 부쳤다. 조카 봉은 분과 같이 떠났는데, 봉은 나주로 가고 분은 온양으로 갔다. 마음이 많이 섭섭했다. 각 배에서 낸 소지청원 200여 장을 처결해 돌려주었다. 고성현령의 보고에, "적선 50여 척이 춘원포3)에 이르렀다"고 했다. 삼천포권관과 가배량권관 제만춘이 와서 서울의 소식을 전하였다. 이경복에게 도피하는 격군을 붙잡아 오도록 명해 내보냈다. 오늘 군사들의 배치를 바꾸고 격군을 각 배에 옮겨 태웠다. 방답첨사에게도 도피자를 붙

---

3) 경상남도 통영시 광도면 안정리.

잡아 오라고 명령하였다. 낙안군수의 편지가 왔는데 새 군수 김준계金遵繼가 내려왔다고 하므로 그에게도 도피자를 붙잡아 오라고 명령했다. 보성의 전선 2척이 들어왔다. 소비포권관이 보러 왔다.

> **덧붙이는 말** 이날 하루 동안에 날씨를 빼고도 12가지의 일을 처리했다고 적었는데, 초인적인 집중력이 아니었다면 감당하기 어려웠을 것이다. 특히 전쟁이 길어지고 군기가 문란해지자 점차 도망병이 늘어나는데, 병력 부족에 시달리던 그가 도피자를 잡아 오는데 총력을 기울이는 모습을 보면 안타깝기만 하다.

2월 8일 3월 29일   날은 맑은데 동풍이 세게 불고 몹시 추웠다. 봉과 분이 배를 타고 떠난 것이 걱정되어 밤새도록 잠이 편치 못했다. 아침에 순천부사가 와서 말하기를, "고성 땅 소소포[4)]에 적선 50여 척이 드나든다"고 하여 즉시 제만춘을 불러[5)] 소소포의 지형이 어떠한지를 자세히 물었다. 늦게 활터 정자에 올라가 서류를 처결하여 보냈다. 경상우병사 성윤문成允文의 군관이 와서 자기 상관 방지기[6)]의 면천에 대한 일을 이야기했다. 진주에서 피란한 전 좌랑 이유함李惟諴이 와서 이야기하다가 저녁때 돌아갔다. 바다 위에 달이 밝아 잠이 오지 않았다. 순천부사와 우조방장이 와서 이야기하다가 밤 10시쯤에 헤어졌다. 변존서가 당포에 가서 꿩 일곱 마리를

---

4) 경상남도 고성군 고성읍 죽계리 평계마을로 지금은 매립된 당항포 상류 지점이다.
5) 제만춘의 고향이 고성이다.
6) 소실 또는 하인을 일컫는다.

사냥해 가지고 왔다.

2월 9일 3월 30일　맑음. 새벽에 우후가 제2호, 제3호 전선을 거느리고 소비포 안쪽으로 띠풀을 베러 나갔다. 아침에 고성현령이 돼지고기를 가져왔다. 그에게 당항포에 적선이 드나드는 상황을 물었다. 또 백성들이 굶어서 서로 잡아먹는다고 하니 앞으로 어찌하면 목숨을 보전해 살 수 있을 것인지도 물었다. 늦게 활터 정자로 올라가 활 10순을 쏘았다. 이유함이 왔다가 돌아가겠다고 하므로, 작별 인사를 하고 그의 자字를 물으니 여실汝實이라 했다. 순천부사, 우조방장, 우우후, 사도첨사, 여도만호, 녹도만호, 강진현감, 사천현감, 하동현감, 소비포권관 등이 왔다. 저물녘에 보성군수가 들어왔다. 무군사東宮의 공문을 가져왔는데 시위侍衛하는 군사들이 쓸 장창 수십 자루를 만들어 보내라는 것이었다. 이날 동궁이 추고한 사안[7]에 대해 답을 보냈다.

2월 10일 3월 31일　가랑비가 걷히지 않고 바람이 세게 불었다. 오후에 조방장과 순천부사가 와서 저녁때까지 이야기하며 적을 토벌할 일을 논의했다.

2월 11일 4월 1일　맑음. 아침에 미조항첨사가 왔기에 격려한 뒤 술을 3, 4잔 먹여 보냈다. 종사관에게서 온 서류 3건을 처결하여 보냈다. 식사 후 활터 정자로 올라가니 경상우수사가 왔기에 만났

---

7)　2월 4일 일기 참조.

다. 술잔을 거듭 비우더니 취하여 미치광이 같은 말을 지껄이는데 어처구니가 없다. 우조방장도 와 함께 취했다. 저물어서 활 3순을 쏘았다.

2월 12일 4월 2일   맑음. 이른 아침에 본영의 탐후선이 들어왔는데 그 편에 조카 분의 편지가 왔고 그 내용은 선전관 송경령宋慶笭이 수군을 살펴보기 위해 들어온다는 것이었다. 선전관을 맞이하기 위해 오전 10시쯤에 적도赤島로 진을 옮겼다. 오후 2시쯤에 선전관 송경령이 진에 도착했는데 임금의 분부 2통과 비밀문서 1통, 모두 3통을 가지고 왔다. 한 통에는 "명나라 군사 10만 명과 은 300만 냥이 나온다"고 하였고 다른 한 통에는 "흉적들의 뜻이 호남지방에 있으니, 힘을 다하여 차단하고 형세를 보아 무찌르라"고 하였으며, 밀서에는 "해가 지나도록 해상에서 나라 위해 싸우는 것을 내가임금 항상 잊지 못하니, 공로를 세운 장병들 중 아직도 상을 받지 못한 자가 있거든 적어 올리라"는 것 등이었다. 또 그에게서 서울 안의 여러 가지 소식과 역적들의 일[8]도 들었다. 영의정의 편지도 가져왔는데, 밤낮으로 염려하며 애쓰시는 일을 들으니 그리움과 강개함이 한량없다.

덧붙이는 말   이순신은 류성룡과 수시로 편지를 주고받으며 군사 일을 의논했고 나라 걱정을 함께 했다. 그는 류성룡을 존경했고, 류성룡은 이순신을 지지했고 도왔다. 이 두 분이

---

8) 2월 3일 일기 참조.

있어 임진왜란을 극복할 수 있었다 해도 과언이 아니다.

2월 13일 4월 3일   맑고 따뜻하다. 아침에 영의정에게 회답 편지를 썼다. 식사를 한 뒤에 선전관과 다시 이야기하고 늦게야 작별을 하고서는 종일 배에 머물렀다. 오후 4시쯤에 소비포권관, 사량만호, 영등포만호가 왔다. 오후 6시쯤에 적도를 출항하여 한산도로 돌아올 때 경상우수사의 군관 제홍록諸弘祿이 삼봉[9]에서 와서 말하기를 "적선 8척이 들어와 춘원포에 정박하였으므로 지금 당장 들이칠 만하다"고 했다. 그래서 곧 나대용을 경상우수사에게 보내 의논케 한 뒤 "그 일은 서로 의논한 뒤에 하자"고 하면서 동시에 "작은 이익을 보고 들이치다가 큰 공을 이루지 못할 우려가 있으니, 아직은 가만히 두었다가 적선이 더 많이 나오는 것을 기다려 무찌르자"는 말을 전하게 했다. 미조항첨사, 순천부사, 조방장이 왔다가 밤이 깊어서야 돌아갔다. 박영남朴永男과 송덕일도 돌아갔다.

2월 14일 4월 4일   맑고 따뜻하며 바람도 온화했다. 경상도의 남해, 하동, 사천, 고성 등지로 송희립, 변존서, 유황, 노윤발 등을, 전라우도로 변유헌, 나대용 등을 각각 점검하라고 내어보냈다. 저물어 방답첨사와 첨지 배경남이 본영에서 군량미 20섬을 실어 왔다. 정종[10]과 배춘복裵春福도 왔다. 장언춘張彦春을 천민에서 면하는 공문을 만들어 주었다. 흥양현감이 들어왔다.

---

9)   경상남도 고성군 삼산면 삼봉리.
10) 아들 염의 병을 고쳐준 의사이다.

2월 15일 4월 5일　　맑음. 새벽에 거북선 2척과 보성의 배 1척을 벌목장에 가서 멍에에 쓸 나무驚木를 가져오라고 보냈더니 밤 들기 전에 실어 가지고 왔다. 식후에 활터 정자로 올라가서 좌조방장의 늦게 온 죄를 심문했다. 흥양 배를 검열해 보니 허술한 점이 많았다. 순천부사, 우조방장, 우수사의 우후, 발포만호, 여도만호, 강진현감 등이 와서 활을 쏘았다. 날이 저물어 순찰사이정암의 공문이 왔다. 공문은 "조도어사 박홍로朴弘老가 순천, 광양, 두치 등지의 복병, 파수 보는 일에 관해 장계를 올렸더니,[11] 그 회답으로 수군과 수령이 함께 움직이도록 하는 것은 합당하지 않다는 대답이 내려오고 그에 관한 서류도 도착하였다"는 내용이다.

2월 16일 4월 6일　　맑음. 아침에 흥양현감과 순천부사가 왔다. 흥양현감이 가져온 암행어사 유몽인의 장계 초본을 보았다. 유몽인 어사는, 임실현감 이몽상李夢祥, 무장현감 이충길李忠吉, 영암군수 김성헌金成憲, 낙안군수 신호를 파면하여 내보내자 하고, 순천부사에게는 탐관오리의 으뜸으로 혐의를 씌웠으며, 반면 담양부사이경로李景老, 진원현감조공근趙公瑾, 나주목사이용순李用淳, 장성이귀李貴, 창평현령백유항白惟恒 등의 수령에게는 악행은 덮어 주고 포상하도록 상신했다. 임금을 속임이 여기까지 이르니, 나랏일이 이러고서야 전란이 평정될 리 만무하다. 우러러 탄식할 뿐이다. 거기에다 수군 가족에 대해 대충代充 징발하는 일과 네 장정 중에 두 장정은 전쟁에 나가야 한다는 일을 심히 비난하였다. 암행어사 유몽인은 나라의 위급함은 생

---

11) 전라도 연해의 수령들이 복병, 파수 보는 일로 바다에 나가 있느라 고을의 일을 잘하지 못하고 있다는 내용이다.

각하지도 않고 눈앞의 일만 탈 없이 꾸며 편할 것만 도모하고 남쪽 지방의 일부 종작없는 말만 치우쳐 듣고 앉았으니 나라를 그르치는 교활하고 간사한 말이 진회秦檜가 악비岳飛에게 저질렀던 것[12]과 다를 바가 없다. 나라를 위한 아픈 마음이 더욱 심하다. 저녁나절에 서둘러 활터 정자로 올라가 순천부사, 흥양현감, 우조방장, 우수사의 우후, 사도첨사, 발포만호, 여도만호, 녹도만호, 강진현감, 광양현감 등과 더불어 활 12순을 쏘았다. 순천 감목관이 진중에 왔다가 돌아갔다. 우수사가 당포에 도착했다고 한다.

> **덧붙이는 말** 유몽인을 꾸짖는 이날 일기를 읽다 보면 이순신의 공직자관을 분명하게 알 수 있다. 이렇게 마음이 상하는 날에는 활터로 나가 활을 쏨으로써 스스로를 달랬다.

2월 17일 4월 7일 　맑음. 따뜻하기가 초여름 같다. 아침나절 지휘선을 연기에 그을리기 위해 배에서 내려 활터 정자로 올라갔다. 거기서 각 곳의 공문을 처결해 보냈다. 오전 10시경에 우수사가 들어왔다. 거느리고 온 전선이 겨우 20척이니 한심하다. 우수사는 1월 25일에 우수영 군사들을 인솔해 오기로 했는데 기한을 지키지 못하고 오늘에야 온 것이다. 그래서 우수사의 행수군관 정홍수鄭弘壽와 도훈도를 군령에 의해 곤장 90대를 때렸다. 이홍명과 임희진任希璡의 손자가 왔는데 대나무로 총통을 만들어 왔기에 시험으로 쏘아 보니 소리는 나는 듯하나 별로 쓰일 데가 없었다. 우습다. 순천

---

12) 남송이 금나라의 침략을 받았을 때 진회가 간사한 말로 악비를 죽게 한 뒤 굴욕적인 화의를 체결한 일.

부사, 우조방장이 와서 활 5순을 쏘았다.

2월 18일 4월 8일　맑음. 아침에 배 첨지가 오고 가리포첨사 이응표李應彪가 왔다. 식후 활터 정자로 올라가 해남현감 위대기魏大器의 명령을 거역한 죄를 처벌했다. 전라우도 여러 장수의 신고를 받고 임무를 부여한 뒤에 활 두어 순을 쏘았다. 오후에 우수사가 왔건만 때마침 원 수사와 술을 많이 마셨기 때문에 이야기하지 못했다. 초저녁부터 내리던 가랑비가 밤이 새도록 내렸다.

2월 19일 4월 9일　가랑비가 종일 오나 날씨는 찌는 듯했다. 활터 정자에 올라가 한참 동안 혼자 앉아 있는데, 우조방장과 순천부사가 오고 이홍명도 왔다. 손충갑孫忠甲도 왔기에 불러들여 적을 토벌하던 일을 물어보았는데 강개함을 이길 길이 없었다. 종일 이야기하다 저물녘에 숙소로 내려왔다. 변존서가 본영으로 갔다.

2월 20일 4월 10일　안개비가 걷히지 않다가 오전 10시경 맑게 갰다. 몸이 불편하여 종일 나가지 못하고 우조방장과 배 첨지를 불러 이야기했다. 아들 울이 우영공이억기의 배에 갔다가 몹시 취해서 돌아왔다.

2월 21일 4월 11일　맑고 따뜻했다. 몸이 불편하여 종일 신음했다. 순천부사와 우조방장이 와서 "견내량에 복병한 곳을 살펴보고 오겠다"고 했다. 청주 의병장 이봉李逢이 순변사이빈가 있는 곳으로부터 와서 육지의 사정을 자세히 일러 주었다. 이봉은 청주 사람으로 용맹스러운 남자다. 해 질 녘에 돌아갔다. 오후 6시쯤에 벽방의 망보는 장수가 와서 구화역仇化驛13) 앞바다에 왜선 8척이 줄지어 대었다고 한다. 그래서 삼도수군에 전령하여 배를 풀어 진격하기로 약속지시하고, 제홍록이 보고하러 오기를 기다렸다.

2월 22일 4월 12일   날이 거의 샐 때쯤 해서 제홍록이 와서 보고하는데, "왜선 10척은 구화역에 도착했고, 6척은 춘원포에 도착했다"고 했다. 그러나 이미 날이 새어 추격할 시각이 아니라서 다시 망을 보며 정찰하라고 일러 보냈다.

[2월 23일부터 27일까지 일기는 빠지고 없음.]

2월 28일 4월 18일   맑음. 아침에 활터 정자에 올라가 종사관과 종일 이야기했다. 장흥부사황세득黃世得14)가 들어왔다. 우수사가 그 수하 장수인 장흥부사를 처벌했다.

> **덧붙이는 말**   이순신은 우수사 이억기에게 기한(1월 25일)을 정해 전 전선을 이끌고 한산도에 모이라고 명령했고, 이를 위해 이억기는 황세득에게 1월 20일 내에 우수영에 모이라고 명령했으나 황세득이 이를 지키지 못했다. 응당 이순신은 이억기를 처벌해야 했으나, 이억기의 행수군관 등을 처벌함으로써(2월 17일 일기 참조.) 이억기의 체면을 세워 주었지만

---

13) 경상남도 통영시 광도면 노산리.
14) 황세득의 부인이 이순신 부인 방 씨의 사촌 언니다.

황세득은 이억기가 대신 처벌해야 했다.

2월 29일 4월 19일   종사관과 아침을 함께 하고 또 작별술을 마시며 종일 이야기하였다. 장흥부사도 함께했다. 벽방의 망보는 장수 제한국諸漢國의 긴급 보고에, "적선 16척이 소소포로 들어왔다"고 하므로 이를 각 도 수군에 알리도록 전령했다.

🌙 3월   전투를 중지하라는
   담종인의 '금토패문'에 항의하다

이달 초순 당항포, 진해만으로 출몰하는 왜적을 응징하기 위해 삼도수군이 출동해 왜선 31척을 격침하는 전과를 거둔다.^{제2차 당항포승첩} 그러나 전투 도중 명나라 담종인譚宗仁의 '금토패문禁討牌文'을 받고 이순신은 싸움을 멈추고 한산진으로 돌아와야 했다. 분함을 참아 내느라 이순신은 물경 20일 가까이 열병을 앓고 생명이 위독해지기도 한다. 충청수군도 옴으로써 삼도수군이 한산진으로 거의 다 모였다.

3월 1일 ^{4월 20일}   맑음. 망궐례를 드리고 나서 그대로 활터 정자로 올라가 검모포만호를 신문한 뒤 만호는 곤장을 치고, 도훈도는 처형했다. 종사관이 돌아갔다. 막 어두워질 무렵 출항하려는데, 제한국이 달려와 "왜선이 이미 다 도망가 버렸다"고 하므로 가려던 것을 멈췄다. 초저녁에 장흥의 2호선에 불이 나 다 타버렸다.

3월 2일 ^{4월 21일}   맑음. 아침에 방답, 순천, 우조방장이 왔다. 늦게 활터 정자에 올라가 좌조방장, 우조방장, 순천, 방답과 활을 쏘았다. 느지막에 장흥이 와서 이야기했다. 초저녁에 강진의 둔屯¹⁾을 쌓

---

1) 짚으로 만든 거적 같은 것.

아 둔 곳에 불이 나서 땔감이 다 타버렸다.

3월 3일 4월 22일   맑음. 아침에 임금께 전문을 올려 보내고, 그대로 활터 정자에 앉았다. 경상우후 이의득이 와서 말하기를, 수군을 많이 징발해 오지 못한 일 때문에 그의 수사원균에게서 매를 맞고, 또 발바닥까지 맞을 뻔했다고 하니 참으로 놀라운 일이다. 늦게 순천, 좌조방장, 우조방장, 방답, 가리포, 좌수사 우후, 우수사 우후 등과 함께 활을 쏘았다. 오후 6시쯤에 벽방 망장제한국이 보고하되, 왜선 6척이 들어와 오리량[2]과 당항포 근처에 나누어 정박하고 있다고 한다. 그래서 곧 배를 집합시키라고 전령하여, 수군은 모여 대군을 만들어서 흉도[3] 앞바다에 진을 치게 하고, 정예선 30척은 우조방장이 거느리고 가 적을 무찌르도록 정했다. 어둠이 깔리자 배를 움직여 지도紙島[4]에 이르러 밤을 보내고 밤 2시경에 출발했다.

3월 4일 4월 23일   맑음. 밤 2시경에 배를 띄워 진해 앞바다에 이르렀다. 그곳에 있는 왜선 6척을 쫓아가 붙잡아 불태우고, 저도[5]에서 2척을 불태워 없앴다. 또 당항포의 소소강[6]에 14척이 들어와 대었다고 하므로 조방장어영담과 경상우수사에게 나가 토벌하도록 전령한 후 나는 고성 땅 아자음포阿自音浦[7]에서 진을 치고 밤을 지냈다.

---

2)   경상남도 창원시 마산합포구 진동면 요장리 부근.
3)   경상남도 거제시 사등면 오량리 고개도.
4)   경상남도 통영시 용남면 지도리 지도.
5)   경상남도 창원시 마산합포구 구산면 구복리 저도.
6)   경상남도 고성군 고성읍 죽계리를 흐르는 하천으로 당항포로 들어온다.
7)   경상남도 고성군 동해면 양촌리.

3월 5일 4월 24일　　겸사복 윤봉尹鵬을 당항포로 보내어 적선을 얼마나 쳐부수고 불태웠는지를 탐문하게 하였다. 우조방장 어영담의 급보에는 "적들이 우리 군사들의 위엄을 겁내어 밤을 틈타 도망쳐서 빈 배 17척만 남김없이 불태워 버렸다"라고 했고, 경상우수사의 급보도 같은 내용이었다. 우수사가 만나러 왔다가 비가 몹시 쏟아지고 바람도 세차게 불자 곧바로 되돌아갔다. 이날 아침 육지의 순변사이빈에게도 토벌을 독려하는 공문을 보냈다. 우조방장, 순천, 방답, 배 첨사 등이 와서 이야기하는 중에 경상우수사 원균이 배에 이르렀다. 여러 고을 수령들은 각자 제 고을로 돌아갔다.[8] 이날 저녁에 광양에서 새로 만든 배가 들어왔다.

3월 6일 4월 25일　　맑음. 날이 새자 탐망군이 남은 왜적선 40여 척이 청슬[9]로 건너갔다고 했다. 이어 당항포에 있던 적선 21척은 모두 불태워 버렸다는 종합 보고가 왔다. 늦게 배를 몰아 거제로 향하는데 역풍이 불었다. 간신히 흉도에 도착하니 남해현령이 보고하되, "명나라 군사 2명과 왜놈 8명이 패문을 가지고 왔기에 그 패문과 명나라 군사 2명을 올려 보낸다"고 했다. 그 패문을 가져다 보니, 명나라 도사 담종인[10]이 보낸 "적을 치지 말라"는 금토패문[11]이었다. 나는 말 같지도 않은 글에 울화가 치밀어 몸이 몹시 괴로웠고 앉고 눕기조차 불편했다. 저녁에 우수사와 함께 명나라 군사

---

8) 대장(代將)을 남겨 두고 각자의 고을로 돌아간다.
9) 경상남도 거제시 사등면 지석리.
10) 당시 담종인은 왜군의 웅천 진영에 억류된 채로 강화교섭을 벌이고 있었다.
11) '토벌을 금하는 패문'으로 명나라 담종인이 조선군에게 왜군을 공격하지 말라는 내용이다.

를 면접하고 보냈다.

3월 7일 4월 26일　　맑음. 몸이 죽는가 싶도록 불편했고 꼼짝하기조차 어려웠다. 그래서 아랫사람에게 패문에 대한 답서를 지어 오라고 하였더니, 지어 놓은 글 꼴이 말이 아니다. 또 경상우수사 원균이 손의갑孫義甲을 시켜 작성하게 한 것마저 매우 못마땅했다. 나는 병을 무릅쓰고 억지로 일어나 앉아 글을 짓고, 그것을 정사립에게 써서 보내게 했다. 오후 2시쯤에 출항하여 밤 10시경 한산도 진중으로 돌아왔다.

　　 덧붙이는 말 　담종인이 보낸 패문의 요지는 "일본 제장들이 휴전하고 쉬기를 원하니 너희들은 빨리 제각각 제 고장으로 돌아갈 것이며 일본 영채에 접근하여 트집을 잡지 말고 화의 진행에 분란이 없도록 하라"는 것이었다. 이에 대해 이순신은 "왜인들이 진을 치고 있는 거제, 웅천 등지가 모두 다 우리 국토인데 우리더러 일본 영채 가까이 가지 말라는 것은 무슨 말이며, 우리더러 어서 제 고장으로 돌아가라 하나 돌아갈 제 고장이란 어디 있는 곳인지 알 수 없습니다"고 항의했다. 어찌 분통이 터지지 않았겠는가.

3월 8일 4월 27일　　맑음. 병세는 별로 차도가 없다. 기운은 더욱 축나고 종일 앓았다.

3월 9일 4월 28일　　맑음. 몸이 좀 나은 듯하므로 따뜻한 방으로 옮겨 누웠다. 아프긴 해도 다른 증세는 없었다.

3월 10일 ⁴⁹²⁹⁹   맑음. 병세는 차츰 나아지는 것 같은데 열기가 치올라 그저 찬 것만 마시고 싶은 생각뿐이다. 저녁때 비가 시작해 밤새도록 그치지 않았다.

3월 11일 ⁴⁹³⁰⁹   종일 큰비가 오다가 어두울 녘에 갰다. 병세가 아주 많이 나아졌고 열 또한 내리니 참으로 다행이다.

3월 12일 ⁵⁹¹⁹   맑으나 바람이 세게 불었다. 몸이 아직도 몹시 불편하지만 영의정에게 편지를 썼고, 장계도 바로 쓰기正書를 마쳤다.

3월 13일 ⁵⁹²⁹   맑음. 병은 차츰 차도가 보이는 것 같으나, 기력이 매우 쇠하였다. 아들 회와 송두남을 내어보냈다. 아침에 장계를 봉해 올렸다가 오후에 원 수사가 와서 자기의 잘못을 고백하므로, 장계를 도로 가져다가 원사진元士震과 이응원李應元 등이 가왜假倭[12]의 목을 베고는 왜적의 목을 벤 것처럼 거짓으로 올려 바친 일을 바로 고쳐서 보냈다.

3월 14일 ⁵⁹³⁹   비. 병은 나은 듯하지만, 머리가 무겁고 기분이 좋지 않다. 저녁에 광양현감, 강진현감, 배 첨지가 함께 떠났다. 들

---

12) 우리나라 사람으로 왜인 노릇을 한 자.

자니 충청수사가 이미 신장[13]에 왔다고 한다. 종일 몸이 불편했다.

3월 15일 5월 4일   비는 그쳤으나 바람이 세게 불었다. 미조항첨사가 돌아갔다. 종일 끙끙 앓았다.

3월 16일 5월 5일   맑음. 몸이 몹시 불편하다. 우수사가 와서 봤다. 충청수사가 전선 9척을 거느리고 진에 이르렀다.

> 덧붙이는 말   충청수사에게 2월 5일까지 충청수군을 이끌고 한산진으로 오도록 했으나, 전투가 끝난 이날에야 도착한 것이다. 다음 달 13일 일기를 보면 이 일로 구사직 수사가 체포된다. 또 이달 30일 일기를 보면, 이순신은 충청수군의 기한 어긴 죄를 물어 책임 군관과 도훈도를 처벌한다. 당시 전선과 수군을 징집하는 일은 각 고을 수령들의 협력이 있어야 가능한 일이었고, 그것은 충청수군에게도 결코 쉽지 않음을 잘 알았지만 군법이 지엄하니 처벌하지 않을 수가 없었다.

3월 17일 5월 6일   맑음. 몸이 개운하게 회복되지 않는다. 변유헌은 본영으로 돌아가고 순천부사도 돌아갔다. 해남현감은 새 현감과 교대하는 일로 나가고, 황득중 등은 복병에 관한 일로 거제도로 들어갔다. 탐후선이 들어왔다.

---

13) 순천만 신장 바다.

3월 18일 5월 7일　　맑음. 몸이 몹시 불편하다. 남해현령, 소비포권관, 적량만호, 보성군수가 와서 봤다. 남해현령 기효근은 곡식을 파종해야 한다며 남해로 돌아갔다. 보성군수 안홍국安弘國은 무슨 말을 하려다 말고 돌아갔다. 낙안의 유위장과 향소[14] 등을 잡아 가두었다.

3월 19일 5월 8일　　맑음. 몸이 불편하여 종일 끙끙 앓았다.

3월 20일 5월 9일　　맑음. 몸이 불편하다.

3월 21일 5월 10일　　맑음. 몸이 불편하다. 녹명관[15]으로 여도만호, 남도포만호, 소비포권관을 뽑았다.

3월 22일 5월 11일　　맑음. 몸이 약간 나아진 것 같다. 원수에게 보낸 공문[16]에 대한 회신이 왔는데, "명나라 지휘 담종인의 자문[17]과 왜장의 서계[18]를 조 파총把摠이 가지고 간다"고 하였다.

3월 23일 5월 12일　　맑음. 기운이 없고 여전히 불편하다. 방답, 흥양, 조방장이 와서 봤다. 견내량에서 미역 53동을 캐어 왔다. 발포도 와서 만났다.

---

14) 지방 수령을 보좌하는 유향소의 관리.
15) 과거 보러 오는 사람의 명단을 작성하는 관리.
16) 이 공문에서 이순신은 금토패문에 회답한 사실을 보고하고 담종인이 어떤 사람인지에 대해 물었다.
17) 중국과 왕래하던 문서.
18) 일본과 왕래하던 문서.

3월 24일 5월 13일　맑음. 몸이 조금 나아진 것 같다. 미역 60동을 캐 왔다. 정사립이 왜놈의 머리를 베어 가지고 왔다.

3월 25일 5월 14일　맑음. 흥양현감과 보성군수가 나갔다. 왜의 포로가 되었다가 왜의 진중에서 담종인의 패문을 가지고 왔던 아이는 왜군 진중으로 돌려보내지 않고[19] 흥양현감에게 딸려 보냈다. 늦게 활터 정자로 올라갔으나 몸이 편치 않아 일찍이 숙소로 내려왔다. 저녁에 아우 여필, 아들 회, 변존서, 신경황이 함께 왔는데 어머니가 편안하시다는 이야기를 자세히 들었다. 다만 선산이 모두 불에 탔는데, 아무도 끄지 못했다고 하니 몹시 가슴이 아프다.

3월 26일 5월 15일　맑고 따뜻하기가 여름 날씨 같다. 조방장과 방답첨사가 와서 만났다. 발포만호가 휴가를 받아 돌아갔다. 늦게 마량첨사강응호姜應虎, 사량만호, 사도첨사, 소비포권관이 함께 보러 왔다. 경상우후와 영등포만호도 왔다가 창신도로 돌아가겠다고 했다.

3월 27일 5월 16일　흐림. 우수사가 와서 만났다. 몸이 좀 나은 것 같다. 저녁 8시경부터 비가 내리기 시작했다. 조카 봉이 저녁에 몸이 몹시 아프다고 했다.

3월 28일 5월 17일　비. 조카 봉의 병세가 더 악화되었다 하니 몹시도 걱정이 된다.

---

19) 아이가 우리나라 백성이기 때문이다.

3월 29일 5월 18일   맑음. 탐후선이 들어와서 어머니께서 편안하시다고 하였다. 웅천, 하동, 소비포 등이 와서 봤고, 장흥, 방답도 보러 왔다. 저녁에 봉을 여필에 딸려 보냈다. 봉이 몹시 아픈 채로 돌아갔기에 밤새도록 걱정이 되었다. 저물녘에 방충서方忠恕와 조서방趙西房의 사위 김함金鹹이 왔다.

3월 30일 5월 19일   맑음. 식후에 활터 정자로 올라가 충청도 군관과 도훈도, 낙안의 유위장과 도병방 등을 처벌했다. 삼가현감 고상안高尙顔이 와서 보러 왔길래 만나 보고 저녁에 숙소로 내려왔다.

🌙 4월 진중 과거로 인재를 보충하다

> 몸 아픈 것을 무릅쓰고 거의 매일 장수들을 만나 적 칠 일을 의논하고, 부하들을 챙기고, 적의 정세를 탐지하고, 군기를 확립해 가는 통제사의 일상생활은 4월에도 계속된다. 특히 이달에는 인재를 얻기 위해 진중 과거를 본 점과 믿고 의지해 온 장수 어영담을 전염병으로 잃고 슬픔에 잠긴 일이 특이하다. 금오랑이 충청수사 구사직을 체포해 가고 입부 이순신李純信이 신임 충청수사가 된다.

4월 1일 5월 20일 일식日蝕이 있었다. 나라에 재차 큰 난리가 일어나서는 안 되는데 걱정이다.[1] 장흥부사, 진도군수 김만수金萬壽, 녹도만호가 여제厲祭[2]를 지내겠다고 보고한 뒤 돌아갔다. 충청수사가 와서 봤다.

4월 2일 5월 21일 맑음. 아침밥을 먹은 뒤에 활터 정자로 올라가 삼가현감과 충청수사와 같이 종일 이야기했다. 조카 해가 들어왔다.

4월 3일 5월 22일 맑음. 오늘 여제를 지냈다. 삼도의 군사들에게

---

1) 『조선왕조실록』(1594년 4월 17일)에 의하면, 영의정(류성룡)이 선조에게 "일식이 있었으니 난리가 쉬 그칠 것 같지 않다"고 걱정한다.
2) 전염병으로 죽은 사람들이나 떠도는 귀신에게 지내는 제사. 위령제.

술 1,080동이를 먹였다. 우수사와 충청수사도 같이 앉아 군사들에게 먹였다. 날이 저물어서야 숙소로 내려왔다.

4월 4일 5월 23일　흐리다가 저녁에 비가 내렸다. 원수의 군관 송홍득宋弘得과 변홍달卞弘達이 새로 급제한 사람들에게 내릴 홍패紅牌, 과거 합격증를 가지고 왔다. 경상우병사박진朴晉[3]의 군관 박의영朴義英이 와서 그의 장수우병사의 안부를 전했다. 식후에 삼가현감이 왔다. 늦게 활터 정자로 올라갔다. 장흥부사가 술을 가지고 와서 종일토록 조용히 이야기를 나누었다.

4월 5일 5월 24일　흐림. 새벽에 최천보가 세상을 떠났다.

4월 6일 5월 25일　맑음. 별시를 보는 과거장을 개설했다. 시험관시관試官은 나와 우수사, 충청수사가 맡고 시험 보는 것을 감독할 참시관은 장흥부사, 고성현령, 삼가현감, 웅천현감이 맡았다.

4월 7일 5월 26일　맑음. 일찍 모여 시험을 실시했다.

4월 8일 5월 27일　맑음. 몸이 불편했지만 끝까지 시험장을 주관했다.

4월 9일 5월 28일　맑음. 아침에 시험을 끝내고 합격자를 발표하였

---

3)　경상우병사 박진은 경주성전투에서 경주를 탈환하는 전공을 세웠는데, 정유년(1597년) 명나라 장수에게 구타당한 뒤 그 후유증으로 사망했다고 한다.

다. 큰비가 쏟아졌다. 조방장 어영담이 세상을 떠났다. 애통함을 무엇으로 말하랴!

덧붙이는 말   어영담은 이순신이 믿고 의지하는 다섯 손가락 안에 드는 장수였다. 부당한 탄핵을 받고 파직된 그를 류성룡에게 주청해 자신의 조방장으로 복직시켜 든든하게 의지했다. 어영담은 복직된 지 반년도 안 되어 당항포에서 큰 공을 세웠는데, 공을 세운 지 한 달 만에 병으로 죽으니 이순신의 애통함이 어떠했을지 짐작이 간다.

4월 10일 5월 29일   흐림. 순무어사徐渚[4])가 진에 온다는 기별이 왔다.

4월 11일 5월 30일   맑음. 순무어사가 들어온다고 하므로 마중할 배를 내보냈다.

4월 12일 5월 31일   맑음. 순무어사 서성이 내 배에 와서 이야기하는데 우수사, 경상수사, 충청수사가 모두 왔다. 술이 세 순배 돌자 경상수사 원균은 짐짓 술 취한 척하고 미친 듯이 억지소리를 해대니, 순무어사도 무척 괴이쩍어했다. 원 수사가 의도하는 바가 심히 음흉했다. 삼가현감은 돌아갔다.

---

4) 중앙에서 파견한 특사로, 지방에서 변란이나 재해가 일어났을 때 두루 돌아다니며 사건을 진정한다.

4월 13일 6월 1일　맑음. 순무어사가 전투훈련 하는 것을 보고 싶다 하기에 죽도5) 바다 가운데로 나가서 훈련을 펼쳐 보였다. 선전관 원사표元士彪, 금오랑의금부도사 김제남金悌男이 충청수사를 잡아가기 위해 진으로 왔다.

4월 14일 6월 2일　맑음. 충청수사의 체포에 관해 금오랑과 자세한 이야기를 했다. 저녁나절에 순무어사의 배로 가서 군사전략을 자세히 의논했다. 잠시 후에 우수사도 오고 이정충도 불러오고, 순천부사, 방답첨사, 사도첨사도 모두 왔다. 나는 몹시 취해서 어사와 하직하고 내 배로 돌아왔다. 저녁에 다시 충청수사의 배에 가서 작별의 술잔을 나누었다.

4월 15일 6월 3일　맑음. 금오랑과 아침 식사를 함께 했다. 늦게 충청수사가 선전관, 금오랑, 우수사와 함께 왔다. 충청수사 구우경虞卿6)과 이별했다. 날이 저물어 이경사가 그의 형 헌憲의 편지를 가지고 왔다.

4월 16일 6월 4일　맑음. 아침밥을 먹은 뒤에 활터 정자로 올라가 쌓인 공문을 처결하여 보냈다. 경상수사의 군관 고경운高景雲과 도훈도 및 변고에 보고 책임을 진 담당 아전과 영리를 잡아다가 '지휘에 응하지 않고 적의 변고를 급보로 빨리 보고하지 않은 죄'로 곤장을 쳤다. 저녁에 송두남이 서울에서 내려왔다. 모든 장계에 대

---

5)　경상남도 통영시 한산면 상죽도.
6)　우경(虞卿)은 구사직의 자(字).

해서 낱낱이 명령받은 대로 시행하게 하였다.

4월 17일 6월 5일　맑음. 늦게 활터 정자로 올라가 공문을 처결하여 보냈다. 우수사가 보러 왔다. 거제현령안위安衛이 급히 와서 보고 하는데, 왜선 100여 척이 오늘 자기들 본토에서 나와서 절영도로 향해 간다고 했다. 저물 무렵에 왜적에 사로 잡혔던 거제 사람들 남녀 16명이 도망쳐 돌아왔다.

4월 18일 6월 6일　맑음. 날이 새자, 도망해 돌아온 사람들에게 가서 적정을 자세히 물으니, 대마도 평의지종의지는 웅천 땅 입암[7]에 있고, 평행장소서행장은 웅포에 있다고 한다. 충청도 신임 수사이순신李純信, 순천부사, 우우후가 오고 뒤이어 거제현령도 왔다. 저녁때 비가 시작해서 밤새도록 내렸다.

4월 19일 6월 7일　비, 비. 첨지 김경로金敬老가 원수부元帥府[8]에서 왔다. 어떻게 적을 토벌할 것인지 그 대책과 대응에 관한 일을 논의하고서 그대로 한 배에서 잤다.

4월 20일 6월 8일　종일 가랑비가 왔다. 우수사, 충청수사, 장흥부사, 마량첨사가 와서 군사 일을 의논하고 바둑도 두었다.

4월 21일 6월 9일　비가 오다 개다 했다. 혼자 봉창 아래 앉아 있

---

7) 경상남도 창원시 진해구 웅천동 제덕리.
8) 군부 및 경외의 여러 군대를 지휘, 감독하던 관청.

어도 저녁내 아무도 찾아오는 사람이 없다. 방답첨사가 충청수사가 되었기에 중기重記[9]를 승계하여 서명해야 한다며 돌아간다고 고했다. 저녁에 김성숙金惺叔과 곤양군수 이광악李光岳이 와서 봤고, 흥양현감도 진에 들어왔다. 본영 탐후선도 왔는데 어머니께서 평안하시다고 했다. 고맙고 다행하다.

4월 22일 6월 10일   맑음. 바람 시원하기가 마치 가을 날씨 같다. 첨지 김경로가 돌아갔다. 장계와 조총을 올려 보내고, 동궁께는 주문한 장창을 봉해 올렸다. 저녁에 장흥부사가 오고 기다렸던 흥양현감도 왔다.

4월 23일 6월 11일   맑음. 아침에 순천부사와 흥양현감이 오고, 뒤이어 곤양군수 이광악이 술을 가지고 오고, 임치첨사 홍견洪堅와 장흥부사도 왔다. 곤양군수는 몹시 취해 미친 소리로 떠들어 대니 어처구니가 없었다. 나도 약간 취했다.

4월 24일 6월 12일   맑음. 아침에 서울로 갈 편지를 썼다. 영암군수와 마량첨사가 보러 왔다. 순천부사는 돌아갔다. 여러 가지 장계를 올려 보냈다. 경상우수사가 있는 곳에 순찰사의 종사관이 들어왔다고 한다.

4월 25일 6월 13일   맑음. 새벽부터 몸이 몹시 불편하여 종일 고통

---

9) 교대할 때에 넘겨 주는 재산목록 등 인수인계서.

스러웠다. 보성군수가 와서 봤다. 밤새도록 앓았다.

4월 26일 6월 14일   맑음. 통증이 매우 심하여 거의 인사불성이 되었다. 곤양군수가 돌아간다고 했다.

4월 27일 6월 15일   맑음. 통증이 잠시 그친 것 같아 숙소의 방으로 내려갔다.

4월 28일 6월 16일   맑음. 기력이 생기고 병세가 수월해졌다. 경상수사와 좌랑 이유함이 와서 만났다. 아들 울이 문병하러 들어왔다.

4월 29일 6월 17일   맑음. 몸이 많이 나아진 것 같다. 예정대로 오늘 전라우도에서 삼도의 군사들에게 술을 먹였다.

🌙 5월 장마와 비바람을 견디다

> 두 달가량 아프던 몸이 좀 나아지자 밀린 공문도 처리하고 다시 심신을 추슬러 전과 다름없이 바다 지키는 본무에 전념한다. 장마가 시작되어 임시로 지은 건축물들이 비바람을 견디지 못해 날아갔다 하니 한산도 생활이 얼마나 힘들었을지 짐작이 간다.

5월 1일 6월 18일 맑음. 아침을 먹은 뒤 활터 정자에 있는 방에 올라가니 날씨가 아주 맑고 시원했다. 종일 땀을 비 오듯이 흘렸더니 몸이 한결 나아진 것 같다. 아침에 아들 면과 집안 여종 4명, 관아의 여종 4명이 병중에 심부름을 위해 들어왔는데, 덕德만 남겨두고 나머지는 모두 내일 돌려보내라고 일렀다.

5월 2일 6월 19일 맑음. 새벽에 아들 회가 어머니 생신5월 4일에 상을 차려 드릴 일로 여종들을 데리고 돌아갔다. 우수사, 흥양현감, 사도첨사, 소근포첨사박윤朴潤가 보러 왔다. 기운도 점점 회복되어 간다.

5월 3일 6월 20일 맑음. 아침에 흥양현감이 휴가를 얻어 돌아갔다. 늦게 발포만호가 와서 봤고 장흥부사도 왔다. 군량을 점검하여 비축하였다. 공명고신[1] 300여 장과 임금의 분부 2통이 내려왔다.

5월 4일 6월 21일   종일 바람이 세게 불었고, 비도 밤새도록 그치지 않고 심하게 내렸다. 경상우수사의 군관이 와서 왜적 3명이 중선을 타고 추도[2]에 온 것을 잡아 놓았다고 하기에, 이들을 심문한 뒤 압송해 오도록 시켰다. 저녁에 공대원孔大元에게 물으니, 왜적들이 "바람을 따라 배를 몰고 본토로 향하다가 폭풍을 만나 배를 조종할 수가 없어 떠다니다가 이 섬에 닿은 것이라"고 말했다고 한다. 그러나 간교한 놈들의 말이니 믿을 수 없다. 이설, 이상록이 돌아갔다. 본영 탐후선이 들어왔다.

5월 5일 6월 22일   비바람이 세게 몰아쳤다. 지붕이 세 겹이나 걷혀 산산조각으로 높이 날아가고, 빗발은 삼대같이 내려 몸을 감출 곳이 없으니 어이가 없다. 사도첨사가 문안하고 돌아갔다. 오후 2시쯤에야 비바람이 조금 그쳤다. 발포만호가 떡을 만들어 보내왔다. 탐후선이 들어와서 어머님이 평안하심을 알게 되니 다행, 다행이다.

5월 6일 6월 23일   흐렸다가 저녁나절에 개었다. 사도첨사, 보성군수, 낙안군수, 여도만호, 소근포첨사 등이 와서 만났다. 오후에 경상수사가 왜놈 3명을 압송해 왔기에 문초를 해보니, 이랬다저랬다 만 번이나 속이므로 원 수사로 하여금 목을 베고 나서 보고하게 했다. 우수사도 와서 술을 세 순배 돌린 다음 자리를 파하고 돌아

---

1) 성명 백지의 임명장. 나라에서 부족한 군량을 마련하기 위해 임시방편으로 마련한 제도이다.
2) 경상남도 통영시 산양읍 추도리.

갔다.

5월 7일 6월 24일　맑음. 기운이 편안한 것 같지 않아 침 16군데를 돌아가며 맞았다.³⁾

5월 8일 6월 25일　맑음. 원수의 군관 변응각邊應慤이 원수의 공문과 장계 초본과 임금의 분부를 가지고 왔다. "수군을 거제로 진격시켜 적이 무서워 도망가도록 하라"는 것이었다. 경상수사와 전라우수사를 불러 의논하고 방략을 세웠다. 충청수사가 들어왔다. 밤에 큰비가 왔다.

5월 9일 6월 26일　비, 비. 하루 종일 홀로 빈 정자에 앉았으니 온갖 생각이 가슴에 치밀어 마음이 어지러웠다. 어찌 다 말할 수 있으랴! 정신이 혼미하기가 취한 듯, 꿈속인 듯, 멍청이가 된 것도 같고 미친 것 같기도 했다.

5월 10일 6월 27일　비, 비. 새벽에 일어나 창문을 열고 멀리 바라보니 우리의 많은 배가 바다에 가득 차 있다. 적이 비록 쳐들어온다 해도 섬멸할 만하다. 늦게 우우후와 충청수사가 와서 바둑을 겨루었다. 원수의 군관 변응각도 와 함께 점심을 먹었다. 저물어 보성군수가 왔다. 비는 종일 그치지 않는데 아들 회가 바다로 나갔으니 걱정스럽다. 소비포가 약을 보내왔다.

---

3)　지난 3월 6일 명나라 담종인의 금토패문이 준 엄청난 충격으로 지금까지도 병고를 벗어나지 못하는 모습이다.

5월 11일 6월 28일   비가 저녁때까지 계속 내렸다. 몸이 아파 오랫동안 미뤄 놓았던 공문을 낱낱이 처결해 보냈다. 낙안군수가 와서 이야기했다. 큰비가 퍼붓듯이 그치지 않고 하루 종일 내렸다.

5월 12일 6월 29일   큰비가 종일 내리다가 저녁 무렵에야 겨우 그쳤다. 우수사가 보러 왔다.

5월 13일 6월 30일   맑음. 검모포만호의 보고에 "경상우수사 소속의 보자기들이 격군을 싣고 도망가려는 것을 발견하고 그 보자기들을 붙잡으러 갔더니, 원 수사가 있는 곳에 숨어 있다고 했다. 그래서 사복들을 원 수사 있는 곳으로 보내 잡아 오게 했더니, 원균 수사가 크게 성을 내며 도리어 사복들을 결박했다"고 했다. 그래서 군관 노윤발을 보내어 이들을 풀어 주게 했다. 밤 10시께부터 비가 내리기 시작했다.

5월 14일 7월 1일   종일 비가 왔다. 충청수사, 낙안군수, 임치첨사, 목포만호 등이 보러 왔다. 영리를 시켜 종정도從政圖를 그렸다.[4]

5월 15일 7월 2일   종일 비가 왔다. 아전을 시켜 종정도를 그렸다.

5월 16일 7월 3일   흐리고 가랑비가 내리더니 저녁부터는 큰비가 밤새도록 내렸다. 지붕이 새서 마른 데가 없다. 배 타고 있는 사람

---

4) 종정도는 품계별로 벼슬 도표를 그려 놓고 가장 먼저 정1품 영의정 자리에 가는 자가 이기는 게임으로, 당시 수군 지휘관뿐 아니라 민간에서도 비 오는 날이나 휴식을 취할 때 즐겨 했던 놀이다.

들이 거처하기가 매우 괴로울 것 같아 염려된다. 곤양군수가 편지를 보내고, 겸하여 사명당 유정이 적진 안으로 왕래하면서 문답한 초기草記[5]를 보내왔기로 보니 분통함을 이길 길이 없다.

5월 17일 7월 4일   비가 퍼붓듯이 왔는데 저녁내 그치지 않았다. 바다는 안개가 짙게 끼어 눈앞을 분간할 수 없었다.

5월 18일 7월 5일   종일 비가 왔다. 미조항첨사, 상주포권관이 보러 왔다. 저녁에 보성군수가 나갔다.

5월 19일 7월 6일   맑음. 장맛비가 잠깐이나마 걷히니 사람의 마음도 상쾌했다. 아들 회와 면 그리고 여종들을 돌려보내려는데 바람이 순탄치 않을 것 같아 그만두었다. 송희립과 회가 착량으로 가서 노루 사냥을 할 때 과연 또 비바람이 크게 일고 구름과 안개가 자욱해졌다. 초저녁에 그들이 돌아오고 나서도 날씨는 활짝 개지 않았다.

5월 20일 7월 7일   비는 왔으나 큰 바람은 조금 그쳤다. 웅천현감과 소비포권관이 보러 왔다. 온종일 홀로 앉았으니 온갖 생각이 가슴을 치민다. 호남의 방백전라관찰사 이정암이 나라를 저버리는 것 같아 유감이 많다.[6]

---

5) 위 초기의 내용은 가등청정이 제시한 강화조건 5개항(조선 4도를 일본에 할양할 것, 왕자 1명을 일본에 보낼 것 등)을 제시한 것을 적은 것.
6) 이정암이 일본과의 화의를 주장했다가 선조의 노여움을 받고 파직까지 거론되는데 이순신은 화의의 주장이 나라를 저버리는 일이라 보았다.

5월 21일 7월 8일　　비. 웅천현감, 소비포권관이 와서 종정도 놀이를 하였다. 거제 장문포^{장목}에서 적에게 사로잡혔던 변사안卞師顔이 도망쳐 와서 하는 말이 "적의 형세는 그리 대단하지 않다"고 했다. 사나운 바람이 밤낮없이 불었다.

5월 22일 7월 9일　　비가 오고 바람도 크게 불었다. 오는 29일이 빙모의 제삿날이라 아들 회와 면을 내보내고 여종들도 내보냈다. 순찰사에게 편지를 써 보내고 순변사에게도 편지를 써서 보냈다. 도망친 격군을 잡아 오도록 황득중, 박주하朴注河, 오수 등을 내보냈다.

5월 23일 7월 10일　　비. 웅천현감, 소비포권관이 왔다. 저녁나절에 해남현감이 와서 술과 안주를 내놓으므로 충청수사를 청했다. 밤 10시경 헤어졌다.

5월 24일 7월 11일　　잠시 맑다가 저녁에는 비가 내렸다. 웅천현감과 소비포권관이 와서 종정도 놀이를 하였다. 해남현감도 왔다. 오후에는 우수사와 충청수사가 와서 종일 이야기했다. 전 충청수사 구사직에 대한 장계를 가져갔던 진무가 들어왔다. 조카 해가 들어왔다.

5월 25일 7월 12일　　비. 충청수사가 와서 이야기하고서 돌아갔다. 소비포권관도 와서 이야기하고 밤이 깊어서야 돌아갔다. 비가 조금도 그치지 않으니 전쟁하는 군사들의 마음이야 오죽 답답하랴.

조카 해가 돌아갔다.

5월 26일 7월 13일　비가 오락가락했다. 대청에 앉았는데 서쪽 벽이 부서져 바라지7)에서 바람이 들어오니 아주 시원해서 좋았다. 과녁판을 정자 앞으로 옮겨 놓았다. 이날 이인원李仁元과 토병 23명을 본영으로 보내어 보리를 거둬 들이도록 했다.

5월 27일 7월 14일　비가 오다 개다 했다. 사도첨사, 충청수사, 발포만호, 여도권관, 녹도만호와 함께 활을 쏘았다. 이날 소비포권관이 아파 누웠다고 했다.

5월 28일 7월 15일　날이 잠시 개었다. 사도와 여도가 와서 활을 쏘겠다고 해서 우수사, 충청수사를 청해 와서 같이 활을 쏘고 술을 마시며 종일 이야기하다 헤어졌다. 광양 4호선을 점검했다.

5월 29일 7월 16일　아침에 비가 오다가 저녁나절에 갰다. 장모의 제삿날이라 공무를 보지 않았다. 저녁에 진도군수가 돌아간다고 했다. 웅천현감, 거제현령, 적량만호가 와서 만나고 돌아갔다. 저물 무렵 정사립이 "남해 사람이 배를 가지고 와서 순천 격군을 싣고 나간다"라고 보고했다. 곧 그들을 모두 붙잡아 와 가두었다.

5월 30일 7월 17일　흐리되 비는 오지 않았다. 항복한 왜인들을 도

---

7)　벽 위쪽에 난 작은 창.

망하도록 꾄 광양 1호선 군사와 경상도 보자기 3명을 처벌했다. 경상우후가 와서 봤고, 충청수사도 왔다.

☾ 6월 군사와 군량 확보에 애를 쓰다

> 강화를 핑계로 전쟁이 길어지자 군기 해이, 식량 부족이 점점 심해지고 전염병마저 창궐하니 군사와 군량 확보에 더욱 애를 쓴다. 한산도에도 둔전을 시작해 무도 많이 심는다. 활을 쏘고, 장수를 만나 의논하고, 군기를 확립하고, 변함없는 가족애를 유지하며 살아가는 일상은 6월에도 계속된다.

6월 1일 7월 18일   맑음. 아침에 배 첨사와 함께 밥을 먹었다. 충청수사가 와서 이야기했다. 늦게 활을 쏘았다.

6월 2일 7월 19일   맑음. 아침에 배 첨사와 함께 밥을 먹었다. 충청수사도 왔다. 늦게 우수사의 진으로 갔더니 강진현감이 술을 내놓았다. 활 두어 순을 쏘자 원 수사가 와서 또 허튼소리를 해댔다. 나는 몸이 불편하여 바로 돌아왔다. 누워서 충청수사와 배경남이 내기 바둑 두는 것을 구경했다.

6월 3일 7월 20일   초복이다. 아침에 맑더니 오후에는 소나기가 퍼부어 그치지 않았다. 바닷물 또한 흐려지니 근래에 드문 일이다. 충청수사, 배 첨사가 와서 또 내기 바둑을 두었다.

6월 4일 7월 21일   맑음. 충청수사, 미조항첨사 및 웅천현감이 와서 만나고 바로 종정도를 겨루게 했다. 저녁에 겸사복이 임금의 분부를 가지고 왔다. "수군의 여러 장수 간에 또 경주의 여러 장수 간에 서로 화합하지 못하고 있으니 이후로는 이런 버릇을 고쳐라"는 것이었다. 이는 원균이 군의 지휘계통을 허물어뜨리며 망령되이 굴었기 때문이니 땅이 꺼지도록 나오는 장탄식을 어찌 말로 다하랴.

6월 5일 7월 22일   맑음. 충청수사가 와서 이야기했다. 사도첨사, 여도만호, 녹도만호가 와서 함께 활을 쏘았다. 밤 10시쯤에 급창[1] 금산金山과 그 처자 등 3명이 전염병으로 죽었다. 3년이나 눈앞에 두고 미덥게 부리던 사람들인데 하루 저녁에 죽어 가다니 참담하다. 오늘 무밭을 갈았다. 송희립이 군량을 독촉하기 위해 낙안, 흥양, 보성으로 나갔다.

6월 6일 7월 23일   맑음. 충청수사, 여도만호와 함께 활 15순을 쏘았다. 경상우우후가 와서 만났다. 소나기가 잠깐 내렸다.

6월 7일 7월 24일   맑음. 충청수사와 배 첨사가 와서 이야기했다. 남해 군관과 담당 아전의 죄를 처벌했다. 송덕일이 돌아와서 임금의 분부가 들어 온다고 했다. 오늘 무씨 2되 5홉을 파종했다.

6월 8일 7월 25일   맑음. 더위가 찌는 듯하다. 충청수사, 우우후와

---

1) 관청의 섬돌에 서서 명령을 큰 소리로 전달하는 일을 하는 종.

같이 활 20순을 쏘았다. 저녁에 종 한경이 들어와서 어머니께서 평안하시다고 한다. 기쁘고 다행이다. 미조항첨사는 돌아간다고 했다. 회령포만호가 진에 왔다. 군공軍功에 따라 상과 벼슬을 내려 주는 관교官敎, 사령장도 왔다.

6월 9일 7월 26일 맑음. 충청수사, 우우후가 와서 활을 쏘았다. 우수사가 와서 함께 이야기했다. 밤늦게까지 해海가 부는 피리 소리와 영수永壽가 타는 거문고 소리를 들으면서 조용히 이야기하다 돌아갔다.

6월 10일 7월 27일 맑음. 더위가 찌는 듯하다. 활 5순을 쏘았다.

6월 11일 7월 28일 맑음. 더위가 쇠라도 녹일 것 같다. 아침에 아들 울이 본영으로 떠났다. 섭섭한 마음에 홀로 빈집에 앉았으니 정회를 걷잡을 수 없고, 불시에 바람마저 사나워지니 걱정이 한층 심하다. 저녁나절에 충청수사가 와서 활을 쏘고 그대로 저녁밥을 함께 먹으며 달빛 아래 같이 앉아 이야기했다. 오늘따라 들려오는 피리 소리가 참 처량했다.[2]

6월 12일 7월 29일 바람이 크게 불었으나 비는 안 왔다. 가뭄이 너무 심하니 농사가 걱정이다. 이날 어두울 무렵 본영 배에서 일하는 격군 7명이 달아났다.

---

2) 이순신의 이런 감성이 「한산도가」 등 수많은 명시(名詩)를 낳았다.

6월 13일 7월 30일   바람이 몹시 불고 더위는 찌는 듯하다.

6월 14일 7월 31일   더위와 가뭄이 너무 심하여 바다의 섬한산도 전체가 찌는 것 같으니 농사지을 일이 아주 걱정된다. 충청수사, 사도첨사, 여도만호, 녹도만호와 함께 활 20순을 쏘았는데 충청수사가 아주 잘 맞혔다. 이날 경상수사는 활 잘 쏘는 군관들을 거느리고 우수사가 있는 곳에 갔다가 크게 지고 돌아갔다고 한다.

6월 15일 8월 1일   맑더니 오후에 비가 내렸다. 신경황이 영의정의 편지를 가지고 들어왔다. 나라를 이분영의정보다 더 근심하는 이는 없을 것이다. 지사 윤우신이 죽었다니 슬픈 회포를 금할 길이 없었다. 순천부사, 보성군수가 달려와 보고하는데 "명나라 총병관 장홍유가 호선號船, 소형 신호선을 타고 100여 명을 거느리고 바닷길을 거쳐 벌써 진도 벽파정에 이르렀다"고 했다. 날짜로 따지자면 오늘내일 중에 진에 도착해야 할 것인데 닷새째가 되어도 오지 않는 것을 보면 아마도 강풍으로 배를 마음대로 부리지 못한 탓일 것이다. 이날 밤 소나기가 흡족히 내렸으니 어찌 하늘이 백성을 살리려는 뜻이 아니겠는가. 아들 울의 편지가 왔는데 잘 돌아갔다고 했다. 또 아내의 언문한글 편지에는 아들 면이 더위를 먹어 앓는다고 했다. 괴롭고 답답하다.

6월 16일 8월 2일   아침에는 비가 오더니 저녁에는 개었다. 충청수사와 함께 활을 쏘았다.

6월 17일 8월 3일　맑음. 우수사, 충청수사가 와서 이야기했다. 탐후선이 들어 왔는데, 어머니는 평안하시나 아들 면은 아주 많이 아프다고 하였다. 몹시 걱정이 된다.

6월 18일 8월 4일　맑음. 원수의 군관 조추년趙秋年이 전령을 가지고 왔다. 원수가 두치에 이르러 다른 사람의 말만 듣고는 "광양현감이 수군 중에서 복병을 뽑을 적에 사사로운 정을 가지고 일을 처리하였다"며 원수부 군관을 보내 그 시말을 묻는다고 했다. 놀랄 일이다. 원수가 그 서庶처남 조대항曺大恒의 말만 듣고서 이렇게 사사로운 감정으로 처사를 하니 통탄스럽기 그지없다. 이날 경상우수사가 청했으나 가지 않았다.

6월 19일 8월 5일　맑음. 원수의 군관과 배응록이 원수가 있는 곳으로 돌아갔다. 변존서, 윤사공尹思恭, 하천수河千壽 등이 들어왔다. 충청수사가 보러 왔다가 그 어머니 병환 때문에 곧 그의 사처로 돌아갔다.

6월 20일 8월 6일　맑음. 충청수사가 보러 와서 활을 쏘았다. 박치공朴致恭이 와서 서울로 간다고 말했다. 마량첨사도 왔다. 본포영등포에 머물며 기한을 늦추고 있었던 영등포만호조계종趙繼宗의 죄를 다스렸다. 탐후선을 타고 갔던 이인원이 들어왔다.

6월 21일 8월 7일　맑음. 충청수사가 보러 와서 활을 쏘았다. 마량첨사가 보러 와 만나 보니, 명나라 장수장홍유가 지난번에 바닷길로 벽파정에 이르렀다고 한 것은 잘못 전한 것이라고 한다.

6월 22일 8월 8일   맑음. 할머님의 제삿날이라 공무를 보러 나가지 않았다. 오늘 삼복더위가 전보다 훨씬 더하여 온 섬이 찌는 것 같아 사람이 견디기가 여간 어렵지 않다. 다시 몸이 불편해서 두 끼나 밥을 먹지 아니했다. 오후 8시께 소나기가 쏟아졌다.

6월 23일 8월 9일   맑음. 늦게 소나기가 쏟아졌다. 순천부사, 충청수사, 우우후, 가리포첨사가 함께 왔기에 만나 보았다. 우후이몽구가 군량 독촉을 위해 나갔다. 견내량에서 사로잡아 온 왜인에게 왜적의 동태를 신문하고 또 무엇을 잘하는지 물었더니 염초[3]를 굽는 일과 총 쏘기를 다 잘한다고 했다.

6월 24일 8월 10일   맑음. 순천부사, 충청수사가 왔다. 활 20순을 쏘았다.

6월 25일 8월 11일   맑음. 충청수사와 함께 활 10순을 쏘았다. 이여념도 와서 활을 쏘았다. 종사관을 수행하는 아전이 조도어사의 말이 들어 있는 서찰을 가지고 왔는데, 조도어사가 하는 말이 매우 놀랍다.[4] 부채만을 봉하여 보냈다.

6월 26일 8월 12일   맑음. 충청수사, 순천부사, 사도첨사, 여도만호,

---

3) 화약의 핵심 연료(질산칼륨). 흙에서 얻었으며, 이를 '취토법(取土法)'이라 불렀다.
4) 조도어사가 이순신에게 많은 봉물을 바치라고 억지를 쓴 듯하다.

고성현령 등이 활을 쏘았다. 아침에 김양간을 시켜 단오端午의 진상 물품을 올려 보냈다.[5] 마량첨사와 영등포만호가 와서 조금 있다 곧바로 되돌아갔다.

6월 27일 8월 13일   맑음. 활 15순을 쏘았다.

6월 28일 8월 14일   맑음. 더위가 찌는 것 같았다. 나라 제삿날이라 공무를 보지 않고 종일 혼자 앉아 있었다. 진무성陳武晟이 벽방의 정찰부대를 둘러보고 와서 "적선이 없다"고 보고했다.

6월 29일 8월 15일   맑음. 순천부사가 술과 음식을 가지고 왔다. 우수사와 충청수사가 와서 같이 활을 쏘았다. 윤동구의 아버지가 보러 왔다. 아들 울이 들어 왔는데 "어머니께서 평안하시다"고 했다.

---

5) 수사(水使)들은 매년 정해진 명절마다 임금이 요구하는 일정 봉물을 올리는 것이 주요 임무 중 하나다.

🌙 7월 외교와 군무 처리에 나라 걱정이 태산이다

한산도 생활이 길어지면서 한산섬은 점점 군사도시처럼 변모해 간다. 활터에 원두막처럼 지은 정자도 마련했는데 그 정자에서 활도 쏘고 일정 군무도 해결했다. 그러다 이달에는 수루를 새로 지어(아마도 바람에 날아간 어느 정자를 재건축한 듯하고 오늘날 수루 부근에 위치한 듯하다.) 거기에서 외빈을 맞는 등 주요 군무를 처리했고, 수루 옆에는 방도 붙여 만들었다. 하순에는 명나라 장수 장홍유를 맞이하는데 이때는 멋진 외교 수완을 보인다. 어머니 걱정, 가족들 걱정, 부하들 걱정, 나라 걱정은 하나로 꿰어 이순신의 인생사다. 특히 이달에는 막내아들 면의 병 회복을 간구하는 부정父情이 절절히 느껴진다.

7월 1일 8월 16일   맑음. 나라 제삿날이라 공무를 보지 않고 종일 홀로 앉아 있었다. 저녁에 충청수사가 와서 함께 이야기했다. 배응록이 원수에게서 돌아와서 "원수가 자기가 한 말[1]을 뉘우치는 태도로 말하더라"고 했다. 우습다.

7월 2일 8월 17일   맑음. 늦더위가 찌는 듯하다. 순천의 도청[2]과

---

1) 6월 18일 일기 참조.
2) 원을 도와 사무를 총괄하는 아전.

담당 아전 그리고 광양의 담당 아전들의 죄를 다스렸다. 좌수영 사부들의 활쏘기를 시험하고 적의 장물을 상으로 나누어 줬다. 저녁 나절에 순천부사, 충청수사와 함께 활을 쏘았다. 배 첨지가 휴가를 얻어 돌아갔다. 노윤발에게 흥양의 군관 이심李深과 병선색兵船色, 괄군색括軍色3)들을 붙잡아 오도록 군령을 주어 내보냈다.

7월 3일 8월 18일   맑음. 충청수사와 순천부사와 함께 활을 쏘았다. 웅천현감 이운룡이 휴가를 얻어 미조항으로 갔다. 음란한 짓을 하고 다니는 여인을 처벌했다. 각 배로 돌아다니면서 여러 번 군량을 훔친 사람들을 처형했다. 저녁에 새로 지은 누대戍樓를 둘러보았다.

7월 4일 8월 19일   맑음. 충청수사가 와서 함께 아침을 먹었다. 마량첨사와 소비포권관이 와서 같이 점심 식사를 했다. 왜적 5명과 도망병 1명을 아울러 처형하라 명했다. 충청수사와 활 10순을 쏘았다. 옥과에서 원호 사업을 담당하던 조응복曺應福에게 참봉參奉의 직첩을 주어 보냈다.

7월 5일 8월 20일   맑음. 새벽에 탐후선이 들어와서 어머니께서 편안하시다고 한다. 다행이다. 심약審藥4)이 내려왔는데 융통성이 없어 매우 답답하였다. 우수사, 충청수사가 함께 왔다. 여도만호가 술을 가져와 같이 마셨다. 활 10여 순을 쏘았다. 모두 취한 채 수

---

3) 모두 일정 사무를 보는 아전들이다.
4) 궁중에 약재를 조달하는 종9품 관원. 지방에서는 백성들의 병도 구완했다.

루에 올라갔다가 밤이 깊어서야 헤어졌다.

7월 6일 8월 21일   종일 궂은비가 왔다. 몸이 불편하여 공무를 보지 않았다. 최귀석崔貴石이 도둑 떼 3명을 잡아 왔기에, 다시 박춘양朴春陽 등을 보내 왼쪽 귀가 떨어지고 없다는 그들의 괴수마저 붙잡아 왔다. 아침에 정원명 등을 격군을 정비하지 못한 죄로 잡아 가두었다. 저녁에 보성군수가 들어온다고 했다. 어머니께서 평안하시다는 소식을 들었다. 오후 10시경 삼대 같은 소나기가 쏟아지니 집이 새지 않는 곳이 없었다. 촛불을 켜고 혼자 앉아 있노라니 온갖 걱정이 치밀어 왔다. 이영남이 보러 왔다.

7월 7일 8월 22일   저녁에 비가 뿌렸다. 충청수사는 그 어머님 병이 위중해서 오지 못했다. 우수사, 순천부사, 사도첨사, 가리포첨사, 발포만호, 녹도만호 등이 함께 활을 쏘았다. 이영남이 배를 끌고 오기 위해 곤양으로 나간다고 했다. 포로로 사로잡혀 갔다가 도강쳐 온 고성의 보인保人[5)]을 심문하였다. 보성군수가 왔다.

7월 8일 8월 23일   흐리되 비는 오지 않고 종일 바람이 세게 불었다. 몸이 편치 않아 장수들을 만나 보지 않았다. 각 관, 포에 공문을 처결하여 보냈다. 오후에 충청수사에게 가 그 어머님의 병환이 어떠한지 물어보고 위로했다. 고성 사람으로 사로잡혔다가 도망쳐 온 사람을 다시 불러 직접 문초했다. 광양의 송전宋銓이 그의 대장

---

5) 정식 군인을 도와주는 사람.

인 병사이시언의 편지를 가지고 왔다. 낙안군수와 충청우후원유남元裕男가 온다고 한다.

7월 9일 8월 24일 　바람이 크게 불었다. 충청우후가 교서에 숙배하였다. 늦게 순천, 낙안, 보성의 군관과 담당 아전들에게 격군을 모으는 데 진력하지 않고 또한 기일마저 어긴 죄를 처벌했다. 가리포, 임치, 소근포, 마량 및 고성해당 고을 관장이 모두 왔다. 낙안에 분정分定된 군량 벼 200석을 받아들였다.

7월 10일 8월 25일 　아침에는 맑았는데 저녁에 비가 조금 내렸다. 낙안의 벼를 찧도록 명하고, 광양의 벼 100섬은 되질하였다. 신홍헌申弘憲이 들어왔다. 늦게 송전이 군관들과 활 15순을 쏘았다. 아들 면의 병이 다시 심해지고 또 피를 토하기까지 했다 하여 울과 더불어 심약, 신경황, 정사립, 배응록 등을 함께 내보냈다.

7월 11일 8월 26일 　종일 궂은비 오고 바람이 세게 불면서 그치지 아니했다. 울의 일행이 가는데 고생스러울 것 같아 걱정되었다. 또 면의 병세는 어떠한지 근심스러운 생각뿐이다. 장계를 손수 초안을 잡아 고쳐 썼다. 경상도 순무어사의 공문이 왔는데 원 수사가 불평하는 말을 많이 했다는 것이다. 오후에 군관들을 시켜 활을 쏘게 했다. 봉학奉鶴도 같이 쏘았다. 윤언침尹彦忱이 점검받으러 왔기에 점검을 해주고 점심을 먹여 돌려보냈다. 저물녘에 비바람이 크게 일어나서 밤새 계속되었다. 충청수사가 보러 왔다.

7월 12일 8월 27일   맑음. 아침에 소근포첨사가 와서 후시 54개를 만들어 바쳤다. 각종 서류를 처결해 나눠 주었다. 충청수사, 순천, 사도, 발포, 충청우후가 와서 활을 쏘았다. 저녁에 탐후선이 들어와서 어머님은 평안하시나 면의 병세는 여전히 중하다고 한다. 마음은 애가 타나 어찌하랴. 영의정 류성룡이 죽었다는 부고가 순변사에게 왔다고 한다. 이는 필시 류 정승을 미워하는 자들이 말을 만들어 저주하는 것일 것이다. 통분함을 참을 수 없다. 이날 밤 마음이 산란해 홀로 빈 마루에 앉아 있으니 내 마음을 스스로 걷잡을 수가 없었다. 걱정이 쌓여 밤이 깊도록 잠들지 못했다. 류 정승이 만약 어찌 되었다면 나랏일을 어찌할 것이랴, 어찌할 것이랴.

7월 13일 8월 28일   비. 홀로 앉아 아들 면의 병세가 어떨까 하고 글자를 짚어 점쳐 보았더니 "군왕을 만나 보는 것과 같다"라는 아주 좋은 괘가 나왔다. 다시 짚어 보니 "밤에 등불을 얻는 것과 같다"라는 또 좋은 괘가 나왔다. 두 괘가 다 좋아 조금 마음이 놓였다. 또 죽었다는 류성룡 정승에 관해 점을 친즉 "바다에서 배를 얻는 것과 같다"라는 괘가 나왔고 다시 치니 "의심하다가 기쁨을 얻는 것과 같다"라는 괘가 나왔다. 모두가 길하다. 저녁내 비가 오는데 홀로 앉아 있자니 정회를 이길 길이 없다. 늦게 송전이 돌아가는데 소금 1섬을 주어 보냈다. 오후에 마량첨사와 순천이 보러 왔다가 어두워서 돌아갔다. 또 비가 계속 올 것인가 갤 것인가를 점쳤더니 "뱀이 독을 얻는 것과 같다"라는 괘가 나왔다. 앞으로 비가 많이 내릴 것 같으니 농사일이 심히 걱정된다. 과연 밤에 비가 퍼붓듯이 많이 내렸다. 저녁 8시경 발포의 탐후선이 편지를 받아 가지고 돌아갔다.

> **덧붙이는 말** 이순신은 전쟁 중 자기도 어찌할 수 없는 불안한 상황을 맞이하면 점을 쳤고 신기하게도 그 점들은 모두 맞아 이순신을 위로해 주었다. 점뿐 아니라 꿈 역시 신기하게 맞는데, 이는 뒤에서 또 얘기하기로 한다. 그는 참 신비로운 장수다.

7월 14일 8월 29일 　비, 비. 어제저녁부터 삼대 같은 빗발이 쏟아지니 지붕이 새어 젖지 않은 곳이 없다. 간신히 밤을 지냈다. 어제 비올 것인지를 점쳐 본 것이 과연 그대로이니 참 절묘하다. 충청수사와 순천부사를 불러서 바둑을 두게 하고 구경하면서 하루를 보냈지만 마음속에 근심이 가득한데 어찌 조금인들 편안하랴! 저녁에는 수루에 올라 몇 바퀴 돌다가 내려왔다. 탐후선이 오지 않으니 그 까닭을 알 수 없다. 밤 12시경에 또 비가 쏟아졌다.

7월 15일 8월 30일 　비가 오다가 저녁나절에 갰다. 조카 해, 종 경京이 들어와서 "아들 면의 병이 차도가 있다"라는 소식을 자세히 들으니 기쁘기 그지없다. 조카 분이 보낸 편지로 아산 고향의 선산이 아무 탈 없고, 가묘도 편안하며, 어머니께서도 편안하시다는 것을 알게 되었으니 다행이다. 이흥종李興宗이 환상[6] 때문에 형장을 맞다가 죽었다고 하니 매우 놀라운 일이다. 그의 삼촌이 그 소식을 들

---

6) 나라가 백성에 꾸어 준 곡식을 이자 붙여 되받는 것.

고 비통해했고 그 어머니도 듣고 병세가 더욱 위중해졌다고 한다. 활 10순을 쏜 뒤에 수루에 올라가서 이리저리 거닐 적에 박주사리 朴注沙里가 급히 와서 명나라 장수張鴻儒의 배가 이미 본영 앞에 이르렀고 곧 이리로 온다고 했다. 손님을 맞기 위해 즉시 삼도에 전령하여 진을 죽도로 옮기게 하고 거기서 밤을 지냈다.

7월 16일 8월 31일   흐리고 바람이 시원하더니 늦은 아침부터는 비가 퍼붓듯이 종일 왔다. 경상수사, 충청수사, 우수사가 모두 모였다. 소비포가 우족牛足 등을 보내왔다. 여도만호가 먼저 와서 명나라 장수는 삼천진[7]에 머물러 한가롭게 쉬고 있다고 했다. 그래서 저녁에 일단 한산도 본진으로 돌아왔다.

7월 17일 9월 1일   맑음. 새벽에 다시 포구로 나가 진을 쳤다 오전 10시쯤에 명나라 장수 파총 장홍유가 병호선兵號船 5척을 거느리고 돛을 달고 들어와서 곧장 영문에 이르러서는 육지에 내려 이야기하자고 청했다. 그래서 나는 수사들과 함께 먼저 활터 정자에 올라가서 올라오기를 청했더니 파총이 배에서 내려 곧 왔다. 이들과 같이 앉아서 먼저 "해로 만 리 먼 길을 어렵다 않으시고 여기까지 오신 데 대하여 감사함을 비길 데가 없다"라고 인사하였더니 대답하기를 "작년 7월 절강에서 배를 타고 요동에 이르렀더니 요동 사람들이 바닷가에는 돌섬과 암초가 많고, 또 앞으로 강화가 이루어질 것이니 굳이 갈 필요가 없다고 말리길래 그대로 요동에 편히 머물

---

7)   옛 삼천포시(현 경상남도 사천시).

다가 시랑侍郞 손광孫鑛과 총병總兵 양문楊文에 보고하고 올 3월 초에야 출항하여 들어왔으니 뭐 수고라고 할 것이 있겠습니까"라고 했다. 나는 차茶를 들라 권한 뒤에 이어 술상도 내놓으며 적의 형세를 자세히 설명하였다. 그는 의기 있는 마음으로 듣고 몹시 강개해했다. 이야기하느라 밤 깊은 줄 몰랐고 늦게서야 조용히 헤어졌다.

7월 18일 9월 2일   맑음. 명나라 장수들에게 수루 위로 올라가자고 청하여 술을 여러 순배 권했다. 내년 봄에는 배를 이끌고 곧장 제주로 건너갈 일이 많으니 우리 수군과 함께 힘을 합하여 흉악한 무리들을 다 없애자고 아주 간절히 이야기하였다.[8] 초저녁에 헤어졌다.

7월 19일 9월 3일   맑음. 환영 예물 단자를 주니 감사해 마지않으며 주는 물건이 매우 풍성하다고 했다. 충청수사도 예물을 주었고, 우수사도 느지막이 예물을 주는데 거의 나와 같았다. 경상우수사는 예물 대신에 술을 한턱내겠다며 술상을 차렸는데 음식 가짓수는 어지럽게 많았지만 한 가지도 집어 먹을 만한 것이 없었다. 우스웠다. 파총에게 자字와 호別號를 물으니 자는 중문仲文이요, 호는 수천秀川이라고 했다. 촛불을 켜놓고 이야기하다 헤어졌다. 비가 많이 올 것 같아 예의상 내가 배통제사 지휘선로 내려가 잤다.

---

8) 느닷없이 제주가 등장하는 것이 좀 이상하다. 그래서인지 위 부분을 "적을 치기 위해 내년 봄에는 우리 수군과 합세하여 곧장 좌하현(일본의 침략 본거지인 나고야성이 있는 사가현)으로 가서 악한 무리들을 모두 멸해 버리자고 하는데, 대체로 그 말에 성의가 있었다"로 의역하는 분도 있다.

7월 20일 9월 4일 　맑음. 아침에 통역관이 와서 "명나라 장수장홍유가 남원에 있는 명나라 총병 유정이 있는 곳에는 가지 않고 곧장 돌아가겠다 한다"라고 전했다. 나는 명나라 장수에게 간곡히 말을 전하기를 "처음에 파총이 남원으로 온다는 소식이 이미 총병 유정에게 전해졌으니, 만약 가지 않는다면 그 중간에 남의 이간하는 말들이 있을 것이므로 바라건대 가서 만나 뵙고 돌아가는 것이 좋겠다"라고 하였다. 파총이 나의 말을 전해 듣고 과연 옳다고 하며, "나 혼자 말을 타고 달려가서라도 총병을 만나 본 뒤에 군산으로 가서 배를 타겠다"라고 했다는 것이다. 아침 식사를 한 뒤에 파총이 내 배로 와서 "권유한 말은 고맙게 생각한다"라며 이별의 잔을 권했다. 이별주를 7잔씩 마신 뒤 닻줄을 풀고 함께 포구 밖으로 나갔는데 서로 두세 번 돌아보며 애틋한 석별의 정을 나누고 헤어졌다.[9] 그대로 경수이억기, 충청수사, 순천부사, 발포만호, 사도첨사와 같이 사인암舍人巖[10]으로 올라가 해질 때까지 취해 이야기하고서 돌아왔다.

7월 21일 9월 5일 　맑음. 명나라 장수와 문답한 내용을 공문으로 작성하여 원수에게 보고했다. 마량, 소근포가 보러 왔다. 발포가 복병하러 나간다고 고하고 갔다. 저녁에 수루에 올랐는데 순천부사가 와서 이야기했다. 오후에 흥양의 군량선軍糧船이 기일을 넘겨

---

9) 장홍유는 서울로 가 선조를 만난 뒤 10월경에 요동으로 돌아갔다.
10) 사인암은 경상남도 통영시 산양읍 영운리 수륙마을 남쪽 해안의 '거인바위'라 부르는 곳이라고 한다. 공은 한산도를 찾아온 손님을 포구에서 배웅한 후 가끔 포구 옆 경치 좋은 이곳이나 한산도 북쪽의 선인암(仙人巖)으로 가 거기서 행사 치르느라 애쓴 부하 장수들과 함께 술을 마시며 담소를 나눴다.

들어왔기에 담당 아전과 선주의 발바닥을 호되게 때렸다. 소비포 권관을 불렀더니 자기 수사원균에게 당한 경위를 이야기하는데, 기한에 대지 못했다고 무려 곤장 30대를 맞았다니 지극히 해괴하고 몹시 놀랍다.[11] 우수사가 군량 20섬을 꾸어 갔다.

7월 22일 9월 6일   맑음. 아침에 장계 초고를 수정했다. 임치첨사, 목포만호를 만났고 늦게 사량만호, 영등포만호도 만났다. 오후에 충청수사, 순천부사, 충청우후, 이영남과 함께 활을 쏘았다. 저물어지자 수루에 올라가 밤이 되도록 앉았다가 내려왔다.

7월 23일 9월 7일   맑음. 충청수사가 우수사, 가리포와 보러 와서 함께 활을 쏘았다. 조카 해와, 종 봉이 돌아갔다. 종 목년이 들어왔다.

7월 24일 9월 8일   맑음. 여러 가지 장계를 써서 직접 봉했다. 영의정, 심 병판심충겸沈忠謙, 윤 판서윤근수尹根壽께 편지를 썼다. 저녁에 활 7순을 쏘았다.

7월 25일 9월 9일   맑음. 아침에 하천수에게 장계를 주어 떠나보냈다. 조식 후, 충청수사, 순천 등과 더불어 우수사에게로 가서 활 10순을 쏘았다. 크게 취해 돌아와서 밤새도록 토했다.

---

11) 소비포권관 이영남은 원균의 부하 장수이나 이순신을 따르면서 이순신에게 원균의 비리를 수시로 보고했다. 또 전쟁 초기 원균이 싸우지 않고 도주하려 한 정황을 누구보다 잘 알고 있었기 때문에 원균은 항상 이영남을 미워했다. 그래서 무슨 핑계라도 있으면 이를 이유로 가혹행위를 가했다.

7월 26일 9월 10일　맑음. 각 관, 포에 서류를 처결해 보냈다. 순천부사와 충청수사가 와서 만났다. 수루 위로 자리를 옮겨 녹도만호가 잡아 온 도망병 8명 중 주모자 3명을 처형하고, 나머지는 곤장을 쳤다. 저녁에 탐후선이 들어왔는데 그 편에 온 아들들의 편지를 보니, 어머니께서 편안하시고 면의 병도 나아진다고 하니 다행이다. 그런데 허실許室[12]의 병세가 점점 중해진다 하니 걱정이다. 유홍兪弘과 윤근수가 세상을 떠나고[13] 윤돈尹敦이 종사관으로 내려온다고 한다. 신천기申天機, 신제운申霽雲이 들어왔고, 노윤발이 흥양의 담당 아전과 감관을 붙잡아 가지고 들어왔다.[14]

7월 27일 9월 11일　흐리고 바람이 불었다. 밤에 꿈을 꾸었는데 머리를 풀고 곡을 했다. 이것이 좋은 징조라고 한다. 이날 충청수사, 순천부사와 함께 활을 쏘았다. 수루에 올라 충청수사가 가져온 과하주를 마셨다. 몸이 불편해서 조금밖에 마시지 않았는데도 역시 좋지 않았다.

7월 28일 9월 12일　맑음. 흥양의 담당 아전들을 처벌했다. 신제운이 주부종6품의 직첩을 받아 가지고 갔다. 늦게 수루에 올라가 벽 바르는 것을 감독했는데 의능이 와서 그 일을 맡아 했다. 저물어서 군막의 방으로 내려왔다.

---

12) 허씨 집으로 출가한 조카딸인 듯하다.
13) 이 소문은 잘못 전해진 것이다.
14) 이달 2일 일기 참조.

7월 29일 9월 13일   종일 가랑비가 왔으나 바람은 불지 않았다. 순천부사와 충청수사가 바둑 두는 것을 구경하고 있는데 낙안군수도 와서 함께했다. 몸이 몹시 불편하여 이날 밤은 신음으로 날을 새웠다.

☾ 8월 원균과의 불화가 깊어지다

> 장수를 불러 적 칠 일을 의논하고, 활을 쏘고, 엄정하게 군기를 잡고, 나라 걱정, 가족 걱정하는 한산도에서의 일상은 변함없이 이어진다. 원수가 불러서 원균과 함께 3박 4일 원수를 만나고 왔지만 그래도 원균과의 불화는 지속된다. 불화의 원인을 제거해 주지는 않고 그저 술 한 잔 먹여 사이좋게 지내라 한다고 둘 사이가 좋아지리라 생각한 조정의 안이한 인식이 참 우습다. 하순에는 아내의 병이 위독하게 되어 걱정이 하나 더 붙는다.

8월 1일 9월 14일   비 오고 바람이 크게 불었다. 몸이 편치 않아 수루 방에 앉아 있다가 곧 집무실 방으로 돌아왔다. 저녁에 낙안의 대솔군관 강집姜緝에게, "군량 독촉하는 일을 제대로 시행하도록 하라"라고 군율에 따라 다짐을 받고 내보냈다. 비가 하루 종일 내리더니 밤새 계속되었다.

8월 2일 9월 15일   종일 비가 퍼붓듯이 내렸다. 어제 한밤중 꿈에 부안 사람[1]이 아들을 낳았다 해서 달수를 계산해 보니 낳을 달이 아니었으므로 꿈속일망정 내쫓아 버렸다. 기운이 좀 나는 것 같다.

---

1) 윤련(尹連)의 누이로 추측됨.

낮에는 수루로 옮겨 앉아 충청수사, 순천부사, 마량첨사와 적 칠 일을 의논하고 새로 빚은 술을 몇 잔 마신 뒤 파했다. 저물어서 송희립이 와서 흥양의 훈도가 은밀히 작은 배를 타고 도망쳤다고 했다.

8월 3일 9월 16일　아침에는 흐렸으나 저물녘에는 개었다. 충청수사, 순천부사와 함께 활 3, 4순을 쏘았다. 수루에 있는 방의 도배를 시작했다.

8월 4일 9월 17일　비가 뿌리다가 저녁나절에 개었다. 수루 방의 도배가 끝났다. 충청수사와 순천, 발포 등이 와서 활을 쏘았다. 경상수사의 군관과 담당 아전이 지난날 명나라 장수를 접대할 때에 우리 여자들에게 떡과 음식물을 이고 오게 해 능욕을 당하게 한 죄를 처벌했다. 화살 만드는 장인(匠人) 박옥(朴玉)이 와서 화살 만들 대(竹)를 가져갔다. 이종호(李宗浩)가 안수지(安守智) 등을 붙잡아 오기 위해 흥양으로 갔다.

8월 5일 9월 18일　아침에 흐렸다. 식후 충청수사, 순천부사와 함께 활을 쏘았다. 오후에 경상수사에게로 갔더니 우수사가 먼저 와 있었다. 셋이서 한동안 적 칠 일을 의논한 뒤 돌아왔다. 오늘 웅천현감, 소비포권관, 영등포만호와 윤동구 등이 이번 출진[2]의 선봉장이 되었다며 여기로 왔다.

---

2)　13일의 출진이 미리 계획된 듯하다.

8월 6일 9월 19일　아침에 맑다가 저물녘에 비가 왔다. 충청수사와 함께 활 10순을 쏘았다. 오랜만에 장흥부사^{배흥립3)}가 들어왔고 보성군수는 나갔다. 탐후선이 들어왔는데, 어머니께서는 편안하시고 아들 면의 병도 차츰 나아진다고 했다. 고성 및 사도, 적량이 다녀 갔다. 이날 밤에는 수루 방에서 잤다.

8월 7일 9월 20일　하루 종일 비가 왔다.

8월 8일 9월 21일　종일 비가 계속해 왔다. 정 조방장^{정걸}이 들어왔다.

8월 9일 9월 22일　종일 비가 계속되었다. 우수사, 정 조방장, 충청수사, 순천부사, 사도첨사와 함께 적 칠 일을 의논했다.

8월 10일 9월 23일　종일 비가 내렸다. 충청수사와 순천부사가 와서 이야기했다. 장계의 초고를 수정했다.

8월 11일 9월 24일　종일 큰비가 내렸고, 밤에는 모진 바람마저 불었다. 세 겹의 지붕이 벗겨져 날아갔고 비는 삼대같이 내렸다. 양쪽 창문은 젖어 찢겨 없어졌다. 새벽까지 앉아 밤을 지새웠다.[4]

---

3)　갑오년 7월에 흥양현감 배흥립이 장흥부사로, 장흥부사 황세득은 흥양현감으로 교체된다. 모두가 이순신이 믿고 쓰는 장수인데, 황세득은 을미년 2월에 잡혀가고 배흥립은 병신년 3월 파직된다.

4)　당시 한산진영의 숙소와 건물은 이같이 강한 비바람을 막지 못할 만큼 열악했다. 당시의 수루는 오늘날 농촌의 큰 원두막쯤으로 보면 될 것 같다. 또 추석 전 일주일가량 가을비가 내렸으니 그 당시 갑오년에도 가을장마가 있었나 보다.

8월 12일 9월 25일   흐리되 비는 오지 않았다. 늦게 충청수사, 순천부사와 더불어 활을 쏘고 있는데 소비포권관과 웅천현감이 와서 함께 활을 쏘았다. 원수의 군관 심준沈俊이 전령을 가지고 이곳에 왔다. 원수의 명령은 "직접 만나서 이야기할 것이 있으니 오는 17일에 사천으로 나와 기다리라"는 것이다.

8월 13일 9월 26일   맑음. 원수의 군관 심준이 돌아가고 노윤발도 보냈다. 오전 10시쯤에 배로 내려가서 장수들을 거느리고 견내량으로 갔다. 별도로 날랜 장수를 뽑아 사도첨사에게 주고 춘원포 등지로 가서 대기하다가 적을 보면 무찌르라고 명령하여 떠나보냈다. 그리고 거기서 자는데 달빛은 비단결처럼 고왔고 바람은 없어 파도를 일으키지 않았다. 해를 시켜 피리를 불게 했는데 밤이 깊어서야 그만두었다.

8월 14일 9월 27일   아침에 흐리다가 저물녘에는 비가 왔다. 사도첨사와 소비포권관, 웅천현감 등의 급보를 받아 보니 "왜선 1척이 춘원포에 정박해 있으므로 불시에 습격하였더니 놀란 왜놈들이 배를 버리고 모두 다 도망가 버려서 적의 배만 빼앗고 우리나라 사람 남녀 15명을 구해 돌아왔다"라고 했다. 오후 2시쯤 본진으로 돌아왔다.

8월 15일 9월 28일   맑음. 원수를 만나러 사천으로 가기 위해 경상수사 원균과 함께 배를 타고 월명포[5]에 이르러 잤다.

---

5)   경상남도 통영시 산양읍 풍화리 월명도.

8월 16일 9월 29일 맑음. 새벽에 출발하여 소비포에 이르러 배를 대어 놓고 아침밥을 먹은 뒤에 돛을 달고 사천 선창에 들어가니 사천현감 기직남奇直男이 곤양군수와 함께 와 있었다. 그대로 머물러 잤다.

8월 17일 9월 30일 흐리다가 저물녘에 비가 왔다. 원수가 정오경에 사천에 이르러 군관을 보내어 만나자고 했다. 그래서 곤양군수의 말을 빌려 타고 원수가 머무르고 있는 사천현감의 처소로 갔다. 교서에 숙배한 뒤에 공·사 간의 예를 마치고 그대로 이야기를 시작했다. 오해를 많이 푼 듯한 기색을 보이면서도 원균 수사를 몹시 꾸짖으니 원 수사는 머리를 들지 못하였다. 우스웠다. 가져간 술을 내놓고 마시기를 청하여 여덟 순배를 돌렸다. 원수가 잔뜩 취해 상을 물려서 나도 숙소로 돌아왔다.[6] 박종남朴宗男과 윤담尹潭이 와서 기다리고 있어 만나 보았다.

8월 18일 10월 1일 날씨가 흐리되 비는 오지 않았다. 아침 식사를 한 뒤에 원수가 청하므로 나가서 이야기하다가 또 간단한 술상을 차려 내왔다. 거듭 몇 잔 마신 것이 몹시 취해 나는 그만 돌아간다고 아뢰었다. 경상수사 원균은 너무 취해 일어서지를 못하고 드러누워 오지 못할 형편이라 나는 먼저 곤양군수, 거제현령, 소비포권관 등과 함께 배를 돌려 삼천포 앞바다로 와 잤다.

---

[6] 원수 권율은 조정의 명을 받고 이순신과 원균을 함께 불러, 수군 장수들 간의 불화(6월 4일 일기 참조.)를 수습하고 다음 달에 있을 장문포전에서 적과 싸울 일을 미리 의논하려고 한 듯하다.

8월 19일 10월 2일　맑다가 잠시 저녁에 비가 왔다. 아침에 사량 안쪽에 이르렀지만 기다리던 원균 수사는 아직 오지 못했다. 칡을 60동이나 캐고 나니 그제서야 왔다. 저녁나절에 출항하여 당포에 이르러 잤다.

8월 20일 10월 3일　맑음. 새벽에 출발하여 진한산도에 이르렀다. 우수사와 정 조방장이 보러 왔다. 정 조방장은 곧 돌아가고 우수사 및 장흥, 사도, 가리포, 충청우후와 함께 활을 쏘았다. 저녁에 피리 불고 노래하다 밤이 깊어서야 헤어졌다. 돌아보니 미안한(온당치 못한) 일이 많이 있었다.[7] 충청수사는 그 어머니의 병환이 더 위중해져서 바로 흥양으로 떠나갔다.

8월 21일 10월 4일　맑음. 외가의 제삿날이라 공무를 보지 않았다. 곤양, 사도, 마량, 남도포, 영등포, 회령포, 소비포가 왔다. 양정언이 보러 와 만났다.

8월 22일 10월 5일　맑음. 나라의 제삿날이라 공무를 보지 않았다. 경상우우후가 보러 왔다. 낙안, 사도도 왔다가 갔다. 늦게 곤양, 거제, 소비포, 영등포가 와서 이야기하다 밤이 깊어서 돌아갔다.

8월 23일 10월 6일　맑음. 아침에 공문 초안을 작성했고 식후에는 활터 정자로 자리를 옮겨 앉아 서류를 처결해 내려보냈다. 그대로

---

7)　'온당치 못했다'는 것은 아마 원균과의 관계에서 나온 말인 것 같다.

활터에서 활을 쏘는데 바람이 사납게 불었다. 장흥, 녹도가 와서 함께 쏘았다. 저물 무렵 곤양과 더불어 웅천, 영등포, 거제, 소비포 도 불러 이야기하다가 초저녁에 헤어졌다.

8월 24일 10월 7일　맑음. 각 고을에 수군을 징발하는 일로 박언춘 朴彦春, 김윤金倫, 신경황을 내어보냈다. 정 조방장이 되돌아갔다. 늦게 소비포가 보러 왔다.

8월 25일 10월 8일　맑음. 곤양군수, 소비포권관을 불러 아침을 같이 했다. 사도가 휴가를 얻어 간다기에 9월 7일까지는 돌아오라고 일렀다. 현덕린玄德麟도 제집으로 돌아가고 신천기도 납속納粟[8]할 일로 돌아갔다. 늦게 흥양황세득이 돌아왔다. 활터 정자에 가 활 6순을 쏘았다. 정원명이 들어왔다고 한다.

8월 26일 10월 9일　맑음. 아침에 각 관, 포에 공문을 결재해 보냈다. 흥양의 보자기로 있는 막동이란 자가 장흥군사 30명을 몰래 그의 배에 싣고 도망가려 했기에 그 죄를 물어 처형하고 효시했다. 활터 정자에 올라가 활을 쏘았다. 충청우후도 와서 같이 쏘았다.

8월 27일 10월 10일　맑음. 우수사와 가리포, 장흥배흥립, 임치, 본영우후이몽구 및 충청수영우후 등 장수들이 함께 와서 활을 쏘는데, 흥양현감이 술을 내어놓았다. 아들 울의 편지를 보니 아내의 병이

---

8)　곡식을 바쳐 벼슬을 사는 제도.

위중하다고 했다. 그래서 아들 회를 보내어 간호에 힘쓰게 했다.

8월 28일 10월 11일 밤 2시께부터 부슬비가 오고 큰 바람이 불었는데, 비는 아침 6시께 개었으나 바람만은 세게 불어 밤새 그치지 아니했다. 회가 강풍 속에 잘 갔는지 몰라 심히 염려스러웠다. 진도 군수가 보러 왔다. 원수의 장계로 인해 문책하는 글이 내려왔는데, 이는 거의 원수가 급히 장계를 쓰느라 잘못함에서 비롯된 일이다.

8월 29일 10월 12일 날씨는 맑았으나 북풍이 크게 불었다. 아침에 마량첨사와 소비포권관이 와서 함께 밥을 먹었다. 늦게 활터 정자로 옮겨 앉아 공문을 처결하여 보냈다. 도양장의 목자[9] 박돌이朴乭伊의 도둑질한 죄를 다스렸고, 특히 도적 3명 중 장손이라는 자에게 곤장 100대를 치고 얼굴에 도盜 자를 먹물로 새겨 넣었다. 해남현감 현즙玄楫이 들어왔는데 의병장 성응지가 죽었다 하니 참으로 슬픈 일이로다.

8월 30일 10월 13일 날이 맑고 바람조차 없었다. 해남현감이 보러 오고 늦게 우수사와 장흥부사가 보러 왔다. 저물녘에 충청우후, 웅천현감, 거제현령, 소비포권관도 함께 왔고 허정은도 왔다. 이날 아침에 본영 탐후선이 들어왔는데 아내의 병이 몹시 위중하다고 한다. 벌써 생사 간에 결판이 났을지도 모르겠다. 나랏일이 이 지

---

9) 말 먹이는 하인.

경에 이르렀으니 다른 일에야 생각이 미칠 수가 없겠지만 아내가 가고 나면 아들 셋, 딸 하나가 어떻게 살아갈꼬. 마음이 아프고 무척 걱정된다. 김양간이 서울에서 영의정의 편지와 심충겸병조판서의 편지를 가지고 왔는데 분개하는 뜻이 많이 적혀 있었다. 원균 수사의 하는 일이 매우 해괴하다. 나더러 머뭇거리며 앞으로 나아가지 않는다고 했다니 천년을 두고서 한탄할 일이다. 곤양군수가 병으로 돌아갔는데, 송별해 주지 못하고 보내어 너무 섭섭하다. 밤 10시 경부터는 마음이 산란하여 잠을 이루지 못했다.

> **덧붙이는 말** 당시 부산을 거점으로 하는 왜 수군과 한산도에 진을 치고 있는 조선 수군은 웅천과 거제를 경계로 팽팽히 맞서고 있었다. 조선 수군은 섣불리 군사를 일으키다가는 적의 함정에 빠질 수밖에 없었으므로 이순신은 견내량을 고수해 적의 서진을 막는 것이 바다를 지켜 내는 유일한 방안이라 생각해 소위 견내량 고수 전략을 세우고 실행하고 있었다. 원균은 이순신을 꺾기 위해 자기는 부산으로 나가 적을 물리칠 수 있는데 이순신은 앞으로 나아가지 않는다고 무수히 이순신을 참소했다. 이날 일기는 이를 두고 하는 말이다.

🌙 9월 수륙합동작전으로 장문포를 공격하다

> 다행히 아내의 건강이 회복되고, 통제사의 전시 일상은 계속된다. 다만 이달 하순에 수륙이 합동하여 대규모 병력을 투입해 장문포에 있는 적을 친다. 이순신은 삼도수군의 통제사로서 참전하여 육군을 도와 성심을 다하지만, 한탄을 부른다는 선봉처럼 그는 이 전투의 기획과 경과와 결과에 대해 탐탁지 않아 했다.

9월 1일 10월 14일 맑음. 앉았다 누웠다 잠을 이루지 못해 촛불을 켠 채 뒤척이다가 아침이 되었다. 일찍 세수하고 고요히 앉아 아내의 병세에 대해 점을 쳤더니 "중이 환속하는 것 같다"라는 괘를 얻고, 다시 쳤더니 "의심하다가 기쁨을 얻는 것과 같다"라는 괘를 얻었다. 아주 좋다. 또 병세가 나았다는 통보가 올지 죽었다는 통보가 올지를 점쳐 보았더니 "귀양 땅에서 친척을 만난 것과 같다"라는 괘를 얻었다. 이 역시 가까운 시일 내에 좋은 소식을 알게 될 징조였다. 순무사 서성의 공문과 장계 등본이 들어왔다.

9월 2일 10월 15일 맑음. 웅천, 소비포가 와서 함께 아침을 먹었다. 늦게 낙안이 보러 왔다. 저녁때 탐후선이 들어왔는데, 아내의 병이 좀 나아졌으나 원기가 매우 약하다고 하니 염려가 된다.

9월 3일 10월 16일   비가 조금 내렸다. 새벽에 임금의 밀지가 들어왔다. "수군과 육군의 장수들이 팔짱만 끼고 서로 바라보면서 한 가지 계책이라도 세워 적을 치려고 하지 않는다"라고 하였다. 그럴 리가 만무하다. 장수들과 맹세하여 3년 동안이나 바다 위를 떠돌며 죽음으로써 원수를 갚을 뜻을 결심하고 나날을 보내고 있지 않은가! 다만 적이 험고한 곳에 웅거하여 있으니 경솔히 나아가지 않을 뿐이다. 더욱이 옛날의 병법에서도 나를 알고 적을 알아야만 백번 싸워도 위태하지 않다고 하지 않았던가! 종일 큰 바람이 불었다. 초저녁에 불을 밝히고 홀로 앉아 생각하니 나랏일은 어지럽건만 안으로 구해 낼 방책이 없으니 이를 어찌하랴! 밤 10시경 흥양현감이 내가 혼자 근심하고 있음을 알고 들어와서 자정까지 이야기하고 헤어졌다.[1]

9월 4일 10월 17일   맑음. 아침에 흥양현감이 와서 만났다. 식사 후에 소비포도 왔다. 조금 있으니 경상수사 원균이 와서 활 솜씨를 겨루어 보자고 하므로 활터 정자로 나가 활을 쏘았다. 원 수사가 9분分을 지고서는 잔뜩 취해 갔다. 피리를 불게 하고 밤이 늦어서 헤어졌는데 또 미안한온당치 못한 일이 있어서 우스웠다.[2] 여도만호가 들어왔다.

9월 5일 10월 18일   맑음. 닭이 운 뒤, 아무리 머리를 만져도 불편하

---

1) 이 일기는 당시의 이순신이 처한 힘든 상황을 잘 보여 주는 대표적인 일기로, 여러 책에서 자주 인용된다.
2) 이순신의 활 솜씨가 원균보다는 좀 나았던 것 같다. 이날도 아마 원균이 온당치 못한 말을 했던 것 같다. 그런데 원균을 만날 때나 피리 소리를 들을 때면 자주 미안한 일이 생기는 것도 재미있다.

고 마음에 들지 않아 종을 시켜 손질하게 했다. 바람이 순하지 않아 바다에 나가지 않았다. 급히 어머니께로 문병 갔던[3] 충청수사가 들어왔다.

9월 6일 10월 19일　맑고 바람도 잔잔했다. 충청수사, 우후, 마량첨사와 함께 아침을 하고 늦게 활터 정자로 옮겨 활을 쏘았다. 저녁에 종 효대孝代와 개남介南이 오면서 어머님께서 편안하시다는 편지를 가져왔다. 고맙고 다행이다. 들으니 방필순方必淳[4]이 세상을 떠나자 방익순方益淳이 그 가족을 끌고 우리 집으로 왔다고 한다. 기가 차다. 밤 10시께 복춘福春이 왔다. 저물녘에 김경로가 우도에 이르렀다는 말을 들었다.

9월 7일 10월 20일　맑음. 순천부사가 편지를 보냈다. 그는 편지에서 순찰사 홍세공洪世恭가 10일께 순천부에 도착하며 좌의정 윤두수도 온다고 했다. 심히 유감스러운 일은, 순천부사가 나와 같이 진에 있을 때 거제도로 부하들을 사냥 보냈는데 그들이 모두 적에게 붙잡혔는데도 그 사정을 나에게 보고하지 않다가 이 편지로 뒤늦게 보고했음이다. 아주 해괴한 일이라 순천에게 그 점을 지적하는 답장 편지를 써 보냈다.

9월 8일 10월 21일　맑음. 장흥부사를 헌관獻官[5]으로 삼고, 흥양현감

---

3) 8월 20일 일기 참조.
4) 가까운 처가 집안 사람인 듯함.
5) 술잔을 올리는 사람.

을 전사典祀⁶⁾로 삼아서 내일 둑제를 지내려고 입재入齋시키었다. 첨지 김경로가 왔다.

9월 9일 10월 22일   맑다가 저물녘에 잠시 비가 내리다 그쳤다. 장수들이 활을 쏘았다. 삼도경상·전라·충청가 다 모였는데, 원균 수사만 병으로 오지 않았다. 첨지 김경로도 장수들과 같이 활을 쏘다가 경상도 진영으로 가서 잤다.

9월 10일 10월 23일   맑고 바람도 고요했다. 사도첨사가 활쏘기 대회를 열었는데 우수사도 왔다. 김경로가 창신도로 돌아갔다.

9월 11일 10월 24일   맑음. 일찍 수루에 올라, 남평의 담당 아전을 처벌하고 순천의 격군으로서 세 번이나 군량을 훔친 자를 처형했다. 각 관, 포5관 5포에 공문을 작성하여 보냈다. 늦게 충청수사가 와서 봤다. 소비포권관은 원 수사 몰래 달밤을 이용해 본포소비포로 돌아갔다. 원 수사가 알면 또 뭔가 모함하려 할지도 모르기 때문이다.

9월 12일 10월 25일   맑음. 본영 병방으로 가는 김암金巖이 내 방에 왔다. 정 조방장의 종이 돌아가는 편에 정 조방장에게 답장을 써 보냈다. 우수사, 충청수사가 오고, 장흥이 술을 내어 함께 이야기하다가 크게 취해 헤어졌다.

---

6)   제반 일을 책임지는 사람.

9월 13일 10월 26일 맑고 따뜻하다. 어제 취한 술이 아직 깨지 않아 방 밖을 나가지 않았다. 충청우후가 문안하러 와 조도어사 윤경립尹敬立의 장계 초안 2통을 보여 주는데, 하나는 진도군수의 파면을 청한 것이고, 다른 하나는 수군과 육군이 서로 침범해 징발하지 말라는 것과 각 고을의 수령들을 전쟁에 내보내지 말라는 것이었다. 그 의견은 눈앞의 제 쪽 일만 생각하는 편협한 눈가림에 지나지 않는 것이다. 저녁에 하천수가 장계 회답과 홍패 97장을 가지고 왔다. 영의정의 편지도 가져왔다.

9월 14일 10월 27일 맑음. 우수사, 충청수사가 모여 활을 쏘았다. 홍양현감이 술을 보내 주었다. 방답첨사가 공사례를 행했다.

9월 15일 10월 28일 맑음. 일찍 충청수사와 장수들과 함께 망궐례를 드렸다. 우수사는 미리 약속을 해놓고도 병을 핑계 대고 오지 않으니 한탄스럽다. 새로 급제한 사람들에게 홍패를 나누어 주었다. 남원 도병방과 향소 등을 잡아 가두었다. 충청우후가 본도충청도로 돌아갔다. 종 경이 들어왔다.

9월 16일 10월 29일 맑음. 충청수사 및 순천과 함께 이야기했다. 이날 밤 꿈에 아이를 보았는데, 경庚의 모母가 아들을 낳을 징조였다.

9월 17일 10월 30일 맑고 따뜻하다. 충청수사, 순천부사, 사도첨사가 와서 함께 활을 쏘았다. 우후 이몽구가 국둔전國屯田에서 추수를 하기 위해 나갔다. 효대 등도 떠나갔다.

9월 18일 10월 31일 　맑고 무척 따뜻했다. 충청수사 및 흥양현감과 종일토록 활을 쏘다 헤어졌다. 저물녘에 시작한 비가 밤새도록 뿌렸다. 이수원李壽元과 담화曇花가 들어오고, 머물고 있던 복춘은 돌아갔다. 밤이 오래도록 뒤척이며 잠을 이루지 못했다.

9월 19일 11월 1일 　종일 비가 내렸다. 흥양현감과 순천부사가 의논하러 왔다. 해남현감은 와서 이야기하고 바로 돌아갔다. 흥양과 순천은 밤이 깊어서야 돌아갔다.

9월 20일 11월 2일 　새벽바람이 그치지 않았지만 비는 잠시 들었다. 홀로 앉아 간밤의 꿈을 기억해 보았다. 바다 가운데 있던 외딴섬이 떠서 달려오다가 내 눈앞에 와서 딱 멈춰 서는데, 그 소리가 우레 같아 사방에서는 모두 놀라 달아나고, 나만 홀로 우뚝 서서 처음부터 끝까지 그것을 지켜봤다. 참으로 장쾌한 꿈이다. 이것은 왜놈이 화친을 애걸하다가 스스로 멸망할 징조다. 또 내가 준마를 타고 천천히 자리를 떠나갔는데 이것은 임금의 진격 명령을 받게 된다는 것을 암시하는 것이다.[7] 충청수사와 흥양이 왔다. 거제도 와서 보고 곧 돌아갔다. 체찰사尹斗壽의 공문에, 수군은 군량이 이어지도록 계속해서 조달하라 했고 또 연좌로 잡아 두었던 친족과 이웃은 석방해 내보내라고 했다.[8]

9월 21일 11월 3일 　맑음. 활터 정자에 나가 앉아 공문을 작성해 보

---

7) 장문포전투의 예견인 듯하다.
8) 이때의 도체찰사는 윤두수였고, 그는 며칠 후 벌어질 장문포해전의 최고 지휘관이었다.

내고 뒤이어 활을 쏘았다. 장흥, 순천, 충청수사와 종일 이야기했다. 저물녘에 장수들로 하여금 뛰어넘기超越⁹⁾를 하게 하고, 또 군사들에게는 씨름을 겨루게 하였다. 밤이 깊어서야 끝났다.

9월 22일 ¹¹월 ⁴일   아침에 활터 정자에 앉았으니 우수사 및 장흥이 왔다. 경상우후가 와서 명령을 듣고서 갔다. 원수의 밀서가 왔는데, 27일에는 꼭 출동해야 하니¹⁰⁾ 미리 함선을 모으라고 했다.

9월 23일 ¹¹월 ⁵일   날은 맑았으나 바람이 사납다. 아침에 활터 정자에 올라가 공문을 결재해 보냈다. 경상수사 원균이 와서 군사 기밀을 논의하고 갔다. 낙안과 본영의 군사 51명과 방답의 수군 45명을 점고했다. 고성 백성들이 연명하여 호소문을 올렸다. 진주의 강운姜雲을 처벌했고, 보성에서 잡아온 소관 황천석黃千錫은 엄히 추궁했다. 광주에 가두어 둔 창평현의 담당 아전 김의동金義同은 처형하라는 군령을 내보냈다. 저녁에 충청수사와 마량첨사가 보러 왔다가 밤이 깊어서야 돌아갔다. 오후 8시경에 다시 복춘이 들어왔기에 사적 이야기를 나누고 닭이 운 뒤에야 돌아갔다.

9월 24일 ¹¹월 ⁶일   맑았으나 종일 바람이 크게 불었다. 아침에 대청에 앉아 공무를 보고 충청수사와 함께 아침을 먹었다. 오늘 더그레號衣¹¹⁾를 나누는데, 전라좌도는 누런 옷 9벌, 전라우도는 붉은

---

9)   무인 선발 시험 과목이다.
10) 장문포전의 개시를 의미한다.
11) 세 자락 난 색깔 있는 겉옷.

옷 10벌, 경상도에는 검은 옷 4벌이었다.

9월 25일 11월 7일　맑음. 바람도 좀 잤다. 첨지 김경로는 군사 70명을 거느리고 들어왔다. 저녁에 첨지 박종남도 군사 600명을 거느리고 들어왔다. 조붕도 들어왔길래 같이 자면서 밤새 이야기했다.

9월 26일 11월 8일　맑음. 새벽에 곽재우郭再祐, 김덕령 등이 견내량에 이르렀으므로 박춘양을 보내어 건너온 까닭을 물었더니, 수군과 합세하라는 원수의 명령이 있었다고 하였다.[12]

9월 27일 11월 9일　아침에 맑더니 저물녘에 잠깐 비가 왔다. 늦은 아침에 출항하여 포구로 나가자 배들도 일제히 출발하여 적도 앞바다에 모두 모였다. 그러고 있으니 곽 첨지곽재우, 김충용金忠勇, 김덕령, 한 별장한명련韓明璉, 주몽룡朱夢龍 등이 도착했다. 함께 군령에 따라 약속한 뒤에, 각각 원하는 곳으로 갈라 배치했다. 저녁에 충청병사 선거이가 배에 이르렀으므로 본영전라좌수영의 배를 타게 했다. 저물녘에 체찰사의 군관 이천문李天文, 임득이林得義, 이홍사李弘嗣, 이충길李忠吉, 강중룡姜仲龍, 최여해崔汝諧, 한덕비韓德備, 이안겸李安謙, 박진남朴振男 등이 왔다. 밤에 잠시 비가 내렸다.

9월 28일 11월 10일　흐림. 새벽에 촛불을 밝히고 홀로 앉아 적을 치는 일로 길흉을 점쳤더니 첫 점은 "활이 화살을 얻은 것과 같다"

---

12) 위 일기로 미루어 볼 때 장문포전은 처음부터 군사 간(육군과 수군 간) 사전에 원활한 연락이 잘 안 되고 있었음을 알 수 있다.

라는 내용이고, 두 번째 점은 "산이 움직이지 않는 것과 같다"라는 것이었다.[13] 바람이 순조롭지 못하였다. 장문포에 가까운 흉도 바다 가운데에 진을 치고 잤다.

9월 29일 11월 11일 맑음. 출항하여 장문포 앞바다로 쳐들어가니, 적의 무리는 험준한 곳에 웅거하여 나오지 않았다. 누각을 높이 설치하고 양쪽 봉우리[14]에는 보루를 쌓고 있으면서 도무지 나와 항전하려 들지 않는 것이다. 선봉이 적선 2척을 공격했더니 그만 뭍으로 올라 도망가 버렸다. 빈 배들만 불태워 깨뜨리고 칠천량에서 밤을 지냈다.

---

13) 위 점괘를 길(吉)하다고 보는 견해와, 소득 없는 싸움이 되고 곧바로 높은 분들이 들고 일어서는 한탄을 부르는 불길(不吉)한 점괘로 보는 견해가 있다. 이순신은 보통 때와는 달리 이 꿈에 대해선 아무 조짐도 적지 않았다.

14) 지금의 장문포왜성과 송진포왜성.

🌙 10월 장문포 패전의 책임을 두고
장수들 간 불신이 깊어지다

> 체찰사가 원균의 말을 믿고 시작했던 장문포 싸움은 이순신이 예견한 대로 적기適期에 치른 전투가 아니어서 아군의 패전에 가까운 싸움이 되었다. 이 장문포 패전의 책임을 두고 조정과 체찰사 윤두수, 도원수 권율, 통제사 이순신, 경상수사 원균 간에 불신의 벽은 깊어지고 특히 원균의 패악스러움이 이후 더욱 노골화된다.

10월 1일 11월 12일 아침에 출발하여 다시 장문포에 이르렀다. 경상우수사와 전라우수사가 장문포 앞바다를 막아 주고 있기에 나는 충청수사 및 선봉의 장수들과 함께 곧장 영등포로 공격해 들어갔다. 흉악한 적들은 바닷가에 배를 대어 놓고는 한 놈도 나와서 항전하지 않았다. 한 번도 교전하지 못한 채 날이 저물어 장문포 앞바다로 되돌아왔다. 사도의 2호선이 뭍에 배를 매려 할 즈음, 숨어 있던 적의 정탐선이 갑자기 쳐들어와 불을 던졌다. 불은 맹렬하게 치솟고 배에 탄 군졸들은 모두가 죽임을 당하였다. 매우 분하고 가슴이 미어졌다. 우수사의 군관 및 경상우수사의 군관에게는 그들의 실수를 간단히 꾸짖었지만, 사도의 군관에게는 그 죄를 무겁게 다스렸다. 밤 10시경에 칠천량으로 돌아와서 밤을 지냈다.

10월 2일 11월 13일 맑음. 오늘은 교전을 시도하지 않았다. 단지 선봉선 30척으로 하여금 장문포의 적정을 가서 보고 오게만 했다.

10월 3일 [11월 14일]   맑음. 몸소 여러 장수를 거느리고 일찍이 장문포로 다시 가 종일 싸움을 부추겨도, 적의 무리는 두려워서 나와 대항하지 않았다. 날이 저물어 칠천량으로 되돌아와 밤을 지냈다.

10월 4일 [11월 15일]   맑음. 곽재우, 김덕령 등과 약속하고서, 군사 수백 명을 뽑아 뭍으로 보내 산 위로 올라가 진을 치게 했다. 바다에서는 선봉군을 먼저 장문포로 보내어 들락날락하면서 싸움을 걸게 하면서 나도 중군을 거느리고 나아갔다. 이렇게 수륙이 서로 호응하니, 적의 무리는 갈팡질팡하며 기세를 잃고 동으로 혹은 서로 바삐 달아났다. 그런데 산으로 올라간 군사들은 적들이 칼을 휘두르며 달려들자 그만 뺑소니쳐 우르르 배로 내려왔다. 해 질 무렵 칠천량으로 다시 돌아와 진을 쳤다. 선전관 이계명李繼命이 표신과 임금이 내리는 교서를 가지고 왔다. 안에는 임금님이 하사하신 담비 털가죽이 있었다.

10월 5일 [11월 16일]   종일 바람이 세게 불었다. 칠천량에 그대로 머물고 있었다. 장계의 초고를 적었다.

10월 6일 [11월 17일]   맑음. 일찍 선봉군으로 하여금 장문포 적의 소굴로 보내었더니 왜적들이 패문을 땅에 꽂아 고지하는데, "일본은 명나라와 화친을 의논하고 있으니 서로 싸울 것이 없다"라는 것이다. 왜놈 1명이 칠천도 산기슭으로 와서 투항하고자 하므로 곤양군수가 잡아 배에 싣고 물어보니 바로 영등포에 있던 왜적이었다. 흉도로 진을 옮겼다.

10월 7일 11월 18일   맑고 따뜻했다. 병사 선거이, 곽재우, 김덕령 등이 나갔다. 수군은 그대로 머무른 채 떠나지 않았다. 띠풀 183동을 베었다.

10월 8일 11월 19일   맑고 바람조차 없다. 아침에 출발하여 또다시 장문포 적의 소굴에 이르니, 적들은 여전히 나오지 않았다. 군대의 위세만 보인 뒤에 흉도로 돌아왔다. 띠풀 260동을 베고 그대로 흉도를 떠나 한산도에 이르니, 밤은 벌써 자정이 되었다.

> 덧붙이는 말   이로써 장문포전은 끝나는데, 이해 11월 17~25일 사이에, 장문포 싸움을 패전한 것으로 보고 그 책임을 추궁한 것에 관해 『조선왕조실록』에 다음과 같은 기록이 있다. "양사兩司가 도원수 권율과 통제사 이순신을 나국(체포하여 신문함.)할 것과 전 도체찰사윤두수를 파직시킬 것을 잇달아 아뢰니 임금이 답하였다. 도원수와 통제사는 이미 추고(따져 신문함.)하였으니 나국할 수 없고, 체찰사는 대신이므로 파직시킬 수도 추고할 수도 없다."

10월 9일 11월 20일   맑음. 아침에 정자로 나가니 첨지 김경로, 첨지 박종남, 조방장 김응함金應諴, 조방장 한명련, 진주목사 배설裵楔, 김해부사 백사림白士霖이 모두 와 각각 돌아가겠다고 말하였다. 김 첨지와 박 첨지는 종일 활을 쏘았다. 박종남은 청방廳房에서 복춘과 함께 자고, 김경로는 배로 내려가 잤다. 남해현령, 진주목사, 김해부사, 하동현감, 사천현감, 고성현령이 하직하고 돌아갔다.

10월 10일 11월 21일 맑음. 아침에 장계 초안을 꺼내 수정했다. "박종남과 곤양군수는 그대로 머물며 떠나지 않았다" 하고, 흥양현감, 장흥부사, 보성군수는 아뢰고 돌아갔다. 간밤에 두 가지 상서로운 꿈을 꾸었다. 아들 울과 더불어 존서存緒, 유헌有憲 및 정립珽立 등이 본영으로 돌아갔다.[1]

10월 11일 11월 22일 맑음. 아침에 몸이 편치 않았다. 충청수사가 보러 왔다. 공문을 처결하고 일찍 숙소로 들어갔다.

10월 12일 11월 23일 맑음. 아침에 장계 초안을 다시 수정하였다. 늦게 우수사와 충청수사가 왔다. 경상수사 원균이 이번에 적을 토벌한 일에 대해 위에다 직접 장계를 올리고 싶다 하므로 공문을 만들어 오도록 해주었다. 비변사의 공문에 따르면, 원수가 담비 가죽으로 만든 남바위耳掩. 귀 가리개를 전라좌도에 15벌, 전라우도에 10벌, 경상도에 10벌, 충청도에 5벌을 나누어 보냈다 한다.

10월 13일 11월 24일 맑음. 아침에 아전을 불러 장계 초안을 꾸몄다.

---

1) 울은 6월 29일 한산도로 들어왔다가 면의 병이 다시 심해지자 7월 10일 심약 등과 함께 여수 고음천으로 간다. 거기서 8월 27일 어머니(방씨 부인) 병이 위중해졌다는 편지를 한산도로 보내며 계속 고음천에 있다가 어머니의 병이 낫자 이날 10월 10일 고음천에서 본영으로 돌아간다. 이순신의 아들과 조카의 움직임을 살펴보는 것도 이순신 이해에 도움이 된다.

늦게 충청수사를 내보냈다. 우수사가 와서 충청수사만 보고 나를 보지 않고 돌아갔는데 너무 취했기 때문이다. 종사관이 사천에 도착했다고 하기에 사천 1호선을 내어 보냈다.

10월 14일 11월 25일 맑음. 새벽꿈에 왜적들이 항복을 빌면서 육혈포六穴砲 다섯 자루와 환도環刀를 바쳤다. 통역하는 자는 그 이름이 김서신金書信이라고 했다. 왜놈들의 항복을 모두 받아들이기로 하고 꿈을 깨었다.

10월 15일 11월 26일 맑음. 박춘양이 장계를 가지고 나갔다.

10월 16일 11월 27일 맑음. 순무어사 서성이 해 질 무렵 이곳에 도착했다. 우수사, 원균 수사와 함께 이야기를 하다가 밤이 깊어서 헤어졌다.

10월 17일 11월 28일 맑음. 아침에 어사에게 사람을 보냈더니 식후에 오겠다고 했다. 늦게 우수사가 오고 어사도 왔다. 어사가 조용히 이야기하는데, 경상수사 원균의 속임수 쓴 일을 많이 이야기했다. 원균의 속임수는 듣고 보니 매우 해괴하다. 나중에 원 수사도 왔지만 그의 음흉하고 고약한 꼴이란 이루 다 말할 수 없다. 아침에 종사관이 들어왔다.

10월 18일 11월 29일 맑음. 아침에 바람이 크게 불다가 저녁에 그쳤다. 어사에게 갔더니 벌써 원 수사에게 갔다고 했다. 그래서 그곳으로 갔다. 조금 뒤 술이 나왔다. 날이 저물어서 돌아왔다. 종사관이 교서에 숙배례를 한 뒤 상면했다.

10월 19일 ^{11월 30일}　바람이 고르지 못했다. 대청^{한산도 집무실}에 앉았다가 수루방으로 돌아왔다. 어사가 우수사한테 가서 종일 술 마시며 이야기했다고 한다. 아침에 종사관과 함께 이야기했다. 저녁에 종 억지億只 등을 잡아 왔다. 박언춘도 왔다.

10월 20일 ^{12월 1일}　아침에 흐렸다. 늦게 순무어사가 나갔다. 작별 후 대청에서 공무를 보는데 우수사가 와서 자기 본영^{전라우수영, 해남}으로 간다고 고하고 갔다. 아마 공문 작성할 것이 있어 나가는 것이리라.²⁾

10월 21일 ^{12월 2일}　대체로 맑았지만 조금 흐리기도 했다. 종사관이 나갔으며 우후와 발포만호도 나갔다. 투항한 왜놈 3명이 원균 수사한테서 왔기에 문초하였다. 영등포만호가 왔다가 밤이 깊어서야 돌아갔다. 그에게 잔심부름을 시킬 만한 아이가 있다 해서 데려오라고 했다. 밤에 비가 조금 내렸다.

10월 22일 ^{12월 3일}　흐림. 의능과 이적李逖이 나갔다. 오후 8시경 영등포만호가 그 아이를 데리고 왔다. 사동使童으로 쓰고자 머물도록 하고 재웠다.

---

2) 한산도 진중에 있던 전라우수사 이억기가 이날 해남에 있는 전라우수영 본영으로 갔다가 다음 해 2월 13일에 돌아온다. 그동안은 부수사 격인 우후 이정충이 대행한다.

10월 23일 12월 4일　맑음. 사동으로 온 아이가 아프다고 했다. 그래서 원래 있었던 곳으로 돌아가게 했다. 종 억지와 애환愛還, 정말동丁末同의 죄를 다스렸다.

10월 24일 12월 5일　맑음. 우우후를 불러서 활을 쏘았다. 금갑도[3] 만호이정표李廷彪도 왔다.

10월 25일 12월 6일　맑으나 서풍이 크게 일다가 늦게 그쳤다. 몸이 불편하여 방 밖으로 나가지 않았다. 남도포만호, 거제현령이 왔다. 영등포만호도 와서 한참 이야기했다. 전 낙안군수 첨지 신호가 체찰사의 공문, 목화, 벙거지, 무명正木 1동을 가지고 왔다. 그와 함께 이야기하다가 밤이 되어서야 헤어졌다. 순천부사 권준이 체포되어 갈 때에 잠시 보러 왔다. 마음이 편치 않다.[4]

10월 26일 12월 7일　맑음. 빙부의 제삿날이라 밖에 나가지 않았다. 첨지 신호를 통해 들으니, 김상용金尙容이 이조좌랑이 되어 서울로 갈 때 남원부 내에 들어와 자면서도 남원에 머물고 있는 체찰사를 뵙지 않고 갔다 하니 예절이 말이 아니다. 매우 놀랍다. 또 체찰사가 밤에 순찰사의 방에 갔다가 밤이 깊어서야 자기 숙소로 돌아온다고 하니 체모가 말이 아니다. 이 또한 매우 놀랍다. 종 한경이 본영으로 갔다. 오후 6시께 비가 오더니 밤새 그치지 않았다.

---

3)　전라남도 진도군 의신면 금갑리.
4)　『선조실록』(1594년 10월 5일)에 의하면 순천부사 권준은 창고 쌀을 훔쳐 3척 배에 싣다가 감사에게 적발되어 벌을 받았다고 되어 있다.

덧붙이는 말   공은 고위공직자의 예절에 관해서도 엄정했다. 이순신은 35세 때 충청병사의 군관이 되어 해미에 근무할 때도 충청병사가 사사롭게 친한 군관의 사처로 찾아가는 것을 체모에 어긋난다 하여 말린 일이 있었다. 이날 체찰사가 품위 없이 순찰사의 사처로 방문하는 것을 처신없는 짓이라 꾸짖는 것도 그가 항상 체모禮를 소중히 했음을 잘 말해 준다.

10월 27일 12월 8일   아침에 비가 오다가 저녁나절에 개었다. 새로 부임한 미조항첨사성윤문가 와서 교서에 숙배례를 행하고, 그대로 함께 이야기하다가 날이 저물어 돌아갔다.

10월 28일 12월 9일   맑음. 대청에 앉아 공문을 처결해 보냈다. 금갑도만호, 이진포만호가 와서 만나 보았다. 식사 후에 우우후, 경상우후가 와서 목화를 받아 갔다. 몸이 불편해 침방에 들어갔다.

10월 29일 12월 10일   맑음. 서풍이 살을 에듯 몹시도 차다.

10월 30일 12월 11일   맑음. 적을 수색, 토벌하라고 전선을 내보내려 했는데, 경상도 부대의 전선이 많이 비어 있어 그 빈 배들이 모이기를 기다렸다. 자정에 아들 회가 들어왔다.

☾ 11월 수군 장수로서의 일상이 지속되다

> 수군의 수장답게 바람 불고 비 오는 등 날씨의 변화는 항상 그의 주목 대상이었다. 이해 음력 11월은 유난히 따뜻했던 것 같다. 적정을 탐색하고, 가족 간에 편지를 나누며 안부를 묻고, 부하들 챙기는 일과 꿈을 꾸고 꿈에서 위로받는 일 등 일상은 이달에도 그대로 이어진다.

11월 1일 12월 12일   새벽에 망궐례를 드렸다. 몸이 몹시 불편하여 종일 나가지 않았다.

11월 2일 12월 13일   맑음. 전라좌도에서는 사도첨사를, 전라우도에서는 우후 이정충을, 경상도에서는 미조항첨사 성윤문을 각 장수로 정하여 적을 수색, 토벌하라고 내보냈다.

11월 3일 12월 14일   맑음. 김천석金天碩이 비변사의 공문을 가지고, 또 투항해 온 야여문也汝文 등 3명을 데리고 한산진에 이르렀다. 수색, 토벌 나갔던 전선들이 임무를 마치고 돌아온 시각은 밤 10시경이었다. 이영남이 보러 왔다.

11월 4일 12월 15일   맑음. 대청에 나가 투항한 왜인들의 사정을 캐어 물었다. 임금께 올리는 전문을 가지고 갈 유생儒生이 들어왔다.

11월 5일 12월 16일   흐리고 가랑비가 내렸다. 송한련이 대구 10마리를 잡아 왔다. 순변사가 그의 군관에게 투항한 왜인 13명을 압송해 보냈다. 밤새도록 큰비가 내렸다.

11월 6일 12월 17일   날이 흐리고 따뜻하기가 봄날 같았다. 이영남을 만났고 이정충도 와서 보았다. 첨지 신호가 와서 함께 이야기했다. 송희립이 사냥하러 나갔다.

11월 7일 12월 18일   저녁나절에 개었다. 아침에 대청에 나가 항왜^{항복한 왜인} 17명을 남해로 보냈다.¹⁾ 금갑도만호, 사도첨사, 여도만호, 영등포만호가 함께 왔다. 첨지 신호는 원수에게서 돌아와 보고하기를, 원수가 자기를 "수군 진영에 머물러 있으라"고 하였다 한다.

11월 8일 12월 19일   새벽에 잠깐 비가 뿌리더니 저녁나절에 개었다. 배 만들 목재를 운반하여 왔다. 새벽꿈에 영의정은 대신 같지 않은 이상한 모습을 하고, 나도 거기 맞춰 갓을 벗어 버린 모습을 하여, 함께 민종각閔宗慤의 집으로 가 이야기하다가 깼다. 이게 무슨 징조인지 모르겠다.

11월 9일 12월 20일   날은 맑았으나 바람은 고르지 못했다.

11월 10일 12월 21일   맑음. 아침에 이희남李喜男이 들어왔다. 장조카

---

1) 당시 항복한 왜인들은 각 부대로 보내 군역을 보조하게 했다. 항왜의 수가 많아지자 남해현에 이들을 수용하는 곳을 만들고 남해현령이 수용 책임을 졌다.

뇌도 본영에 왔다고 한다.

> 덧붙이는 말   이순신은 한산도로 진영을 옮겼지만 전투 병력만 여수를 떠났고 전라좌수군의 행정 병력은 대부분 본영인 여수에 머물며 5관 5포의 각종 인사 및 군수 보급 등 행정을 담당했다. 그래서 아들과 조카들은 고음내의 피란 집과 본영 및 한산도를 오가며 이순신의 일을 도왔다.

11월 11일 12월 22일   동지다. 새벽에 망궐례를 올리고 군사들에게는 팥죽을 먹였다. 우우후와 정담수가 와서 보고 갔다.

11월 12일 12월 23일   맑음. 일찍 대청으로 나가, 순천의 담당 아전 정승서鄭承緖와 백성에게 폐해를 끼친 남원 역졸을 처벌했다. 신호 첨지와는 작별의 술잔을 나누었다. 또 견내량 방어선을 넘어가 고기잡이를 한 어부 24명을 잡아다 곤장을 쳤다.

> 덧붙이는 말   명과 왜가 강화교섭을 한다는 이유로 전쟁은 1593년부터 4년 가까이 휴전 상태로 들어간다. 이때 왜적은 거제와 웅포를 경계선으로 하여 부산을 지키고 이순신은 견내량을 경계로 하여 서쪽 남해와 서해를 지켰기 때문에 그 사이의 바다는 일종의 완충지역이 되었다. 위 일기에서 어부들을 처벌한 것은 그들이 함부로 위험지역인 완충지역에 무단출입했기 때문이다.

11월 13일 12월 24일 맑음. 바람이 차차 자니 날씨도 따뜻했다. 신 첨지와 아들 회가 이희남, 김숙현金叔賢과 함께 본영으로 갔다. 종 한경에게 큰아들 회의 장인 될 은진의 김정휘金廷輝 집에 다녀오도록 일렀다. 장계도 보냈다. 원수의 명을 받고 방어사의 군관이 투항해 온 왜인 14명을 데리고 왔다. 저녁에 윤련尹連이 자기 누이의 편지를 가지고 왔는데 주책없이 하는 말이 많아 우스웠다. 사랑하는 사람이 생겨서 세 아이를 버려야 하는데 의지할 곳 없는 아이들을 어디에 보내 주어야 할지 이러지도 저러지도 못하고 있다는 것이다. 15일은 아버님 제삿날이라 오늘부터 나가지를 않았다.[2] 밤에 달빛이 대낮 같아 이리 뒤척 저리 뒤척 잠을 이루지 못하였다.

11월 14일 12월 25일 맑음. 우병사김응서金應瑞의 분부로 그의 군관이 투항한 왜인 7명을 압송해 왔길래 곧바로 남해현으로 보냈다. 이감이 남해로부터 복귀했다.

11월 15일 12월 26일 따뜻하기가 봄날 같았다. 동짓달 날씨가 봄 날씨로 계절이 뒤바뀐 것인가. 음양의 조화가 질서를 잃은 모양이니 그야말로 재변災變이다. 오늘은 아버님의 제삿날이므로 나가지 않고 홀로 방에 앉았으니 슬픈 회포를 어찌 다 말하랴! 저물어 탐후선이 들어왔다. 순천의 교생校生, 유생이 교서의 사본을 가져왔다. 또 아들 울의 편지를 보니 어머님의 체후가 예전처럼 평안하시다고 하니, 다행 또 다행이다. 상주 사는 사촌 누이의 아들 윤엽尹曄이 본

---

2) 조선의 제례(祭禮) 풍속에 의하면, 제주(祭主)는 부모의 제사가 돌아오기 2~3일 전부터 몸가짐을 바르게 하고 초상난 집이나 궂은 곳을 가지 않고 바깥출입을 삼갔다 한다.

영에 와서 제 어머니의 편지와 자신의 편지를 함께 보냈는데, 읽어 보니 눈물이 저절로 흘러내렸다. 영의정의 편지도 왔다.

11월 16일 12월 27일 맑음. 바람기가 제법 쌀쌀하다. 대청에 앉아 있으니 우우후, 여도만호, 회령포만호, 사도첨사, 녹도만호, 금갑도만호, 영등포만호, 전 어란진만호 정담수 등이 와서 보고 돌아갔다. 저물어서는 날씨가 도로 따뜻해졌다.

11월 17일 12월 28일 날은 맑고 따뜻한데 서리가 눈처럼 쌓였으니 이것은 무슨 징조인지 모르겠다. 늦게 산들바람이 일기 시작하여 하루 종일 불었다. 밤 10시쯤 조카 뇌와 아들 울이 들어왔다. 자정쯤 되자 광풍이 세게 불었다.

11월 18일 12월 29일 맑음. 사나운 바람이 저녁까지 불었고 밤이 새도록 이어졌다.

11월 19일 12월 30일 맑음. 큰 바람이 밤새도록 그치지 않았다.

11월 20일 12월 31일 맑음. 아침에야 바람이 잤다. 대청에 나갔다. 얼마 ⼈ 나지 않아 경상수사가 와서 만나고 돌아갔다. 늦게 다시 큰 바람이 일고 밤새 불었다.

11월 21일 1595년 1월 1일 맑음. 아침에 바람이 잔잔해졌다. 조카 뇌가 나가고 이설이 포폄하는³⁾ 장계를 가지고 갔다. 종 금선金善, 우년禹年, 이향離鄕, 수석水石, 행보行寶 등도 나갔다. 김교성金敎誠과 신경황이 나가고 남도포만호와 녹도만호도 나갔다.

11월 22일 1월 2일   맑음. 회령포만호가 나갔다. 날씨가 매우 따뜻했다. 우우후와 정담수가 와서 만났다. 활 5, 6순을 쏘았다. 항왜가 그들의 옷감으로 쓸 무명 10필을 가져갔다.

11월 23일 1월 3일   맑고 따뜻했다. 흥양의 군량과 순천의 군량을 추가로 받아들였다. 저녁때 이경복이 그 소실과 함께 들어왔다. 들으니 순변사 이일가 대간의 공박을 받았다고 한다.⁴⁾

11월 24일 1월 4일   맑음. 날이 따뜻하여 화창한 봄날 같았다. 대청으로 나가서 공문을 처결해 보냈다.

11월 25일 1월 5일   흐림. 새벽꿈에 이일과 만나 내가 다음과 같이 나무랐다. "나라가 위급한 이즈음, 몸에 무거운 책임을 맡은 자로서 나라의 은혜에 보답하겠다는 생각은 하지 않고, 음탕한 계집을 끼고 돌아다니면서 관사에는 들어가지 않고 성 밖 여염집에 몰래 살고 있어서 남의 비웃음을 받으니, 대체 그 체모가 무엇인가. 또 수군 각 고을과 포구에 배정된 병기를 육군에서 빼가기에 겨를

---

3) 관하 인원의 사업에 대한 잘잘못을 평가한다는 뜻.
4) 당시 순변사 이일이 호남 지역에 많은 도적이 일어났는데도 적절한 조치를 취하지 않아 위로부터 업무태만을 지적받은 것을 두고 한 말 같다.(『선조실록』 1594년 11월)

이 없으니, 이 또한 무슨 경우인가"라 꾸짖으니 순변사가 말이 막혀 대답을 하지 못했다. 하품하고 기지개를 켜다 깨어나니 한바탕 꿈이었다. 아침 식후에 대청에 앉아 공문을 처결하여 나누어 주었다. 조금 있으니 우우후와 금갑도만호가 와서 함께 피리 소리를 듣다가 저물어서 돌아갔다. 흥양의 총통 만드는 아전들이 여기로 와서 회계를 마치고 돌아갔다.

> 덧붙이는 말   위 일기를 보면 이순신이 과연 그 같은 꿈을 꾼 것인지 실제가 그러했는지 구별이 되지 않는다. 마치 꿈은 대충 꾸어 놓고 일기를 쓰면서 하고 싶은 말을 조리 있게 적은 것이 아닌가 하는 의문이 들 정도다.(10월 14일 일기에서도 그는 꿈을 의도한 대로 꾸며, 또 깨어서 일상사를 하듯이 꿈에서 하고 싶은 일을 한다.) 그는 원균과 함께 순변사 이일도 제대로 된 장수로 여기지 않았으므로 평소부터 그를 야단치고 싶었을 것이다. 아무리 그렇기로서니 어떻게 꿈에서 이렇게 조리 있게 이일을 꾸짖을 수 있단 말인가? 그는 참 기이하게 꿈을 꾸는 장수다.

11월 26일 1월 6일   오늘이 소한小寒인데 날씨는 맑고 따뜻했다. 방에 들어앉아 공무를 보지 않았다. 이날 메주 10섬을 쑤었다.

11월 27일 1월 7일   맑음. 식후 대청에 나가 앉아 좌·우도로 갈라 보내 놓은 항왜들을 모조리 불러오게 하여 조총 쏘는 연습을 시켰다.[5] 우우후, 거제현령, 사도첨사, 여도만호가 모두 와서 봤다.

11월 28일 1월 8일   맑음.

[11월 29일부터 12월 30일까지 일기는 빠지고 없음.]

---

5) 사격수를 확보하려는 이유에서 항왜들에게 시격 연습을 시켰다. 전쟁이 길어지자 적은 우리 백성들을 잡아 그들의 앞잡이로 썼고, 우리는 항복한 왜인들을 적 토벌에 활용했다.

을미일기 乙未日記 / 1595

명의 심유경과 양방형 그리고 왜의 소서행장 간에 기망적 강화 교섭은 지지부진하게 계속된다. 진행 상황이 궁금한 조선 조정은 황신黃愼을 보내 강화교섭의 내용을 알아보게 한다. 그러면서도 조정에서는 전란이 한고비를 넘겼다며 또다시 안일에 빠져 미래를 예측하지 못했고 대비하지 않았다. 그러나 한산도로 이진한 지 3년째를 맞이한 이순신은 강화회담이 결렬될 것을 미리 예견했다. 정성스러운 이 장수는 온갖 힘을 기울여 재침에 대비하고 전력을 강화하며 항상 유비무환의 자세로 살아간다. 소금 굽고, 고기 잡고, 농사짓고, 군복 만들고, 그에게 쉬는 날은 없었다.

☾ 1월   나라와 어머니 걱정에 뜬눈으로
　　　　 밤을 새다

> 정월이라 장수들 간 인사 나누는 일, 관포에 공문 보내는 일이 잦았다. 장남인 회가 결혼하지만, 이순신은 진지를 떠날 수 없었다.

1월 1일 ²⁹⁹일   맑음. 촛불을 밝히고 홀로 앉아 나랏일을 생각하니 나도 모르게 눈물이 흘렀다. 나이 여든이나 된 병드신 어머니를 생각하며 뜬눈으로 밤을 새웠다. 새벽에 여러 장수와 제색군[1]들이 와서 새해 인사를 했다. 원전, 윤언심尹彦諶, 고경운 등이 와서 만났다. 각 부대 병사들에게 술을 먹였다.

1월 2일 ²⁹¹⁰일   맑음. 나라 제삿날이라 공무를 보지 않았다. 장계 초안을 수정했다.

1월 3일 ²⁹¹¹일   맑음. 일찍 대청으로 나가 각 고을과 포구에 공문을 처결해 보냈다.

1월 4일 ²⁹¹²일   맑음. 우우후, 거제현령, 금갑도만호, 소비포권관, 여도만호 등이 와서 만났다.

---

1) 여러 가지 병종(兵種)에 종사하는 군인들을 총칭하는 말.

1월 5일 2월 13일　　맑음. 공문을 결재했다. 조카 봉과 아들 울이 들어와서 어머니께서 평안하시다고 하니 기쁘고 다행이다. 밤새도록 온갖 생각이 떠올라 잠을 이루지 못하였다.

1월 6일 2월 14일　　맑음. 어영담의 서자 어응린魚應麟과 고성현령이 왔다.

1월 7일 2월 15일　　맑음. 흥양현감, 방언순方彦淳과 함께 이야기했다. 남해에 있는 항왜인 야여문 등이 찾아와서 새해 인사를 했다.

1월 8일 2월 16일　　맑았으나 바람이 세게 불었다. 광양현감박치공의 공식적인 인사를 받은 뒤에 기한 내 명령을 완수하지 못한 죄를 물어 곤장을 쳤다.

1월 9일 2월 17일　　맑음. 식후에 야여문 등을 남해로 돌려보냈다.

1월 10일 2월 18일　　순천부사 박진이 교서에 숙배례를 행했다. 경상수사 원균이 선창에 왔다고 해서 불러들여 같이 이야기했다. 순천, 우우후, 흥양, 광양, 웅천, 고성, 거제도 왔다가 돌아갔다.

1월 11일 2월 19일　　우박이 쏟아지고 동풍이 불었다. 식후에 순천, 흥양, 고성, 웅천, 영등조계종이 와서 이야기했다. 고성현령은 새 배 만드는 일을 감독하기 위해 돌아간다고 했다.

1월 12일 ²월 ²⁰일　흐리고 바람이 크게 불었다. 각 고을과 포구에 공문을 처결해 보냈다. 저녁나절에 순천부사가 고하고 돌아갔다. 영남우후 이의득이 와서 봤다.

1월 13일 ²월 ²¹일　아침에 맑더니 저녁에 비가 내렸다. 박치공이 왔다.

1월 14일 ²월 ²²일　맑음. 동풍이 크게 불었다. 몸이 불편하여 누워서 신음했다. 영등, 사천, 여도가 와서 봤다.

1월 15일 ²월 ²³일　맑음. 우우후 이정충을 불렀더니, "잘못해 발을 헛디뎌 물에 빠져 한참이나 허우적거렸는데 사람들이 건져 내주어 간신히 살았다" 하므로, 그를 위로해 주었다.

1월 16일 ²월 ²⁴일　맑음. 대청으로 나가 공무를 봤다.

1월 17일 ²월 ²⁵일　날은 맑고 바람도 없이 따뜻했다. 대청으로 나가 공무를 봤다. 우우후와 소비포, 거제, 미조항이 와서 함께 활을 쏘고서 헤어졌다.

1월 18일 ²월 ²⁶일　흐림. 공문을 처결해 보냈다. 저녁나절에 활 10순을 쏘았다.

1월 19일 ²월 ²⁷일　맑음. 대청으로 나가 공무를 봤다. 옥구의 피란민 이원진李元軫이 왔다. 장흥부사, 낙안군수, 발포만호가 들어왔길래 기한을 어긴 죄로 처벌했다. 조금 있다가 여도의 전선에서 불이 났고 광양, 순천, 녹도의 전선 4척이 연소되었다. 통탄함을 금할 수 없다.

1월 20일 2월 28일   맑음. 아우 여필과 조카 해가 이응복李應福과 함께 나갔다. 아들 울은 조카 분과 함께 들어왔다. 어머니께서 편안하시다고 하니 다행이다.

1월 21일 3월 1일   종일 가랑비가 내렸다. 오늘이 장자 회가 결혼하는 날이다. 걱정하는 마음이 어떠하겠는가. 이경명李景明과 바둑을 두었다. 장흥부사가 술을 가지고 왔다. 그 편에 들으니, 순변사 이일의 처사가 극히 형편없고 나를 해치려고 무척 애쓴다고 하니 우습고도 우습다. 그는 서울에 있는 첩들을 자기의 관부로 데리고 왔다 하니 더욱 놀랍다.

> 덧붙이는 말   장자의 결혼 날에도 진지를 떠나지 않았고, 부인의 생사가 오늘내일 중에 있다는 기별을 받고도 진지를 떠나지 않았다. 사私 앞에 공公을 놓는 그의 정신은 이처럼 분명하고 한결같았다.

1월 22일 3월 2일   날은 맑았으나 종일 바람이 크게 불었다. 원수의 군관 이태수가 전령을 가지고 와서 "여러 장수들이 도착했는지 여부를 알아가려고 한다."라고 하였다. 늦게 수루 위로 나가서 불을 낸 여러 배의 장수들과 아전들을 처벌했다. 초저녁에 금갑도만호가 거처하는 집에서 불이 나 다 타버렸다.

1월 23일 3월 3일　종일 바람이 크게 불었다. 장흥, 우후, 흥양이 와서 이야기하고 날이 저물어서 돌아갔다.

1월 24일 3월 4일　날은 맑았으나 바람이 세게 불었다. 이원진을 배웅했다.

1월 25일 3월 5일　맑음. 장흥, 흥양, 우후, 영등, 거제 등이 와서 만났다.

1월 26일 3월 6일　흐리고 바람이 불었다. 탐후선이 들어왔다. 흥양현감을 잡아갈 나장이 들어온다고 한다. 이희李禧도 왔다.

1월 27일 3월 7일　맑음. 춥기가 한겨울 같다. 대청에 나가 영암군수김준계, 강진현감나대용 등의 공식 인사를 받았다.

1월 28일 3월 8일　맑음. 바람이 세게 불고 또 추웠다. 황승헌黃承憲이 들어왔다.

1월 29일 3월 9일　흐리나 비는 오지 않았다.

1월 30일 3월 10일　맑음. 동풍이 크게 불었다. 보성군수가 들어왔다.

1월　나라와 어머니 걱정에 뜬눈으로 밤을 새다

☾ 2월 원균, 충청병사로 전출 가다

> 장수들이 들어오고 나가고, 고기 잡아 군량을 마련하고, 군기를 엄정히 하는 등 한산도에서의 일상은 2월에도 계속된다. 드디어 원균이 이달 말경 충청병사로 전출되어 가고 그 후임으로 진주목사 배설이 온다. 원균은 이후 이순신과 수군 생활을 같이하지는 않지만 통제사를 노리는 그의 음모는 계속된다.

2월 1일 3월 11일   날이 맑으나 바람이 불었다. 일찍 대청으로 나가 보성군수의 기한 어긴 죄를 처벌하고, 도망치려던 왜놈 2명을 처형했다. 의금부 나장이 와서 흥양현감을 잡아간다고 전했다.

2월 2일 3월 12일   흐리고 큰 바람이 불었다. 흥양현감이 잡혀갔다. 대청으로 나가 공무를 봤다.

2월 3일 3월 13일   맑음. 일찍 대청으로 나가 흥양의 배에 불을 던졌다는 신덕수申德壽를 심문했으나 실증을 얻어 내지 못하여 도로 가두었다.

2월 4일 3월 14일   맑음. 몸이 불편하다. 장흥과 우우후가 왔다. 원수부의 회답 공문과 종사관심원하의 답장도 왔다. 조카 봉과 아들 회가 오종수吳從壽와 함께 들어왔다.

2월 5일 3월 15일   맑음. 충청수사이계정李繼鄭[1]가 왔다. 천성보만호 윤홍년尹弘年이 교서에 숙배했다.

2월 6일 3월 16일   맑으나 바람이 크게 불었다. 장흥부사, 우우후 등과 함께 활을 쏘았다.

2월 7일 3월 17일   맑음. 보성군수가 낸 술을 마시며 종일 이야기했다.

2월 8일 3월 18일   흐림.

2월 9일 3월 19일   비. 꿈을 꾸니, 남서쪽에 붉고 푸른 용이 굽은 형상을 하고 한쪽에 걸려 있었다. 내가 홀로 보다가 이를 가리키며 남들도 보게 했지만 남들은 보지 못했다. 잠깐 머리를 돌린 사이에 벽 사이로 들어와 화룡畵龍이 되어 있었다. 내가 한참 동안 어루만지며 감상하고 있는데 그 형상의 움직임이 특이하고 웅장했다. 기이한 상서로움이 있어 이를 일기에 적는다.

2월 10일 3월 20일   비가 많이 내리고 바람도 크게 불었다. 황숙도를 데리고 종일 이야기했다.

---

1) 이계정 충청수사는 근무도 옳게 못 하고 3월에 물에 빠져 죽는다.(3월 17일 일기 참조.)

2월 11일 3월 21일　　비가 오더니 저녁나절에 잠깐 갰다. 황숙도, 조카 분, 허주許宙,[2)]변존서가 돌아갔다. 종일 공무를 봤다. 저물 무렵에 임금의 분부가 왔는데, 둔전을 점검하고 단속하라는 것이었다.

2월 12일 3월 22일　　맑으며 바람도 일지 않았다. 윤엽이 들어왔다. 저녁 나절에 활 10여 순을 쏘았다. 장흥과 우우후도 와서 활을 쏘았다.

2월 13일 3월 23일　　맑음. 일찍 대청에 나갔다. 도양의 둔전에서 벼 300섬을 실어 와서 각 포구에 나누어 주었다. 우수사, 진도군수박인룡朴仁龍, 무안현감, 함평현감조발趙撥, 남도포만호, 마량첨사, 회령포만호민정붕閔廷鵬 등이 들어왔다.

2월 14일 3월 24일　　맑고 따뜻했다. 식후에 진도군수, 무안현감, 함평현감을 교서에 숙배하게 한 뒤, 방비처에 수군을 징발해 보내지 않은 것과 전선을 만들어 오지 않은 점을 이유로 처벌했다. 영암군수도 처벌했다. 조카 봉, 해, 분과 방응원이 모두 나갔다.

2월 15일 3월 25일　　맑고 따뜻하다. 새벽에 망궐례를 올릴 때 우수사, 가리포첨사, 진도군수도 함께 와서 참례했다. 지휘선을 연기로 그을렸다.[3)]

---

2)　이순신 누이의 둘째 사위.
3)　지휘선은 통제사가 타는 배를 말하고, 벌레를 막고 배를 오래 보존하기 위해 연기로 그을린다.

2월 16일 3월 26일   맑음. 대청으로 나가니 함평현감 조발이 대간으로부터 논박을 당하여 돌아간다 하기에 술을 대접해 보냈다. 조방장 신호가 진에 이르러 교서에 숙배하고 함께 이야기했다. 경상우수영 쪽에서 적의 움직임이 있다는 정보를 입수하고 저녁에 출항하여 바다 가운데로 옮기어 정박했다가 밤 10시쯤에 춘원도⁴⁾에 이르렀다. 날이 훤히 밝아 왔지만 경상수군은 아직도 도착하지 않았다.

2월 17일 3월 27일   맑음. 아침에 군사들에게 식사를 재촉하여 먹이고 곧장 우수영⁵⁾ 앞바다에 이르렀다. 성안에 있던 왜놈 7명이 우리 배를 보고는 모두 도망쳐 버렸다. 배를 돌려 나와 장흥부사 및 조방장 신호를 불러 종일 대책을 논의하고서 한산진으로 돌아왔다. 저물 무렵에 임영林苓 및 조방장 정응운丁應運이 들어왔다.

2월 18일 3월 28일   맑음. 탐후선이 들어왔다.

2월 19일 3월 29일   맑음. 아침에 대청으로 나가 공무를 봤다. 거제현령, 무안현감, 평산포만호, 회령포만호와 허정은許廷誾도 왔다. 송한련이 와서 고기를 잡아 군량을 마련하겠다고 말했다.

2월 20일 3월 30일   맑음. 우수사, 장흥부사, 조방장 신호가 와서 이야기하는데, 원균의 흉악하고 못된 짓을 많이 전했다. 놀랍고 놀

---

4) 경상남도 통영시 광도면.
5) 경상남도 거제시 동부면 가배리.

라운 일이다.

2월 21일 3월 31일   비가 조금 오다가 저녁나절에 개었다. 보성군수, 웅천현감, 우우후, 소비포권관, 강진현감, 평산포만호 등이 와서 봤다.

2월 22일 4월 1일   맑음. 대청으로 나가 장계를 봉했다. 늦게 우후, 낙안군수, 녹도만호를 불러 떡을 대접했다.

2월 23일 4월 2일   맑음. 조방장 신호, 장흥부사가 와서 이야기했다.

2월 24일 4월 3일   흐리고 천둥과 번개가 많이 치면서도 비는 오지 않았다. 몸이 불편하다. 원전이 돌아간다고 고했다.

2월 25일 4월 4일   흐리고 바람도 고르지 않았다. 아들 회와 울이 들어왔는데 그 편에 어머니께서 편안하시다는 말을 들었다. 장계를 받들고 갔던 이전李荃이 들어왔는데 조정의 소식과 영의정의 편지를 가지고 왔다.

2월 26일 4월 5일   흐림. 아침에 서장書狀과 장계 16통을 봉하여 정여흥에게 부쳤다.

2월 27일 4월 6일   한식. 맑음. 원균과 사무 인수인계를 하기 위해 새 수사인 배설이 포구로 왔다. "원균에게 교서에 숙배하라고 했더니 불평하는 기색이 많아 두 번 세 번 타이른 후에야 마지못해 했다"라고 하니 우습다. 참 소견머리가 없고 무식하다.

> **덧붙이는 말**   원균과의 갈등으로 이순신은 작년 12월 사직을 청했다. 조정은 부득이 원균을 충청병사로 전출시키고 진주의 배설을 원균의 후임자로 발령함으로써 그들의 갈등을 봉합한다. 너무 늦게 조치하여 적기를 놓친 인사였다.

2월 28일 4월 7일   맑음. 대청으로 나가 장흥부사, 우우후와 함께 이야기했다. 광양현감, 목포만호도 왔다.

2월 29일 4월 8일   맑음. 고여우가 창신도로 갔다. 수사 배설이 와서 남해의 둔전 만들 일을 논의하였다. 조방장 신호도 왔다. 저녁에 옥포만호 방승경方承慶, 다경포만호 이충성李忠誠 등이 교서에 숙배례를 행했다.

2월 30일 4월 9일   비가 왔다. 대청으로 나가 공무를 보았다.

☾ 3월   바다를 지키는 데
         한 치의 소홀함이 없다

> 경상수사도 교체되고 충청수사도 바뀌었지만, 통제사의 한산도 생활은 한결같이 바다 지키는 데만 집중된다. 왜적의 동향을 파악하는 것은 이순신에게는 기본이고, 이 달에는 특히 활 쏘았다는 기록이 많이 나오는데, 27일 같은 경우에는 하루 종일 활을 쏘았다고 적혀 있다. 나이 쉰이 넘은 노老장수가 이렇게 매일 활을 쏜 이유는 단순히 활 쏘는 기량을 유지·향상하려는 것 외 다른 이유도 있었을 것 같다. 그 이유가 무엇일까를 생각해 보는 것도 이순신 공부에 도움이 되지 않을까?

3월 1일 4월 10일   맑음. 겨울을 지낸 삼도 군사들에게 임금이 하사하신 무명을 나누어 주었다. 조방장 정응운이 들어왔다.

3월 2일 4월 11일   흐림.

3월 3일 4월 12일   맑음.

3월 4일 4월 13일   맑음. 조방장 박종남이 들어왔다.

3월 5일 4월 14일   비. 노대해盧大海가 왔다.

3월 6일 4월 15일　　맑음.

3월 7일 4월 16일　　맑음. 조방장 박종남, 조방장 신호, 우후 및 진도 군수가 와서 봤다.

3월 8일 4월 17일　　맑음. 식후 대청으로 나갔다. 우수사와 경상수사배설, 두 조방장박종남, 신호과 우후, 가리포첨사, 낙안군수, 보성군수, 광양현감, 녹도만호가 모두 모여 함께 이야기했다.[1]

3월 9일 4월 18일　　맑음. 늦게 대청으로 나갔다. 방답의 새로 부임한 첨사 장린張麟, 옥포의 새로 부임한 만호 이담李曇이 공적, 사적으로 인사를 했다. 진주의 이곤변李坤忭[2]이 와서 보고 돌아갔다.

3월 10일 4월 19일　　흐리고 가랑비가 내렸다. 조방장 박종남과 함께 이야기했다. 보성군수 안홍국이 보고하고 돌아갔다.

3월 11일 4월 20일　　흐리고 바람이 크게 불었다. 사도시[3]의 주부 조형도趙亨道가 와서 경상좌도에 있는 왜적의 정세와 투항한 왜놈들의 말을 전하는데 "풍신수길이 3년간이나 출병해도 끝내 효과가 없으므로 군사를 더 내고 직접 바다를 건너서 부산에다 진영을 설치하려고 하며, 3월 11일에 바다를 건너오기로 벌써 정해졌다"고

---

1) 오늘은 이순신의 생일이다. 그래서 많은 장수가 모인 것 같다.
2) 삼천포진 권관으로 문장가이다.
3) 대궐에 쌀, 간장 등을 공급하는 부서.

했다.4)

3월 12일 4월 21일　흐림. 조방장 박종남과 우후가 바둑을 두었다.

3월 13일 4월 22일　흐리고 큰 바람이 불었다. 아침에 조방장 박종남을 불러 같이 밥을 먹었다. 저녁 식사를 한 뒤에 조형도가 와서 만나고 돌아갔다.

3월 14일 4월 23일　비는 오나 바람은 그쳤다. 남해현령이 진에 이르렀다.

3월 15일 4월 24일　비가 잠깐 그치고 바람도 잤다. 식후 조형도가 돌아갔다. 늦게 활을 쏘았다.

3월 16일 4월 25일　비. 사도첨사 김완이 들어왔다. 그 편에 들으니, 전 충청수사 입부 이순신李純信이 군량미 200여 섬 때문에 조도어사 강첨姜籤에게 붙잡혀 심문당했다고 했다. 또 새로 부임한 충청수사 이계정은 그가 탄 배에서 불이 났다고 하니 참으로 놀랄 일이다. 동지同知 권준이 본영에 왔다고 했다.

> 덧붙이는 말　언경 권준은 순천부사로 있다가 탐관오리로 지목되어 파직된다.(갑오년 10월 25일 일기 참조.) 이순신은 이를 두

---

4) 조형도는 훗날 이순신을 무고한다.(6월 9일 일기 참조.) 사도시 주부가 나라 전체의 정세를 잘 아는 듯이 얘기하고 다니는 것 자체가 우습다.

고 마음이 편치 않다고 했다. 이후 류성룡의 상소로 이순신의 조방장으로 복귀하는데(아마도 이순신이 류성룡에게 권준이 전쟁에 꼭 필요함을 주청했을 것이다.) 이순신은 그를 특히 동지(지사의 보좌역), 영공 등으로 예를 갖춰 불렀다. 조방장 권준은 을미년 6월 배설이 체포되자 경상수사로 승진한다.(6월 13일 일기 참조.)

3월 17일 4월 26일 비가 그치는 듯하다. 아들 면이 허주, 박인영朴仁英 등과 함께 돌아갔다. 오늘 군량을 계산하여 딱지를 붙였다. 충청우후가 달려와 보고하는데, 충청수사 이계정이 배에 불이 나서 물에 빠져 죽었으며, 군관과 격군 140여 명이 불에 타 죽었다고 한다. 참으로 놀라운 일이다.[5] 저녁나절에 우수사가 견내량의 복병한 곳에서 온 항왜 심안은이沈安隱已를 문초한 결과를 보고했다. 그 내용은 "그심안은이는 본시 영등포에 주둔했던 왜군이고, 그의 장수 심안돈시마즈 요시히로島津義弘이 자기 아들시마즈 다다쓰네島津忠恒을 대신 두고 가까운 시일 내에 자기 나라로 돌아갈 것이다"라고 했다는 것이다.

3월 18일 4월 27일 맑음. 권언경權彦卿과 아우 여필, 조카 봉, 이수원 등이 들어왔다. 그 편에 어머니께서 편안하시다는 말을 들으니 천만다행이다. 우수사가 와서 이야기했다.

---

5) 지휘관이 탑승하는 대형 판옥선의 탑승 인원은 160명 내외인데 그날 140여 명이 타 죽었다는 것은 실화로 인해 화약고가 불이 급격히 번져 승선했던 군인 전부가 미처 피하지 못했던 것으로 추정된다.

3월 19일 4월 28일　맑음. 권준 영공과 함께 활을 쏘았다.

3월 20일 4월 29일　비가 계속해 내렸다. 식후 우수사에게로 가던 도중에 수사 배설을 만나 배 위에서 잠깐 이야기했다. 그는 밀포密浦[6]의 둔전 만들 곳을 살펴보러 간다고 했다. 그길로 우수사에게로 가서 몹시 취해 저물어서야 돌아왔다.

3월 21일 4월 30일　맑음. 늦게 아우 여필, 조카 봉, 이수원이 돌아갔다. 나주반자판관와 우후가 와서 만났다. 정오에 박 조방장에게로 가서 바둑을 두었다.

3월 22일 5월 1일　동풍이 크게 불며 아침에는 흐리다가 저녁나절에 개었다. 세 조방장권준, 박종남, 신호과 함께 활을 쏘았다. 우수사도 와서 같이 쏘았다. 날이 저물어서야 파하고 헤어졌다.

3월 23일 5월 2일　맑음. 아침 식사를 한 뒤에 세 조방장 및 우후를 데리고 걸어서 한산도 앞산 봉우리에 올랐다. 삼면의 전망이 막힌 데가 없고 북쪽 길은 훤히 트여 있었다. 활터를 차릴 작정으로 터전을 넓게 닦아 놓고 거기에 앉아 종일토록 돌아올 것을 잊었다.

3월 24일 5월 3일　흐렸으나 바람은 없었다. 공문을 처결했다. 늦게 세 조방장과 함께 활을 쏘았다. 이억기는 공무를 볼 대청을 고

---

6) 한산도 두억리 연안으로 추정하기도 하고, 남해현에 속한 지역으로 보는 견해도 있다.

쳐 짓는 데 대해 탐탁지 않게 생각하고 있다니 매우 놀랍다.

3월 25일 5월 4일   종일 비가 왔다. 동지 권준, 우후, 남도포만호, 나주판관이 와서 만났다. 영광군수도 왔다. 권준과 바둑을 두었는데 권준이 이겼다. 저녁에 몸이 몹시 불편했는데, 닭이 울어서야 열이 조금 내리고 땀도 흐르지 않았다.

3월 26일 5월 5일   맑음. 영광군수가 나갔다. 늦게 조방장 신호, 박종남, 우후와 함께 활 15순을 쏘았다. 저녁에 수사 배설, 이운룡, 안위가 와서 새로 부임한 방백경상우도관찰사 서성에게 신고하기 위해 사량으로 간다고 고했다. 밤 10시쯤에 동쪽이 어둡다가 곧 도로 밝아지니 무슨 조짐인지 모르겠다.

3월 27일 5월 6일   맑음. 식후에 우수사가 와서 종일 활을 쏘았다. 어두울 무렵 조방장 박종남에게로 가서 발포만호, 사도첨사, 녹도만호를 불러 같이 이야기하다가 헤어졌다. 탐후선이 들어왔다. 표마驃馬[7]와 종 금이金伊가 들어왔다. 어머니께서 평안하시다고 한다.

3월 28일 5월 7일   맑음. 활 10순을 쏘았다. 저녁나절에 사도첨사가 와서 보고하기를, 각 포구의 병부[8]를 순찰사의 공문에 따라 각 포구에 직접 나누어 주었다고 하니, 그 까닭을 알 수 없다.

---

7)   갈기와 꼬리가 은빛이 나는 말.
8)   군대를 동원할 때 쓰는 나무패.

3월 29일 5월 8일　맑음. 식후에 두 조방장 및 이운룡, 조계종과 함께 활 23순을 쏘았다. 수사 배설이 순찰사 서성의 처소에서 돌아오고, 미조항첨사도 진에 왔다.

☾ 4월 즉각 출동이 가능하도록 엄정한 군기를 유지하다

> 탐망군에게 적의 동태를 예의 주시토록 하고, 적의 출몰을 알리면 한산진에서 즉각 출동한다. 상황에 따라 이순신이 직접 출동하기도 하고 부하 장수들을 출동시키기도 한다. 그러나 이순신의 군대가 온다 하면 적은 거의 도주하거나 숨어 버리므로 실제 싸움으로 나가는 예는 별로 없었다. 4월도 그러했다. 지난달 활터를 새로 조성한 데 이어 이달에는 대청도 고쳐 새로 짓는다. 준법을 엄정히 시행해 해이해지는 군기를 확립해 가는 것은 다른 달과 같다.

4월 1일 5월 9일   맑았으나 바람이 크게 불었다. 남원 유생 김광金軦이 수군에 관한 일로 진중에 왔다고 하기에 그와 함께 이야기했다.

4월 2일 5월 10일   맑음. 종일 공무를 보았다.

4월 3일 5월 11일   맑음. 세 조방장이 우수영의 진으로 가고, 나는 사도첨사와 함께 활을 쏘았다. 대청의 상량上樑을 하고, 도리[1]를 올

---

1) 기둥과 기둥 위에 얹어 서까래를 받치는 나무.

렸다.

4월 4일 5월 12일   맑음. 아침에 경상수사가 활을 쏘자고 청하므로 권, 박 두 조방장과 함께 배를 같이 타고 경상수사에게 갔더니, 전라수사이억기가 먼저 와 있었다. 같이 활을 쏘고 종일 이야기하다가 돌아왔다.

4월 5일 5월 13일   맑음. 선전관 이찬李燦이 임금의 비밀 유지有旨를 가지고 진에 이르렀다.

4월 6일 5월 14일   가랑비가 종일 왔다. 동지 권준과 함께 이야기했다.

4월 7일 5월 15일   맑음. 저물녘에 바다로 내려가 어두울 무렵 견내량에 이르렀고 거기서 그대로 잤다. 선전관이 돌아갔다.

4월 8일 5월 16일   날은 맑으나 동풍이 세게 불었다. 왜적들이 밤에 도망갔다 하므로 들어가 치지 않았다. 돌아오는 길에 침도[2]에 이르러 우수사, 경상수사 배설과 함께 활을 쏘았다. 장수들도 모두 와서 참여했다. 저녁에 한산 본진으로 돌아 왔다.

4월 9일 5월 17일   맑음. 조방장 박종남과 함께 활을 쏘았다.

---

2)   경상남도 거제시 둔덕면 술역리 방화도.

4월 10일 5월 18일   맑음. 구화역의 역졸이 와서 "적선 3척이 또 역 앞바다에 와 있다"라고 한다. 그래서 삼도의 중위장들김완, 성윤문, 이응 표에게 각각 5척씩 배를 거느리고 견내량으로 달려가서 형세를 보아 무찌르게 했다.

4월 11일 5월 19일   맑음. 우수사가 보러 와서 함께 활을 쏘고 종일 이야기하다가 돌아갔다. 정여흥이 들어왔다. 또 변존서의 편지를 받았는데 무사히 집에 도착했다 한다. 기쁘다.

4월 12일 5월 20일   맑음. 장계에 대한 회답 18통과 영의정, 우의정 정탁의 편지와 자임子任, 이축李軸 영공의 회답 편지가 왔다. 군량을 독촉할 일로 아병牙兵 양응원을 순천과 광양으로, 배승련裵承鍊을 광주와 나주로, 송의련宋義連을 흥양과 보성으로, 김충의金忠義를 구례와 곡성으로 정하여 보냈다. 삼도의 중위장들이 견내량에서 돌아와 적들이 물러갔다고 보고했다. 경상수사 배설은 밀포로 나갔다.

4월 13일 5월 21일   흐리고 비가 내렸다. 세 조방장이 모두 왔다. 장계와 편지 4통을 봉하여 거제 군관 편에 올려 보냈다. 저녁에 고성 현령 조응도가 와서 왜적의 일을 말하는 중에 "거제에 있는 왜적이 웅천에 있는 적에게 응원을 청하여 야간에 습격하려 한다"라고 말했다. 비록 믿을 만하지는 않으나 그럴 염려가 없지도 않다. 대청의 공사를 마쳤다.

4월 14일 5월 22일   잠깐 비가 왔다. 아침에 새 흥양현감홍유의洪有義이 교서에 숙배례를 올렸다.

4월 15일 5월 23일   흐림. 여러 가지 장계와 단오절의 진상품을 봉해 올렸다.

4월 16일 5월 24일   종일 큰비가 왔다. 물이 흡족하니 올해 농사는 큰 풍년임을 점칠 수 있다.

4월 17일 5월 25일   날은 맑은데 동북풍이 세게 불었다. 식후에 대청으로 나가 공무를 보았다. 세 조방장과 활 15순을 쏘았다. 경상수사 배설이 왔다가 해평장[3]의 논밭 일구는 곳으로 갔다. 미조항첨사도 와서 활을 쏘고서 갔다.

4월 18일 5월 26일   맑음. 식후에 대청으로 나가 공무를 보았다. 우수사, 경상수사, 가리포첨사, 미조항첨사, 웅천현감, 사도첨사, 경상우후, 발포만호 등 삼도의 장수가 모두 모여 활을 쏘았다. 권준, 신호 두 조방장도 함께 모였다.

4월 19일 5월 27일   맑음. 조방장 박종남이 적을 수색, 토벌하러 배를 타고 나갔다.

4월 20일 5월 28일   맑음. 늦게 우수사에게로 가서 조용히 이야기하

---

3)   경상남도 통영시 봉평동 해평마을로 추정.

고 돌아왔다. 이영남이 장계의 회답을 가지고 내려왔는데, 남해현령 기효근을 효시하라는 것이었다.

4월 21일 5월 29일　날은 맑았으나 바람이 크게 불었다. 대청에 나갔다. 활 10순을 쏘았다.

4월 22일 5월 30일　맑음. 오후에 미조항첨사와 웅천현감 이운룡, 적량만호 고여우, 영등포만호 조계종과 두 조방장이 같이 왔다. 그래서 정사준鄭思竣이 보낸 술과 고기를 함께 먹었다. 그때 "남해현령이 군령을 어기었으니 효시하라"는 공문을 보았다.

4월 23일 5월 31일　맑음. 남풍이 크게 불어 배를 운행할 수 없었다. 수루에 앉아 공무를 보았다.

4월 24일 6월 1일　맑음. 이른 아침에 아들 울과 조카 뇌, 완莞을 어머니 생신에 상 차려 드릴 일로 내어보냈다. 정오에 강천석姜千石이 달려와서 보고하기를, 도망한 왜놈들 중 망기시로望己時老는 우거진 수풀 속에 엎드려 있다가 잡혀 왔고, 다른 한 놈은 물에 빠져 죽었다고 했다. 곧 잡은 놈을 압송해 오게 하고, 삼도에 나누어 맡긴 항복한 왜놈들도 모두 불러 모아 즉시 머리를 베라고 명하였다. 망기시로는 조금도 두려워하는 빛 없이 사형장으로 갔다 하니 참으로 모진 놈이었다.

4월 25일 6월 2일　맑고 바람도 없다. 구화역 역졸 득복得福이 경상우후의 긴급 보고를 가지고 왔는데, "왜적의 대선, 중선, 소선 아울러 50여 척이 웅천에서 나와 진해로 향한다"라고 하였다. 그래서 오수 등을 보내 정탐하도록 했다. 흥양현감이 와서 만났다. 사량만호 이여념이 고하고 돌아갔다. 아들 회와 조카 해가 들어 왔는데, 어머니께서 편안하시다는 말을 들으니 다행이다.

4월 26일 6월 3일　맑음. 새벽에 우수사가 조방장 신호와 함께 자기 소속의 배 20여 척을 거느리고 적을 수색, 토벌하러 나갔다. 늦게 동지 권준, 흥양현감, 사도첨사, 여도만호와 함께 활 20순을 쏘았다.

4월 27일 6월 4일　날이 맑고 바람도 없었다. 몸이 불편했다. 동지 권준, 미조항첨사, 영등포만호가 와서 같이 활 10순을 쏘았다. 밤 12시경에 우수사가 진으로 돌아왔는데 아무 데서도 적의 종적을 찾을 수가 없었다고 하였다.

4월 28일 6월 5일　맑음. 식후에 대청으로 나가 공무를 봤다. 우수사와 경상수사가 와서 활을 쏘았다. 송덕일이 하동현감을 잡아 왔다.

4월 29일 6월 6일　밤 2시쯤에 비가 오더니, 아침 6시쯤에 말끔히 개었다. 해남현감과 공사례를 마친 뒤에, 하동현감에게는 두 번이나 기일을 어긴 죄로 곤장 90대를 때렸고, 해남현감에게는 곤장 10대를 때렸다. 미조항첨사는 고하고 휴가를 갔다. 세 조방장과 같이 이야기했다. 노윤발이 미역 99동을 따 가지고 왔다.

4월 30일 6월 7일   맑음. 활 10순을 쏘았다.

🌙 5월 소금을 구워 군자금을 마련하다

> 활을 쏘고, 어머니를 걱정하고, 적의 동태를 감시하고, 장수들을 만나 군사를 의논하는 등 5월의 한산도 생활도 예전과 크게 다르지 않다. 특이하게 눈에 띄는 것은 소금을 구워 군자금을 해결하려고 쇳물을 부어 가마솥을 여러 개 만든 것이다. 제힘으로 살아가려는 이순신의 품성은 이달 일기에도 잘 나타난다. 다만 어머니 사는 고음내 마을에서 불이 나 걱정을 많이 했으나 어머니는 무사했다. 오랜 친구 선거이가 새 충청수사가 되어 이순신을 돕는다.

5월 1일 6월 8일 바람이 크게 불고 비가 왔다.

5월 2일 6월 9일 날은 맑은데 아침에 바람이 몹시 사납게 불었다. 웅천현감과 거제현령, 영등포만호, 옥포만호가 와서 만났다. 밤 10시쯤 탐후선이 들어왔다. 어머니께서는 편안하시다 하고 새 종사관 유공진柳拱辰이 벌써 본영에 도착했다고 한다.

5월 3일 6월 10일 맑음. 활 15순을 쏘았다. 해남현감이 와서 봤다. 금갈도만호가 진에 도착했다.

5월 4일 6월 11일　　맑음. 오늘이 어머니 생신이다. 몸소 나아가 잔을 올리지 못하고 홀로 멀리 바다에 나와 있으니, 이 회포를 어찌 다 말하랴! 저녁나절에 활 15순을 쏘았다. 해남현감이 고하고 돌아갔다. 아들의 편지를 보니, 요동의 왕작덕王爵德이란 자가 고려 왕씨의 후예라며 군사를 일으키고자 한다 하니, 참으로 놀랄 일이다.

5월 5일 6월 12일　　비가 오다가 오후 6시쯤에 잠깐 개었다. 활 3순을 쏘았다. 우수사와 경상수사, 그리고 여러 장수가 모두 모였다. 오후 5시에 종사관 유공진이 들어왔다. 이충일李忠一, 최대성崔大晟, 신경황도 같이 도착했다. 몸이 춥고 불편해 앓다가 토하고 나서 잤다.

5월 6일 6월 13일　　맑으며 바람도 없다. 아침에 새 종사관이 교서에 숙배한 뒤에 공사례를 마치고 함께 이야기하였다. 늦게 활 20순을 쏘았다.

5월 7일 6월 14일　　맑음. 아침에 종사관과 우후와 함께 이야기했다.

5월 8일 6월 15일　　흐리되 비는 오지 않았다. 아침 식사를 한 뒤에 배를 띄워 삼도[1]가 같이 선인암仙人巖[2]으로 가서 이야기하고 구경도 하며, 또 활도 쏘았다. 오늘 방답첨사장린가 들어와 아들들의 편지를 가지고 왔는데, 초나흘에 종 춘세春世가 잘못 불을 내어 집 10여

---

1) 삼도의 수군 장수들.
2) 한산도 내 두억리 문어개 북쪽에 있는 큰 바위. 포구로 나가 큰 행사를 치른 후 장수들이 회합하여 놀 때 자주 가던 곳이다. '선암'이라고도 한다.

채가 연소되었으나 어머니가 계신 집에는 미치지 않았다고 했다. 이것만은 다행한 일이다. 어둡기 전에 배를 돌려 진으로 돌아왔다. 종사관과 우후는 따로 과거 급제 동기생들의 모임방회을 하고 늦게 왔다.

5월 9일 6월 16일   맑음. 아침에 식사를 한 뒤에 종사관이 본영으로 돌아갔다. 우후도 같이 갔다. 활 20순을 쏘았다.

5월 10일 6월 17일   맑음. 활 20순을 쏘았는데 많이 적중했다. 종사관 등이 본영에 잘 도착했다고 한다.

5월 11일 6월 18일   늦게 비가 뿌렸다. 두치와 남원, 순창, 옥과 등의 군량, 합하여 68섬을 실어 왔다.

5월 12일 6월 19일   궂은비가 그치지 않더니 저녁에야 잠깐 멎었다. 대청에 나가 공무를 봤다. 동지 권준과 조방장 신호가 함께 왔다.

5월 13일 6월 20일   비가 퍼붓듯이 오는데 종일 그치지 않았다. 대청 가운데 홀로 앉아 있으니 온갖 회포가 끝이 없다. 배영수裵永壽를 불러 거문고를 타게 했다. 또 세 조방장을 청하여 같이 이야기 했다. 하루걸러 오던 탐후선이 엿새나 지나도 오지 않으니 어머니 안부를 알 수가 없다. 답답하고 속이 타고 무척 걱정이 된다.

5월 14일 6월 21일   궂은비가 그치지 않고 종일토록 내렸다. 아침 식사를 한 뒤에 대청으로 나가 공무를 봤다. 사도첨사가 와서 보고하는데, 흥양현감이 받아 간 전선이 암초에 걸려 뒤집어졌다고 한다. 그래서 대장代將 최벽과 10호선 선장과 도훈도를 잡아다가 곤장을 쳤다. 동지 권준이 왔다.

5월 15일 6월 22일   궂은비가 그치지 않고 해무가 자욱하게 덮여 지척을 분간할 수 없었다. 새벽꿈이 너무 산란하고 어머니 소식을 들은 지 이레나 되니 몹시 속이 타고 걱정이 된다. 또 조카 해가 잘 갔는지도 궁금하다. 아침 식사를 한 뒤에 나가 공무를 보았다. 광양의 김두검金斗劒은 순천과 광양의 두 원에게서 이중으로 월급朔料을 받은 것 때문에 그 벌로써 수군으로 배치되어 온 자인데, 복병하는 곳으로 갈 때 칼도 안 차고 또 활도 안 차고서 무척 오만을 떨고 규율은 지키지 않았다기에 곤장 70대를 쳤다. 저녁에 우수사가 술을 가지고 와서 함께 마시고는 몹시 취하여 돌아갔다.

> **덧붙이는 말**   4일에 발생한 어머니 사는 곳의 화재 소식을 8일에 들었는데, 탐후선은 제때 와서 소식을 전해 주지 않으니 어머니 안부가 한층 더 걱정되었다. 그래서 어제는 조카 해까지 보내 어머니 소식을 알아 오라 했던 것이다. 그러고 있는데 오늘따라 꿈자리조차 사나웠으니 그 심중이 얼마나 답답했겠는가. 어머니는 이순신에게 하늘이었다天只.

5월 16일 6월 23일   흐리되 비는 오지 않았다. 아침에 탐후선이 들어와서 어머니께서는 편안하시다고 하니 천만다행이다. 비로소 조카 해 등이 잘 간 줄도 알았다. 그런데 아내가 불난 뒤로 마음이 많이 상하고 기침과 가래가 더해졌다고 하니 이 또한 걱정이 된다. 활 20순을 쏘았는데, 동지 권준이 잘 맞혔다.

5월 17일 6월 24일　맑음. 아침에 대청으로 나가 본영 각 배의 사부와 격군으로서 급료 받는 사람들을 점고했다. 늦게 활 20순을 쏘았는데, 박종남, 권준 두 조방장이 잘 맞혔다. 오늘 쇳물을 부어 소금 굽는 가마솥 하나를 만들었다.³⁾

5월 18일 6월 25일　맑음. 새 충청수사 선거이가 한산진에 도착했다.⁴⁾ 그런데 결성현감, 보령현감, 서천만호만을 거느리고 왔다. 충청수사가 교서에 숙배한 뒤에 세 조방장 권준, 박종남, 신호과 함께 이야기했다. 저녁에 활 10순을 쏘았다. 거제현령이 보러 왔다가 그대로 하룻밤을 잤다.

5월 19일 6월 26일　맑으나 동풍이 차게 불었다. 아침 식사를 한 뒤에 권, 박, 신 세 조방장과 사도, 방답 두 첨사와 함께 활 30순을 쏘았다. 수사 선거이도 와서 같이 참여했다. 저녁에 소금 굽는 가마솥 하나를 더 만들었다.

5월 20일 6월 27일　비바람이 저녁 내내 또 밤새도록 멎지 않았다.

---

3) 이순신은 한산도에서 주민들을 시켜 가마솥에 바닷물을 넣고 끓여서 소금을 만들어 곡물과 교환해 많은 군량을 비축하였다.(『행록』)
4) 3월 17일 충청수사 이계정이 물에 빠져 죽은 뒤 오늘 선거이가 충청수사가 되어 부임해 온 것이다. 선거이는 이순신과 오랜 친구다.

아침 식사를 한 뒤에 공무를 봤다. 수사 선거이, 조방장 권준과 같이 바둑을 두었다.

5월 21일 ⁶월 28일　흐림. 오늘은 본영에서 소식이 오겠지만 그래도 당장 어머니 안부를 몰라 답답하다. 종 옥이玉伊, 무재武才를 본영으로 보내고, 전복과 밴댕이젓, 어란 등을 어머니께 보냈다. 아침에 나가 공무를 보고 있는데, 투항해 온 왜인들이 와서 고하기를, 같은 항왜 중에 산소山素란 놈이 흉측한 짓거리를 많이 하기 때문에 죽여야 한다고 했다. 그래서 왜인을 시켜서 그놈의 목을 베게 했다. 활 20순을 쏘았다.

5월 22일 ⁶월 29일　맑고 화창하다. 동지 권준 등과 함께 활 20순을 쏘았다. 이수원이 상경할 일로 들어왔다. 그 편에 비로소 어머니께서 지난번 불난 이후에도 편안하시다는 소식을 알게 되었다. 다행, 다행이다.

5월 23일 ⁶월 30일　맑음. 세 조방장과 함께 활 15순을 쏘았다.

5월 24일 ⁷월 1일　맑음. 아침에 이수원이 장계를 가지고 나갔다. 조방장 박종남과 충청수사 선거이를 시켜 활을 쏘게 했다. 쇳물을 부어 소금 굽는 가마솥을 또 만들었다.

5월 25일 ⁷월 2일　맑다가 저녁나절에 비가 왔다. 경상수사, 우수사, 충청수사가 모여서 같이 활 9순을 쏘았다. 충청수사가 술을 내었고 모두가 몹시 취하여 헤어졌다. 경상수사 배설에게서 "김응서가 거듭해서 대간들의 탄핵을 받고 있고, 원수도 거기에 끼어 있다"라는 말을 들었다.[5]

5월 26일 7월 3일   저녁나절에야 개었다. 홀로 대청에 앉아 있었다. 충청수사와 세 조방장이 들어와 함께 종일 이야기했다. 저녁에 현덕린이 들어왔다.

5월 27일 7월 4일   맑음. 활 10순을 쏘았다. 수사 선거이와 두 조방장이 취하여 돌아갔다. 정철丁哲[6]이 서울에서 진에 왔다. 장계 회답 내용에는 김응서가 함부로 강화에 대하여 말한 것이 죄라는 말이 많이 언급되어 있다. 영의정, 좌의정 김응남金應南의 편지가 왔다.[7]

5월 28일 7월 5일   줄곧 흐리다가 저녁에는 비가 많이 왔다. 밤새 바람이 크게 불어 배들을 안정시키기 어려웠는데 간신히 구호했다. 식후에 수사 선거이 및 세 조방장과 함께 이야기했다.

5월 29일 7월 6일   비바람이 그치지 않고 종일 퍼부었다. 사직의 위엄과 조상님의 음덕에 힘입어 겨우 조그마한 공로를 세웠을 뿐인데, 임금의 총애로 분수에 넘치는 벼슬자리에 올랐다. 몸은 장수의

---

5) 김응서가 화의한답시고 맘대로 적장(소서행장)을 만나고 왕래했는데도 그 상사인 권율이 죄를 청하지 않았다. 승정원이 이를 이유로 김응서와 권율을 잡아 신문해야 한다고 청하자 선조가 이를 수락했다.(『선조실록』 1594년 4월 5일)
6) 그의 종질인 정대수(丁大水)가 이순신 어머니가 사는 고음내의 집을 내어 준 사람임.
7) 김응남은 윤두수와 함께 원균을 옹호하고 이순신을 경계한 인물이다. 이순신도 훗날 일기(정유년 9월 8일)에서 김응남의 잘못된 인사를 비판하고 있다.

직책을 지녔건만 세운 공은 티끌만큼도 보답이 되지 못했다. 입으로는 교서를 외우지만 얼굴은 부하들 대하기가 부끄러울 뿐이다.

> 덧붙이는 말   위 일기를 읽다 보면, 이순신이 이날 일시적 감상에 젖어 거짓 자책한 것은 아닐까 하는 느낌마저 든다. 실제 그는 누구보다 하는 일에 최선을 다했고 질책받을 일은 하지 않았기 때문이다. 그런데 그의 글에는 위 일기와 같은 내용이 여러 차례 나온다.
>
> 한산도에서 쓴 시 중에서 "몇 해를 원수막이 한다고 한 일, 이제 와 돌아보니 님만 속였네"에도 나오고, 계사년에 통제사를 제수받고 위에 올린 글 중 "신의 못나고 부족한 재주로 능히 감당치 못할 것이 명백한 일이라"에도 있으며, 병신년에 체찰사 이원익에게 쓴 휴가 청원 편지 속 "저는 원래 용렬한 재목으로 무거운 소임을 욕되이 맡아"에도 나온다.
>
> 이런 말이 여러 해 동안 수차례나 나온 것으로 봐서 위 일기는 한때의 감정에 빠져 쓴 글이 아님을 알 수 있다. 항상 부족함을 느끼며 산 자신의 속마음을 숨김없이 나타낸 글이라 보이며 이순신이 평생을 일관되게 이 같은 겸손한 마음을 지녀 변함이 없었기에 항상 창의성을 발휘했고, 구국이란 위대한 성공의 과실을 우리에게 주고 갈 수 있었다고 본다.

☾ 6월 오랜 진중 생활, 장수와 군사의 건강이 위태롭다

> 한산도에서 진중 생활은 항상 긴장 속에 있으므로 편한 날이 없지만, 특히 바닷바람과 습기는 그의 건강에 큰 위협을 준다. 충청수사 선거이는 부임하자마자 병에 걸리고, 평산포만호 김축도 김대복도 병이 중해진다. 그도 수시로 앓지만 그런 와중에도 나라 걱정, 어머니 걱정은 한시도 놓지 않는다. 게다가 이달에는 "이순신이 군졸들을 굶겨 죽이고 있다"라는 조형도의 무고를 전해 듣고는 할 말을 잊고 만다.

6월 1일 7월 7일   늦게 개었다. 권, 박, 신 세 조방장과 웅천현감, 거제현령과 함께 활 15순을 쏘았다. 선거이 수사는 이질에 걸려 쏘지 않았다. 새로 번당직서는 영리가 들어왔다.

6월 2일 7월 8일   종일 가랑비가 내렸다. 식후에 대청에 나가 공무를 봤다. 한비韓斐가 돌아가는 편에 어머니께 편지를 썼다. 영리 강기경, 조춘종趙春種, 김경희金景禧, 신홍언申弘彦이 모두 당직을 마쳤다. 오후에 가덕진첨사, 천성보만호, 평산포만호, 적량첨사 등이 와서 봤다. 천성보만호 윤홍년이 와서 청주 사는 이계李繼의 편지와 숙부庶叔父의 편지를 전하며, 김개金介가 지난 3월에 죽었다고 했다. 비통함을 이길 길이 없다. 저물 무렵에 권언경 영공권준이 와서 이야기했다.

6월 3일 7월 9일   흐리되 비는 오지 않았다. 식후에 나가 공무를 봤다. 각처에 공문을 처결해 보냈다. 느지막이 가리포첨사, 남도포만호가 왔다. 권, 신 두 조방장과 방답첨사, 사도첨사, 여도만호, 녹도만호가 와서 활 15순을 쏘았다. 아침에 남해현령이 달려와서 보고하는데, 해평군 윤근수尹根壽가 남해에서 본영으로 건너온다고 한다. 무슨 이유로 오는지는 알 수 없으나 즉시 배를 정비하여 현덕린을 본영으로 보냈다. 사량만호가 와서 양식이 떨어졌다고 보고하고서는 곧 돌아갔다.

6월 4일 7월 10일   맑음. 진주의 서생 김선명金善鳴이라는 자가 계원유사繼援有司[1]가 되고 싶어한다고 하여, 보인 안득安得이라는 자가 데리고 왔다. 그자의 말을 듣고 행동을 살펴보니, 그럴 만한 위인이 될 것 같지는 않았지만 아직 좀 더 두고 보려고 공문을 만들어 주었다. 세 조방장과 사도첨사, 방답첨사, 여도만호, 녹도만호가 와서 활 15순을 쏘았다. 탐후선이 오지 않아 어머니의 안부를 들을 수 없으니 걱정이 되고 눈물이 난다.

6월 5일 7월 11일   맑음. 두 조방장 등과 같이 아침 식사를 했는데, 자윤 박종남은 병으로 오지 못했다. 늦게 우수사, 웅천현감, 거제현령이 와서 함께 종일 이야기했다. 정오 때부터 비가 내려서 활

---

1) 군량을 지원하는 유사.

을 쏘지 못했다. 나는 몸이 몹시 불편하여 저녁 식사도 하지 않았고, 종일 고통스러웠다. 종 경이 들어와서 어머니께서 편안하시다고 한다. 매우 다행이다.

6월 6일 7월 12일　종일 비가 왔다. 몸이 몹시 불편했다. 송희립이 들어왔다. 그 편에 도양장의 농사 형편을 들으니, 흥양현감이 무척 애를 썼기 때문에 추수가 잘될 것이라고 했다. 계원유사 임영林英도 원호 사업에 힘을 많이 쓴다고 했다. 정항이 이곳에 왔다. 나는 몸이 불편하여 종일 앓았다.

6월 7일 7월 13일　비가 종일 계속해 왔다. 몸이 몹시 불편하여 앉았다 누웠다 하며 신음했다.

6월 8일 7월 14일　비가 내렸다. 몸이 좀 나은 것 같다. 저녁나절에 세 조방장이 와서 봤다. 곤양군수는 자기 아버지가 세상을 떠나 분상하러 급히 집으로 돌아간다고 전했다. 조의를 표했다.

6월 9일 7월 15일　맑음. 몸이 아직도 쾌하지 않아 답답하고 걱정이 된다. 조방장 신호, 사도첨사, 방답첨사가 편을 갈라서 활쏘기를 했는데, 신호 편이 이겼다. 저녁에 원수의 군관 이희삼李希參이 임금의 분부가 든 서류를 가지고 왔다. 그 서류 중에는 조형도가 이순신을 무고하여 "한산도에서는 수군 한 사람에게 날마다 쌀은 5홉씩, 물은 7홉씩만 준다"라는 말이 들어가 있었다 한다. 이 말은 군사들을 모두 굶겨 죽이고 있다는 말인데 천지에 어찌 이처럼 속이는 일이 있단 말인가. 인간사가 참으로 놀랍다. 저물녘에 탐후선이 들어와서, 어머니께서 이질에 걸리셨다고 한다. 걱정이 되어 눈물이 난다.

> **덧붙이는 말** 조형도는 3월 11일 한산진에 왔다가 4박 5일을 머문 적이 있는데 아마도 이순신의 대접에 불만이 많았던 것 같다. 그가 영남지방을 다녀와서 보고하기를 "한산도의 수군은 격군 1명에게 하루 쌀 5홉, 물 7홉만 먹여 병들면 물속에 밀어 넣고 굶주리면 산골짝에서 죽게 해 마치 한산도가 귀신의 나라와 같으며 (중략) 세수와 빨래도 못 해 역질이 생겨 죽게 만드니 (중략) 이는 모두 주장^{이순신}이 병졸을 걱정하지 않아 생긴 것입니다"(『선조실록』 1595년 5월 19일)라고 이순신을 무고했다.

6월 10일 7월 16일   맑음. 새벽에 탐후선을 본영으로 보냈다. 저녁나절에 세 조방장, 충청수사, 경상수사가 와서 봤다. 광주의 군량 39섬을 받았다.

6월 11일 7월 17일   가랑비가 오고 큰 바람이 불었다. 아침에 원수 군관 이희삼이 돌아갔다. 저녁에 나가 공무를 보았다. 광주의 군량을 훔쳐 간 도둑놈을 가두었다.

6월 12일 7월 18일   가랑비가 오고 바람이 불었다. 새벽에 아들 울이 들어왔다. 어머니의 병환이 좀 덜하다고는 하나 연세가 아흔을 바라보는 데다 이런 위험한 병에 걸리셨으니 염려를 놓을 수 없다. 또 눈물이 난다.

6월 13일 7월 19일　흐림. 새벽에 경상수사 배설을 잡아 오라는 명령이 내려졌고 그 후임으로는 조방장 권준이 임명되었다. 남해현령 기효근은 얼마 전에는 효수해야 한다 하다가 그대로 유임되었다고 하니 놀라운 일이다. 저녁나절에 경상수사 배설에게 가서 만나 보고 돌아왔다. 어두워서 탐후선이 들어왔는데 배설을 잡아갈 금오랑금부도사이 이미 본영 안에 와 있다고 했다. 또 별좌[2]의 편지를 보니 어머니 병환이 차차 나아 간다고 한다. 다행, 다행이다.

> 덧붙이는 말　당시 수군 지휘관들에 대한 인사만 보아도 나라가 얼마나 엉망이었는지 짐작이 간다. 임진전쟁 중에 충청, 경상수사가 네다섯 차례나 바뀌고 남해현령 기효근은 참수하여 효시하라는 명령이 내려졌다가(4월 20일, 22일 일기 참조.) 유임되고 마니 이순신이 경악하는 것이다. 그 와중에도 이순신과 전라우수사이억기만은 그 자리를 지킬 수 있도록 해주었으니 나라가 보존될 수 있었던 것 같다.

6월 14일 7월 20일　새벽에 큰비가 왔다. 사도첨사가 활을 쏘자고 청하여 우수사와 여러 장수가 다 모였다. 늦게 비가 멎고 날이 개어 활 12순을 쏘았다. 저녁에 금오랑이 경상수사 배설을 잡아가려

---

2)　5품 관직. 아마 가족 중의 누구를 지칭한 듯 보인다.

고 들어왔다. 권준을 수사로 임명한다는 조정의 공문과 유서諭書와 밀부密符도 같이 왔다.

6월 15일 ⁷⁸²¹일   맑음. 새벽에 망궐례를 올렸다. 식후에 포구로 나가 배설을 송별했다. 마음이 울적했다. 아들 울이 돌아갔다. 오후에는 조방장 신호와 함께 활 10순을 쏘았다.

6월 16일 ⁷⁸²²일   맑음. 대청에 나가 앉아 공무를 봤다. 순천의 7호 선장 장일張溢이 군량을 훔치다가 잡혀 왔으므로 처벌했다. 오후에 두 조방장과 미조항첨사 등과 함께 활 7순을 쏘았다.

6월 17일 ⁷⁸²³일   바람이 종일 불었다. 경상수사권준, 충청수사, 두 조방장과 같이 활을 쏘았다.

6월 18일 ⁷⁸²⁴일   비가 오다 개다 했다. 진주의 유생 유기룡柳起龍 및 하응문河應文이 군량 운반을 자원하므로 쌀 5섬을 주어 보냈다. 늦게 조방장 박종남과 함께 활 15순을 쏘고 헤어졌다.

6월 19일 ⁷⁸²⁵일   비가 계속 왔다. 홀로 수루 위에 앉아 있는데 뜻밖에도 아들 면이 윤덕종尹德種의 아들 운로雲輅와 같이 왔다. 이편에 온 어머니의 편지를 보니 병환이 완쾌되셨다고 한다. 천만다행이다. 신홍헌 등이 들어와서 보리 76섬을 바쳤다.

6월 20일 ⁷⁸²⁶일   비가 오다 개다 하였다. 종일 수루에 앉아 있었다. 충청수사가 병이 들어 말이 분명치 않다는 말을 들었다. 저녁에 직접 가서 보니 중태에 이르지는 않았으나 많이 상한 것 같다. 바람 많고 습기 많은 곳에 기거함으로 일어나는 병이니 어찌하랴마는 무척 염려가 된다.

6월 21일 7월 27일   맑음. 몹시 덥다. 식후에 나가 공무를 봤다. 신홍헌이 돌아갔다. 거제현령이 또 왔다. 경상수사가 보고하는데, 평산포만호의 병이 심하다고 한다. 그래서 그를 내어보내도록 조치했다.

6월 22일 7월 28일   맑음. 할머니의 제삿날이라 공무를 보지 않았다. 경상수사가 와서 봤다.

6월 23일 7월 29일   맑음. 두 조방장과 함께 활을 쏘았다. 저녁에 배영수가 돌아갔다.

6월 24일 7월 30일   맑음. 전라우도의 각 고을과 포구의 여러 전선을 조사해 윤락녀 12명을 잡아 처벌하고 그 대장隊長도 함께 처벌했다. 저녁나절에는 침을 맞아 활을 쏘지 않았다. 허주, 조카 해가 들어왔다. 전마戰馬도 왔다. 기성백奇誠伯의 아들 징헌澄憲이 그의 서숙부 경충景忠과 함께 왔다.

6월 25일 7월 31일   맑음. 원수의 공문이 들어왔다. "세 위장衛將을 서 패로 나누어 보내라"라고 하였고, 또 "소서행장이 일본에서 왔고 화친은 이미 결정됐다"라고 한다. 저녁에 조방장 박종남과 함께 충청수사 선거이의 거처로 가서 그의 병세를 보니 이상한 일이 많았다.

6월 26일 8월 1일   맑음. 식후에 공무를 보고 활 15순을 쏘았다. 경상수사가 와서 만났다. 오늘이 권 수사의 생일이라 해서 국수를 만들어 먹고[3] 취하도록 술도 마셨다. 거문고도 듣고 피리도 불다가 저물어서야 헤어졌다.

6월 27일 8월 2일   맑음. 허주, 조카 해, 기 씨, 운로 등이 돌아갔다. 나는 신 조방장, 거제현령과 함께 활 10순을 쏘았다.

6월 28일 8월 3일   맑음. 나라 제삿날이라 공무를 보지 않았다.

6월 29일 8월 4일   맑음. 일찍 대청으로 나갔다. 우수사가 와서 활 10여 순을 쏘았다.

6월 30일 8월 5일   맑음. 문어공文語恭이 날삼生蔴을 사들일 일로 나갔다. 이상록도 돌아갔다. 늦게 거제현령, 영등포만호가 와서 만났다. 방답첨사, 녹도만호, 신 조방장과 활 15순을 쏘았다.

---

3)   전시 진중에서도 그가 부하 장수에게 생일잔치를 해준 것이 재미있다. 생일에 국수를 먹는 것은 오래된 풍습인 것 같다.

☽ 7월 전쟁 장기화로 시름이 깊어지다

> 을미년 여름 더위 속에서도 통제사의 일상은 전달과 다름없이 흘러간다. 전쟁이 장기화되면서 군의 기강은 점점 해이해져 가고, 그 가운데서 군비 강화와 군량 확보를 위한 통제사의 고민은 깊어진다. 수루와 그 옆의 활터는 그가 번민을 푸는 위로의 장소였다.

7월 1일 8월 6일   잠깐 비가 왔다. 나라 제삿날이라 공무를 보지 않았다. 홀로 수루 다락에 기대어 나라의 돌아가는 꼴을 생각하니 위태롭기가 마치 아침 이슬과 같다. 안으로는 정책을 결정할 만한 기둥棟樑 같은 인재가 없고, 밖으로는 나라를 바로잡을 주춧돌柱石 같은 인물이 없으니! 모르겠다, 나라의 운명이 어떻게 되어 갈지. 마음이 괴롭고 어지러워서 하루 내내 누웠다 앉았다 하였다.

> **덧붙이는 말** 나라 사랑은 나랏일에 관심을 가지고, 나라 걱정을 하면서 시작된다. 위 일기는 이순신의 나라 사랑을 이야기할 때 가장 자주 인용되는 글귀이다.

7월 2일 8월 7일   맑음. 오늘은 돌아가신 아버지의 생신날이다. 지난날을 추억해 보니 슬픈 마음에 나도 모르게 눈물이 흘렀다. 저녁나절에 보통활 10순을 쏘았다. 또 철전 5순, 편전 3순을 쏘았다.

7월 3일 8월 8일　　맑음. 아침에 충청수사에게로 가서 문병하니 많이 나아졌다고 한다. 늦게 경상수사가 와서 서로 이야기한 뒤에 활 10순을 쏘았다. 밤 10시쯤에 탐후선이 들어왔는데, 어머니께서 편안하시긴 하나 입맛이 없으시어 잘 잡숫지 못한다고 한다. 몹시 답답하다.

7월 4일 8월 9일　　맑음. 나주판관원종의元宗義이 배를 거느리고 진으로 돌아왔다. 이전李筌 등이 노 만들 나무를 가지고 와서 바쳤다. 식사를 한 뒤에 대청으로 나갔다. 미조항첨사와 웅천현감이 와서 활을 쏘았다. 군관들은 향각궁鄕角弓[1]으로 내기 활을 쏘았는데, 노윤발이 1등을 했다. 저녁에 임영과 조응복이 왔다. 양정언은 휴가를 얻어 돌아갔다.

7월 5일 8월 10일　　맑음. 대청으로 나가 공무를 보았다. 늦게 박 조방장, 신 조방장이 왔다. 방답첨사가 활을 쏘았다. 임영이 돌아갔다.

7월 6일 8월 11일　　맑음. 정항과 금갑도만호와 영등포만호가 와서 만났다. 늦게 나가 공무를 보고 활 8순을 쏘았다 종 목년이 곰내에서 와서 어머니께서 편안하시다고 한다.

7월 7일 8월 12일　　흐리되 비는 오지 않았다. 경상수사와 두 조방장과 충청수사가 왔다. 방답첨사와 사도첨사 등에게 편을 갈라 활

---

1) 우리나라에서 나는 양이나 소의 뿔로 만든 활.

을 쏘게 했다. 경상우병사에게 임금님의 분부가 내려왔는데, 그 내용은 이러하다. "나라의 재앙이 참혹하고, 사직에 원수가 남아 있어서 귀신의 부끄러움과 사람의 원통함이 천지에 사무쳤건만, 아직도 요망한 기운을 빨리 쓸어버리지 못하고, 원수와 함께 한 하늘을 이고 있으니 참으로 통분하도다. 무릇 혈기가 있는 자라면 어느 누가 원한에 사무쳐 원수 놈의 살을 뜯어 먹고 싶지 않겠는가! 그런데 경김응서은 적과 마주 진 치고 있는 장수로서 조정의 명령도 없이 함부로 적과 대면하여 감히 패역한 말을 지껄이고, 또 여러 번 사사로운 편지를 통하여 적의 기세를 높이고 적에게 아첨하는 태도까지 보였다. 그래서 비굴하게 적과 화친을 교섭한다는 소문이 명나라 조정에까지 퍼지어 나라에 치욕을 끼치고 두 나라 사이가 벌어지게 한 중죄를 짓고도 마음에 조금도 거리낌이 없었도다. 마땅히 군법에 따라 사형으로 다스려도 아까울 것이 없거늘, 오히려 관대히 용서하고 준엄히 타일러 경고했을 뿐이다. 그런데도 경은 오히려 제 고집을 더 부리고, 스스로 죄의 구렁텅이로 빠져들어 가니 내가 보기에는 못내 해괴하고 그 까닭을 알 수가 없다. 그래서 이제 비변사의 낭청 김용金湧을 보내어 구두로 나의 뜻을 거듭 전하니, 그대는 마음을 고쳐 정신을 가다듬고 다시는 후회할 일을 하지 말라"는 것이었다. 이 유지를 보니 놀랍고도 황송한 마음을 가눌 길이 없다. 김응서가 도대체 어떤 인간이기에 아직까지도 스스로 회개하고 다시 힘쓴다는 말을 들을 수가 없는가! 만약 쓸개라도 있는 자라면 반드시 자결이라도 했을 것이다.

7월 8일 8월 13일   맑음. 식후에 나가서 공무를 봤다. 영등포만호,

박 조방장이 와서 만났다. 우수사의 군관 배영수가 그 대장우수사의 명령을 가지고 와서 군량 20섬을 꾸어 가지고 갔다. 동래부사 정광좌鄭光佐가 와서 부임했다고 고하고 활 10순을 쏜 뒤 헤어졌다. 종목년이 돌아갔다.

7월 9일 8월 14일 맑음. 말복이다. 서늘한 가을 기운이 느껴지니 온갖 회포가 일어난다. 미조항첨사가 와서 보고 갔다. 웅천현감, 거제현령이 활을 쏘고 갔다. 밤 10시쯤 달빛이 수루에 가득 차니 공연히 마음이 산란해져 일없이 수루 위를 거닐어 보았다.

7월 10일 8월 15일 맑음. 몸이 몹시 불편하다. 늦게 우수사를 만나 이야기 나누었는데, 양식이 떨어진 것에 대해 많은 말을 했지만 별뾰족한 대책이 없다. 참으로 민망스럽다. 조방장 박종남이 와 술 몇 잔을 마셨더니 몹시 취했다. 밤이 깊어 달빛이 가득 찬 수루에 누웠으니 일어나는 온갖 정회를 억누를 수가 없었다.

7월 11일 8월 16일 맑음. 아침에 어머니께 편지를 쓰고, 다른 여러 곳에도 편지를 써 보냈다. 박영朴永이 제 신역身役에 나가기 위해 돌아갔다. 나가서 공무를 보고 활 10순을 쏘았다.

7월 12일 8월 17일 맑음. 아침 식사를 한 뒤에 경상우수사가 와서 보았다. 그와 함께 보통활 10순, 철전 5순을 쏘았다. 해 질 무렵에야 서로 회포를 풀고 물러갔다. 가리포첨사도 와서 함께했다.

7월 13일 8월 18일   맑음. 가리포첨사와 우수사가 함께 왔는데 가리포첨사가 술을 내놓았다. 보통활 5순, 철전 2순을 쏘았는데, 나는 몸이 몹시 불편했다.

7월 14일 8월 19일   늦게야 개었다. 군사 등에게 휴가를 주었다. 녹도만호 송여종으로 하여금 죽은 군졸들에게 제사를 지내도록 쌀 2섬을 내주었다. 이상록, 태구련太九連,[2] 공태원孔太元 등이 들어왔다. 어머니께서 편안하시다고 하니 이 얼마나 다행인가.

7월 15일 8월 20일   맑음. 늦게 대청으로 나가니 박, 신 두 조방장과 방답첨사, 여도만호, 녹도만호, 보령현감, 결성현감 및 이언준 등이 활을 쏘고 있었다. 경상수사도 와서 함께했다. 오늘이 백중날이라 그들에게 술을 주고 서로 씨름을 시키어 승부를 다투게 하였다. 정항이 왔다.

7월 16일 8월 21일   맑음. 아침에 들으니 김대복의 병세가 몹시 위독하다고 했다. 매우 걱정스럽다. 곧 송희립, 유홍근을 시켜 치료하게 했으나 무슨 병인지를 알지 못하여 무척 답답하다. 늦게 나가 공무를 봤다. 순천의 정석주鄭石柱와 영광의 도훈도 주문상朱文祥을 처벌했다. 저녁에 원수와 병사고언백高彦伯에게 갈 공문들을 초 잡아 주었다. 미조항첨사성윤문와 사도첨사김완가 휴가신청서를 제출하므로 성 첨사에게는 10일, 김 첨사에게는 3일을 주어 보냈다. 녹도만

---

2) 태구련은 칼을 만드는 장인인데, 그와 이무생(李茂生)이 함께 만든 이순신의 장검 두 자루는 지금 현충사에 소장되어 있다. 이 칼은 2023년 보물에서 국보로 지정되었다.

호에게는 유임한다는 병조의 공문이 내려왔다.

7월 17일 8월 22일   비가 왔다. 거제현령이 긴급 보고하는데 거제에 있던 왜적이 벌써 철수하여 돌아갔다고 했다. 그래서 곧 정항을 보내 진위를 확인해 보도록 했다. 대청으로 나가 공무를 봤다. 적의 정황을 직접 내 눈으로 확인하기 위해 "내일 오후 출항하여 나간다"라는 전령을 냈다.

7월 18일 8월 23일   맑음. 아침에 대청으로 나가 박, 신 두 조방장과 같이 아침 식사를 했다. 오후에 출항하여 지도에 이르러 정박하고 거기서 밤을 지냈다. 한밤 자정에 거제현령이 와서 말하기를, 장문포의 왜적 소굴이 이미 텅텅 비었고 다만 30여 명만 남아 있다고 했다. 또 사냥하러 다니는 왜인을 만나 1명은 활을 쏘아 죽이고, 1명은 사로잡았다고 했다. 밤 2시쯤에 지도를 떠나 견내량으로 돌아왔다.

7월 19일 8월 24일   맑음. 우수사, 경상수사, 충청수사 및 두 조방장과 함께 이야기하고서 헤어졌다. 오후 4시쯤에 한산진으로 돌아왔다. 당포만호를 찾아서 잡아 와 현신하지 않은 죄로 곤장을 쳤다. 김대복에게 가서 병세를 살펴보았다.

7월 20일 8월 25일   흐림. 두 조방장과 아침 식사를 같이 했다. 늦게 거제현령 및 전 진해현감 정항이 왔다 오후에 나가 공무를 보고, 보통활 5순, 철전 4순을 쏘았다. 경상좌병사 고언백의 군관이 편지를 가지고 왔다.

7월 21일 8월 26일　바람이 크게 불고 비가 왔다. 우후가 들어온다고 들었다. 식후에 태구련과 언복彦福이 만든 환도를 충청수사와 두 조방장에게 각각 한 자루씩 나누어 보냈다. 저물 무렵에 아들 회와 울이 우후와 함께 배를 타고 한산섬 밖에 도착했다고 한다. 늦게 아들들이 들어왔다.

7월 22일 8월 27일　흐리고 바람이 크게 불었다. 이충일이 그의 부친의 별세 소식을 듣고 나갔다.

7월 23일 8월 28일　맑음. 저녁나절에 말 달릴 터를 보기 위해 원두구디3)로 갔다. 두 조방장 및 충청수사도 왔다. 저녁에 작은 배를 타고 돌아왔다.

7월 24일 8월 29일　맑음. 나라 제삿날이라 공무를 보지 않았다. 충청수사가 와서 이야기했다.

7월 25일 8월 30일　맑음. 충청수사의 생일이라 음식을 마련해 가지고 왔다. 우수사, 경상수사 및 조방장 신호 등과 함께 취하여 이야기했다. 저녁에 조방장 정응운이 왔다.

---

3) 경상남도 통영시 한산면 창좌리 입정포. 지금의 제승당에서 입정포까지는 해안 길로 약 5km이다.

7월 26일 8월 31일　맑음. 아침에 정영동鄭永同과 윤엽, 이수원 등이 흥양현감과 함께 들어왔다. 식후에 우수사와 충청수사가 와서 조용히 이야기했다.

7월 27일 9월 1일　맑음. 어사의 공문이 들어왔다. 내일 진영에 들어온다고 한다.

7월 28일 9월 2일　맑음. 아침 식사를 한 뒤에 배로 내려가 어사를 맞기 위해 삼도가 합하여 포구 안에서 진을 쳤다. 오후 2시쯤에 어사 신식申湜이 진중에 도착했다. 바로 대청으로 자리를 옮기어 한참 동안 이야기했다. 각 수사 및 세 조방장을 청하여 같이들 이야기했다.

> **덧붙이는 말**　한산도 시절 통제사의 주된 이야기 상대는 세 수사(전라우수사, 경상수사, 충청수사)와 세 조방장(박종남, 신호, 정응운)이었다. 이번에 어사가 왔을 때도 불러 함께 이야기한 사람은 세 수사와 세 조방장이다.

7월 29일 9월 3일　흐리고 바람이 크게 불었다. 어사가 맨 먼저 전라좌도 소속의 5포를 점검했다. 저녁에 이곳에 왔기에 점검한 결과를 놓고 조용히 이야기했다.

☾ 8월   촉석루에 올라 진주성전투 참패를 생각하며 통분해하다

> 활 쏘고, 군사를 먹이고, 장수를 만나 의논하는 등 통제사의 일상은 계속된다. 특히 하순에는 체찰사(이원익)의 부름을 받고 진주로 가 체찰사를 만나고 촉석루에 올라 제2차 진주성전투의 참상을 되새기며 비통함을 이기지 못한다.

8월 1일 9월 4일   비바람이 크게 일었다. 어사와 아침 식사를 같이 하고 곧 배로 내려가 순천 등 5관의 배를 점검했다. 저물어서 나는 어사 있는 곳으로 내려가 5관에 대해 점검한 결과를 놓고 함께 이야기했다.

8월 2일 9월 5일   흐림. 어사는 전라우도의 전선을 점검한 뒤에 그대로 우수영 산하 남도포의 막사에 머물렀다. 나는 대청에 나가 충청수사와 함께 이야기했다.

8월 3일 9월 6일   맑음. 어사는 저녁나절에 경상도 진으로 가서 점검을 계속 했다. 저녁에 나도 경상도 진으로 찾아가서 점검 결과에 대해 같이 이야기하다가 몸이 불편하여 곧 돌아왔다.

8월 4일 9월 7일   비. 어사가 내게로 왔기에 장수들을 모아 종일 이야기하고서 헤어졌다.

8월 5일 9월 8일　　흐리되 비는 오지 않았다. 아침에 어사와 작별하려고 충청수사 있는 곳에 같이 갔다. 거기서 다 함께[1] 어사를 전별했다. 전별을 마친 뒤 조방장 정응운은 돌아간다고 했다.

8월 6일 9월 9일　　비가 흠뻑 쏟아졌다. 우수사, 경상수사, 두 조방장이 모여 함께 종일 이야기하고서 헤어졌다.

8월 7일 9월 10일　　비. 아침에 아들 울과 허주 및 현덕린이 우후와 같은 배를 타고 나갔다. 늦게 두 조방장과 충청수사와 함께 이야기했다. 저녁에 선전표신을 가진 선전관 이광후李光後가 임금의 분부를 가지고 왔다. 원수가 삼도수군을 거느리고 바로 적의 소굴로 들어가라는 것이었다. 그와 함께 이야기하며 밤을 새웠다.

8월 8일 9월 11일　　비가 계속 왔다. 선전관이 나갔다. 경상수사, 충청수사 및 두 조방장과 함께 이야기했다. 같이 저녁밥까지 먹고 날이 저물어서야 돌아갔다.

8월 9일 9월 12일　　서풍이 크게 불었다.

8월 10일 9월 13일　　맑음. 몸이 불편한 것 같다. 홀로 수루 위에 앉았으니 온갖 생각이 다 일어난다. 저녁나절에 대청으로 나가 공무를 보고 난 뒤에 활 5순을 쏘았다. 정제鄭霽와 결성현감손안국孫安國이

---

1)　세 수사와 세 조방장을 말한다.

같은 배로 나갔다.

> **덧붙이는 말**   사흘 전 느닷없이, 그리고 통제사인 자신과는 의논도 없이, 원수에게 삼도수군을 이끌고 적의 소굴^{부산}로 들어가라 하다니, 이순신은 조정에서 내려오는 명령에 실망하지 않을 수 없었다. 이날은 이런 생각들로 견디기 힘든 하루였다. 이럴 때면 항상 이순신은 혼자서 활을 쏘며 자신을 위로했다.

8월 11일 ^{9월 14일}   비가 오다 개다 했다. 종 한경이 본영으로 갔다. 배영수와 김응겸金應謙이 활쏘기를 겨루었는데 김응겸이 이겼다.

8월 12일 ^{9월 15일}   흐림. 일찍 나가 공무를 봤다. 늦게 두 조방장과 함께 활을 쏘았다. 김응겸이 경상수사에게 갔다가 돌아와 말하기를, "우수사에게 가서 활쏘기를 겨루었는데, 배영수가 또 졌다"고 했다.

8월 13일 ^{9월 16일}   종일 비가 왔다. 장계를 쓰고 공문을 처결해 보냈다. 독수禿水가 왔는데, 그 편에 이기남李奇男의 도양장 둔전하는 일에 관해 들었다. 이기남이 하는 일에 괴이한 점이 많아 보여 우후더러 달려가서 조사해 보라고 공문을 보냈다.

8월 14일 ^{9월 17일}   종일 비가 왔다. 전 진해현감 정항과 조계종이 와서 이야기했다.

8월 15일 9월 18일　새벽에 망궐례를 올렸다. 우수사, 가리포첨사, 임치현감 등 여러 장수가 모두 모였다. 이날 삼도의 사수射手와 본도의 잡색군에게 음식을 풀어 먹이고, 종일 장수들과 같이 취했다. 이날 밤 구름 사이로 달빛이 새어 수루를 비추는데, 침상에 누워서도 잠을 이루지 못하고 피리 소리를 듣고 시를 읊으며 긴 밤을 새웠다.[2]

8월 16일 9월 19일　궂은비가 걷히지 않고 종일 부슬부슬 내렸다. 마음이 몹시 산란했다. 두 조방장과 같이 이야기했다.

8월 17일 9월 20일　가랑비가 오고 동풍이 불었다. 새벽에 김응겸을 불러 몇 가지 일에 대해 물어보았다. 늦게 나가 공무를 봤다. 두 조방장과 함께 이야기하고 활 10순을 쏘았다.

8월 18일 9월 21일　궂은비가 걷히지 않았다. 신, 박 두 조방장이 와서 함께 이야기했다.

8월 19일 9월 22일　날씨가 활짝 개었다. 두 조방장 및 방답첨사와 함께 활을 쏘았다. 밤 10시쯤에 조카 봉, 아들 회와 울이 들어왔다. 들으니, 체찰사가 21일 진주성에 도착하는데, 그때 군무에 관해서 묻고자 군관을 보내 나를 부른다고 하였다.

---

2) 이날은 추석이라 장병들과 어울려 회식하며 함께 취했다. 이날 읊은 시가 저 유명한 "한산섬 달 밝은 밤에"로 시작하는 「한산도가」였을 것으로 추정해 본다.

덧붙이는 말 우의정 이원익(자는 梧里)은 도체찰사가 되어 8월 1일 남쪽 지방으로 내려와 군무를 총괄한다. 그는 태종太宗의 아들 익령군益寧君의 고손자로 민본정책을 펴 백성들로부터 존경을 받았는데 이순신도 평소 이원익을 좋게 보았다. 그래서 그와의 첫 만남에 최대의 성의를 보였고, 6일간 함께 지내며 세세하게 업무를 보고하고 민생에 관한 많은 의견을 나누며 의기투합했을 것이다.

8월 20일 9월 23일 맑음. 종일 체찰사의 전령을 기다렸으나 오지 않았다. 경상수사, 우수사, 발포만호가 와서 보고 돌아갔다. 밤 10시쯤에 체찰사의 전령이 들어 왔다. 전령을 받자마자 바로 자정경에 배를 몰아 진주성으로 향했다. 곤이도[3]에 이르렀다.

8월 21일 9월 24일 흐림. 늦게 소비포 앞바다에 이르니 전라순찰사 홍세공의 군관 이준이 공문을 가지고 왔다. 강응표와 오계성吳繼成이 같이 와서 한참 동안 이야기했다. 경수이억기, 언경권준, 자윤박종남, 언원신호에게 편지를 썼다.[4] 저물 무렵에 사천 땅 침도針島[5]에 배를 대고 잤다. 밤 기운이 몹시 차고 마음이 편치 않았다.

8월 22일 9월 25일 맑음. 이른 아침에 여러 가지 공문을 만들어 체

---

3) 경상남도 통영시 산양읍 곤리리 곤리도.
4) 수사들과 조방장들에게 보낸 편지는 이순신이 한밤에 갑자기 출발했기 때문에 그 사정을 설명해 주고 통제사 부재에 따른 몇 가지 부탁을 하는 편지였을 것이다.
5) 경상남도 사천시 신수동.

찰사에게 보냈다. 아침밥을 먹은 뒤에 출발해 사천현을 지나 오후에 진주 남강 가에 당도하였다. 체찰사는 벌써 진주에 들어왔다고 했다.

8월 23일 9월 26일   맑음. 체찰사 있는 곳으로 가서 조용히 이야기했다. 이야기하는 중에 체찰사는 백성을 위해서 폐단을 없애고 고통을 덜어 주어야 한다는 생각을 많이 말했다. 그 말을 하는 중에, 호남순찰사에 관해서는 헐뜯어 말하는 것 같은 기색이 엿보였다. 한탄스럽다. 늦게 진주에서 전쟁으로 죽은 장수와 병사의 위령제를 지낸다는 말을 듣고 나는 김응서와 같이 촉석루에 이르러 우리 군사들이 패전하여 죽은 곳을 살펴보고 비통함을 이기지 못하였다. 얼마 뒤에 체찰사가 나더러 먼저 소비포에 가 있으라고 하므로 나는 분부에 따라 배를 타고 소비포로 돌아와 정박했다.

8월 24일 9월 27일   맑음. 새벽에 소비포 앞에 닿으니 고성현령 조응도가 와서 인사했다. 그대로 소비포 앞바다에서 잤다. 체찰사와 부사김륵金玏, 종사관남이공南以恭도 소비포로 와서 잤다.

8월 25일 9월 28일   맑음. 일찍이 식사한 뒤에 체찰사와 부사 그리고 종사관은 내가 탄 배에 같이 탔다. 오전 8시쯤에 소비포를 출항하여, 여러 섬을 지나면서 진을 합병할 곳과, 또 전일 접전하던 곳 등을 손가락으로 가리켜 보이면서 하루 종일 이야기했다. 곡포는 평산포에 합하고, 상주포는 미조항에 합하고, 적량은 삼천포에 합하고 소비포는 사량에 합하고, 가배량은 당포에 합하고, 지세포는 조라포에 합하고, 제포는 웅천에 합하고, 율포는 옥포에 합하고, 안골포는 가덕진에 합치기로 결정을 지었다. 저녁에 한산도 진중에 도착했다. 장수들이 교서에 숙배하고 체찰사에게 공·사 간의 인사를 드린 후 헤어졌다.

8월 26일 9월 29일　맑음. 저녁에 부사와 만나 조용히 이야기했다.

8월 27일 9월 30일　맑음. 체찰사의 이름으로 군사 5,480명에게 밥을 먹였다.[6] 저녁에 체찰사와 함께 한산도에서 제일 높은 봉우리한산도 망산에 올라가서 적이 진 친 곳과 다니는 길을 손가락으로 가리켜 보였다. 바람이 몹시 사납게 불고 어두워져 도로 내려왔다.

8월 28일 10월 1일　맑음. 이른 아침에 체찰사 및 부사, 종사관이 같이 수루 위에 앉아, 백성들에게 폐단이 되는 여러 점에 관해 이야기했다. 식사 전에 체찰사 일행은 배로 내려와 떠나갔다.

8월 29일 10월 2일　맑음. 일찍 나가 공무를 보았다. 체찰사를 배웅하러 갔던 경상수사가 배웅을 마치고 돌아왔다.

---

6) 이순신은 군사들의 사기를 돋우기 위해 체찰사의 이름으로 부대 전 장병들에게 잔치를 베풀게 하고 밥을 먹였다. 한산진영을 방문한 관리 중 체찰사가 가장 고위직이었다.

🌙 9월　충청수사 선거이와 작별의 정을 나누다

> 이달 통제사의 일상도 다른 달과 별다름 없다. 다만 가깝던 친구 선거이와 작별하는 일로 그에겐 이별의 애틋한 감회가 있었을 것이다. 이 감회를 노래한 이순신의 시는 친구와의 헤어짐을 노래하는 시로써 오늘도 회자되고 있다. 또 한산도에 와서 지은 대청과 수루에 붙여 지은 다락방이 불타 버려 시급히 새로 잘 곳을 마련해야 했던 일을 생각하면 눈물겹다.

9월 1일 10월 3일　맑음. 새벽에 망궐례를 올렸다. 탐후선이 들어왔다. 우후가 도양장에 갔다 와서 공문을 작성해 바치는데[1] 그 속에 괜히 정사립을 해치려는 뜻이 많이 있으니 우습다. 종사관 유공진柳拱辰이 병가를 내고 조리하겠다고 하므로 결재해 주었다.

9월 2일 10월 4일　맑음. 새벽에 지휘선을 출항시키었다. 재목을 끌어 내릴 군사 1,283명에게 밥을 지어 먹이면서 재목을 끌어 내리게 했다. 충청수사, 우수사, 경상수사와 두 조방장 신호, 박종남이 함께 와서 종일 이야기하고서 헤어졌다.

---

1)　8월 13일 일기 참조.

9월 3일 10월 5일　　맑음. 동풍이 크게 불었다. 아우 여필과 아들 울과 유헌이 돌아갔다. 강응호가 도양장에서 가을 추수를 하기 위해 함께 나갔다. 정항, 우수禹壽, 이섬李銛이 정탐하고 들어와서, 영등포에 있는 적들은 2일부터 소굴을 비우고, 지어 놓은 누각들은 모조리 불태워 버렸다고 했다. 웅천 사람으로 왜적에게 붙어 살던 공수복 등 17명을 달래어 데려왔다고 한다.

9월 4일 10월 6일　　맑음. 경상수사가 와서 종일 이야기하고 돌아갔다. 아우 여필, 아들 울 등이 어떻게 잘 갔는지 알 수 없어 몹시 궁금하다.

9월 5일 10월 7일　　맑음. 아침에 경상수사 권준이 쇠고기를 조금 보내 주어서 충청수사와 조방장신호과 같이 아침 식사를 했다. 식후 신 조방장, 선 수사와 함께 같은 배로 경상수사가 있는 곳으로 가서 종일 이야기하고 저물어서야 돌아왔다. 이날 체찰사의 공문이 왔는데, 순천, 광양, 낙안, 흥양의 갑오년 전세田稅를 실어 오라는 것이었다. 곧 답장을 했다.

9월 6일 10월 8일　　맑았으나 바람이 크게 불었다. 충청수사가 술을 내놓으므로 우수사와 두 조방장이 와서 같이 마셨다. 송덕일이 들어왔다.

9월 7일 10월 9일　　맑음. 식후에 경상수사가 왔다. 충청도 병영의 배와 서산, 보령의 배들을 내어보냈다.

9월 8일 10월 10일　맑음. 나라 제삿날이라 공무를 보지 않았다. 식후에 아들 회와 송덕일이 같은 배로 나갔다. 충청수사와 두 조방장이 와서 이야기했다.

9월 9일 10월 11일　맑음. 우수사 및 장수들이 모두 모였으며, 영내의 군사들에게 1섬어치 떡을 해 나누어 주고, 초저녁에 헤어졌다.[2)]

9월 10일 10월 12일　맑음. 오후에 충청수사 및 두 조방장과 함께 우수사에게로 가서 같이 이야기하고 밤이 되어서야 돌아왔다.

9월 11일 10월 13일　흐림. 몸이 몹시 불편하여 공무를 보지 못했다.

9월 12일 10월 14일　흐림. 충청수사 및 두 조방장을 청해다가 같이 아침밥을 먹고 늦게 헤어졌다. 저녁에 경상수사와 우후 및 정항이 술을 가지고 와서 같이 이야기하다가 밤이 깊어서야 돌아갔다.

9월 13일 10월 15일　맑음. 수루에 기대어 혼자 앉았으니 마음이 편치 않았다.

9월 14일 10월 16일　맑음. 떠나는 충청수사와 두 조방장을 청해 함께 아침밥을 먹었다. 늦게 나가 공무를 봤다. 우수사, 경상우수사도 함께 와서 이별주를 같이 나누고 밤이 깊어서야 헤어졌다. 수사

---

2) 이날이 중양절이라 군사들에게 떡을 해 먹였던 것 같다.

선거이와 작별하며 시 한 수를 지어주었다.

북쪽에 갔을 때 같이 일했고	北去同勤苦	북에서 서로 만나 고생을 함께하고
남쪽어서 죽고 삶을 같이하더니	南來共死生	남으로 내려와서 생사를 같이했네
오늘 밤 이 달 아래 잔을 나누면	一杯今夜月	오늘 밤 달빛 아래 술 한 잔 잡읍시다
내일은 우리 서로 떠나겠구려	明日別離情	밝은 날 떠나간 후 그리움 어이하리
(이은상 역)		(홍기문 역)

9월 15일 10월 17일 맑음. 수사 선거이가 와서 작별을 고했다. 다시 한번 이별의 잔을 들고 헤어졌다.

덧붙이는 말 한산도로 와 함께 지내던 이억기가 충청 본영으로(당시 보령에 충청수영이 있었음.) 다시 돌아가게 되어 석별의 정을 나누게 된 것이다. 이억기가 한산도로 올 당시 충청도 전함 2척만 끌고 와 이순신이 약간 실망했던 기록(5월 18일 일기 참조.)이 있었던 것으로 봐서 경상수군이나 충청수군은 삼도수군의 주력 부대는 못 되었다고 보인다. 조선수군의 주력 부대는 말할 필요도 없이 전라수군이었으니 충청수사가 한산도를 떠났다 해서 이순신 함대의 전력에 큰 차질이 생기지는 않았을 것이다.

9월 16일 10월 18일 맑음. 나가 공무를 봤다. 장계를 직접 봉하였다. 저굴 무렵 월식이 있었는데 밤이 깊어서야 밝아졌다.

9월 17일 ¹⁰월 ¹⁹일   맑음. 식후에 서울 보낼 편지를 썼다. 김희번金希番이 장계를 가지고 나갔다. 유자 30개를 영의정에게 보냈다.

9월 18일 ¹⁰월 ²⁰일   맑음. 늦게 조방장 정응운이 들어와서 함께 이야기했다.

9월 19일 ¹⁰월 ²¹일   맑음. 조방장 정응운이 들어왔다가 바로 돌아갔다.

9월 20일 ¹⁰월 ²²일   맑음. 밤 2시쯤에 둑제를 지냈다. 사도첨사 김완이 헌관으로 행사를 주관했다. 아침에 우수사가 와서 만났다.

9월 21일 ¹⁰월 ²³일   맑음. 박, 신 두 조방장과 같이 아침밥을 먹었다. 박 조방장에게 전별 술을 대접하려 했으나, 경상수사를 작별하러 갔다가 그만 날이 저물었기 때문에 하지 못했다. 저녁에 이종호가 들어오며 다만 목화만 가져왔기에 모두 다 나누어 주었다.

9월 22일 ¹⁰월 ²⁴일   맑음. 동풍이 크게 불었다. 박자윤朴종남 영공이 나갔다. 경상수사도 왔기에 작별 술을 대접했다.

9월 23일 ¹⁰월 ²⁵일   맑음. 나라 제삿날이라 공무를 보지 않았다. 웅천 사람으로 포로가 되었던 박녹수朴祿守와 김희수金希壽가 와서 인사하고 겸하여 적의 정세를 잘 말해 주므로 무명 1필씩 주어 보냈다.

9월 24일 10월 26일　맑음. 아침에 여러 곳에 보낼 편지 10통 남짓을 썼다. 아들 울과 면이 방익순 및 온개溫介 등과 함께 나갔다. 이날 저녁에 우수사와 경상수사가 와서 만났다

9월 25일 10월 27일　맑음. 오후 2시쯤에 녹도의 하인이 실수로 불을 내어 대청과 수루에 붙여 지은 다락방 등이 모두 타버렸다. 군량과 화약, 군기軍器 등의 창고에는 불이 붙지 않았으나, 다락 아래에 있던 장전과 편전 200여 부1부는 30개가 모두 타버렸으니 너무 아깝다.

9월 26일 10월 28일　맑음. 홀로 배 위에 앉아 있었다. 온종일 앉았다 누웠다 하였건만 마음이 심히 편치 않다. 이언량이 나무를 찍어 다듬어 왔다.³⁾

9월 27일 10월 29일　흐림. "안골포 사람들로, 왜적에게 붙었던 자 230여 명이 22척의 배로 나오고 있다"라고 우수가 와서 보고했다. 식후에 불탄 자리로 올라가 다시 집 지을 터를 둘러보았다.

9월 28일 10월 30일　맑음. 식후에 집 짓는 곳으로 올라갔더니 우수사와 경상수사가 보러 왔다. 아들 회와 울이 불났다는 기별을 듣고 들어왔다.

9월 29일 10월 31일　맑음.

---

3)　불탄 대청과 수루방을 다시 짓기 위해서다.

9월 30일 11월 1일 　맑음.

🌙 10월 항왜(降倭)들을 시켜 불탄 대청과
　　　　 다락방을 수리하다

> 전쟁이 어지럽고 강화는 미궁 속에 빠지고, 참소가 난무하는 가운데서도 불탄 대청과 다락방을 고쳐 짓고 장수들과 만나 의논하는 등 통제사의 바다 지키는 일상은 변함없이 계속된다. 대청과 다락방 공사 중에 흙 나르고 바르는 일은 투항한 왜인들에게 시켰다는 것이 재미있다.

10월 1일 11월 2일　　맑음. 조방장 신호와 아침 식사를 같이 하고 그대로 작별하는 술자리를 열었다. 늦게 신 조방장이 나갔다.

10월 2일 11월 3일　　맑음. 대청에 대들보를 올리고 또 지휘선을 연기르 그을렸다. 우수사와 경상수사 및 이정충이 와서 만났다.

10월 3일 11월 4일　　맑음. 해평군 윤근수의 공문을 구례의 유생이 가지고 왔는데, "김덕령과 전주의 김윤선金允先 등이 죄 없는 사람을 때려죽이고 수군 진영으로 도망쳐 들어갔다"라고 했다. 그래서 이들을 수색해 보니, "9월 10일경에 보리 씨를 바꿀 일로 잠시 진에 왔다가 곧 돌아갔다"라고 했다.

10월 4일 11월 5일　　맑음.

10월 5일 11월 6일　이른 아침에 수루에 올라가 공사하는 것을 감독했다. 다락 위 바깥쪽 서까래에 흙을 올려 발랐다. 흙 운반은 투항한 왜인들에게 시켰다.

10월 6일 11월 7일　식후에 우수사와 경상수사가 와서 만났다. 저녁에 웅천현감이 왔다. 그 편에 명나라 사신 양방형楊方亨이 부산으로 들어갔다는 말을 들었다. 이날 적에게 사로잡혔던 사람 24명이 나왔다.

10월 7일 11월 8일　맑음. 화창하기가 봄날 같다. 임치첨사가 보러 왔다.

10월 8일 11월 9일　맑음. 조카 완이 들어왔다. 진원珍原과 조카 해의 편지도 왔다.

10월 9일 11월 10일　맑음. 각처에 답장을 써서 보냈다. 대청 짓는 것을 다 마쳤다. 우우후가 와서 봤다.

　　덧붙이는 말　이순신은 계사년1593년 7월 한산도로 이진移陣해 오고 한 달 후 삼도수군통제사가 되었다. 삼도의 수군들도 모두 한산도로 와서 같이 진을 치고 살았다. 그러나 한산도 이진은 항구적인 것이 아니었다. 언제든지 명령에 따라 다른 곳으로 이진해 갈 수 있었기에 한산도에 영구적 건물을 신축할 입장이 아니었다. 그래서 이진하자마자 천막으로 군영을 구축하고 우물을 파고 활터를 닦은 뒤 그 옆에 정자를 지어 거기서 공무를 집행했다. 그러나 강화협상이 길어짐에 따라 한산도에 주둔하는 기간도 길어지자 이진 후 2년 만인 을미년1595년 4월 열흘 남짓의 공사로 활터 정자 위쪽에 간편한 건물을 지어(이를 대청이라 한다.) 거기서 공무를 보았다. 그 경에 망보는 누대(이를 수루라 했다.)도 짓고 수루에 붙여 방도 만든다. 이 대청과 수루방이 을미년 9월 녹도 하인의 실수로 불타 버리자 다시 열흘 남짓 만에 나무를 찍어 오고 긴급히 공사하여 이날 우선 대청 공사를 끝낸 것이다.

　이 대청(아마도 당시는 운주당이라 불렀을 것이다. 이순신은 고금도 시절에도 자신이 공무 보던 건물을 운주당이라 이름했다.)과 수루 등은 정유년1597년 7월 경상수사 배설이 배 12척을 갖고 도주할 때 모두 불태워 버렸다. 그 후 백수십 년이 지난 영조 15년1740년, 통제사로 부임한 조경趙儆이 폐허로 변한 한산도 옛 터를 살펴보고 옛날 운주당 자리를 더듬어 제승당을 짓고 수루 자리에는 다시 수루를 지었는데 그것도 많은 세월이 지나 또 허물어진 것을 박정희 대통령 시절에 재건축해 오늘에 이르게 된 것이다. 오늘날 우리가 보는 제승당과 수루의 멋진 건축물 모습을 보고 400여 년 전 이순신이 쓰던 대청과 수루를 연상하는 것은 난센스다.

10월 10일 11월 11일　맑음. 늦게 새로 지은 대청으로 나가 공무를 봤다. 우수사, 경상수사가 함께 와서 조용히 이야기했다.

10월 11일 11월 12일　맑음. 일찍 수루로 올라가 종일 다락방 공사를 감독했다.

10월 12일 11월 13일　맑음. 일찍 수루 위로 올라가 다락방 공사를 감독했다. 수루 서쪽에 사랑채를 만들어 세웠다. 저녁에 송홍득이 들어왔는데 망령된 말이 많았다.

10월 13일 11월 14일　맑음. 일찍 새로 지은 수루에 올라가 대청에 흙을 올려붙였다. 투항한 왜인들을 시켜 일을 끝마치도록 했다. 송홍득이 군관을 따라 나갔다.

10월 14일 11월 15일　맑음. 우수사, 경상수사, 사도첨사, 여도만호, 녹도만호 등이 와서 만났다.

10월 15일 11월 16일　맑음. 새벽에 망궐례를 올렸다. 저녁에 달빛을 타고 우수사에게로 가 작별의 술을 마셨다. 경상수사, 미조항첨사, 사도첨사도 함께 했다.

10월 16일 11월 17일　맑음. 새벽에 새로 지은 수루의 다락방으로 올라갔다. 우수사는 임치첨사, 목포만호 등을 데리고 떠났다. 그대로 새 다락방에서 잤다.

10월 17일 11월 18일　맑음. 아침에 가리포첨사, 금갑도만호가 와서 함께 아침 식사를 했다. 진주의 하응구, 유기룡 등이 계원미繼援米

20섬을 가지고 와 바쳤다. 부안의 김성업, 미조항첨사 성윤문이 와서 만났다. 정항이 돌아간다고 했다.

10월 18일 [11월 19일] 맑음. 권 수사와 우우후가 와서 봤다.

10월 19일 [11월 20일] 맑음. 아들 회와 면이 나갔다. 송두남이 장계를 가지고 서울로 갔다. 김성업도 돌아갔다. 이운룡이 보러 왔다. 계향유사繼餉有司[1] 하응문, 유기룡이 나갔다.

10월 20일 [11월 21일] 맑음. 늦게 가리포첨사, 금갑도만호, 남도포만호, 사도첨사, 여도만호가 왔기에 만나고 나서 술을 대접해 보냈다. 저물 무렵에 영등포만호도 와서 저녁밥을 먹고 돌아갔다. 이날 밤 바람이 몹시도 싸늘한 데다 차가운 달빛은 대낮같이 밝아 잠을 이루지 못하고 밤새도록 뒤척였다. 온갖 근심이 가슴을 치민다.

10월 21일 [11월 22일] 맑음. 이설이 휴가를 신청했으나 허가하지 않았다. 늦게 우우후 이정충, 금갑도만호 가안책賈安責, 이진의 권관 등이 와서 만났다. 바람이 몹시 싸늘해 누워도 잠이 오지 않았다. 공타원을 불러 왜적의 정세를 물어보았다.

10월 22일 [11월 23일] 맑음. 가리포첨사, 미조항첨사, 우후 등이 와서 봤다. 저녁에 송희립, 박태수, 양정언이 들어왔다. 임금께 보낼 전

---

1) 양식을 보급하는 책임자.

문을 모시고 갈 유생도 들어왔다.

10월 23일 11월 24일   맑음. 아침에 전문을 보낸 뒤에 대청으로 나가 공무를 보았다.

10월 24일 11월 25일   맑음. 경상수사가 보러 왔다. 하응구도 와서 종일 이야기하고 저물어서야 돌아갔다. 박태수와 김대복도 돌아간다고 했다.

10월 25일 11월 26일   맑음. 가리포첨사, 우후, 금갑도만호, 회령포만호, 녹도만호 등이 와서 보고 돌아갔다. 저녁에 정항이 돌아간다고 하므로 전별 술을 대접했다. 띠풀을 베기 위해 이상록, 김응겸, 하천수, 송의련, 양수개楊水漑 등이 군사 80명을 데리고 나갔다.

10월 26일 11월 27일   맑음. 임달영任達英이 왔다고 했다. 그를 불러서 제주에 가는 일2)에 대해 물어보았다. 방답첨사가 들어왔다. 송홍득과 송희립 등이 사냥하러 갔다.

10월 27일 11월 28일   맑음. 우우후와 가리포첨사가 왔다.

10월 28일 11월 29일   맑음. 경상우후가 와서 보았다. 띠풀을 베러 갔던 배가 들어왔다. 밤에 비가 오고 우레가 치는 것이 꼭 여름철 같

---

2)   병신년 2월 11일 일기 참조.

으니 괴이한 일이다.

10월 29일 11월 30일   맑음. 가리포첨사, 이진 만호가 돌아갔다. 경상수사, 웅천현감, 천성보만호가 함께 왔다.

☾ 11월 견내량을 지키며 적장의 움직임을 정탐하다

> 왜인들이 항복하면 기꺼이 받아들여 술도 먹이고, 왜인을 투항시킨 우리 군사들에게는 상을 내린다. 청어靑魚를 팔아 군량을 마련해야 하는 궁핍한 사정이 눈물겹다. 견내량 지역은 항상 예의 주시하며 정탐했고, 특히 적장의 움직임이 감지되면 바로 장수를 보내 정탐케 한다. 그 밖에 장수들을 불러 의논하고 지시하며 진지로 오고 가는 장수를 일일이 기재하는 일상은 이달에도 계속된다. 어머니의 평안을 확인하는 것이야말로 진지를 벗어날 수 없는 그에겐 변함없는 큰 기쁨이다.

11월 1일 12월 1일   새벽에 망궐례를 올렸다. 느지막이 나가 공무를 봤다. 사도첨사가 나갔다. 함평, 진도, 무장의 전선을 내어보냈다. 김희번이 서울에서 와서 조정의 조보朝報, 소식지와 영의정의 편지를 가져와 바쳤다. 원균의 답서도 가져왔는데 지극히 흉악하고 거짓되어 차마 입에 담을 수가 없었다. 천지간에 이 사람처럼 흉패하고 망령된 사람이 또 있을까? 투항해 온 왜인들에게 술을 먹였다. 오후에 방답첨사와 활 7순을 쏘았다.

11월 2일 12월 2일   맑음. 곤양군수 이극일李克一이 보러 왔다.

11월 3일 12월 3일　　맑음. 황득중이 들어와서, "왜선 2척이 청등[1]을 거쳐 흉도[2]에 이르렀다가 해북도[3]에 와서 불을 지르고 돌아갔는데, 돌아간 방향은 춘원포 쪽이다"라고 전하고는 새벽에 지도로 돌아갔다.

11월 4일 12월 4일　　맑음. 새벽에 이종호, 강기경 등이 들어와서 봤다. 변존서의 편지를 보니 조카 봉과 해 형제가 본영에 왔다고 했다.

11월 5일 12월 5일　　맑음. 남해현령, 금갑도만호, 남도포만호, 어란포만호, 회령포만호 및 정담수가 보러 왔다. 방답첨사, 여도만호를 불러서 이야기했다.

11월 6일 12월 6일　　맑음. 송희립이 들어왔다. 베어 놓았던[4] 띠풀 400동과 생칡 100동을 실어 왔다.

11월 7일 12월 7일　　맑음. 하동현감이 교서와 유서에 숙배했다. 경상수사가 경상순찰사서성 있는 곳에 갔다가 돌아왔다. 미조항첨사와 남해현령도 왔다.

---

1) 경상남도 거제시 사등면 청곡리 청포마을로 추정.
2) 경상남도 거제시 동부면.
3) 경상남도 거제시 둔덕면.
4) 10월 25일 일기 참조.

11월 8일 12월 8일　　맑음. 새벽에 조카 완과 종 경이 본영으로 돌아갔다. 늦게 김응겸, 경상도순찰사의 군관 등이 왔다.

11월 9일 12월 9일　　맑음. 여도만호 김인영이 들어왔다.

11월 10일 12월 10일　　맑음. 새벽에 경상도순찰사의 군관이 돌아갔다.

11월 11일 12월 11일　　맑음. 새벽에 임금의 탄신 축하례를 올렸다. 본영 탐후선이 들어왔다. 주부 변존서, 이수원, 이원룡 등이 왔는데, 그 편에 어머니께서 평안하시다는 말을 들으니 기쁘고 다행이다. 저녁에 이의득이 와서 봤다. 금갑도만호, 회령포만호가 나갔다.

11월 12일 12월 12일　　맑음. 발포가장假將으로 이설을 정하여 보냈다.

11월 13일 12월 13일　　맑음. 도양장에서 추수한 벼와 콩이 820섬이었다.

11월 14일 12월 14일　　맑음.

11월 15일 12월 15일　　맑음. 아버지 제삿날이라 공무를 보지 않았다. 홀로 앉아 옛날을 추억하노라니 그리움에 마음을 달랠 길 없다.

11월 16일 12월 16일　　맑음. 투항한 여문련기汝文戀己, 야시로也時老 등이 와서 왜인들이 도망가려 한다고 보고했다. 그래서 우우후를 시켜 그들을 잡아다가 그 주모자 준시俊時 등 2명을 골라내어 목을 베었다. 경상수사, 우후, 웅천현감, 방답첨사, 남도포만호, 어란포만호, 녹도만호가 왔는데, 녹도만호는 바로 떠났다.

11월 17일 12월 17일　맑음.

11월 18일 12월 18일　맑음. 어응린이 와서, 소서행장이 그 부하들을 데리고 바다로 나갔는데 어디로 갔는지 알 수 없다고 전했다. 그래서 경상수사에게 전령하여 바다와 육지로 정탐을 계속하게 했다. 늦게 하응문이 와서 군량을 계속해서 조달하는 일에 관해 보고했다. 조금 있으니 경상수사와 웅천현감 등이 와서 의논하고 갔다.

11월 19일 12월 19일　맑음. 이른 아침에 도망갔던 왜놈이 제 발로 와서 현신했다. 밤 10시쯤에 조카 분, 봉, 해와 아들 회가 들어왔다. 어머니께서 평안하시다고 하니 기쁘고 다행이다. 하응문이 돌아갔다.

11월 20일 12월 20일　맑음. 거제현령, 영등포만호가 보러 왔다.

11월 21일 12월 21일　맑음. 북풍이 종일 불었다. 새벽에 송희립을 보내어 견내량에 있는 적선의 상황을 조사하게 했다. 이날 저녁에 이종호가 곡식과 바꿔 오기 위해 청어 1만 3,240두름 1두름은 생선 20마리 을 받아 갔다.

11월 22일 12월 22일   맑음. 새벽에 동지 하례로 북향하여 임금께 숙배했다. 늦게 웅천현감, 거제현령, 안골포만호, 옥포만호, 경상우후 등이 왔다. 변존서와 조카 봉이 함께 떠났다.

11월 23일 12월 23일   맑으나 바람이 크게 불었다. 이종호가 하직하고 나갔다. 이날 견내량을 순찰하라고 경상수사를 정하여 보내고자 했으나, 바람이 몹시 사나워 떠나지 못했다.

11월 24일 12월 24일   맑음. 바람이 순해져서 순찰선이 견내량으로 나갔다가 임무를 마치고 밤 10시쯤에 진으로 돌아왔다. 변익성邊翼星이 곡포권관이 되어 왔다.

11월 25일 12월 25일   맑음. 식후에 곡포권관의 공식 인사를 받았다. 저녁나절에 경상우후가 와서 투항한 왜인 8명이 가덕도에서 나왔다고 전했다. 웅천현감, 우우후, 남도포만호, 방답첨사, 당포만호가 보러 왔다. 조카 분[5]과 이야기하다 보니 어느덧 밤 10시가 지났다.

11월 26일 12월 26일   아침에는 흐리다가 늦게 날이 개었다. 식후에 나가 공무를 봤다. 광양의 도훈도가 복병하러 나갔다가 도망가던 자들을 잡아 왔기에 처벌했다. 정오경에 경상수사가 왔다. 투항한 왜인 8명과 그들을 데리고 온 김탁金卓 등 2명이 같이 왔다기에 술을 먹였다. 그리고 김탁 등에게는 각각 무명 1필씩을 주어서 보냈

---

5) 늦게까지 이야기를 나눈 이분(李芬)은 공의 큰형 희신의 둘째 아들이다. 진중에서 공을 직접 보며 모셨기에 그가 쓴 『행록』은 공의 전기로서 신뢰가 높다.

다. 저녁에 유척柳滌과 임영林英 등이 왔다.

11월 27일 12월 27일   맑음. 김응겸이 이년목[6]을 베어 오기 위해 목수 5명을 데리고 갔다.

11월 28일 12월 28일   맑음. 나라 제삿날이라 공무를 보지 않았다. 유척과 임영이 돌아갔다. 조카들과 이야기하다 보니 밤이 깊어졌다.

11월 29일 12월 29일   맑음. 나라 제삿날이라 공무를 보지 않았다.

11월 30일 12월 30일   맑음. 남해에 가 있는 항왜 야여문, 신시로信是老 등이 왔다. 경상수사가 와서 만났다. 체찰사에게 보내는 전세와 군량 30섬을 경상수사가 받아 갔다.

---

6) 병기의 자루로 사용되는 참나무 일종.

🌙 12월 청어를 잡아 곡식으로 바꾸고, 체찰사를 만나 군량 확보에 최선을 다하다

> 사기가 떨어진 군사는 적과 싸워 이길 수 없고, 배고픈 군사는 힘을 내지 못해 싸울 수가 없다. 고기를 잡아 곡식과 바꾸어 부족한 군량미를 보충하고 체찰사를 만날 때마다 군사들에게 한턱내어 먹이는 것도 다 적과 싸워 이기기 위해서다.

12월 1일 12월 31일   맑음. 새벽에 망궐례를 올렸다.

12월 2일 1596년 1월 1일   맑음. 거제현령, 당포만호, 곡포만호 등이 와서 만났다. 술을 대접했더니 취해서 돌아갔다.

12월 3일 1월 2일   맑음.

12월 4일 1월 3일   맑음. 순천 2호선과 낙안 1호선으로 군사를 내보내려고 하였으나 바람이 순조롭지 못하여 출항하지 못했다. 조카 분과 해가 본영으로 갔다. 황득중과 오수 등이 청어 7,000여 두름을 싣고 왔기에 곡식 사러 나가는 김희방金希邦의 배에 세어 주었다.

12월 5일 1월 4일   맑으나 바람이 순하지 않았다. 몸이 불편한 것 같아 종일 나가지 않았다.

12월 6일 1월 5일　맑음. 늦게 경상수사가 와서 만났다. 저녁에 아들 울이 들어와 어머니께서 평안하시다고 하니 기쁘고 다행이다.

12월 7일 1월 6일　맑으나 바람이 순하지 못했다. 웅천현감, 거제현령, 평산포만호, 천성보만호 등이 와서 보고 갔다. 청주 이희남에게 답장을 써 부쳤다.

12월 8일 1월 7일　맑음. 우우후와 남도포만호가 와서 봤다. 체찰사의 전령이 왔는데, 가까운 시일에 소비포에서 만나자는 것이었다.

12월 9일 1월 8일　맑음. 몸이 불편하여 밤새도록 신음했다. 거제현령, 안골포만호 등이 와서 왜적이 물러갈 뜻이 없는 것 같다고 말했다. 하응구도 왔다.

12월 10일 1월 9일　맑음. 충청도순찰사박홍로 및 충청수사에게 공문을 작성하여 보냈다.

12월 11일 1월 10일　맑음. 조카 해와 분이 탈 없이 본영에 이르렀다는 편지를 보니 기쁘고 다행이지만, 그 고생한 형상을 무엇이라 말로 나타낼 수가 없다.

12월 12일 1월 11일　맑음. 경상수사가 와서 봤다. 우후도 왔다.

12월 13일 ^{1월 12일}　맑음. 초저녁에 종 돌세가 와서 말하기를, "왜선 3척과 소선 1척이 등산 바깥 바다로부터 나와 합포에 와 대어 있다"라고 했다. 이는 아마도 사냥하는 왜군인 것 같아 보이나 그래도 경상수사, 방답첨사, 우우후에게 정탐해 보게 했다.

12월 14일 ^{1월 13일}　맑음. 새벽에 경상수사 및 장수들이 정탐하러 합포로 나갔다. 과연 사냥 나온 왜인들이라 죽이지 않고 잘 타일러 보냈다 한다. 미조항첨사와 남해현령과 하동현감이 들어왔다.

12월 15일 ^{1월 14일}　맑음. 체찰사에게로 갔던 진무가 와서 18일에 삼천포에서 만나자고 하므로 서둘러 행장을 차렸다. 초저녁에 경상수사가 와서 봤다.

12월 16일 ^{1월 15일}　맑음. 새벽 4시쯤에 출항하여 달빛을 타고 당포 앞바다에 도착하여 아침밥을 먹고, 사량도의 뒤쪽[1] 바다에 도착했다.

12월 17일 ^{1월 16일}　비가 뿌렸다. 삼천포진 앞에 이른즉 체찰사가 지금 사천에 도착했다고 한다.

12월 18일 ^{1월 17일}　맑음. 아침밥을 먹은 뒤에 삼천포진으로 갔다. 정오 때에 체찰사가 진 내의 보[2] 안으로 들어와 같이 조용히 이

---

1) 경상남도 통영시 사량면 양지리 하도 부근.
2) 흙과 돌로 쌓은 작은 성.

야기했다. 초저녁에 체찰사가 또 같이 이야기하자고 청하므로, 밤 2시까지 이야기하다 헤어졌다.

12월 19일 1월 18일   맑음. 아침밥을 먹은 뒤에 나가 공무를 보고 따라온 군사들에게 음식을 먹였다. 다 먹은 뒤에 체찰사는 떠나가고, 나는 배로 내려왔다. 바람이 몹시 사나워 출항하지 못하고 그대로 삼천포에 머물러 밤을 지냈다.

12월 20일 1월 19일   맑음. 바람이 크게 불었다.

[12월 21일부터 30일까지 일기는 빠지고 없음.]

난중일기

丙申日記 / 병신일기

1596

설날에 어머니를 뵙고 온 그는 10월 출장을 이용해 다시 여수 본영서 어머니를 뵙는다. 며칠 같이 있으며 수연壽宴, 환갑잔치을 해드리는데 이때의 만남이 모자간 마지막 만남이다. 민생이 도탄에 빠지자 7월에 '이몽학李夢鶴의 난'이 일어났고, 9월에는 강화협상이 결렬된다. 일본은 재침을 준비하고 소서행장은 12월 요시라時羅를 이용해 이순신을 제거하기 위한 간계를 부린다.

☾ 1월 군량미를 마련하고 적을 경계하는
일상이 지속되다

> 병신년 설날은 하루 종일 어머니와 같이 지낸 뒤 다시 한산진으로 돌아온다. 왜적들은 간헐적으로 견내량 쪽으로 출몰하는데 그때마다 적을 물리치기 위해 군사를 보낸다. 생선 잡아 군자금을 마련해야 하는 사정이 후인들의 마음을 서글프게 한다.

1월 1일 1월 29일   맑음. 날이 샐 무렵 여수 고음내 어머니 계신 집에 도착했다. 어머님을 뵙고 인사 올렸다. 늦게 남양 아저씨와 신 사과가 와서 이야기했다. 저녁에 어머니께 하직하고 본영으로 돌아왔다. 마음이 몹시도 어지러워 밤새도록 잠을 자지 못했다.[1]

1월 2일 1월 30일   일찍 나가서 병기를 검열했다. 이날은 나라의 제삿날이다. 부장部將 이계가 비변사의 공문을 가지고 왔다.

1월 3일 1월 31일   맑음. 본영을 떠나 한산진으로 가려고 새벽에 바다로 내려갔다. 아우 여필과 조카들이 배 위에까지 따라왔다. 날이 밝자 서로 작별 인사를 나눈 후 출항하였다. 정오에 곡포 바

---

1) 본영의 군기를 검열하고 겸해서 설날 어머니를 뵈러 한산진을 떠나 여수 본영으로 간다. 날이 샐 무렵 고음천(곰내) 어머니 계신 곳으로 가 설날 저녁때까지 어머니와 함께한다.

다 가운데에 이르니 동풍이 약간 불었다. 상주포 앞바다에 이르니 바람이 자므로 노를 재촉하여 자정에 사량에 닿아 거기서 잤다.

1월 4일 2월 1일   맑음. 새벽 2시경에 첫 나팔을 불고 날이 새자 배를 띄웠다. 이여념이 먼저 보러 왔다. 그간 진중의 소식을 물으니 모두 보통 때와 다름없다고 했다. 오후 4시쯤 가랑비가 내리기 시작했다. 걸망포에 이르니 경상수사가 장수들을 거느리고 마중 나와 기다리고 있었다. 우후는 맨 먼저 배 위로 올라왔으나 몹시 취하여 정신을 차리지 못하고는 곧 자기 배로 돌아갔다. 송한련과 송한宋漢 등이, 청어 1,000여 두름을 잡아다 널었는데 내가 본영에 가 있는 동안에 잡은 것이 1,800여 두름이나 된다고 했다. 비가 크게 내렸고 밤새 그치지 않아서인지 장수들이 저물녘에 떠났는데 길이 질어 넘어진 사람이 많았다고 한다. 기효근과 김축이 휴가를 받아 돌아갔다.

1월 5일 2월 2일   종일 비가 내렸다. 먼동이 틀 때에 우후가 방답첨사와 사도첨사와 같이 문안하러 왔기에 서둘러 세수하고 밖으로 나가 그들에게 그동안의 지난 일을 물었다. 첨사 성윤문, 우우후 이정충, 웅천현감 이운룡, 거제현령 안위, 안골포만호 우수, 옥포만호 이담이 문안 왔다가 어두워서 돌아갔다. 이몽상도 권 수사의 심부름으로 와 문안하고 돌아갔다.

1월 6일 2월 3일   비가 계속 왔다. 오수가 청어 1,310두름을, 박춘양이 787두름을 바쳤는데 하천수가 받아다가 말리기로 했다. 황득중은 202두름을 바쳤다. 사도첨사가 술을 가지고 와서 "군량 500여 섬을 마련해 놓았다"라고 했다.

1월 7일 2월 4일　　맑음. 이른 아침에 이영남과 좋아 지내는 여인이 와서 말하기를 권숙權俶이 덤벼들기 때문에 피해 왔는데 내친김에 다른 곳으로 가겠노라고 했다. 늦게 경상수사 권준, 우후, 사도첨사, 방답첨사가 오고 권숙도 왔다. 낮 2시쯤에 견내량의 복병장인 삼천포권관이 달려와서 "투항한 왜인 5명이 부산에서 왔다"라고 하므로 그들을 데려오기 위해 안골포만호 우수와 공태원을 뽑아 보냈다. 날씨가 몹시 차고 서풍이 매서웠다.

1월 8일 2월 5일　　맑음. 입춘立春인데도 날씨가 몹시 추워 한겨울 같았다. 아침에 우우후와 방답첨사를 불러 약식을 같이 먹었다. 투항한 왜인 5명이 들어왔다. 그래서 항복하러 온 까닭을 물으니, 저희네 장수가 성질이 모질고 일을 너무 많이 시키므로 도망하여 와서 항복하는 것이라고 했다. 그들이 가져온 크고 작은 칼들을 거두어 다락 위에 두었다. 실은 그들은 부산에 있던 왜적이 아니고, 가덕도의 심안돈 부하였다.

1월 9일 2월 6일　　날이 음산하고 추워서 살을 에는 것 같다. 오수가 잡아 온 청어 360두름을 하천수가 실어 갔다. 각처에 공문을 써 보냈다. 저물 무렵에 경상수사가 와서 방어 대책을 논의했다. 서풍이 종일 불어서 배가 바다 밖으로 나가지 못했다.

1월 10일 2월 7일   맑았으나 서풍이 계속해서 크게 불었다. 아침에 적이 다시 나올지 안 나올지 점쳤더니 "수레에 바퀴가 없는 것 같다"라는 괘가 나왔다. 다시 또 쳐보니 "임금을 보고 모두 기뻐하는 것 같다"는 괘가 나왔다. 모두가 기쁘고 좋은 괘였다. 식사를 한 뒤에 대청으로 나가 공무를 봤다. 우우후와 어란포가 와서 만났다. 사도도 왔다. 세 위장을 시켜 체찰사가 보낸 물건을 사람들에게 나누어 주었다. 웅천현감, 곡포권관, 삼천포권관, 적량만호도 와서 봤다.

1월 11일 2월 8일   맑음. 서풍이 밤새도록 크게 불어 한겨울보다 훨씬 추웠다. 몸이 몹시 불편했다. 늦게 거제현령이 와서 경상수사 권준의 옳지 못한 일을 자세히 말했다. 광양현감김성金惺도 들어왔다.

1월 12일 2월 9일   맑았으나 서풍이 계속 크게 불어 추위가 혹독했다. 날이 거의 샐 무렵 꿈을 꾸었는데, 어느 한 곳에서 영의정과 이야기를 나누고 있었다. 한동안 둘 다 의관을 벗어 놓고 앉았다 누웠다 하면서 서로 나라 걱정을 털어놓다가 끝내는 억울한 사정까지 쏟아 내고 말았다. 얼마 후 바람이 불고 비가 퍼붓는데도 헤어지지 않고 그대로 조용히 이야기를 계속했다. 만일 서쪽의 적[2]이 급히 들어오고 남쪽의 적왜적까지 들이치게 된다면 임금은 어디로 가시랴 하고 걱정만 되뇌니 서로가 할 말을 알지 못했다. 꿈을 깨고 나서, 예전에 영의정이 천식을 심하게 앓는다고 들었는데 잘

---

2) 누르하치(努爾哈赤)의 여진족을 말한다.

나았는지 모르겠어 척자점(擲字占)을 쳐보았더니 "바람이 물결을 일으키는 것 같다"는 괘가 나왔다. 또 오늘은 어떤 길흉의 소식을 들을지 점쳤더니 "가난한 사람이 보물을 얻는 것과 같다"라는 괘가 나왔다. 이 괘는 매우 좋다. 어제저녁에 종 금을 본영으로 보냈는데 바람이 몹시 거세어 잘 갔는지 걱정이 된다. 늦게 나가 공무를 보며 각처의 공문을 처결해 보냈다. 낙안군수가 들어왔다. 웅천현감이 달려와서 보고하는데, 왜적선 14척이 와서 거제 금이포(金伊浦)[3]에 정박해 있다고 하였다. 그래서 경상수사에게 삼도의 장수들을 거느리고 가보게 했다.

1월 13일 2월 10일　맑음. 아침에 경상수사가 와서 견내량으로 나간다고 보고하고 배를 타고 떠났다. 늦게 대청에 나가 서류를 처결해서 보냈다. 체찰사에게 올리는 공문도 보냈다. 성균관의 종이 '유생들이 성균관의 학문을 다시 일으킨다'[4]는 통문을 전해 주고 떠났다. 이날 바람은 자고 날씨는 따뜻했다. 저녁 달빛은 대낮과 같고 잔바람도 일지 않았다. 홀로 앉아 있으니 마음이 산란하여 잠을 이루지 못했다. 신홍수(申弘壽)를 불러 그가 부는 퉁소 소리를 듣다가 밤 10시쯤 잠이 들었다.

1월 14일 2월 11일　맑았으나 바람이 크게 불었다. 저녁나절에야 바람이 잦고 날씨는 조금 따뜻해지는 듯하였다. 홍양현감이 들어왔

---

3) 경상남도 거제시 사등면 사등리 금포.
4) 성균관 건물의 중수(重修)를 말한 듯함.

다. 정사립과 김대복도 들어왔다. 조기趙琦와 김숙金㮨도 같이 와 밤늦게까지 이야기했다. 그 편에 연안에 있는 옥玉의 외조모가 작고했다는 기별을 들었다.

1월 15일 2월 12일　맑음. 새벽에 망궐례를 올렸다. 아침에 낙안군수와 흥양현감을 불러 식사를 같이 했다. 늦게 대청으로 나가 공문을 써 보내고 투항한 왜인들에게 술과 음식을 먹였다. 낙안과 흥양의 전선과 병기, 부속물 및 사부와 격군들을 점검하니 낙안의 것이 가장 엉성했다고 한다. 이날 저녁 달빛이 한결 더 밝으니 다들 올해는 풍년이 들 징조라 한다.

1월 16일 2월 13일　맑음. 서리가 눈처럼 내렸다. 늦게 나가 공무를 봤다. 더 늦게 경상수사, 우우후 등이 보러 왔다. 웅천현감도 와서 취해서 돌아갔다.

1월 17일 2월 14일　맑음. 방답첨사가 휴가를 받고서, 변존서, 조카 분, 김숙 등과 같은 배로 나갔다. 정오에 나가 공무를 봤다. 마음이 편치 않아 우후를 불러 활을 쏘았다. 그때 성윤문과 변익성이 와서 보고 함께 활을 쏘고서 돌아갔다. 어두울 무렵 강대수 등이 편지를 가지고 들어왔는데, 종 금이 16일에 본영에 도착했다 한다. 종 경이 돌아와 말하기를 아들 회는 오늘 그의 처가가 있는 은진으로 돌아간다고 했다.

1월 18일 2월 15일　맑음. 아침부터 종일 군복을 마름질했다. 곤양군수, 사천현감이 왔다가 취해서 돌아갔다. 동래현령정광좌이 급히 정세를 보고하기를, "왜인들은 이랬다저랬다 하면서 뭔가 속이는 것 같고, 유격 심유경은 행장소서행장과 함께 1월 16일에 먼저 일본으로 갔다"고 했다.[5]

1월 19일 2월 16일 맑고 따뜻했다. 늦게 나가 공무를 봤다. 사도첨사가 여도만호와 함께 왔고, 우후와 곤양군수도 왔다. 경상수사도 왔고 우우후까지 불렀다. 곤양군수가 술을 차려 내어 조용히 이야기했다. 부산에 심어 둔 네 사람이 와서 "심유경과 소서행장, 현소, 정성寺澤正成, 소서비小西飛[6]가 함께 1월 16일 새벽에 바다를 건너갔다"라고 소식을 전하기에 양식 3말을 주어 보냈다.[7] 서 순찰사가 며칠 후 진영한산도에 온다고 하기에 여러 가지 물건을 가지러 이 날 저녁 박자방朴自邦이 여수 본영으로 갔다. 오늘 메주를 쑤기 시작했다.

1월 20일 2월 17일 종일 비가 내렸다. 몸이 몹시 노곤하여 반 시간 가까이 낮잠을 잤다. 오후 2시경 메주를 만들어 온돌에 넣었다. 낙안군수가 와서 둔전에서 추수한 벼를 실어 왔다고 했다.

1월 21일 2월 18일 맑음. 아침에 나가 공무를 봤다. 체찰사 앞으로

---

5) 심유경과 소서행장은 거짓 방법으로라도 강화를 계속하고자 하여, 명나라 황제가 일본 풍신수길에게 전하는 꾸며진 조칙을 갖고 먼저 일본으로 갔는데, 이날 일기에는 그때의 일이 적힌 것 같다.
6) 소서행장의 부하.
7) 이순신은 적진(부산) 깊이 정보원을 심어 두고 있었다. 이들의 신변을 위해 비록 일기지만 그 이름을 밝히지 않고 있다. 그리고 그는 언제나 정보 제공에 대한 답례를 했다.

보낼 순천 관련 서류를 작성했다. 식후에 미조항첨사와 흥양현감이 보러 왔기에 술을 대접해 보냈다. 미조항첨사는 휴가를 신청했다. 늦게 대청으로 나가니 사도첨사, 여도만호, 사천현감, 광양현감, 곡포권관이 와서 보고 돌아갔다. 곤양군수도 왔다. 활 10순을 쏘았다.

1월 22일 2월 19일   몹시 춥고 바람도 차가워 종일 나가지 않았다. 저녁나절에 경상우후 이의득이 와서 그의 수사權俊의 경솔하고 주책없는 소행을 전했다. 이날 밤은 바람이 차고도 매서워서 아들과 조카들이 들어오는데 고생할까 염려되었다.

1월 23일 2월 20일   맑음. 바람이 찼다. 작은 형님의 제삿날이라 나가지 않았다. 심사가 몹시 어지러웠다. 아침에 옷 없는 군사 17명에게 옷을 주고는 여벌로 1벌씩 더 주었다. 종일 바람이 험했다. 저녁에 가덕에서 김인복金仁福이 보러 왔기에 적의 정세를 물어보았다. 밤 10시쯤에 아들 면, 조카 완, 최대성, 신여윤申汝潤, 박자방이 본영에서 왔다. 어머니께서 평안하시다는 편지를 받아보니 기쁘기 그지없다. 종 경이 오고 종 금은 애수愛壽 및 금곡 사는 종 한성漢城, 공돌孔石 등을 데리고 같이 왔다. 자정에야 잠자리에 들었다. 눈이 2치약 7cm나 내렸다. 근래에 없던 일이라고 한다. 이날 밤 몸이 몹시 불편했다.

1월 24일 2월 21일   날은 맑으나 북풍이 크게 불고 눈보라가 치며 모래까지 날려 사람이 걸어 다닐 수가 없고, 배도 움직일 수가 없었다. 새벽에 견내량의 복병이 달려와 보고하기를 어제 왜놈 1명이 복병한 곳에 와서 항복을 청한다고 하므로, 올려 보내라고 지시했다. 늦게 좌우후와 우우후 및 사도첨사가 보러 왔다.

1월 25일 2월 22일   맑음.

1월 26일 2월 23일   맑았으나 바람이 고르지 못했다. 나가서 공무를 보고 활을 쏘았다.

1월 27일 2월 24일   맑고 따뜻했다. 아침 식후에 나가 공무를 보았다. 장흥부사를 심문 조사한 뒤에 홍양현감과 함께 이야기했다. 경상우도순찰사서성가 들어왔다기에 오후 4시쯤 우수사의 진으로 가서 만나 보고 자정에야 돌아왔다. 사도의 진무가 화약을 훔치다가 붙잡혔다.

1월 28일 2월 25일   맑음. 정오에 순찰사가 와서 활도 쏘고 이야기도 했다. 순찰사가 나와 활쏘기를 겨루다가 7푼을 지자 성난 기색을 보여 우스웠다. 순찰사의 군관 3명도 모두 지고 밤이 된 후에 취해서 돌아갔다. 우습다.

1월 29일 2월 26일   종일 비가 왔다. 일찍 식사를 한 뒤에 경상도의 진으로 가서 순찰사와 같이 조용히 이야기했다. 오후에 또 활쏘기를 했는데, 순찰사가 9푼을 지고 김대복이 일등을 했다. 피리 소리를 듣다가 자정에야 헤어져 진으로 돌아왔다. 어두울 무렵에 화약을 훔치다 붙잡힌 사도 사람이 도망갔다.

1월 30일 2월 27일   비가 계속 오다가 저녁나절에야 개었다. 나는 공무를 보고 군관들은 활을 쏘았다. 천성보만호, 여도만호, 적량만호가 와서 보고 돌아갔다. 저녁에 청주 이희남의 종 4명과 준복俊福이 들어왔다

2월 장기화된 강화협상으로 군기가 어지러워지다

> 휴전 같은 강화 상황이 장기화되자 좋지 않은 일이 꼬리를 물고 일어난다. 잦은 문책과 인사, 한산도 생활에 염증을 내고 진지를 이탈하려 시도한 이억기, 그리고 여인들 문제 등. 그는 봄기운이 사람을 괴롭힌다며 자주 땀을 많이 흘린다. 그런 와중에도 백성을 해치는 관리들을 엄단함은 그의 철칙이다.

2월 1일 2월 28일 　아침에 흐렸다가 저녁나절에는 개었다. 장수들과 함께 활을 쏘았다. 권숙이 왔다가 취해서 돌아갔다.

2월 2일 2월 29일 　맑고 따뜻했다. 아들 울과 조기가 같은 배로 나갔다. 우후도 갔다. 저녁에 사도첨사가 와서 "어사의 장계로 인해 파직되었다"라고 전하므로, 바로 그에 관한 장계 초안을 작성했다.

2월 3일 3월 1일 　맑았으나 바람이 크게 불었다. 홀로 앉아서 아들이 떠난 것을 생각하니 마음이 편치 않았다. 아침에 장계를 수정했다. 경상수사가 보러 왔다. 그 편에 "적량만호 고여우가 장담년張聃年에게 소송을 당한 이유로 순찰사가 그를 파면시키려 한다"라고 쓴 장계의 글을 보았다. 어두울 무렵 어란만호가 복병하고 있던 견내량에서 와서, "부산의 왜놈 3명이 성주의 항왜들을 데리고 복병한 곳에 와서 장사하겠다 한다"라고 보고하였다. 그래서 곧 장흥부사에게 전령을 내려 내일 새벽에 가서 잘 살펴보고 쫓아 보내도록 했다. 이런 왜놈들이 어찌 장사만 하고자 하겠는가. 틀림없이 우리의 허실을 엿보려 함일 것이다.

2월 4일 3월 2일   맑음. 아침에 장계를 봉하여 사도 사람 진무성에게 부쳤다. 그 편에 영의정과 신식 두 집에 가는 문안 편지도 함께 부쳤다. 느지막이 흥양현감이 와서 보고 돌아갔다. 오후에 활 10순을 쏘았다. 여도만호, 거제현령, 당포만호, 옥포만호도 보러 왔다. 저녁에 장흥부사가 복병한 곳에서 돌아와 "왜놈들이 돌아갔다"고 했다.

2월 5일 3월 3일   아침에 흐리다가 저녁나절에 개었다. 사도첨사, 장흥부사가 일찍 왔기에 아침밥을 같이 먹었다. 식후에 권숙이 와서 돌아가겠다고 하므로 종이, 먹 2개, 패도佩刀, 휴대용 칼를 주어 보냈다. 늦게 사도의 장수들을 불러 모아 위로연[1]을 베풀고, 겸하여 활을 쏘고 풍악을 잡히다가 모두 취한 채 헤어졌다. 웅천현감이 손인갑孫仁甲의 옛 여인을 데리고 왔길래 장수들과 함께 가야금 몇 곡조를 들었다. 저녁에 김기실金己實이 순천에서 돌아왔는데, 그 편에 어머니가 편안하심을 알았다. 매우 기쁘고 다행이다. 우수사의 편지가 왔는데 약속한 기한을 늦추자고 한다. 한심하고 우스웠다.

---

1) 사도첨사 김완이 파면된 데에 관한 위로이다.

2월 6일 3월 4일　　흐림. 배를 만들도록 일러서 새벽에 목수 10명을 거제로 보냈다. 침방의 천장에서 흙이 많이 떨어져 수리하도록 했다. 사도첨사 김완이 조도어사의 장계로 인해서 파면되었다는 정식 기별이 와서 그를 본포^{사도진}로 보냈다. 순천별감 유侖와 군관 장응진張應軫 등을 처벌하고 나서 바로 수루로 들어왔다. 송한련이 숭어를 잡아 와서 여도첨사, 낙안군수, 홍양현감을 불러 함께 나누어 먹었다. 적량의 고여우가 큰 매를 안고 왔으나 오른쪽 발가락이 다 헐어 문드러졌으니 어찌하겠는가. 초저녁에 잠시 땀을 냈다.

2월 7일 3월 5일　　아침에 날은 흐리고 동풍이 크게 불었다. 몸이 좋지 않다. 늦게 나가서 군사들에게 음식을 풀어 먹였다. 장흥부사, 우후, 낙안군수, 홍양현감을 불러 이야기하다가 날이 저물어서야 헤어졌다.

2월 8일 3월 6일　　맑음. 이른 아침에 녹도만호가 와서 봤다. 아침에 벚나무 껍질을 벗겨 마름질했다. 늦게 손인갑의 옛 여인이 들어왔다. 한동안 지난 후 오철吳轍과 현응원玄應元을 불러들여 군사에 대한 일을 물어보았다. 저녁에 군량에 관한 장부를 정리하고, 홍양 둔전에서 추수한 벼 352섬을 받아들였다. 서풍이 크게 불어서 배를 띄울 수 없었다. 그 때문에 유황을 떠나보내려고 했지만 보내지 못했다.

2월 9일 3월 7일　　맑음. 서풍이 크게 불어 배가 다닐 수 없었다. 늦게 경상수사 권준이 와서 이야기하고 활 10순을 쏘았다. 저녁나절에는 바람이 그쳤다. 견내량과 부산에 있는 왜선 2척이 견내량 쪽으로 나왔다는 정보를 듣고서 웅천현감 및 우우후를 정찰하러 보냈다.

2월 10일 3월 8일　날이 맑고 온화했다. 일찍 박춘양이 대나무를 싣고 왔다. 아침에 웅천현감, 우우후가 견내량으로부터 돌아와서 왜놈들이 겁내어 떠는 꼴을 이야기했다. 늦게 나가서 태구생太仇生을 처벌했다. 저녁에 창고를 지을 장소를 직접 살펴보았다. 어두울 무렵 창녕 사람[2]이 술을 가져와 밤이 깊도록 마시다가 헤어졌다.

2월 11일 3월 9일　맑음. 체찰사에게 가는 공문을 만들어 보냈다. 보성의 계향유사 임찬林瓚이 소금 50섬을 실어 갔다. 임달영이 제주에서 돌아왔는데 제주목사[3]의 편지와 박대남朴大男, 김응수金應綬의 편지도 가지고 왔다. 늦게 장흥부사와 우우후가 왔기에 낙안군수와 흥양현감을 같이 불러 활을 쏘았다. 날이 막 어두워질 무렵에 영등포만호가 그 소실을 데리고 술을 갖고 와서 마시기를 권했다. 어린아이도 왔는데 좀 있다 돌아갔다. 땀을 흘렸다.[4]

2월 12일 3월 10일　맑음. 일찍 창녕 사람이 웅천현감의 별장으로 돌아갔다. 아침에 살대箭竹 50개를 경상수사에게 보냈다. 저녁나절

---

2)　5일과 8일의 일기에 나오는 손인갑의 옛 여인인 듯하다.
3)　이순신과 과거 동기인 이경록(李慶祿).
4)　이순신으로부터 신임을 받고 있던 영등포만호 조계종이 공의 외로움을 달래 주려고 아리따운 아가씨를 데려와 곁에 두게 하려다 해프닝으로 끝난, 웃음을 자아내는 이야기이다.

에 경상수사가 와서 같이 이야기했다. 저녁에 활을 쏘았는데, 장흥 부사와 흥양현감도 함께 쏘다가 어두울 무렵 헤어졌다. 어린아이가 다시 왔다가 밤들기 전에 돌아갔다.

2월 13일 3월 11일　맑음. 식사를 한 뒤에 나가 공무를 봤다. 강진현감이극신李克新의 기일 어긴 죄를 처벌했다. 가리포첨사는 미리 보고를 하고 늦게 왔으므로 타이르기만 하고 내보냈다. 영암군수박홍장朴弘章를 파직시킬 장계의 초본을 작성했다. 저녁에 어란포만호가 돌아가고 임달영도 돌아갔다. 제주목사에게 답장을 보내며 청어, 대구, 화살대, 곶감, 삼색 부채도 봉해 보냈다.

2월 14일 3월 12일　맑음. 늦게 나가 공무를 보고 장계 초본을 수정했다. 동복同福의 계향유사 김덕린金德麟이 와서 인사했다. 경상수사가 쑥떡과 초 한 쌍을 보내왔다. 낙안군수와 녹도만호 등을 불러서 쑥떡을 대접했다. 새로 지은 창고에 지붕을 이었다. 얼마 후 강진현감이 와서 인사하므로 위로하고 술을 대접했다. 저녁에 대나무 통을 이용하여 물을 부엌가로 끌어 들여 물 긷는 수고를 덜게 했다. 이날 밤바다의 달빛은 대낮 같고 물결은 비단결 같은데 혼자서 높이 수루에 와 앉아 있자니 마음이 몹시 어지러워 밤이 깊어서야 잠이 들었다. 흥양의 계향유사 송상문宋象文이 와서 쌀과 벼를 합해 7섬을 바쳤다.

> 덧붙이는 말　대나무 통을 이용해 우물에서 부엌으로 수도관을 만들어 군사들이 추운 겨울 물 긷는 고통을 덜어 주었

다. 그는 이같이 창의적 발상으로 부하들을 챙기고 사랑했으니 여기서 이순신 부대의 저력이 나온다.

2월 15일 3월 13일 새벽에 망궐례를 올리고자 했으나 비가 와 뜰이 젖어서 거행하지 못했다. 어두울 무렵에 들으니, 전라우도의 항왜들과 경상도의 항왜들이 같이 짜고 도망갈 계획을 꾸미려 한다고 하기에 전령을 내어 그쪽에다 이 정보를 알렸다. 아침에 화살대를 가려내어 큰 살대 111개와 그다음으로 큰 대 154개를 옥지에게 내주었다. 장계 초안을 수정했다. 늦게 나가 공무를 보는데 웅천, 거제, 당포, 옥포 우우후, 경상우후가 와 함께 만나고 들어갔다. 순천 둔전에서 추수한 벼를 내가 직접 보는 데서 받아들이게 했다. 동복의 계향유사 김덕린과 흥양의 계향유사 송상문 등이 돌아갔다. 저녁에 사슴 한 마리와 노루 두 마리를 사냥해 가지고 왔다. 이날 밤 달빛이 대낮 같고 물결은 비단결 같아서 자려 해도 잠이 오지 않았다. 아랫사람들은 밤새도록 술이 취해 노래를 불렀다.

2월 16일 3월 14일 맑음. 아침에 장계 초본을 수정했다. 늦게 나가 공무를 봤다. 장흥부사, 우우후, 가리포첨사가 와서 함께 활을 쏘았다. 요전번 승부 내기에서 진 군관들이 한턱을 내기에 다들 몹시 취해서 헤어졌다. 이날 밤은 너무 취해서 잠을 이루지 못하고 일어났다 누웠다를 반복하다 보니 새벽이 되었다. 봄의 노곤함이 이렇구나.

2월 17일 3월 15일 흐림. 나라 제삿날이라 공무를 보지 않았다. 식후에 아들 면이 본영으로 가고 박춘양과 오수는 조기 잡는 곳으로 갔다. 어제의 취기로 인해 몸이 몹시 불편했다. 저녁에 흥양현감이 와서 이야기하다가 저녁밥을 함께 먹었다. 미조항첨사 성윤문의 문안 편지가 왔는데, "방금 관찰사의 공문을 받고 바로 진주목사로 부임하게 되어 인사드리러 가지 못했다" 하고, 자기 후임은 황언실黃彦實이 맡게 되었다고 했다. 새 웅천현감 김충민金忠敏의 답장이 왔는데 임금의 유서를 아직 받지 못했다고 한다.[5] 이날 저물녘에 서풍이 크게 불어 밤새도록 그치지 않았다. 본영으로 떠나간 아들을 생각하니 걱정이 된다. 답답함을 어찌 다 말하랴. 봄기운이 사람을 한없이 노곤케 하는구나.

2월 18일 3월 16일   맑음. 식후에 나가 공무를 봤다. 서풍이 크게 불었다. 체찰사의 비밀 공문이 3통 왔다. 하나는 제주를 구원하기 위해 군사를 지원하는 일에 관한 것이고, 또 하나는 영등포만호 조계종을 심문하는 일에 관한 것이고, 다른 하나는 진도 전선을 아직은 독촉하여 모으지 말라는 것이었다. 저녁에 김국金國이 서울에서 들어왔는데 비밀 공문 2통과 책력 1권 그리고 기별지소식지를 가지고 왔다. 황득중이 철물을 실어다 바쳤다. 절節이 술을 가지고 왔다. 땀이 온몸을 적셨다.

2월 19일 3월 17일   맑았으나 바람이 크게 불었다. 아들 면이 잘 갔는지 몰라서 밤새 걱정했다. 이날 저녁에 "낙안의 군량선이 바람

---

5) 전 웅천현감 이운룡은 경상좌수사를 제수받았고, 김충민 자신은 웅천현감으로 제수받았으나 아직 유서와 밀부를 받지 못했다는 말이다.

에 막혀 사량에 대었는데 바람이 자면 출발한다"라고 들었다. 이 날 새벽에 경상도 진에 있는 항왜들을 묶어 와서 이곳에 있는 난여문亂汝文 등을 시켜 목을 베게 했다. 경상수사 권준이 왔다. 장흥부사, 웅천현감, 낙안군수선의문宣義問, 흥양현감, 우우후, 사천현감변속邊涑 등과 같이 부안에서 온 술을 마시며 이야기했다. 황득중이 가져온 총통 만들 쇠를 전부 저울로 달아 보관하게 했다.

2월 20일 3월 18일　맑음. 이른 아침, 조계종이 현풍수군 손풍련孫風連으로부터 소송을 당했기 때문에 대면 진술하려고 여기에 왔다가 돌아갔다. 늦게 나가 공무를 보고 공문을 처리하여 보냈다. 손만세孫萬世가 입대入隊에 관한 공문을 사사로이 만들었기에 그를 처벌했다. 오후에 활 7순을 쏘았다. 낙안, 녹도만호도 와서 같이 쏘았다. 비가 올 것 같다. 새벽엔 몸이 노곤했다.

2월 21일 3월 19일　새벽부터 궂은비가 내리다 늦게 그쳤다. 나가지 않고 혼자 들어앉아 있었다.

2월 22일 3월 20일　맑고 바람도 없었다. 아침 식사를 하고 나가 공무를 보니 웅천현감, 흥양현감이 와서 봤다. 흥양은 몸이 불편하다고 먼저 돌아갔다. 우우후, 장흥부사, 낙안군수, 남도포만호, 가리포첨사, 여도만호, 녹도만호가 와서 활을 쏘기에 나도 쏘았다. 손현평孫絃平도 왔다. 다들 몹시 취하여 헤어졌다. 이날 밤에도 땀을 흘렸다. 봄기운이 사람을 노곤하게 했다. 강소작지姜所作只가 그물을 가지러 본영으로 갔다. 충청수사가 화살대를 가져와 바쳤다.

2월 23일 3월 21일　　맑음. 일찍이 아침을 먹고 나가 공무를 보고, 둔전의 벼를 다시 되질하였다. 새로 지은 창고에 쌓은 것이 167섬으로, 줄어든 것이 48섬이다. 늦게 거제현령, 고성현령, 하동현감 최기준崔琦準, 강진현감, 회령포만호 등이 와서 고성에서 가져온 술을 같이 마셨다. 웅천현감도 저녁에 와서 다들 몹시 취했다. 밤 10시쯤에 자리를 파하고 돌아갔다. 하천수, 이진도 왔다. 방답첨사가 들어왔다.

2월 24일 3월 22일　　맑음. 식후에 나가 공무를 보고 둔전의 벼를 다시 되는 것을 감독했다. 우수사가 들어 왔다. 오후 4시경 비바람이 크게 일었다. 둔전의 벼를 다시 된 결과, 창고에 들여쌓은 것이 170섬으로, 줄어든 것은 30섬이다. 낙안군수가 갈렸다는 기별이 왔다.[6] 방답첨사, 흥양현감이 왔다. 본영으로 배를 내보내려다가 비바람으로 인해 중지했다. 밤새도록 비바람이 그치지 않았다. 몸이 무겁고 노곤했다.

2월 25일 3월 23일　　비가 오다가 정오쯤에 개었다. 아침에 장계 초안을 수정했다. 늦게 우수사가 오고 나주판관도 와서 봤다. 장흥부사가 와서 "수군의 업무 수행이 어려운 것은 관찰사홍세공가 방해하기 때문이다"라고 하였다. 이진이 둔전으로 돌아갔다. 춘절春節, 복춘福春, 사화士花가 본영으로 돌아갔다.

2월 26일 3월 24일　　아침에 맑다가 저물 무렵 비가 내렸다. 늦게 대

---

6)　낙안군수 선의문이 파직되고 임계영(任啟英)이 후임으로 온다.

청에 나갔다. 여도만호와 흥양현감이 와서 영리들이 백성을 못살게 해하는 폐단을 말했다. 놀라운 일이다. 바로 양정언과 영리 강기경, 이득종李得宗, 박취朴就 등을 중죄로 다스리는 동시에 경상도와 전라도의 못된 영리들을 잡아들이라고 전령을 냈다. 경상수사가 보러 왔다. 조금 있으니 견내량의 복병이 달려와서 보고하기를, "왜적선 1척이 견내량을 거쳐 들어와 해평장에 도착하려 하길래 정박하지 못하게 했다"라고 하였다. 둔전에서 받아들인 벼 230섬을 다시 되질하여 보니 32섬이 줄어 198섬으로 바로잡았다. 낙안군수와 이별주를 나누고 그를 전송했다.

2월 27일 3월 25일   흐리다가 늦게 개었다. 녹도만호 등과 함께 활을 쏘았다. 흥양현감이 휴가를 받아 돌아갔다. 둔전에서 받아들인 벼 220섬을 다시 되질하니 여러 섬이 줄었다.

2월 28일 3월 26일   맑음. 아침 일찍 침을 맞았다. 늦게 나갔더니 장흥부사와 체찰사의 군관이 이곳에 이르렀는데, 장흥부사는 "종사관이 전령을 가지고 자기를 잡아갈 일 때문에 왔다"라고 한다. 또 전령 중에는 "전라도 수군 중에서 우도의 수군이 전라좌·우도를 왔다 갔다 하면서 제주와 진도를 성원하라"는 명령도 있다고 한다. 우스운 일이다. 조정의 지도자가 이럴 수 있는가. 체찰사로서 계책을 내놓는다는 것이 참으로 무지하다. 나라의 일이 이러하니 어찌하랴, 어찌하랴. 저녁에 거제현령을 불러와 일을 물어본 뒤에 바로 돌려보냈다.

> **덧붙이는 말**   전라우수군이 한산도를 떠나 진도와 제주를 성원하면 수군의 본진이 약해져 적의 대세를 막을 수 없음이 명백한데도 우수사와 체찰사가 이 같은 계책을 세웠다 하니 이순신은 기가 막혔다. 체찰사의 무지뿐 아니라 이억기의 안일한 근무 태도를 몹시 못마땅하게 여겼다.

2월 29일 3월 27일 맑음. 아침에 공문의 초안을 수정했다. 식후에 나가 공무를 보고 있으니 우수사와 경상수사가 장흥부사와 체찰사의 군관을 데리고 왔다. 경상우도순찰사의 군관이 편지를 가지고 왔다.

2월 30일 3월 28일 맑음. 아침에 정사립으로 하여금 보고문을 쓰게 하여 체찰사에게 보냈다. 장흥부사도 체찰사에게 갔다. 해가 지려고 할 때 우수사가 보고하는 말이, "이제 바람도 따뜻해졌으니 제주, 진도 등지를 두루 돌아다니면서 시급히 성원 계획을 행해야 하겠으니 소속 부하를 데리고 본도^{전라우도}로 가고자 한다"라는 것이었다. 그 작심하고 하는 말이 몹시도 해괴하여 그의 군관 및 도훈도에게 곤장 70대를 때렸다. 우수사가 내심 견내량에서 복병하고 있기가 싫어서 하는 짓이라, 참으로 가소롭기 짝이 없다. 저녁에 송희립, 노윤발, 이원룡 등이 들어왔다. 송희립은 술까지 가지고 왔다. 심기가 몹시 불편하여 밤새도록 식은땀을 흘렸다.

☾ 3월 불편한 몸만큼 마음도 산란하다

> 식은땀을 흘리며 몸이 불편했던 날과 술을 마시거나 혹은 장수들에게 술 먹인 날이 거의 매일 계속된다. 한산도의 허술한 거처는 비바람에 창문이 깨지고 마니 하루를 편히 지낼 수가 없었다. 밤바다의 달빛은 이 나그네 장수를 한없이 산란하게 한다.

3월 1일 3월 29일   맑음. 새벽에 망궐례를 올렸다. 아침에 경상수사가 와서 이야기하고 돌아갔다. 늦게 해남현감 유형, 임치첨사 홍견, 목포만호 방수경方守慶 등을 기일 어긴 죄로 처벌했다. 해남현감은 이제 막 새로 부임해 왔으므로 곤장을 치지는 않았다.

3월 2일 3월 30일   맑음. 아침에 장계 초안을 수정했다. 보성군수가 들어왔다. 몸이 몹시 불편하여 공무를 보지 않았다. 기운을 차릴 수 없고 땀이 흐르니 이것이 병의 시초인 듯하다.

3월 3일 3월 31일   맑음. 이원룡이 본영으로 들어갔고 늦게 반관해潘觀海가 왔다. 정사립 등을 시켜 장계를 쓰게 했다. 이날은 명절삼짇날이라 방답첨사, 여도만호, 녹도만호, 남도포만호 등을 불러 술과 떡 화전을 대접했다. 일찍 송희립을 우수사에게 보내어 내 마음이 편치 않다고[1] 전하니, 그도 공손하게 대답하더라고 했다. 땀에 젖었다.

3월 4일 4월 1일　　맑음. 아침에 장계를 봉했다. 늦게 보성군수 안홍국을 기일을 어긴 죄로 처벌했다. 낮에 출항하여 곧바로 소근두[2]를 돌아 경상우수사가 있는 곳에 가서 그를 불렀다. 경상좌수사 이운룡도 왔다. 셋이서 조용히 이야기하고서 그대로 좌리도[3] 바다 가운데서 같이 잤다. 땀이 무시로 흘렀다.

3월 5일 4월 2일　　맑다가 구름이 끼었다. 새벽 4시경에 출항하여 해가 뜰 무렵에 견내량의 우수사가 복병하고 있는 곳에 도착하니, 마침 아침 먹을 때였다. 그래서 밥을 먹고 난 뒤에 서로 보고서 다시 우수사의 잘못된 점을 지적하니[4] 우수사는 사과하기를 마다하지 않았다. 이에 술자리를 마련하여 잔뜩 취했다. 돌아오다가 그대로 우우후 이정충의 장막으로 들어가 조용히 이야기하면서 또 술을 마셔 몸을 가누지 못했다. 큰비가 쏟아져 장막에 비가 들이치는 통에 나만 먼저 배로 돌아왔다. 우수사는 취해서 계속 누워 정신을 못 차리므로 작별도 못 하고 왔다. 우스웠다. 내 배에 돌아오니 회, 해, 면, 울과 수원 등이 함께 와 있었다. 비를 맞으며 진영 안으로 돌아와 보니 김혼金渾도 와 있었다. 같이 이야기하다가 자정이 되어서야 잤다. 여자 종 덕금德今, 한대漢代, 효대와 은진에 있는 여

---

1) 2월 30일 일기 참조.
2) 경상남도 통영시 한산면 염호리 소고포.
3) 경상남도 통영시 한산면 창좌리 좌도.
4) 2월 30일 일기 참조.

자 종도 왔다.

> **덧붙이는 말**　오늘은 이순신이 술 한잔하고 싶은 날이다. 한산도로 이진해 온 삼도수군은 바닷바람을 쐬며 군막 속에서 생활해야 했으니 시간이 지날수록 몸에는 병이 오고 정신은 어지러워져 갔다. 오랜 전쟁에 지친 그들은 고향이 그리웠을 것이고 한번 한산 진지를 벗어나면 두 번 다시 한산진영으로 돌아가고 싶지 않았을 것이다. 전라우수사 이억기 또한 그러했다.
> 　지난해 10월 16일, 해남 우수영 본영으로 간 이억기는 무슨 이유를 대서라도 기한을 미루며 한산도로 돌아가고 싶지 않았다.(2월 5일 일기 참조.) 그러나 통제사에게는 차마 그 마음을 말할 순 없었다. 그래서 체찰사이원익에게 부탁하여 위와 같은 일을 도모하려 한 듯하다. 즉, 체찰사에게 제주를 구원하기 위해 군사를 지원해야 한다 하고 그러려면 진도의 전선을 독촉해 부르지 말아야 하며 자신은 전라우수영에 남아 이 일을 해야 한다고 한 것이다.
> 　체찰사도 이억기의 뜻을 받아들여 "전라우도수군이 전라좌·우도를 왕래하면서 제주와 진도를 지원하라"는 전령을 내렸다.(2월 18일, 28일 일기 참조.) 그간의 제주도 사정까지 잘 알고 있는(을미년 10월 26일, 병신년 2월 11일 일기 참조.) 이순신은 이억기의 속마음을 간파했다. 이는 장수가 도모해야 할 일이 아니기 때문에 동의할 수 없었다. 특히 이원익까지 동조하는 것을 보고는 실망하여 체찰사의 계책을 비판한다.(2월 28일 일

기 참조.)

　이순신은 공사公事를 앞에 두고 사심에 움직이는 사람이 아니다. 나랏일을 앞에 놓고선 오직 나라의 안위만 문제였지 동료나 상사의 심기를 불편하게 하는지 여부는 문제가 되지 않았다. 그는 이억기의 늦은 귀환을 허가하지 않고 제때 오라고 불렀고 이억기는 명에 따라 2월 24일 한산도로 귀환한다. 돌아온 이억기는 그래도 본도해남로 가려고 시도했으나 이순신은 우수사의 부하 장수를 처벌함으로써 이억기를 압박했고 이원익에게는 항의했다.(2월 30일 일기 참조.)

　마침내 이날 3월 5일, 우수사가 이때까지 하려던 자기의 계책이 잘못되었음을 사과했고 이순신은 그를 위로한다. 어찌 한잔 술이 없을 수 있겠는가? 그 후 체찰사도 이순신에게 자신의 계책이 잘못되었다는 취지로 이순신에게 거듭 사과한다.(3월 12일, 26일 일기 참조.)

3월 6일 4월 3일　　흐렸으나 비는 오지 않았다. 새벽에 종 한대를 불러 사건의 내용을 물었다. 아침에 기분이 좋지 않았다. 식후에 하동현감신진申蓁과 고성현령이 보고하고 돌아갔다. 늦게는 함평현감최정립崔挺立과 해남현감도 보고하고 돌아갔고 남도포만호도 돌아갔는데 돌아올 기일을 5월 10일로 정해 주었다. 우우후와 강진현감에게는 초팔일이 지난 뒤에 나가도록 일렀다. 함평현감, 남해현령, 다경포만호 등이 칼 쓰기를 연습했다. 땀이 계속해 흘렀다. 사슴 세 마리를 사냥해 왔다.

3월 7일 4월 4일　　맑음. 새벽에 땀이 흘렀다. 늦게 나가 공무를 봤다. 가리포첨사, 방답첨사, 여도만호가 와서 보고 돌아갔다. 머리를 오랫동안 빗었다. 녹도만호가 노루 두 마리를 잡아 왔다.

3월 8일 4월 5일　　맑음. 아침에 안골포만호와 가리포첨사가 각각 큰 사슴 한 마리씩을 보내왔다. 식후에 나가 공무를 봤다. 우수사, 경상수사, 좌수사 이운룡, 가리포첨사, 방답첨사, 평산포만호, 여도만호, 우우후, 경상우후, 강진현감 등이 와서 함께 사슴고기를 안주로 하여 종일 술을 마시고는 취해서 헤어졌다.[5] 저녁에 잠시 비가 내렸다.

3월 9일 4월 6일　　아침에 맑다가 저물녘에 비가 왔다. 우우후 및 강진현감이 돌아가겠다고 하므로 취하도록 술을 대접했더니 다들 몹시 취했고 우우후는 취하여 쓰러져 돌아가지도 못했다. 저녁에 경상좌수사가 왔기에 작별의 술잔을 나누고는 취하여 대청에서 엎어져 함께 어울려 잤다.

3월 10일 4월 7일　　비가 왔다. 아침에 다시 경상좌수사를 청해 와 작별의 술잔을 나누고 전송했다. 온종일 무척 취하여 나가지 못했다. 수시로 땀이 났다.

3월 11일 4월 8일　　흐림. 해, 회, 완 및 수원이 여자 종 세 사람을

---

5)　이날은 이순신의 생일이다. 부하 장수들이 모여 2박 3일간 어울려 자며 그의 생일을 함께 즐긴다.

데리고 떠났다. 이날 저녁에 방답첨사가 성낼 일도 아닌데 공연히 성을 내어 지휘선의 갑판 요원에게 곤장을 쳤다니 놀랄 일이다. 바로 방답의 군관과 이방을 불러 군관에게는 매 20대, 이방에게는 매 50대를 때렸다. 늦게 구舊 천성보만호가 하직하고 떠나갔다. 새 천성보만호는 체찰사의 공문에 의해서 경상병사김응서에게 붙잡혀 있는 중이다. 나주판관이 왔기에 술을 대접해서 보냈다.

3월 12일 4월 9일 맑음. 아침밥을 먹은 뒤에 몸이 노곤하여 잠깐 잠을 잤다. 경상수사가 와서 같이 이야기했다. 여도만호, 금갑도만호, 나주판관도 왔는데 군관들이 술을 내왔다. 저녁에 소국진이 체찰사에게서 돌아왔는데, 그 회답에 우도의 수군을 우수영 본영으로 보내라는 것은 본의가 아니라고 하였다. 우습다. 또 그 편에 들으니, 체찰사로부터 원균충청병사은 곤장 40대를, 장흥부사는 곤장 20대를 맞았다고 한다.

3월 13일 4월 10일 종일 비가 왔다. 저녁에 견내량 복병이 달려와 보고하기를, "왜적선이 연이어 나오고 있다"라고 한다. 그래서 여도만호와 금갑도만호 등을 뽑아 탐색하러 보냈다. 봄비가 오는 가운데 몸이 노곤해서 드러누워 하루를 지냈다.

3월 14일 4월 11일 궂은비가 그치지 않는다. 새벽에 삼도에서 급한 보고가 왔는데, "견내량 근처의 거제 땅 세포에 왜적선 5척, 고성 땅에도 5척이 정박하여 상륙했다"고 한다. 그래서 삼도의 장수들에게 배 5척을 더 뽑아 보내도록 전령했다. 늦게 나가 공무를 보고 각처에 공문을 처결하여 보냈다. 아침에 군량에 대한 회계를 마감했다. 방답첨사, 녹도만호가 보고 갔다. 체찰사에게 공문을 보내려고 서류를 꾸몄다. 춘곤이 심해서인지 밤새도록 땀이 흘렀다.

3월 15일 4월 12일   맑음. 새벽에 망궐례를 올렸다. 가리포와 방답, 녹도가 와서 참례했고 우수사와 기타 사람은 오지 않았다. 늦게 경상수사가 와서 이야기하다가 취해서 돌아갔는데, 그때 아랫방에서 덕德이와 사담을 나눴다고 한다. 이날 저녁에 바다 위 달빛은 어슴푸레 밝았다. 몸이 노곤해 밤새도록 식은땀이 흘렀다. 자정에 비가 억수로 쏟아졌다. 낮에는 곤해서 머리를 빗었는데 땀이 무시로 흘렀다.

3월 16일 4월 13일   비가 퍼붓듯이 내리며, 종일 그치지 않았다. 오전 8시쯤부터 동남풍이 크게 일어 지붕이 뒤집힌 곳이 많았다. 문에 바른 종이가 다 떨어져서 비가 방 안으로 들이치니 사람이 괴로워 견딜 수가 없었다. 정오 때에야 바람이 그쳤다. 저녁에 군관들을 불러와서 술을 먹였다. 밤 1시쯤엔 비도 잠깐 그쳤다. 어제와 마찬가지로 땀이 흘렀다.

3월 17일 4월 14일   종일 가랑비가 내리더니 밤새도록 그치지 않았다. 저녁에 나주판관이 보러 왔기에 술을 취하도록 먹여 보냈다. 어두울 무렵에 박자방이 들어왔다. 이날 밤에 식은땀이 등까지 흘러 두 겹 옷이 흠뻑 다 젖고 이부자리도 젖었다. 몸이 많이 불편했다.

3월 18일 4월 15일　맑았으나 종일 동풍이 불고 날씨가 매우 찼다. 늦게 나가 공무를 본 뒤 소지소장 들어온 것을 처결했다. 방답첨사, 금갑도만호, 회령포만호, 옥포만호 등이 와서 만났다. 활 10순을 쏘았다. 이날 밤바다에 달은 어슴푸레 비치고 밤기운이 몹시 찬데 자려고 해도 잠이 오지 않았고 앉으나 누우나 편치 않았다. 계속 몸이 불편했다.

3월 19일 4월 16일　맑았으나 동풍이 크게 불고 일기는 매우 찼다. 아침에 새로 만든 가야금에 줄을 매었다. 늦게 보성군수가 못자리 판을 살펴볼 일로 휴가를 받아 김혼과 함께 배를 타고 나갔다. 종경도 같이 갔다. 정량丁良이 일이 있어 왔다가 곧 돌아갔다. 저녁에 가리포첨사와 나주판관이 보러 왔기에 술을 취하도록 먹여 보냈다. 어두운 후부터 풍세가 몹시 사나웠다.

3월 20일 4월 17일　종일 바람 불고 비가 와 나가지 않았다. 몸이 몹시 불편하다. 바람막이를 2개 만들어서 걸었다. 밤새도록 비가 왔다. 땀이 옷과 이불을 적셨다.

3월 21일 4월 18일　종일 큰비가 왔다. 초저녁에 곽란곽체이 나서 구토를 한 시간이나 했는데 자정이 되어서야 조금 가라앉았다. 몸을 뒤척이며 앉았다 누웠다를 반복하는데 괜한 고생을 하는 것 같아 내가 봐도 참 한심스럽다. 이날은 무료함이 심해서 군관 송희립, 김대복, 오철 등을 불러 종정도를 놓게 했다. 바람막이 3개를 더 만들어 달았는데 이언량과 김응겸이 이 일을 감독했다. 자정에야 비가 그치고 밤 2시쯤에 이지러진 달이 밝아지기 시작했다. 방 밖으로 나가 산보하였지만 몸은 몹시 피곤했다.

3월 22일 4월 19일   맑음. 아침에 종 금에게 머리를 빗게 했다. 늦게 우수사, 경상수사가 함께 보러 왔기에 술을 대접해 보냈다. 그 편에 들으니 작은 고래가 섬 위로 떠밀려 와서 죽었다고 하므로 박자방을 보냈다. 이날 저녁에도 무시로 땀이 났다.

3월 23일 4월 20일   맑음. 새벽에 정사립이 물고기로 기름을 많이 짜서 가져왔다고 했다. 오전 4시쯤 몸이 불편해 종 금이를 불러 머리를 만지게 했다. 늦게 나가 공무를 보고 각처의 서류를 처결하여 보낸 뒤 활 10순을 쏘았다. 조방장 김완이 들어왔다. 충청수군의 배 8척이 들어오고 우후도 왔다. 종 금이 편지를 가져왔는데, 어머니께서 편안하시다고 했다. 밤 9시가 지나 영등조계종이 그의 딸을 데리고 술병을 가지고 왔다 하나 며칠 전 일6)을 생각하고 나는 만나지 않았더니 11시가 지나서 돌아갔다. 이날 처음으로 미역을 땄다. 자정에야 잤는데 땀이 옷에 흠뻑 젖어 갈아입고 잤다.

3월 24일 4월 21일   맑음. 새벽에 미역을 따러 나갔다. 헌 활집은 베로 만든 것이 8개, 무명으로 만든 것이 2개였는데 그중 활집 하나를 고쳐 만들려고 거기에 필요한 감을 내주었다. 아침 식사를 한 뒤에 나가 공무를 보고, 마량첨사 김응황金應璜, 파지도권관 송세응

---

6) 2월 11일 일기 참조.

朱世鷹, 결성현감 손안국 등을 처벌했다. 늦게 우후가 가져온 술을 방답, 평산포, 여도, 녹도, 목포와 함께 마셨다. 나주판관 어운급魚雲伋에게는 4월 15일까지 휴가를 주어 보냈다. 저물녘 몸이 심히 피곤하고 무시로 땀이 흐르니 비가 올 징조다.

3월 25일 4월 22일 새벽에 비가 내리기 시작하여 종일 내렸고 잠시도 그치지 않았다. 수루에 기대어 저녁나절을 보냈는데 생각이 점점 산란해졌다. 머리를 한참 동안 빗었다. 낮에는 땀이 옷에만 배더니 밤에는 옷 두 겹이 젖고 방바닥까지 젖었다.

3월 26일 4월 23일 날이 맑고 남풍이 불었다. 늦게 나가 공무를 보았다. 조방장, 방답첨사, 녹도만호가 와서 활을 쏘았다. 경상수사도 와서 이야기했다. 체찰사의 전령이 왔는데, "전일에 전라우도의 수군을 그들 본영으로 돌려보내라고 한 것은 회계回啓를 잘못 본 때문이다"라고 하였다. 무엇을 잘못 보았다는 것인지 우습다.

3월 27일 4월 24일 날이 맑고 남풍이 불었다. 늦게 나가 활을 쏘았다. 우후와 방답첨사도 오고 충청도의 마량첨사, 임치첨사, 결성현감, 파지도권관이 함께 왔다. 모두에게 술을 대접해 보냈다. 저녁에 신 사과와 아우 여필이 같은 배로 들어왔다. 그 편에 어머니께서 편안하시다는 말을 들으니 기쁘고 다행이다.

3월 28일 4월 25일 궂은비가 오고 종일 개지 않았다. 출근하여 공문을 만들어서 나누어 보냈다. 충청도 수군 여러 사람을 시켜 충청도 부대 앞에 다시금 목책을 설치해 방비를 제대로 갖추게 하였다.

3월 29일 4월 26일   궂은비가 그치지 않았다. 늦게 부찰사이정형의 통지문이 왔는데 성주[7]에서 진으로 온다고 했다.

---

7) 체찰사의 관부가 있는 곳.

🌙 4월 적의 우두머리 풍신수길이 사망했다는 헛소문을 듣다

> 항왜들은 국익에 도움이 되면 술을 먹여 대우했고, 국익에 해가 되면 목을 쳤다. 풍신수길이 죽었다는 소문이 났다. 전쟁 중에 헛소문이 많이 나도는 것은 예나 지금이나 같은가 보다. 이달은 초순에 부찰사와 암행어사가 연이어 열흘 이상 부대를 위문하고 감찰한 것과 하순에 그가 일주일 이상 연속해 목욕을 했다는 것이 특이하다. 바다에서 주둔하는 생활이 길어지면서 이순신의 몸에도 습열濕熱 등 이상이 나타난다.

4월 1일 4월 27일   큰비가 왔다. 신 사과와 함께 이야기했다. 비는 종일토록 계속해서 왔다.

4월 2일 4월 28일   늦게 갰다. 저물녘에 경상수사가 부찰사를 마중하러 나갔다. 신 사과도 같은 배를 타고 함께 갔다. 이날 밤 몸이 몹시 불편했다.

4월 3일 4월 29일   맑았으나 종일 동풍이 불었다. 어제저녁에 견내량 복병이 달려와 "왜놈 4명을 잡았는데 부산에서 장사하러 나왔다가 바람에 표류되었다고 한다"라고 했다. 그래서 새벽에 녹도만호 송여종을 보내어 그렇게 된 까닭을 묻고 행적을 살펴보게 했던 바, 정탐하러 온 것이 분명하므로 이들의 목을 베었다. 우수사에게 가보려다 몸이 불편하여 가지 못했다.

4월 4일 4월 30일   흐림. 아침에 오철이 나갔고 종 금이도 같이 나갔다. 아침에 체찰사의 공문을 연폭으로 해서 벽에 붙였다. 여러 장수의 표신신분증을 고쳤다.[1] 충청도 부대에 목책을 쳤다. 늦게 우수사에게 가보고 취해서 이야기하다가 돌아왔다. 오후 8시가 지나서야 저녁을 먹었다. 가슴이 뜨겁고 땀에 젖었다. 밤 10시께 잠깐 비가 내리다 그쳤다.

4월 5일 5월 1일   맑음. 부찰사가 들어왔다.

4월 6일 5월 2일   흐렸으나 비는 내리지 않았다. 부찰사가 활쏘기를 시험했다. 저녁에 나와 우수사 등이 부찰사에게 갔다. 부찰사와 함께하며 군사들에게 음식을 먹였다.

4월 7일 5월 3일   맑음. 부찰사가 나와 앉아서 군사들에게 상賞을 나누어 주었다. 새벽에 부산 사람이 들어왔는데, "명나라 사신이종성李宗城이 달아났다"라고 한다. 무슨 일인지 모르겠다. 부찰사는 한산도 입봉立峯에 올라갔다. 점심을 먹은 뒤에는 두 수사와 함께 이

---

1) 위 일기의 상단을 "체찰사에게 갈 공문을 만들었다. 여러 장수의 청원 사항을 표로 만들어 벽에 붙였다"라는 취지로 보는 견해도 있다.

야기했다.[2]

4월 8일 5월 4일   종일 비가 왔다. 늦게 들어가 부찰사와 마주 앉아 술을 마셨다. 몹시 취한 채 관등觀燈[3]을 하고 헤어졌다.

4월 9일 5월 5일   맑음. 이른 아침에 부찰사가 떠나가므로 배를 타고 포구로 나갔다. 함께 배에서 이야기한 뒤 작별했다.

4월 10일 5월 6일   맑음. 아침에 암행어사가 들어온다는 기별을 들었기 때문에 수사 이하 모두가 포구에 나가 기다렸다. 조붕이 보러 왔다. 그 모습을 보니 오랫동안 학질을 앓아서 살이 무척 야위어 있었다. 매우 딱했다. 늦게 암행어사가 들어왔는데 같이 앉아 이야기하다가 촛불을 밝힌 뒤 헤어졌다.

4월 11일 5월 7일   맑음. 어사와 같이 아침을 먹고 조용히 이야기했다. 늦게 장수들에게 위로연을 베풀고 활 10순을 쏘았다.

4월 12일 5월 8일   맑음. 아침 후 어사가 밥을 지어 군사들을 먹인 뒤에 활 10순을 쏘았다. 종일 이야기했다.

---

2) 1596년 1월 심유경은 정사(正使) 이종성과 부사(副使) 양방형을 부산에 머물게 하고 소서행장과 함께 일본에 갔다. 누가 이종성에게 "풍신수길이 명으로부터 봉작을 받을 의사가 없으니 그대를 가두어 곤욕을 보일 것이오"라고 하자 이종성은 두려워 한밤중에 도망갔다.(『징비록』)

3) 관등은 4월 초파일에 석가모니의 탄생을 축하하여 연등을 다는 행사이나, 여기서는 연등의 불꽃을 구경했다는 의미이다. 유교의 나라인 조선에도 초파일 관등의 풍습은 예전처럼 이어져 왔고 이곳 한산도에서도 관등을 할 수 있었던 것 같다.

4월 13일 5월 9일　맑음. 아침밥을 어사와 같이 먹었다. 떠나는 어사를 작별하러 포구로 나갔더니 남풍이 크게 불어 배가 더 이상 나갈 수 없었다. 부득이 선인암으로 가서 종일 이야기했다. 해 질 무렵에야 바람이 자길래 그제야 작별했다. 저물어 거망포결망포에 이르렀다. 어사는 잘 갔는지 모르겠다.

4월 14일 5월 10일　궂은비가 종일 왔다. 아침을 먹고 나가 공무를 보았다. 홍주판관과 당진포만호가 와 교서에 숙배했다. 뒤에 충청우후 원유남에게 곤장 40대를 치고 당진만호에게도 같은 벌을 주었다.

4월 15일 5월 11일　맑음. 아침에 단오절 진상품을 봉해서 곽언수에게 주어 보냈다. 영의정, 판부사정탁鄭琢, 판서 김명원, 지사 윤자신, 조사척조경, 신식, 남이공 앞으로 편지를 써 보냈다.

4월 16일 5월 12일　맑음. 아침 식사 후 나가 공무를 보면서 항왜 난여문 등을 불러 불을 지른 왜놈 3명이 누구누구인지 물어 찾아내 처형했다. 우수사, 경상수사와 같이 아우 여필이 가져온 술을 마셨다. 가리포첨사, 방답첨사도 같이 마시며 이야기하다가 밤이 되어서야 헤어졌다. 이날 밤바다에는 달빛이 차갑게 비치고, 잔물결 한 점 일지 않았다. 다시 땀을 흘렸다.

4월 17일 5월 13일　맑음. 아침 식사 후 아우 여필 및 아들 면이 종을 데리고 돌아갔다. 늦게 여러 공문을 처결하여 보냈다. 이날 저녘 아들 울이 안위를 만나고 왔다.

4월 18일 ⁴⁾ 5월 14일   맑음. 식전에 각 고을과 포구에 공문과 소지를 처결해 보냈다. 체찰사에 가는 공문도 내보냈다. 늦게 충청우후, 경상우후, 방답첨사, 조방장 김완과 활 20순을 쏘았다. 마도⁴⁾의 군관이 복병한 곳으로 투항한 왜놈 1명을 잡아 왔다.

4월 19일 5월 15일   맑음. 습열로 인해 침을 20여 군데나 맞았더니 속에 번열이 나는 것 같아 종일 방에서 나가지 않았다. 어두울 녘에 영등포만호가 와서 만나고 돌아갔다. 남자 종 목년과 금화今花, 풍진風振 등이 와서 인사했다. 이날 아침에 남녀문南汝文⁵⁾을 통해 풍신수길이 죽었다는 말을 들었다. 과연 그렇다면 얼마나 기쁘랴마는 믿을 수 없다. 이 소문은 진작부터 퍼졌지만 아직 확실한 기별은 오지 않았다.

4월 20일 5월 16일   맑음. 경상수사가 와서 내일 놀러 오라고 나를 초청했다. 활 10순을 쏘았다.

4월 21일 5월 17일   맑음. 아침 식후에 경상수사의 진으로 가는 길에 우수사의 진에 들러 우수사와 함께 경상수사의 진으로 갔다. 종일 활을 쏘고 잔뜩 취해서 돌아왔다. 조방장 신호가 병으로 자

---

4)   전라남도 강진군 마량리.
5)   남녀문은 난여문이라고도 하며 동일인이다. 이순신은 남녀문을 통해 항복한 왜인들을 다스렸다.

기 사가로 돌아갔다. 영인초사이 왔다.

4월 22일 5월 18일   맑음. 아침 식후에 나가 공무를 보았다. 부산의 허내은만許內隱萬이 보낸 고목에 "명나라 사신이종성이 달아나고 부사 양방형는 여전히 왜놈의 진영에 있는데, '사신이 4월 8일에 달아난 사유'를 명나라 조정에도 알렸다"라고 했다.[6] 김 조방장이 와서 노천기盧天起가 술을 먹고 주책없이 굴다가 본영 진무 황인수黃仁壽, 성복成卜에게 욕을 당했다 하므로, 곤장 30대를 때렸다. 활 10순을 쏘았다.

4월 23일 5월 19일   맑음. 흐리다가 늦게 개었다. 아침에 첨지 김경록이 들어왔다. 일찍 아침밥을 먹고 나가 공무를 보고 김 첨지와 같이 술을 마셨다. 늦게 군사들 중에서 힘센 자들을 뽑아 씨름을 시켰더니, 성복이란 자가 우승을 했다. 그래서 상으로 쌀 1말을 주었다. 충청우후 원유남, 마량첨사, 당진만호, 홍주판관, 결성현감, 파지도권관, 옥포만호 등과 같이 활 10순을 쏘았다. 자정에 영인이 돌아갔다.[7]

4월 24일 5월 20일   맑음. 식사를 한 뒤에 목욕을 하고 나와, 장수들과 함께 이야기했다.

---

6) 허내은만은 이순신이 부산에 심어 둔 첩보원인데, 며칠 전 들은 의문점(4월 7일 일기 참조.)을 부산 허내은만에게 물었더니 위와 같은 보고가 온 것이다.

7) 영인이 누구길래 진영에 들어와 2박 3일을 지나고 자정에 돌아갔을까? 그가 누구인지는 알 수 없으나 재밌는 점은 그가 돌아가고 나서 이순신은 9일이나 계속해 매일 목욕을 했다는 사실을 일기에 기록한 것이다.

4월 25일 5월 21일　맑으나 남풍이 크게 불었다. 일찍 목욕탕에 들어가서 오랫동안 있었다. 저녁에 우수사가 와서 이야기하고 돌아갔다. 또 목욕탕에 들어갔다가 물이 너무 뜨거워 오래 있지 못하고 도로 나왔다.

4월 26일 5월 22일　맑음. 아침에 들으니 체찰사의 군관이 경상수사 진영으로 갔다고 한다. 식후에 목욕을 했다. 늦게 경상수사가 와서 만나고 돌아갔고 체찰사의 군관 오窊도 왔다. 김양간이 소를 실어 오기 위해 본영여수 좌수영으로 갔다.

4월 27일 5월 23일　맑음. 저녁에 목욕을 한 차례 했다. 올려 보낸 공문에 대한 체찰사의 회답이 왔다.

4월 28일 5월 24일　맑음. 아침과 저녁 두 차례 목욕을 했다. 장수들이 모두 다녀갔는데 경상수사만 뜸을 뜨느라 오지 못했다.

4월 29일 5월 25일　맑음. 저녁에 한 차례 목욕을 했다. 남녀문으로 하여금 투항한 왜인 사고여음沙古汝音의 목을 베게 했다.

4월 30일 5월 26일　맑음. 저녁에 한 차례 목욕을 했다. 우수사가 보러 왔다. 충청우후도 보고 돌아갔다. 늦게 부산의 허내은만의 고목이 왔는데, "소서행장이 군사를 철수하여 돌아갈 뜻이 있는 것 같다"라고 했다. 김경록이 돌아갔다. 어머니께서 편안하시다는 편지가 왔다.

🌙 5월   강화회담과 관계없이 바다 지키는 데 빈틈이 없다

> 소용돌이치는 강화 정국의 종말이 점차 다가오고 있었다. 이순신은 강화회담이 결렬될 것으로 예견하고 있었기에 조금도 방심하지 않고 바다를 지키는 일에 온 신경을 다 쓴다. 몸은 아파 끙끙 앓으면서도 통제사의 일상은 빈틈없이 계속된다.

5월 1일 5월 27일   흐렸으나 비는 오지 않았다. 경상수사가 와서 보고 돌아갔다. 한 차례 목욕했다.

5월 2일 5월 28일   맑음. 일찌감치 목욕하고 진으로 돌아왔다. 쇠를 녹여 총통 두 자루를 만들었다. 조방장 김완과 조계종이 와서 봤다. 우수사가 김인복의 목을 베어 효시했다. 이날은 공무를 보지 않았다.

5월 3일 5월 29일   맑음. 가뭄이 너무 심해 한산도에도 물이 말랐다. 근심되고 괴로운 맘을 어찌 다 말하랴! 경상우후가 와서 활 15순을 쏘았다. 저물어서 숙소로 돌아왔다. 총통 두 자루를 더 만들려 했으나 만들지 못했다.

5월 4일 5월 30일   맑음. 이날은 어머니 생신인데 헌수하는 술 한

잔도 올려 드리지 못하니 마음이 편치 않다. 밖에 나가지 않았다. 오후에 전라우수사의 업무 보는 관사에 불이 나 모두 타버렸다. 이날 저녁 문촌공文村公이 부요순천 주암로부터 오면서 조종趙琮의 편지를 가지고 왔는데, 조정趙玎이 4월 1일에 세상을 떠났다고 한다. 슬프고 애석하다. 우후가 앞산 마루에서 여귀[1]에게 제사여제를 지내기로 했다.

> **덧붙이는 말** 위 일기의 여제를 지낸 사연에 관해서는 다음과 같은 일화가 있다. "어느 날 조문을 지어 유행병으로 죽은 이들을 제사 지내려고 하는데, 그날 새벽꿈에 한 떼거리 사람들이 이순신 앞으로 와서 원통함을 호소했다. 이순신이 왜 그러냐고 물었더니 그들이 대답하기를 '오늘 제사에 전쟁 때 죽은 자나 병으로 죽은 자들은 모두 얻어 먹었지만 우린 그들과 어울리지 못하기 때문입니다'라고 했다. 이순신이 '그러면 너희들은 무슨 귀신이냐?' 하고 물으니 '우리는 물에 빠져 죽은 귀신입니다' 하고 대답했다. 잠자리에서 일어나 제문을 다시 읽어 보니 과연 그 글 속에는 물에 빠져 죽은 자들이 적혀 있지 않았다. 이순신은 다시 주위에 명령해 그들도 함께 제사를 지내도록 했다."

5월 5일 5월 31일 맑음. 이날 새벽에 여제를 지냈다. 아침 일찍 식사를 마치고 공무를 보았다. 회령포만호가 교서에 숙배한 뒤에 장

---

1) 제사를 못 받고 떠도는 귀신.

수들이 모여서 회합하는 의식을 진행하였다. 의식을 마친 다음 들어가 앉아서 위로연을 베풀고 술을 네 순배 돌렸다. 몇 순배 돌리고 나서 경상수사가 씨름을 시켰는데 낙안군수 임계형林季亨이 장원이었다. 밤이 깊도록 이들을 즐겁게 마시고 뛰놀게 한 것은 내 스스로 즐기려고 한 것이 아니라, 단옷날을 맞아 오랫동안 고생한 장병들의 노고를 풀어 주고 싶어서다.

5월 6일 6월 1일   아침에는 흐리더니 늦게는 큰비가 왔다. 가뭄 끝에 농민의 소망을 흡족하게 채워 주니 기쁘고 다행한 마음 이루 말할 수 없다. 비 오기 전에 활 5, 6순을 쏘았다. 비가 밤새도록 그치지 않았다. 초저녁 무렵 총통 만들 때 쓰는 숯을 쌓아 둔 창고에 불이 일어나 다 타버렸다. 이는 감독관監官들이 새로 받아들인 숯을 쌓으면서 묵은 불을 살피지 않은 탓이다. 한탄스럽다. 아들 울과 김대복이 같은 배로 나갔다. 큰비가 쏟아졌는데 잘 갔는지 모르겠다. 밤새도록 앉아 걱정했다.

5월 7일 6월 2일   계속 비가 오다 저녁나절에 개었다. 울이 이날 잘 도착했는지 몰라 계속 걱정이 된다. 밤에 앉아 걱정하고 있을 때 문 두드리는 소리가 나기에 열고 물어보니 바로 이영남이 왔다는 것이다. 어서 불러들여 조용히 옛날 지내던 일을 이야기했다.[2]

5월 8일 6월 3일   맑음. 아침에 이영남과 함께 이야기하고 늦게 나

---

2)   이영남은 지난해 함경도 강계에서 여진족을 방비하다 이순신에게 돌아온 듯하다.

가 공무를 봤다. 경상수사가 와서 봤다. 활 10순을 쏘았다. 몸이 몹시 불편하여 두 번이나 구토를 했다. 이날 영산 이중李中의 무덤이 왜적에 의해 파헤쳐졌다는 말을 들었다. 저녁에 조카 완이 들어왔다. 김효성도 오고 비인[3]현감도 들어왔다.

5월 9일 6월 4일　　맑음. 몸이 몹시 불편하여 나가지 않았다. 이영남과 함께 서관[4]의 일을 이야기했다. 날이 저물자 비가 뿌리더니 새벽까지 그치지 않았다. 부안의 전선판옥선에서 불이 났으나 심하게 타지 않아 천만다행이다.

5월 10일 6월 5일　　맑음. 나라 제삿날이라 공무를 보지 않았다. 몸이 불편하여 종일 신음했다.

5월 11일 6월 6일　　맑음. 새벽에 일어나 이영남과 진지한 대화를 했다. 식후에 나가 공무를 보고, 비인현감 신경징申景澄에게 기일을 어긴 죄로 곤장 20대를 쳤다. 또 순천 격군을 감독하는 감관 조명趙銘에 대해서도 죄를 물어 곤장을 쳤다. 몸이 불편하여 일찍 들어와 신음했다. 거제현령, 영등포만호가 이영남과 같이 잤다.

5월 12일 6월 7일　　맑음. 이영남이 돌아갔다. 몸이 불편하여 종일 신음했다. 김해부사의 긴급 보고가 왔고, 부산에서 왜적에게 붙었

---

3)　충청남도 서천군 비인면.
4)　황해도와 평안도. 즉 임금이 계신 곳.

던부적인附賊人 김필동의 보고서도 왔는데 "풍신수길이 비록 정사正使는 없을지라도 부사副使가 그대로 있으니, 곧 화친하기로 하고 군사를 철수하려고 한다"라는 것이다.[5]

5월 13일 6월 8일   맑음. 부산의 허내은만의 보고에, "적장 가등청정이 벌써 지난 10일에 제 군대를 거느리고 바다를 건너갔고, 각 진에 있는 왜적들도 장차 철수해 갈 것이며, 다만 부산의 왜적들은 명나라 사신을 모시고 바다를 건너가려고 아직 그대로 머물고 있다"라 했다. 이날 활 9순을 쏘았다.

5월 14일 6월 9일   맑음. 아침에 온 김해부사 백사림의 긴급 보고도 어제 온 허내은만의 보고와 같다. 그래서 순천부사에게 이 소식을 전하고 그에게 이를 차례대로 각 지역에 알리도록 했다. 활 10순을 쏘았다. 결성현감 손안국이 나갔다.

5월 15일 6월 10일   맑음. 새벽에 망궐례를 올렸다. 우수사는 불참했다. 식후에 공무를 보았다. 들으니 한산도 뒤쪽의 상봉[6]에 가면 다섯 섬과 대마도를 볼 수 있다고 하기에 홀로 말을 타고 한산도 상봉 마루로 달려 올라가니 과연 다섯 섬과 대마도가 보였다.[7] 늦

---

5) 명은 정사 이종성이 달아나자 부사 양방형을 정사로, 심유경을 부사로 임명해 강화를 계속해 나갔다.
6) 한산도의 최고봉 망산으로 추정된다.
7) 명·왜 간의 강화회담이 결렬되리라 예감했던 이순신은 강화가 성립되고 왜적이 철수할 것이라는 소식을 접한 이날 왜 대마도를 보고 싶었고, 대마도를 바라보며 무슨 생각을 했을까? 상봉에서 본 '다섯 섬'은 대마도와 연이은 고토열도(五島列島)를 보고 그리 말한 것 같다.

게 조그마한 개울가로 돌아 내려와 조방장김완과 거제현령과 함께 점심을 먹었고, 저물어서야 진으로 돌아왔다. 따뜻한 물에 목욕하고서 잤다. 바다에 달은 밝고 바람 한 점 없었다.

5월 16일 6월 11일   맑음. 아침에 송한련 형제가 물고기를 잡아 왔다. 충청우후, 홍주판관, 비인현감, 파지도권관 등이 왔고, 우수사도 와서 보고 돌아갔다. 이날 밤에 비 올 조짐이 있더니 자정에 과연 비가 내렸다. 정화수井華水[8]를 마시고 싶었다.

5월 17일 6월 12일   종일 비가 왔다. 농사에 아주 흡족하게 내렸으니 올해는 풍년이 들 것 같다. 늦게 영등만호 조계종이 보러 왔다. 혼자 수루에 기대어 시를 읊조렸다.

5월 18일 6월 13일   비가 잠깐 개긴 했으나, 바다의 안개는 걷히지 않았다. 체찰사에게서 공문이 왔다. 늦게 경상수사가 와서 만났다. 나가서 공무를 보고 활을 쏘았다. 저녁에 탐후선이 들어왔는데, 어머니께서 편안하시나 진지를 전같이 잡숫지 못하신다 하니 걱정이 되어 눈물이 난다. 춘절이 납의[9]를 가지고 왔다.

5월 19일 6월 14일   맑음. 방답첨사장린가 모친상을 입었다는 말을 듣고 우후를 방답의 가장假將으로 정하여 보냈다. 활 10순을 쏘았

---

8)   새벽에 처음 길은 약수. 참된 정기가 서려 있다고 한다.
9)   추위를 막기 위해 누벼 만든 옷.

다. 땀이 온몸을 적셨다.

5월 20일 6월 15일　맑고 바람도 없었다. 대청 앞에 기둥을 세웠다. 늦게 나갔더니 웅천현감 김충민이 와서 양식이 떨어졌다고 하기에 벼 2곡20말을 체자로 써서 주었다. 사도첨사가 돌아왔다.

5월 21일 6월 16일　맑음. 나가서 공무를 보고 우후 등과 함께 활을 쏘았다.

5월 22일 6월 17일　맑음. 충청우후 원유남, 좌우후 이몽구, 홍주판관 박륜朴崙 등과 함께 활을 쏘았다. 홍우洪祐가 장계를 가지고 감사監司에게로 갔다.

5월 23일 6월 18일　흐렸으나 비는 오지 않았다. 충청우후 등과 함께 활 15순을 쏘았다. 아침에 미조항첨사 장의현張義賢이 교서에 숙배한 뒤에 장흥부사로 부임해 갔다. 춘절이 본영으로 돌아갔다. 밤 10시부터 땀이 무시로 흘렀다. 이날 저녁까지도 새 수루의 지붕을 다 이지덮지 못했다.

5월 24일 6월 19일　아침에 흐려 비가 올 것 같았다. 나라 제삿날이라 공무를 보지 않았다. 저녁에 나가 활 10순을 쏘았다. 부산 허내은만의 보고가 들어왔는데, "경상좌도 각 진의 왜군은 몽땅 철수했고, 다만 부산의 왜군만 남아 있으며, 명나라 정사가 갈려서 새로 정해진 사람이 온다는 기별이 22일 부사에게 왔다"라고 했다.

허내은만에게 쌀 10말과 소금 1곡¹⁰말을 보내 주고서 계속 정보를 수집해서 보내라고 일렀다. 어두울 녘에 비가 내리기 시작해서 밤새 쏟아졌다. 박옥, 옥지, 무재 등이 대나무로 화살대 150개를 처음 만들었다.

> **덧붙이는 말** 바다를 지키는 이순신에게 왜적이 본국과 왕래하는 정보는 항상 초미의 관심사였다. 그래서 부산의 허내은만도 그 정보 전달을 위해 무진 애를 쓰고 있었다. 이때 들어간 명의 강화 사절들은 애써 감춰 온 사기적 협상 내용이 풍신수길에게 발각됨으로써 강화협상의 결렬을 보고 만다. 강화협상의 결렬은 바로 전쟁의 재발로 이어지는데 왜적은 이해 하순부터 다시 조선을 침략해 정유재란 말할 수 없는 패악을 저지른다.

5월 25일 ⁶월²⁰일 종일 비가 왔다. 저녁 내내 홀로 수루 위에 앉아 있으니 온갖 생각이 다 일어난다. 『동국사』¹⁰⁾를 읽어 보니 개탄스럽다는 생각이 많이 들었다. 무재 등이 화살을 만드는데 흰 굽白蹄에 톱질을 넣은 것이 1,000개이고, 흰 굽 그대로인 것이 870개다.

5월 26일 ⁶월²¹일 짙은 안개는 걷히지 않고 남풍만 세게 불었다. 늦게 나가 공무를 봤다. 충청우후 및 우후 등과 같이 활을 쏠 적에 경상수사도 와서 함께 활 10순을 쏘았다. 이날 저녁 날씨는 찌는

---

10) 노산 이은상은 '동국사'를 '우리나라의 역사'라 번역했으나, 당시 관에서 편찬한 『동국사략』이나 『동국통감』을 가리키는 것으로 보인다.

듯이 더웠고 땀은 계속해 흘렀다.

5월 27일 6월 22일　가랑비가 종일토록 왔다. 충청우후와 좌우후가 이곳에 와서 종정도로 놀았다. 이날 저녁도 찌는 듯 무더워서 온몸이 땀으로 젖었다.

5월 28일 6월 23일　굳은비가 걷히지 않았다. 들으니 전라감사 홍세공가 파면되었다고 하고, 가등청정이 부산으로 도로 왔다고 한다. 모두 믿을 수 없다.

5월 29일 6월 24일　굳은비가 저녁 내내 왔다. 장모의 제삿날이라 공무를 보지 않았다. 고성현령, 거제현령이 와서 만나고 돌아갔다.

5월 30일 6월 25일　흐림. 곽언수가 들어왔다. 영의정, 도원수 김명원, 판부사 정탁, 지사 윤자신, 조사척, 신식, 남이공의 편지[11]가 왔다. 늦게 우수사에게 가서 종일 즐겁게 지내다가 돌아왔다.

---

11)　4월 15일에 부친 편지에 대한 답장이다.

☾ 6월 부하들과 매일 활을 쏘고 술도 자주 하다

> 병신년 6월 날씨도 찌는 듯 더웠다. 이순신은 공무를 마치면 거의 매일 활을 쏘았다. 보통활뿐만 아니라 철전, 편전도 쏘았다. 혼자 쏘기도 하나 보통은 부하 장수들과 같이 쏜다. 활을 쏘고 나면 술도 자주 한다. 남해현령이 기효근에서 박대남으로 바뀌자 그는 기분이 좀 좋아진 것 같다. 원균은 충청병사에서 전라병사가 되어 이순신 가까이 온다.

6월 1일 6월 26일   굳은비가 종일 왔다. 늦게 충청우후와 본영우후 및 박륜, 신경징을 불러와 술을 나누며 이야기했다. 윤련이 자기 포구로 간다고 하기에 도양장의 종자 콩이 부족하거든 김덕록金德祿에게서 가져가도록 하라고 체지를 써서 주어 보냈다. 남해현령박대남이 도임장을 가지고 와 바쳤다.[1]

6월 2일 6월 27일   비가 그치지 않았다. 아침에 우후가 방답으로 가고 비인현감 신경징도 나갔다. 이날 가죽으로 아래옷치마나 바지을 만들었다. 늦게 나가 공무를 보고 활 10순을 쏘았다. 편지를 써서 본영으로 보냈다.

---

1) 전 남해현령 기효근은 4월 7일 탄핵되어 파직당한다.

6월 3일 ⁶⁶²⁸일   흐림. 아침에 제포만호 성천유成天裕가 교서에 숙배했다. 김양간이 농사짓는 소를 싣고 나갔다. 새벽꿈에서, 태어난 지 5, 6개월밖에 안 되는 어린아이를 직접 안았다가 도로 내려놓았다. 금갑도만호가 보러 왔다.

6월 4일 ⁶⁶²⁹일   맑음. 식후에 나가 공무를 보았다. 가리포첨사, 임치첨사, 목포만호, 남도포만호, 충청우후 및 홍주판관 등이 와서 활 7순을 쏘았다. 우수사가 와서 다시 과녁을 그려 붙이고 활 12순을 쏘았다. 술을 마시고 헤어졌다.

6월 5일 ⁶⁶³⁰일   흐림. 아침에 박옥, 무재, 옥지 등이 화살 150개를 만들어 바쳤다. 나가 공무를 보고 활 10순을 쏘았다. 경상우감사서성의 군관이 편지를 가져왔는데, 감사는 집안에 혼사가 있어서 서울로 올라갔다고 했다.

6월 6일 ⁷월¹일   맑음. 사도四道의 장수들을 모두 모아 활을 쏘도록 했다. 술과 음식을 먹인 뒤 다시 또 활쏘기를 시켜 승부를 가리고서 헤어졌다.

6월 7일 ⁷월²일   아침에 흐리다가 늦게 개었다. 늦게 나가 충청우후 등과 함께 활 10여 순을 쏘았다. 이날 왜 조총을 조달한 값을 지불했다.

6월 8일 ⁷월³일   맑음. 일찍 나가 활 15순을 쏘았다. 남도포만호의 소실인 본포 사람이 허(許)가의 집에 뛰어 들어가서 강짜투기 싸움을 했다고 한다.

6월 9일 7월 4일　맑음. 일찍 나가 공무를 보았다. 충청우후, 당포만호, 여도만호, 녹도만호 등과 활을 쏠 때에 경상수사가 와서 같이 활 20순을 쏘았다. 경상수사가 잘 맞혔다. 이날 일찍 종 금이가 본영으로 갔고 옥지도 갔다. 저녁엔 몹시 더워 많은 땀을 흘렸다.

6월 10일 7월 5일　종일 비가 왔다. 정오 때에 부산에서 보고가 왔는데 "평의지가 9일 이른 아침에 대마도로 들어갔다"라고 했다.

6월 11일 7월 6일　비가 계속 오다가 늦게 개었다. 활 10순을 쏘았다.

6월 12일 7월 7일　맑음. 더위가 찌는 것 같다. 충청우후 등을 불러 활 15순을 쏘았다. 남해현령의 편지가 왔다.[2]

6월 13일 7월 8일　맑음. 경상수사가 술을 가지고 왔다. 활 10순을 쏘았다. 경상수사도 잘 맞혔지만 김대복이 일등을 했다.

6월 14일 7월 9일　맑음. 일찍 나가 활 15순을 쏘았다. 아침에 아들 회와 이수원이 함께 왔는데, 어머니께서 편안하시다고 했다.

---

2) 부임 후 첫인사 겸 도착 보고이다.

6월 15일 7월 10일   맑음. 새벽에 망궐례를 올렸다. 우수사, 가리포, 나주판관은 병으로 참례하지 못했다. 늦게 나가 공무를 보고 충청우후와 조방장 김완 등 장수들을 불러 활 15순을 쏘았다. 이날 부산 허내은만이 와서 왜적의 정보를 전하기에 양곡을 주고 돌려보냈다.

6월 16일 7월 11일   맑음. 늦게 경상수사가 와서 이야기했다. 나가 공무를 보고 활 10순을 쏘았다. 저녁에 김봉만金鵬萬, 배승련 등이 돗자리를 사 가지고 진에 왔다.

6월 17일 7월 12일   맑음. 늦게 우수사가 왔다. 활 15순을 쏘고 헤어졌다. 우수사는 술을 마시지 않았다. 충청우후는 자기 아버지 제삿날이라 거망포로 간다고 했다.

6월 18일 7월 13일   맑음. 늦게 나가 활 15순을 쏘았다.

6월 19일 7월 14일   맑음. 체찰사에게 공문을 써 보냈다. 늦게 나가 활 15순을 쏘았다. 이설로부터 황정록의 형편없는 짓거리를 들었다. 발포 보리밭에서 26섬이 났다고 한다.

6월 20일 7월 15일   맑음. 어제 아침 곡포권관 장후완蔣後玩이 교서에 숙배했다. 숙배를 마친 뒤 평산포만호에게 진작 진에 도착하지 않은 까닭을 문책하니, 기일을 정해 주지 않았기 때문에 50여 일 늦었다고 답하였다. 해괴하기 짝이 없어 곤장 30대를 쳤다. 정오 때에 남해현령이 들어와 교서에 숙배한 뒤에 같이 이야기하고 활도 쏘았다. 충청우후도 와 또 활 15순을 쏘았다. 다시 남해현령 박대남을 데리고 안으로 들어가서 진중의 사정을 이야기하다가 밤이 깊어서야 헤어졌다. 임달영이 제주에서 돌아왔는데 소를 거래한 명세서와 제주목사의 편지를 가지고 왔다.

6월 21일 7월 16일 내일이 할머니 제삿날이므로 공무를 보지 않았다. 아침에 남해현령을 불러 아침 식사를 같이 했다. 남해현령은 낮에 경상수사에게 갔다가 저녁에 나에게 돌아와서 또 같이 이야기했다.

6월 22일 7월 17일 맑음. 할머니의 제삿날이라 공무를 보지 않았다. 남해현령과 종일 이야기했다.

6월 23일 7월 18일 새벽 2시경부터 종일 비가 내렸다. 남해현령과 이야기했다. 늦게 남해현령은 경상수사에게 갔다. 조방장 및 충청우후, 여도만호, 사도첨사 등을 불러 남해현령이 가져 온 술과 고기로 대접했다. 곤양군수 이극일도 와서 봤다. 저녁에 남해현령이 경상수사에게서 왔는데 술이 취해 인사불성이었다. 하동현감도 왔길래 자기 고을로 돌려보냈다.

6월 24일 7월 19일 맑음. 초복이다. 일찍 나가서 충청우후와 함께 활 15순을 쏘았다. 경상수사도 와서 함께 쏘았다. 남해현령은 자기 고을로 돌아갔다. 투항한 왜인 야여문 등이 같은 항왜인 신시로를 죽이자고 청했다. 그래서 죽이라고 허락했다. 남원의 김굉이 군량을 축낸 데 대한 증거자료를 얻으려고 여기에 왔다.

6월 25일 7월 20일   맑음. 일찍 나가 공문을 처결한 뒤 조방장, 충청우후, 임치첨사, 목포만호, 마량첨사, 녹도만호, 당포만호, 회령포만호, 파지도권관 등이 와 철전 5순, 편전 3순, 보통활 5순을 쏘았다. 남원의 김굉이 고하고 돌아갔다. 저녁때는 몹시 더워 땀을 많이 흘렸다.

6월 26일 7월 21일   바람이 크게 불고 잠시 비가 왔다. 늦게 나가 공무를 보고 철전 및 편전을 각 5순씩 쏘았다. 왜인 난여문 등이 와서 목수의 아내가 음란한 짓을 한다고 일러 주길래 그 여인을 붙잡아 들여 곤장을 때렸다. 이날 낮에 망아지 2필의 네 발굽을 잘라 냈다.[3]

6월 27일 7월 22일   맑음. 나가 공무를 보고 조방장 김완, 충청우후, 가리포첨사, 당진포만호, 안골포만호 등과 함께 철전 5순, 편전 3순, 보통활 7순을 쏘았다. 이날 저녁에 송구宋逑를 잡아 가두었다.

6월 28일 7월 23일   맑음. 나라 제삿날이라 공무를 보지 않았다. 아침에 고성현령이 달려와서 보고하기를 "순찰사이원익 일행이 어제 사천에 도착했다"하니 당연히 오늘은 소비포로 올 것이다. 수원이

---

3)   발굽을 잘라 낸 것은 편자를 달기 위해서인 듯하다.

돌아갔다.

6월 29일 7월 24일   아침에 흐리다가 늦게 개었다. 늦게 나가 공무를 본 뒤에 조방장, 충청우후, 나주판관과 함께 철전, 편전, 보통활 아울러 18순을 쏘았다. 더위가 찌는 듯하다. 초저녁에 땀이 물 솟듯이 흘렀다. 남해현령의 편지가 왔고 난여문이 돌아갔다.

☾ 7월 흉흉해지는 민심, 이몽학의 난을 한탄하다

> 일본으로 가는 우리 사신의 배편을 준비하고, 수행할 군사와 그들이 먹을 양식도 준비하느라 바빴다. 이몽학의 난이 일어나 관장이 잡혀갔다는 소식을 듣고는 한탄했다. 한산도에 점집이 있었고, 그 당시에도 옥포에는 조선소가 있었던 모양이다.

7월 1일 7월 25일   맑음. 나라 제삿날이라 공무를 보지 않았다. 경상우순찰사가 진에 도착했으나, 이날은 서로 만나지 못했다. 다만 그의 군관 나굉羅浤이 순찰사의 말을 전하러 여기에 왔다.

7월 2일 7월 26일   맑음. 아침 후 경상도 진으로 가서 순찰사를 만나 함께 이야기했다. 한참 시간이 지나서 새로 지은 정자로 올라가 앉아서 편을 갈라 활을 쏘았다. 경상순찰사 편이 162점이나 졌다. 종일 즐겁게 지내다가 불을 켜고서야 돌아왔다.

7월 3일 7월 27일   맑음. 아침 식사 후에 순찰사와 도사都事가 내게로 와서 활을 쏘았다. 순찰사 편이 또 96점을 지고 밤이 깊어서야 돌아갔다. 아침에 체찰사의 공문이 왔다.

7월 4일 7월 28일   맑음. 아침 후 순찰사와 송별하러 경상도 진으로 갔다. 만나 한참 이야기한 뒤 배로 내려갔다. 같이 타고 포구로 나가니, 배들이 도열하고 있었다. 오랫동안 이야기하고 나서 선암選岩 앞바다에 이르러 배를 갈아타고 헤어졌다. 떠나가면서 서로 멀리 바라보며 손을 모아 인사揖했다. 그길로 우수사, 경상수사와 함께 같은 배로 돌아왔다.

7월 5일 7월 29일   맑음. 늦게 나가 활을 쏘았다. 충청우후도 와서 같이 쏘았다.

7월 6일 7월 30일   맑음. 일찍 나가 각처의 공문을 처결해 보냈다. 저물녘에 거제현령, 웅천현감, 삼천포권관이 보러 왔다. 이곤변의 편지도 왔는데 그 사연 속에 입석立石의 잘못을 많이 말했다. 우스운 일이다.

7월 7일 7월 31일   맑음. 경상우수사와 우수사가 장수들을 데리고 와서 세 가지 활로철전, 편전, 보통활 활 쏘는 연습을 했다. 종일토록 비는 오지 않았다. 저녁때 궁장弓匠1) 지이智伊와 춘복春卜이 본영으로 돌아갔다.

7월 8일 8월 1일   맑음. 충청우후와 함께 활 10순을 쏘았다. 그는 체찰사의 비밀 표험標驗2)을 받으러 간다고 한다.

---

1) 활과 화살을 만드는 직공(職工).
2) 표신과 유사하다.

7월 9일 8월 2일   맑음. 아침에 체찰사에게 갈 여러 가지 공문을 작성했다. 이전李田이 이를 받아 가지고 갔다. 늦게 경상수사가 이곳에 와서 통신사가 탈 배에 풍석3)이 갖추어지지 않았다는 말을 여러 번 했다. 그 말속에는 우리전라도 것을 빌려 썼으면 하는 뜻이 있어 보였다. 물을 끌어 쓰는 대나무와 중국 가는 사신들이 요구하는 부채를 만들 대나무를 얻어 오기 위해 박자방을 남해로 보냈다. 오후에 활 10순을 쏘았다.

7월 10일 8월 3일   맑음. 새벽꿈에서, 어떤 사람은 화살을 멀리 쏘았고, 또 어떤 사람은 갓을 발로 차서 부수었다. 스스로 점을 쳐보니 화살을 멀리 쏘는 것은 적들이 멀리 도망간다는 뜻이고, 갓을 발로 차서 부수는 것은 적의 괴수를 잡아 없앨 징조라 하겠다. 늦게 받은 체찰사의 전령에, "첨지 황신이 명나라 사신을 따라가는 정사가 되고, 권황權滉이 부사가 되어 가까운 시일에 바다를 건너갈 것이니,4) 타고 갈 배 3척을 정비하여 부산에다 대어 놓으라"라고 했다. 경상우후가 여기에 와 백문석5) 150닢을 빌려 갔다. 충청우후, 사량만호, 지세포만호, 옥포만호, 홍주판관, 전 적도만호 고여우 등이 보러 왔다. 경상수사가 긴급히 보고하기를, "춘원포에 왜선 1척이 와서 정박하였다"라고 했다. 그래서 장수들을 보내어 수색하라고 전령했다.

---

3)   깔개로 쓸 멍석.
4)   그러나 실은 권황 대신 대구부사 박홍장(朴弘長)이 부사로 간다.
5)   아무 무늬나 꾸밈새 없이 짠 돗자리.

7월 11일 8월 4일   맑음. 아침에 체찰사에게서 온 통문에 따라, '일본으로 갈 배의 준비에 관한 일'로 공문을 써 체찰사에게 보냈다. 늦게 경상수사가 와서 바다를 건너갈 격군에 대해 의논했다. 일본 갈 사람들의 양식으로 23섬을 찧었는데 21섬이 되어 2섬 1말이 줄었다.[6] 나가서 공무를 보고 직접 세 가지 화살로 활 쏘는 것을 보았다.

7월 12일 8월 5일   맑음. 새벽에 비가 잠시 뿌리다가 곧 그치고 무지개가 서서 한참 그대로 있었다. 늦게 경상우후 이의득이 와서 삿자리 15닢을 빌려 갔다. 부산에 실어 보낼 군량으로 백미 20섬, 중미中米 40섬을 차사원 변익성과 수사 군관 정존극鄭存極이 받아 갔다. 조방장이 오고 충청우후도 와서 활을 쏘았다. 무과에 같이 급제했던 남치온南致溫이 왔다.

7월 13일 8월 6일   맑음. 명나라 사신을 따라갈 우리나라 사신들황신 등이 탈 배 3척을 정비하여 오전 10시경 떠나보냈다. 늦게 활 13순을 쏘았다. 해 진 뒤에 항복한 왜인들이 가면극 놀이를 벌였다. 장수된 사람으로 그대로 둘 것이 못 되지만 귀순하여 따르는 왜인들이 간절히 바라기에 금하지 않았다.

7월 14일 8월 7일   아침에 비가 뿌리다 곧 그쳤다. 오늘이 기망보름 전날이다. 저녁에 고성현령 조응도가 와서 이야기했다.

---

6) 당시 우리 사신단은 명나라 사신단을 따라가는 보조 역할이었다. 하지만 그 규모는 배가 3척, 백문석이 150개, 격군이 150명, 준비한 양식이 백미 23섬을 찧고 중미가 40섬이나 되는 등 적지 않은 규모였다.

7월 15일 8월 8일　새벽에 비가 뿌려 망궐례를 올리지 못했다. 늦게야 날씨가 말짱히 갰다. 경상수사, 전라우수사가 모여 활을 쏘고 헤어졌다.

7월 16일 8월 9일　새벽에 비 오다가 늦게 개었다. 북쪽으로 툇마루 3칸을 만들었다. 이날 충청도 홍주의 격군으로서 신평에 사는 사삿집 종 엇복이 도망하다 붙잡혔으므로 목 베어 내다 걸었다. 하동현감, 사천현감이 왔다. 늦게 세 가지 화살로 활을 쏘았다. 이날 저녁 바다의 달빛이 하도 밝아서 혼자 수루 위에 기대어 있다가 10시쯤에야 잠자리에 들었다.

7월 17일 8월 10일　새벽에 비가 뿌리다 곧 그쳤다. 충청도 홍산에서 큰 도둑이 일어나서 이몽학의 난 홍산현감 윤영현尹英賢이 잡히고, 서천군수 박진국朴振國도 끌려갔다고 한다. 바깥 도둑도 없애지 못한 이 마당에 나라 안의 도둑이 또 이러하니, 참으로 놀랍고도 가슴 아픈 일이다. 남치온과 고성현령, 사천현감이 돌아갔다.

7월 18일 8월 11일　맑음. 각처에 공문을 써 보냈다. 충청우후 및 홍주판관이 충청도에서 도둑들이 일어났다는 소식을 듣고 와서 알렸다. 저녁에 들으니 투항한 왜인 연은기戀隱己, 사이여문沙耳汝文 등이 흉모를 꾸며 남여문을 해치려 했다고 한다.

7월 19일 8월 12일　맑았으나 종일 큰 바람이 불었다. 남여문이 연은기, 사이여문 등을 참수했다. 우수사가 와서 보고 돌아갔다. 경상우후 이의득 및 충청우후, 다경포만호 윤승남尹承男도 왔다.

7월 20일 8월 13일   맑음. 경상수사가 보러 왔다. 본영 탐후선이 들어왔다. 어머니께서 편안하시다니 기쁘고 다행이다. 그 편에 "충청도 도적이 충청도 순안어사 이시발李時發의 포수가 쏜 총에 맞아 즉사했다"라고 한다. 다행이다.

7월 21일 8월 14일   맑음. 늦게 나가 공무를 봤다. 거제현령, 나주판관, 홍주판관과 옥포만호, 웅천현감, 당진포만호가 함께 왔다. 옥포에는 배 만드는 데 쓸 양식이 없다 하므로 체찰사의 군량 20말을 주고, 웅천과 당진포에는 배 만드는 데 필요한 쇠 15근을 함께 주었다. 이날 아들 회가 하인 수壽에게 곤장을 쳤다고 하기에 아들을 뜰아래 붙들어다 세워 놓고 잘 타일렀다. 밤이 되자 땀이 계속 흘렀다. 통신사가 청하는 표범 가죽을 가지고 오려고 본영으로 배를 보냈다.[7]

7월 22일 8월 15일   맑았으나 바람이 크게 불었다. 종일 나가지 않고 수루 위에 앉아 있었다. 종 효대, 팽수가 홍양의 군량선을 타고 나갔다. 저녁에 순천 관리의 공문에 "충청도 도둑들이 홍산에서 일어났다가 곧 참수되었고, 홍주 등 세 고을이 포위를 당했다가 겨우 풀렸다"고 했다. 참으로 통탄스럽다. 자정에 비가 크게 쏟아졌다. 낙안의 교대할 배가 들어왔다.

---

7) 그때에도 옥포에 조선소가 있었던 것 같고, 또 당시 조선에는 표범이 많이 서식했다고 한다. 특히 이날 일기에는 큰아들 회를 가르치는 아버지의 온화한 부정(父情)이 잘 나타난다.

7월 23일 8월 16일　큰비가 오다가 오전 10시경 갰으나 이따금 보슬비가 내렸다. 늦게 홍주판관 박륜이 하직을 고하고 나갔다.

7월 24일 8월 17일　맑음. 나라 제삿날이다. 이날 우물을 다시 고쳐 파는 곳으로 가보았다. 경상수사도 왔다. 거제현령, 금갑도만호, 다경포만호도 뒤따라 왔다. 샘 줄기가 깊이 들어가 있고 물의 근원도 길었다. 점심 식사 후에 돌아와 세 가지 화살로 활을 쏘았다. 어두울 무렵 곽언수가 표범 가죽을 가지고 들어왔다. 이날 밤 마음이 어수선하여 잠들지 못하고 밤중까지 앉았다 누웠다 하다가 밤이 깊어서야 잠이 들었다.

7월 25일 8월 18일　맑음. 아침에 사냥한 짐승 껍질의 수효를 세어, 녹피 10장은 창고에 넣고 표범가죽은 화문석꽃돗자리과 함께 통신사에게 보냈다.

7월 26일 8월 19일　맑음. 이전이 체찰사에게서 표험증표 3개를 가지고 왔기에 하나는 경상수사에게 보내고, 하나는 전라우수사에게 보냈다. 의금부의 나장이 윤승남을 잡아가려고 내려왔다.

7월 27일 8월 20일　맑음. 늦게 활터로 조성된 마당에 나가서 녹도만호에게 길을 닦도록 지시했다.[8] 종 경이 끙끙 앓았다. 다경포만호 윤승남이 잡혀갔다.

---

8)　윤8월 10일, 한산도에서 두 번째로 무과 시험이 실시되는데 그 준비로 길을 닦았다.

7월 28일 8월 21일　맑음. 종 무학武鶴, 무화武化, 박수매朴壽每, 우로于老, 음금音金 등이 26일 여기에 왔다가 오늘 돌아갔다. 늦게 충청우후와 함께 세 가지 화살로 활을 쏘았다. 철전 36분, 편전 60분, 보통화살 26분으로 합계 122분이었다. 종 경이 심하게 앓는다니 걱정이다. 고향 아산에 추석 제물을 보내는 편에 홍洪, 윤尹, 이李 등의 네 곳에 편지를 부쳤다. 밤 10시경에는 꿈속에서도 땀을 흘렸다.

7월 29일 8월 22일　맑음. 경상수사 및 우후가 와서 만났다. 충청우후도 함께 와 세 가지 화살로 활을 쏘았다. 내가 쏘는 활은 고자[9]의 쇠심줄이 들떠서 바로 수리하라고 하였다. 체찰사로부터 과거초시를 보는 과거시험장科場을 설치하라는 공문이 왔다. 저녁때 들으니 점쟁이 집의 집 보던 아이가 그 집의 여러 가지 물건을 훔쳐 달아났다고 한다.[10]

7월 30일 8월 23일　맑음. 새벽에 칡을 캘 일꾼들이 들어왔다. 지난밤 꿈에 영의정과 조용히 이야기했다. 아침에 이진이 본영으로 돌아가고 춘화春花도 돌아갔다. 김대인金大仁은 담제禫祭[11]를 지낸다며 휴가를 받아 돌아갔다. 늦게 조방장이 와서 세 가지 화살로 활을 쏘았다. 저녁에 탐후선이 들어와 어머니께서 편안하시다고 했다. 임금의 분부를 전하는 서한 2통이 내려왔다. 싸움에 쓸 말과 아들 면의 말도 들어왔다. 지이와 무재도 함께 왔다.

---

9)　활의 양 끝에 시위를 맨 부분.
10)　체찰사 이원익이 과장 설치 명령을 내린 후, 윤8월에 한산도에서 무과 시험을 치렀다. 이는 이순신의 주청에 따른 것이다. 한산도에 점쟁이 집이 있었다는 것도 우습다.
11)　삼년상을 끝내는 제사 의식.

☾ 8월 아픈 몸으로 전쟁 재발에 대비하다

> 8월은 보름이 넘도록 땀을 흘리면서 앓고 신음하며 지낸다. 전쟁 중이라 진중에 있으면서도 이 장수는 자기 아내의 생일을 챙긴다. 희한한 것은 아들들이 아내의 생일연을 마치고 영으로 돌아오니 보름 만에 땀나고 아프다는 기록이 사라진다는 것이다. 하순에는 진주로 가 체찰사를 만난다. 강화협상이 어떻게 진행되든 간에, 자신의 몸이 아파 아무리 불편해도, 그는 전쟁 재발에 대비해 군비 증강에 온 정성을 쏟는다.

8월 1일 ^{8월 24일} 맑음. 새벽에 망궐례를 올렸다. 충청우후, 금갑, 목포, 사도, 녹도 등이 참례했다. 늦게 파지도권관 송세응宋世應이 돌아갔다. 오후에 활터 마당으로 나가서 말을 달리다가 저물어서 돌아왔다. 부산 갔던 곽언수가 돌아와서 통신사의 답장을 전했다. 어두울 무렵에 비 올 조짐이 많으므로 비 오기 전에 준비할 일들을 지시했다.

8월 2일 ^{8월 25일} 아침에 비가 크게 쏟아졌다. 지이 등에게 새로 만든 활을 시험해 보게 했다. 늦게 광풍이 일어나고 빗발이 삼대같이 퍼부었다. 대청마루에 걸어 놓은 바람막이가 날아가 방 마루 바람막이에 부딪쳐 동시에 바람막이 2개가 깨져 산산조각이 났다.

기가 차다.

8월 3일 8월 26일　맑다가 이따금 비가 뿌렸다. 지이에게 새로 만든 활을 당겨 보게 했다. 조방장과 충청우후가 와서 활을 쏘았다. 아들들은 육량궁큰 활을 쏘았다. 이날 저녁 송희립을 시켜 시험 볼 명단에 아들들의 이름을 기입하게 하고 또 서자인 황득중, 김응겸도 과거에 응시·등록할 수 있도록 허용하는 증명서를 작성하여 주게 했다. 오후 8시경부터 비가 시작해 밤 2시경에 그쳤다.

8월 4일 8월 27일　맑았으나 동풍이 크게 불었다. 큰아들 회를 작은아들 면과 조카 완 등과 함께 아내의 생일8월 10일에 헌수獻酬 잔을 올리도록 하기 위해 떠나보냈다. 정선鄭愃도 나가고 정사립은 휴가를 얻어 나갔다. 늦도록 수루에 앉아서 아이들이 떠나는 것을 바라보느라 바람에 몸 상하는 줄도 몰랐다. 늦게 대청으로 나갔다가 활 몇 순을 쏘니 몸이 몹시 불편했다. 그래서 활쏘기를 멈추고 안으로 들어오니 몸이 언 거북이처럼 움츠러들기에 곧 옷을 두껍게 입고 땀을 냈다. 저물녘에 경상수사가 와서 문병하고 갔다. 밤에는 통증이 낮보다 배로 심하여 신음하며 밤을 새웠다.

　　덧붙이는 말　400여 년 전 여성의 지위가 인정받지 못하던 시절(여성은 이름도 갖지 못했다.) 수군의 최고 장수가 진중에서 통증에 신음하면서도 아내의 생일을 챙겨 주는 모습은 참 아름답다.

8월 5일 8월 28일　　맑음. 몸이 불편하여 공무를 보지 않았다. 가리포첨사가 와서 보고 갔다.

8월 6일 8월 29일　　흐리나 비는 오지 않았다. 아침에 조방장 김완, 충청우후, 경상우후 등이 보러 와 문병하고 갔다. 당포만호는 와서 그 어머니의 병환이 심하다고 알렸다. 경상수사 및 우수사가 와서 봤다. 조방장 배흥립이 들어왔다가 날이 저물어서 돌아갔다. 밤에 비가 크게 내렸다.

8월 7일 8월 30일　　비가 오다가 저녁나절에는 개었다. 몸이 불편하여 공무를 보지 않았다. 서울에 보낼 편지를 썼다. 이날 밤 땀이 옷 두 겹을 적셨다.

8월 8일 8월 31일　　흐리나 비는 오지 않았다. 서울 가는 박담동朴淡同 편에 서 승지서성에게 갈 혼수를 보냈다. 늦게 강희로姜熙老가 왔는데 남해현령의 병이 차츰 나아진다고 했다. 그와 함께 밤이 깊도록 이야기했다. 중 의능이 생마날삼 120근을 가져와 바쳤다.

8월 9일 9월 1일　　흐렸으나 비는 오지 않았다. 아침에 중승병장 수인守仁에게서 생마 330근을 받아들였다. 하동에 종이를 가공해 달라고 도련지 20권, 주지 32권, 장지 31권을 김응겸과 곽언수에게 주어 보냈다. 마량첨사 김응황이 직무평가에서 하등점居下을 맞고 떠나갔다. 늦게 나가 공문을 처결해 보냈다. 활 10순을 쏘았다. 몸이 몹시 불편했다. 밤 10시경에 땀이 흘렀다.

8월 10일 9월 2일   맑음. 아침에 충청우후가 문병하러 왔길래 조방장과 함께 셋이 아침 식사를 했다. 송한련에게 그물을 만들라고 생마 40근을 주어 보냈다. 몸이 몹시 불편하여 한참 동안이나 베개를 베고 누워 있었다. 늦게 두 조방장과 충청우후를 불러 상화떡을 만들어 같이 먹었다. 저녁에 체찰사에게 보낼 공문을 만들었다. 어두워지니 달빛은 비단 같고, 나그네 회포는 천 갈래 만 갈래라 잠을 이루지 못했다. 밤 10시경에야 방으로 들어갔다.

8월 11일 9월 3일   날은 맑으나 동풍이 크게 불었다. 체찰사에게 가는 각종 공문을 만들어 발송했다. 조방장 배흥립과 함께 아침 식사를 하고 그와 같이 활터 마당으로 가서 말 달리는 것을 보고 저물어 영으로 돌아왔다. 초저녁에 거제현령이 급히 보고하기를, "왜적선 1척이 등산登山[1]에서 송미포송진포로 들어갔다"라고 하더니 밤 10시쯤에는 "아자포阿自逋로 옮겨 대었다"라고 하였다. 배를 정하여 내어보내려 할 즈음 또 보고하기를 "견내량을 넘어갔다"라고 한다. 그래서 복병장을 잡아와 신문했다.

8월 12일 9월 4일   맑음. 맑으나 동풍이 크게 불어 동쪽으로 오가는 배는 도저히 내왕할 수가 없었다. 오랫동안 어머니의 안부를 알지 못하니 몹시도 걱정이다. 우수사가 와서 봤다. 땀이 옷 두 겹을 다 적셨다.

---

1)   경상남도 거제시 남부면 저구리 망산.

8월 13일 9월 5일   맑았다가 흐리며 동풍이 크게 불었다. 충청우후와 함께 활을 쏘았다. 이날 밤 땀이 흘러 등을 적시었다. 아침에 우禹 씨가 곤장을 맞고 죽었다는 소식을 듣고 약간의 장사 지낼 물품을 보내 주었다.

8월 14일 9월 6일   흐리고 바람이 크게 불었다. 동풍이 계속 불어 벼가 제대로 성장을 못 한다고 한다. 조방장 배흥립, 충청우후와 함께 이야기했다. 오늘은 땀을 흘리지 않았다.

8월 15일 9월 7일   새벽부터 비가 계속 내려 망궐례를 올리지 못했다. 저녁나절에 우수사, 경상수사, 두 조방장과 충청우후, 경상우후, 가리포첨사, 평산포만호 등 19명의 장수와 모여서 이야기했다. 비가 종일 그치지 않았다.[2] 밤 8시쯤 남풍이 불면서 비가 더 크게 쏟아졌다. 새벽 2시까지 세 차례 또 땀을 흘렸다.

8월 16일 9월 8일   잠깐 맑았으나 남풍이 크게 불었다. 강희로가 남해로 돌아갔다. 몸이 매우 불편하여 종일 누워 신음했다. 저녁에 체찰사가 진주에 왔다는 기별을 받았다. 막 갠 하늘의 달빛이 하도 밝아서 잠을 이루지 못하였다. 밤이 들자 가는 비가 내리더니 한동안 지나서 다시 그쳤다. 땀이 흘렀다.

8월 17일 9월 9일   날이 갰다 흐렸다 하고 비는 오락가락했다. 경

---

2) 이날은 추석이다. 하루 종일 비가 와 날은 궂었으나 예년대로 20명의 조선 수군 장수가 다 함께 모여 추석 명절을 보낸다.

상수사가 와서 봤다. 충청우후, 거제현령도 와서 봤다. 이날은 종일 동풍이 불고 그치지 않았다. 체찰사가 어디에 머물고 어디로 갈지를 알아보라고 탐인探人, 아전 1명을 내보냈다.

8월 18일 9월 10일   비가 오다 개다 하였다. 늦은 밤에 '죄인에게 특사를 내리는 조칙문'을 가지고 차사원 구례현감이원춘李元春이 들어왔다. 시도 때도 없이 땀이 흐른다.

8월 19일 9월 11일   흐렸다 맑았다 했다. 새벽에 우수사 이하 여러 장수와 함께 '죄인에게 특사를 내리는 조칙문'에 숙배하고 그대로 그들과 같이 아침 식사를 했다. 구례현감이 하직을 고하고 돌아갔다. 송의련이 본영에서 아들 울의 편지를 가지고 들어왔는데, 어머니께서 내내 편안하시다고 하니 다행이다. 늦게 거제와 금갑도가 와서 이야기했다. 밤 7시부터 자정까지 많은 땀을 흘렸다. 어두울 녘에 목수 옥지가 재목에 깔리어 중상을 입었다는 보고를 받았다.

8월 20일 9월 12일   동풍이 크게 불었다. 새벽에 전선을 만들 재목을 끌어 내리려고 우도 군사 300명, 경상도 군사 100명, 충청도 군사 300명, 전라좌도 군사 390명을 송희립이 거느리고 갔다. 늦은 아침에 조카 봉, 해와 아들 회, 면, 조카 완이 최대성, 윤덕종, 정선 등과 함께 들어왔다.

8월 21일 9월 13일   맑음. 식후에 활터 마당에 가서 아들들에게 활쏘기를 익히게 하고, 말을 타고 달리면서 활을 쏘는 연습도 시켰다. 조방장 배흥립, 조방장 김완과 충청우후가 같이 와 함께 점심을 먹고 저물어서 돌아갔다.

8월 22일 9월 14일   맑음. 외조모의 제삿날이라 공무를 보지 않았다. 경상수사가 보러 왔다.

8월 23일 9월 15일   맑음. 과거장으로 조성된 활터를 살펴보았다. 경상수사도 와서 같이 보았다.

8월 24일 9월 16일   맑음.

8월 25일 9월 17일   맑음. 우수사, 경상수사가 와서 보고 돌아갔다.

8월 26일 9월 18일   맑음. 체찰사를 뵙기 위해 새벽에 배를 타고 한산진을 출발해 사천에 도착하여 유숙했다. 충청우후와 함께 종일토록 이야기하다 헤어졌다.

8월 27일 9월 19일   맑음. 일찍 떠나 사천현에 이르러 점심을 먹고 그대로 진주성으로 가서 체찰사를 뵙고 종일 의논했다. 김응서는 왔다가 체찰사로부터 질책을 당하고는 바로 돌아갔다. 저물 무렵에 진주목사의 처소로 가서 잤다. 이날 저녁 이용제李用濟가 역적 이몽학 도당이 난리를 일으킨 일을 적은 편지를 가지고 왔다.

8월 28일 9월 20일   맑음. 이른 아침에 체찰사 앞으로 가서 종일 건의하고 논의하여 결정했다.³⁾ 초저녁이 지나 진주목사의 처소로 돌아왔다. 진주목사와 함께 밤이 깊도록 이야기했다. 청생靑生도 왔다.

8월 29일 ⁹⁾²¹⁾ 맑음. 일찍 진주를 떠나 사천에 이르러 아침밥을 먹은 뒤에 그대로 가 선소⁴⁾에 도착했다. 고성현령도 왔다. 삼천포권관과 이곤변이 술을 가지고 뒤따라 와 밤늦도록 함께 이야기했다. 망산 아래 구라량仇羅梁⁵⁾에서 잤다.

---

3) 이번 체찰사와의 만남은 이순신이 탐인을 놓아 이원익의 소재를 알아낸 뒤에 이루어진 것으로 보아 이순신이 적극적으로 의논할 일이 있던 것 같다. 그중에는 어머니를 뵙기 위한 휴가 신청도 있었을 것이다.
4) 경상남도 사천시 서포면 선전리 선소마을.
5) 경상남도 사천시 대방동(굴항)과 늑도동 사이의 해협.

☾ 윤8월   체찰사 배려로 어머니를 뵙다

> 체찰사의 배려로 얻은 출장 기회를 이용해 어머니를 찾아간다. 출장 중에 아들들의 무과 합격 소식을 듣는다. 체찰사와 우수영 관내를 순시하던 중 전라 병영서 원균을 만나는데 이순신의 눈 밖에 난 원균의 모습은 한산도 시절과 다름없었다.

윤8월 1일 9월 22일   맑음. 일식이 있었다. 5일간에 걸쳐 체찰사를 만나고 이른 아침에 비망진飛望津[1]에 와 이곤변 등과 같이 아침 식사를 하고 헤어졌다. 저물어서 한산 진중에 이르니 우수사, 경상수사가 마중 나와 기다리고 있었다. 우수사와는 따로 만나서 이야기했다.

윤8월 2일 9월 23일   맑음. 아침에 장수들이 와서 봤다. 늦게 경상수사, 우수사가 와서 이야기했다. 경상수사와 함께 사청射廳[2]으로 갔다.

윤8월 3일 9월 24일   맑음.

---
1) 망산 아래 있는 삼천포 나루터.
2) 활터에 정자 같은 건물을 지어 '사청'이라 했다. 아마 과거 보는 활터에 만든 것 같다.

윤8월 4일 9월 25일　　비가 왔다. 이날 밤 10시쯤에 땀이 흘렸다.

윤8월 5일 9월 26일　　맑음. 활터 사청에 가서 집안 아이들[3]이 말 달리고 활 쏘는 것을 구경했다. 하천수가 체찰사에게 갔다.

윤8월 6일 9월 27일　　맑음. 아침 식사를 한 뒤에 경상수사 및 우수사와 함께 활터 사청으로 가서 말 달리고 활 쏘는 것을 구경하고 저물어서 돌아왔다. 방답첨사우치적[4]가 진에 왔다. 이날 밤 잠시 땀을 흘렸다.

윤8월 7일 9월 28일　　맑음. 아산의 종 백시白是가 들어왔다. 가을보리는 소출이 43섬이요, 봄보리는 소출이 35섬이요, 쌀은 전부 12섬 4말이요, 또 7섬 10말이 나고 또 4섬이 났다고 한다.[5] 이날 늦게 나가 여러 소지를 처결했다.

윤8월 8일 9월 29일　　맑음. 식후에 활터 사청으로 가서 말 달리고 활 쏘는 것을 구경했다. 광양현감이함림李咸臨과 고성현령이 시험관으로 들어왔다. 하천수가 진주에서 돌아왔다. 아병 임정로林廷老가 휴가를 받아 나갔다. 이날 밤에도 땀을 내었다.

---

3)　아들들과 조카들을 말한다.
4)　전 첨사 장린과 6월에 교체된 듯 보인다.
5)　이순신은 어릴 때는 가난했지만 서울에서 아산으로 이사하고 결혼한 이후에는 어머니의 노력 등에 힘입어 이때에는 여러 명의 노비와 적지 않은 농지를 보유했던 것 같다.

윤8월 9일 9월 30일　맑음. 아침에 광양현감이 교서에 숙배했다. 조카 봉, 아들 회 및 김대복도 역시 그 교서에 함께 숙배했다. 그리고 같이 이야기했다. 이날 밤 우수사와 경상수사가 와서 이야기했다.

윤8월 10일 10월 1일　맑음. 새벽에 과장을 열고 초시를 보기 시작했다. 면이 쏜 것은 모두 55보步, 봉이 쏜 것은 모두 35보, 해가 쏜 것은 모두 30보, 회가 쏜 것은 모두 35보, 완이 쏜 것은 모두 25보라고 했다. 진무성이 쏜 것은 모두 55보로 합격점을 얻었다. 저녁에 우수사, 경상수사, 조방장 배흥립이 같이 와서 이야기하다 밤 10시쯤에 헤어져 돌아갔다.

윤8월 11일 10월 2일　맑음. 체찰사와 함께 출장 가기 위해 진중을 떠나 당포에 도착했다. 초저녁에 체찰사에게서 탐인이 돌아와 체찰사는 14일에 떠난다고 알려 주었다.[6]

윤8월 12일 10월 3일　맑음. 종일 노를 바삐 저어 밤 10시쯤에 어머니 앞에 이르렀다. 흰 머리카락이 부스스한 채 나를 보고 놀라 일어나시는데 곧 숨이 넘어갈 듯한 모습이라 며칠을 보전하시기가 어려워 보였다. 눈물을 머금고 서로 붙들고 앉아 밤새도록 위로하여 그 마음을 풀어 드렸다.

---

6) 무과 과거 시험을 끝낸 후 체찰사와 함께 출장길에 오른다. 체찰사의 출발일보다 며칠 전에 출발하는 것은 어머니를 만나기 위해서다.

윤8월 13일 10월 4일　맑음. 아침진지를 곁에서 모시고 드시게 하니 기뻐하시는 빛이 가득했다. 늦게 하직 인사를 여쭙고 여수 본영으로 왔다가 오후 6시쯤 작은 배를 타고 밤새도록 노를 바삐 저었다.[7]

윤8월 14일 10월 5일　맑음. 새벽에 두치에 이르니, 체찰사와 부체찰사^{한효순韓孝純}가 어제 벌써 도착하여 하루를 잤다고 했다. 약속 장소에 대려고 서둘러 가던 중 진주 소촌의 찰방^{이시경李蓍慶}을 만났다. 일찍 광양현에 도착했는데 지나온 지역이 하나같이 쑥대밭이 되어 그 참상을 차마 눈 뜨고는 볼 수 없었다. 임시로나마 전선 정비하는 것을 면제해 주어 군사와 백성들의 마음을 위로해 주어야겠다.

윤8월 15일 10월 6일　맑음. 일찍 떠나 순천에 이르니 체찰사 일행이 순천부 청사에 들어갔다고 하기에 나는 정사준의 집에서 묵었다. 전라순찰사^{박홍로}가 와서 함께 이야기했다. 저녁에 들으니 아이들^{아들과 조카}이 초시에 뽑혔다고 한다.

윤8월 16일 10월 7일　맑음. 이날도 계속해 정사준의 집에서 묵었다.

윤8월 17일 10월 8일　맑음. 체찰사와 함께 늦게 낙안으로 가는데, 그 고을에 이르니 이호문^{李好問}과 이지남^{李智男}이 보러 왔다. 백성들에게 폐단이 된다고 진정하는 사안은 모두 연안 고을의 수군 징집에 관계된 일이었다.

---

7) 체찰사가 14일에 떠나므로 거기에 맞추기 위해서다.

윤8월 18일 10월 9일　맑음. 일찍 출발하여 양강역陽江驛8)에 도착했다. 종사관 김용金涌은 그곳에서 서울로 올라갔다. 점심을 먹고 나서 산성으로 올라가 멀리 바라보며 체찰사에게 각 포구와 여러 섬을 손가락으로 짚어 보이고 그길로 흥양으로 향했다. 저물 무렵에 흥양현에 이르러 향소청鄕所廳에서 묵었다. 어두워서 이지화李至和가 거문고를 가지고 오고, 영楪도 보러 와 밤새 이야기했다.

윤8월 19일 10월 10일　맑음. 흥양을 떠나서 녹도로 향하여 가는 길에 도양의 둔전을 살펴보았다. 체찰사의 얼굴에 기뻐하는 빛이 역력했다. 녹도에 도착해 잤다.

윤8월 20일 10월 11일　맑음. 일찍 떠나 배를 탔다. 체찰사와 부찰사와 함께 앉아 종일 군사 일을 이야기했다. 늦게 백사정白沙汀에 이르러 점심을 먹은 뒤에 그길로 장흥부에 도착했다. 나는 관청의 동헌에서 잤다. 김응남이 보러 왔다.

윤8월 21일 10월 12일　맑음. 그대로 그곳에서 묵었다. 정경달이 보러 왔다.

윤8월 22일 10월 13일　맑음. 늦게 병영9)에 도착했다. 병사 원균10)와 서로 만나 밤이 되기까지 이야기했다.

---

8)　전라남도 고흥군 남양면 남양리 길목.
9)　전라남도 강진군 병영면.
10)　8월에 충청병사에서 전라병사로 제수됨.

윤8월 23일 10월 14일   맑음.

윤8월 24일 10월 15일   아침에 부찰사와 같이 가리포로 갔더니 우우후 이정충이 먼저 와 있었다. 완도 남망산에 같이 올라가니 적이 다니는 좌우의 길과 여러 섬을 역력히 헤아릴 수 있었다. 참으로 한 도道의 요충지이다. 그러나 이곳은 형세가 지극히 외롭고 위태롭기 때문에 부득이 이진11)에 합친 것이다. 병영으로 돌아왔다. 원균이 한 흉악한 일은 기록하지 않는다.

윤8월 25일 10월 16일   일찍 떠나 이진에 도착했다. 점심을 먹은 뒤에 곧 해남으로 떠났다. 도중에 술을 갖고 온 김경록을 만났다. 어느새 날이 저물어 횃불을 들고 쉬지 않고 갔다. 밤 10시경에야 해남현에 도착했다.

윤8월 26일 10월 17일   맑음. 일찍 떠나 우수영에 도착했다. 나는 우수영 안에 있는 태평정太平亭에서 자면서 우후이정충와 함께 이야기했다.

윤8월 27일 10월 18일   맑음. 체찰사가 진도에서 영우수영으로 들어왔다.

윤8월 28일 10월 19일   비가 조금 내렸다. 일기의 행行을 고쳐 바로

---

11) 전라남도 해남군 북평면 이진리.

잡았다. 우수영에서 묵었다.

윤8월 29일 10월 20일   비가 조금 내렸다. 이른 아침에 남여역[12]에 이르렀고, 오후에 해남현에 도착했다. 소국진을 본영으로 보냈다.

---

12) 전라남도 해남군 황산면 남리리.

🌙 9월 전라도를 순시하고 민심을 살피다

> 출장은 계속된다. 나주, 무안, 함평, 영광, 장성, 광주, 순천 등지로 가 지방관을 만나 방비할 대책을 점검하고 민심도 직접 듣는다. 병사 선거이도 만난다. 이 여행을 통해 이순신은 본인이 민중의 기대를 한 몸에 안고 있는 스타가 되어 있음을 느꼈을 것이다. 출장을 끝내고 돌아오는 길에 또 어머님을 뵙는다. 살아서는 마지막 만남이다.

9월 1일 10월 21일　　잠시 비가 내렸다. 새벽에 망궐례를 올렸다. 일찍 출발하여 석제원[1]에서 점심을 먹고 밤 10시경 영암에 도착하여 향사당鄕社堂에서 잤다. 정랑 조팽년趙彭年이 보러 왔고 최숙남崔淑男도 보러 왔다.

9월 2일 10월 22일　　맑음. 영암에서 그대로 머물렀다.

9월 3일 10월 23일　　맑음. 아침에 영암을 떠나 나주의 신원新院에서 점심을 먹고 나주판관을 불러 고을 안 사정을 물어보았다. 저물 무렵에 나주 별관에 이르렀다. 나를 보러 종 억만億萬이 신원으로 왔다.

---

1) 전라남도 강진군 성전면 월평리 원기마을.

9월 4일 10월 24일   맑음. 나주에서 머물렀다. 어두울 녘 목사이복남가 술을 가져와 권했다. 일추一秋도 술잔을 들어 권했다. 아침에는 체찰사와 함께 문묘2)에 가 절했다.

9월 5일 10월 25일   맑음. 나주에서 머물렀다.

9월 6일 10월 26일   맑음. 무안으로 먼저 가겠다고 체찰사에게 고하고 길을 떠났다. 고막원3)에 이르러 점심을 먹고 나니 나주감목관 나덕준羅德駿이 뒤쫓아 와서 만났다. 이야기하는 중에 강개한 일이 많았다. 그와 함께 오랫동안 이야기하다가 저물어서 무안에 도착해 거기서 잤다.

9월 7일 10월 27일   맑음. 감목관 나덕준 및 무안현감남언상南彦祥과 함께 민간에 폐단 되는 일에 관해 한참 동안 의논했다. 얼마 후 정대청鄭大淸이 들어왔다고 하므로 그를 청하여 같이 앉아 이야기했다. 늦게 떠나 다경포4)에 이르러 영광군수김상준金尙寯와 함께 밤 10시까지 이야기했다.

9월 8일 10월 28일   맑음. 조반早飯에 고기반찬을 놓았으나 나라 제삿날이라 먹지 않았다. 다시 반찬을 만들어 아침을 먹은 뒤에 길에 올라 감목관 있는 곳에 가니 감목관과 영광군수가 함께 있었다. 국

---

2) 나주향교에 있는 공자를 모신 사당으로 대성전을 말한다.
3) 전라남도 나주시 문평면 옥당리.
4) 전라남도 무안군 망운면.

화 만발한 들 속에서 술 두어 잔을 마셨다. 저물녘에 동산원에 도착해 말에 여물을 먹이고 재촉하여 임치진[5)]에 이르니, 이공헌이영의 8살 먹은 딸 아이가 그 사촌의 여종 수경水卿과 함께 보러 왔다. 공헌을 생각하니 참담한 마음을 가눌 수가 없었다. 수경은 길에 버려진 아이인데, 이염李琰,이영의사촌이 데려다가 기른 아이다.

9월 9일 10월 29일 맑음. 일찍 일어나서 임치첨사 홍견을 불러 적을 방비할 대책을 물었다. 아침 식사를 한 뒤에 뒷성봉대산성으로 올라가 형세를 살펴보고 동산원으로 돌아왔다. 점심을 먹은 뒤 함평현에 도착했는데 오는 도중에 한여경韓汝璟을 만났으나 말 위에서 서로 보기가 거북해서 현함평으로 들어오라고 일렀다. 함평현감은 경차관의 직책을 지고 다른 지방으로 나갔다고 한다. 김억창金億昌도 함께 함평으로 왔다.

9월 10일 10월 30일 맑음. 몸도 고단하고 말도 피곤할 것 같아 함평에 머물러 잤다. 아침 식사하기 전에 무안의 정대청이 왔기에 함께 이야기했다. 고을의 유생들도 많이 들어와 고을의 폐단을 이야기했다. 저녁에 도사가 들어와서 함께 이야기 나누다 밤 10시경에 헤어졌다.

9월 11일 10월 31일 맑음. 아침 식사를 하고 영광으로 가는데 도중에 신경덕辛慶德을 만나 잠깐 이야기했다. 영광에 도착하니, 영광군

---

5) 전라남도 무안군 해제면 임수리.

수가 교서에 숙배한 뒤에 들어와 함께 이야기했다. 내산월萊山月[6]도 와서 만났는데 술 마시며 이야기 나누다 밤이 깊어서 헤어졌다.

9월 12일 [11월 1일]   바람 불고 비가 많이 왔다. 늦게 길을 떠나 10리쯤 가서 어느 냇가에 이르니, 이광보李光輔와 한여경이 술을 가지고 와서 기다리고 있기에 말에서 내려 같이 이야기했다. 비바람은 그치지 않았다. 안세희安世熙도 왔다. 저물 무렵에 무장고창에 이르렀다. 여진女眞.[7]

9월 13일 [11월 2일]   맑음. 이중익李仲翼과 이광축李光軸도 와서 함께 이야기했다. 이중익이 군색한 말을 많이 하므로 옷을 벗어 주었다. 종일 이야기했다.

9월 14일 [11월 3일]   맑음. 무장에서 하루 더 묵었다. 여진卄.

9월 15일 [11월 4일]   맑음. 체찰사 일행이 현무장현에 이르렀다고 하므로 들어가 인사하고 대책을 의논했다. 여진卅.

9월 16일 [11월 5일]   맑음. 체찰사 일행이 고창에 이르러 점심을 먹고 장성에 와서 잤다.

---

6) 법성포에 와 있던 서울 기생으로 보인다.
7) 9월 12일 일기 말미에 '여진(女眞)', 9월 14일에는 '여진卄', 9월 15일에는 '여진卅'으로 암호처럼 기재된 이 글의 뜻을 두고 번역하는 사람들 간에 의견이 나뉜다. '卄(받들 공)'과 '卅(서른 삽)'을 '共(함께 공)'으로 보고 "종 여진과 같이했다"라는 표현이라고 번역하기도 하나, 혹자는 이를 '스물입(卄)', '서른 삽'으로 읽으며 이순신이 『정감록비결』을 근거로 "이 나라가 30년이 지나면 여진족에 의해 환란을 당하게 된다"라는 암호문으로 이해한다. 각자 추측해 볼 일이다.

9월 17일 11월 6일　맑음. 체찰사와 부체찰사는 입암산성[8]으로 가고, 나 혼자 진원현[9]에 이르러 진원현감과 함께 이야기했다. 종사관 정경달도 왔다. 저물어 관청 안으로 들어가니 두 조카딸이 나와 앉아 있어 오랫동안 보지 못한 감회를 풀었다. 다시 작은 정자로 나가 진원현감 및 조카들과 밤이 깊도록 함께 이야기했다.

9월 18일 11월 7일　비가 조금 왔다. 식후에 광주에 도착해 광주목사 최철견崔鐵堅와 이야기했다. 비가 굉장히 퍼붓다가 밤이 이슥한 후론 달빛이 대낮 같더니 새벽 2시경부터는 다시 비바람이 크게 일어났다.

9월 19일 11월 8일　바람 불고 비가 많이 왔다. 아침에 행적行迪이 보러 왔다. 진원에 있는 종사관의 편지와 윤간, 조카 봉과 해의 문안 편지도 왔다. 이날 아침 광주목사가 와서 같이 아침 식사를 하는데 먼저 술이 시작되어 밥을 먹지도 못한 채 취해 버렸다. 광주목사의 별실에 들어가 종일 크게 취했다. 낮에 능성현령이 들어와서 곳간을 봉하고는 "체찰사가 광주목사를 파직시켰다"라고 했다. 최씨의 딸 귀지貴之. 14세가 와서 잤다.[10]

9월 20일 11월 9일　비가 많이 내렸다. 아침에 각종 사무를 담당한

---

8)　전라남도 장성군 북하면 신성리.
9)　전라남도 장성군 진원면.
10) 광주목사 최철견은 이순신과는 같은 해 등과하여 친분이 있었고, 최철견 사위들의 세보(世譜)에 의하면 일기에 나오는 딸 귀지는 훗날 시집가서 낳은 딸이 인조(仁祖)의 계비 장렬왕후(莊烈王后)가 됨으로써 완산부부인(完山府夫人)으로 봉해졌다 한다.

아전들의 죄를 물었다. 늦게 광주목사를 만나 보고 길을 떠나려 할 즈음에 명나라 사람 2명이 대화를 청하므로 술을 취하도록 대접했다. 종일 비가 내려 멀리 가지 못하고 화순에 이르러 잤다.

9월 21일 11월 10일 비가 개다가 오다가 했다. 일찍 능성[11]에 이르러 최경루最景樓에 올라가 연주산蓮珠山을 바라보았다. 이 고을 수령이 술을 권하기에 잠깐 마시고 헤어졌다.

9월 22일 11월 11일 맑음. 각종 사무를 담당한 아전들의 죄를 물었다. 늦게 출발해 이양원[12]에 이르니 해운판관海運判官이 먼저 와 있었다. 그는 내가 가는 것을 보고 잠시 이야기하기를 청하므로 같이 이야기했다. 저물어서 보성에 도착했는데 몸이 몹시 고단하여 바로 잤다.

9월 23일 11월 12일 맑음. 보성에 그대로 머물렀다. 나라 제삿날이라 공무를 보지 않았다.

9월 24일 11월 13일 맑음. 일찍 떠나 병사 선거이의 집에 이르니, 선거이의 병이 매우 위중하여 심히 염려된다. 저물어서 낙안에 가서 잤다.

---

11) 전라남도 화순군 능주면.
12) 전라남도 화순군 이양면 이양리.

9월 25일 11월 14일　맑음. 담당 아전과 선중립宣仲立의 죄를 물었다. 순천으로 가서 순천부사배응경裵應褧와 함께 이야기했다.

9월 26일 11월 15일　맑음. 일이 있어 순천에서 하루 더 머물렀다. 저녁에 순천부의 백성들이 쇠고기와 술을 차려 놓고 나오기를 청했다. 굳이 사양했으나 순천부사의 간청이 있어 잠시 나가 마시고서 헤어졌다.

9월 27일 11월 16일　맑음. 일찍 순천을 출발해 어머니를 뵈러 갔다.

9월 28일 11월 17일　맑음. 오늘은 남양 숙부의 생신이라 본영으로 왔다.

9월 29일 11월 18일　맑음. 아침 식사를 한 뒤에 동헌으로 나가 공문서를 작성했다. 종일 앉아 공무를 봤다.

9월 30일 11월 19일　맑음. 아침에 옷 담아 둔 농짝들을 꺼내 뒤져 봤다. 둘은 고음내13)로 보내고, 하나만 본영에 그대로 남겨 두었다. 저녁에 선유사의 군관 신탁申晫이 와서 군사들을 위한 위로연을 베풀 날짜를 말하였다.

---

13)　어머니께서 사시는 곳.

🌙 10월　마지막으로 어머니께 수연을
　　　　베풀어 드리다

> 출장을 마치면서 여수 본영으로 어머니를 모시고 와 수연을 베풀어 드리고 한산도로 귀진한다. 이것이 모자의 마지막 상봉이었다. 체찰사는 이순신의 어머니를 향한 효심에 감동해 이순신이 청한 휴가를 이같이 출장으로 해결해 주었다.

10월 1일 11월 20일　비가 오고 바람이 크게 불었다. 새벽에 망궐례를 올렸다. 식후에 고음천으로 어머니를 뵈러 가는 길에 신 사과가 임시 거처하는 곳에 들렀다. 크게 취해서 그만 돌아왔다.

10월 2일 11월 21일　맑았으나 바람이 크게 불어 배가 다닐 수 없었다. 청어 배가 들어왔다.

10월 3일 11월 22일　맑음. 새벽에 고음내로 가 어머니를 모시고 일행과 더불어 배를 타고 본영으로 돌아왔다. 종일토록 즐거이 모시게 되니 다행 또 다행이다. 흥양현감이 술을 가지고 왔다.

10월 4일 11월 23일　맑음. 식후에 동헌에 나가 종일 공무를 봤다. 저녁에 남해현령이 그 소실을 데리고 왔다.

10월 5일 11월 24일　흐림. 남양 숙부의 집안 제삿날이라 다녀왔다. 남해현령과 함께 이야기했다. 비 올 조짐이 많았다. 순천부사는 석보창에서 잤다.

10월 6일 11월 25일　바람이 불고 비가 많이 왔다. 그래서 어머니를 위한 잔칫상을 차리지 못하고 이튿날로 미루었다. 흥양현감과 순천부사가 들어왔다.

10월 7일 11월 26일　맑고 따뜻했다. 아침 일찍 어머니를 위한 수연을 베풀고 종일토록 즐기니 참으로 행복하다. 남해현령은 그 집안의 제삿날이라 먼저 돌아갔다.

10월 8일 11월 27일　맑음. 어머니께서 몸이 편안하시니 참으로 다행이다. 순천부사와 작별의 잔을 나누고 전송했다.

10월 9일 11월 28일　맑음. 공문을 처리하여 보냈다. 하루 종일 어머니를 모셨다. 내일 한산도 진중으로 돌아간다 하니 많이 서운하신 것 같다.

10월 10일 11월 29일　맑음. 자정에 뒷방으로 갔다가 새벽 2시에 다락방으로 돌아왔다. 정오에 어머니께 절하고 하직 인사를 했다. 오후 2시쯤에 배를 탔다. 바람 따라 돛을 달고 항해하면서 밤새도록 노를 재촉하여 한산진으로 돌아왔다.

10월 11일 11월 30일 맑음.

[10월 12일부터 12월 30일까지 일기는 빠지고 없음.]

난중일기

丁酉日記 / 정유일기

1597

이순신은 나라 안의 모함과 나라 밖의 간계에 걸려 투옥되고, 고문당하고, 사형까지 가다가 백의종군으로 풀려난다. 통제사를 꿰찬 원균은 칠천량전투에서 참패하고 제해권을 뺏긴다. 다시 통제사로 돌아온 이순신은 기적 같은 명량승첩으로 잠시 빼앗겼던 제해권을 되찾는다. 정유년은 이순신에게 너무 가혹했다. 자신에게 닥친 견디기 어려웠던 공적 시련뿐만 아니라 어머니를 잃었고, 아들 면까지 잃는다. 그래도 그는 한번 세운 '충'의 길을 망설임 없이 걸어갔으니, 그의 내면이 얼마나 정돈되었기에 그리할 수 있었을까? 정유년 일기는 4월부터 시작되고, 8월 4일부터 10월 8일까지의 일기는 중복된다. 중복된 부분은 날짜별로 함께 실었다. 어떤 부분이 다른지, 왜 중복된 일기를 써야 했는지 음미해 보기 위해서다.

☾ 4월 감옥에서 나와 백의종군하던 중
어머니와 영이별하다

> 2월 26일 서울로 압송되고, 3월 4일 투옥되어 3월 말까지 감옥에 있었다. 따라서 그동안의 일기는 없고, 정유일기는 4월 1일부터 시작된다. 일기 첫 구절이 "옥문獄門을 나왔다"이다. 억울하다는 말도 없고, 고생했다는 말도 없다. 단지 '옥문을 나왔다고'만 한다. 이 한마디에서 명량鳴梁에서 대승첩을 거두고 노량露梁에서 사라지는 그의 미래를 예측해 보는 것은 무리일까? 이순신은 옥문을 나와 백의종군을 시작한다. 종군 시작 12일 만에 어머니를 잃고 좌절하고 탄식하는 영웅의 모습은 너무 서럽다. 그래도 곳곳에서 그를 알아주는 백성과 챙겨 주는 사람이 많아 그의 여정이 외롭지만은 않았다.

4월 1일 5월 16일 맑음. 옥문을 나왔다. 남문숭례문 밖 윤간의 종의 집에 이르러, 조카 봉과 분, 아들 울, 윤사행, 원경遠卿과 더불어 한 방에 같이 앉아 오래도록 이야기했다. 윤 지사윤자신가 와서 위로하고, 또 비변랑 이순지李純智가 보러 오니 울적한 마음을 한층 이기기 어려웠다. 지사가 돌아갔다가 저녁밥을 먹은 뒤에 술을 갖고 다시 왔다. 윤기헌도 왔다. 정으로 권하는 바람에 사양하지 못하고 받아 마셔 몹시 취했다. 이순신李純信이 술병을 들고 와서 함께 취하며 은근한 정으로 위로해 주었다. 영의정 류성룡이 종을 보내 문안하고, 판부사 정탁, 판서 심희수, 이상二相 김명원, 참판 이정형李廷馨, 대사헌 노직盧稙, 동지 최원崔遠, 동지 곽영郭嶸이 사람을 보내어 문안했다. 술에 취하고 땀에 젖었다.

> **덧붙이는 말** 그가 감옥(현 서울특별시 종로구 종각역 1번 출구 부근)을 나와 맨 먼저 간 곳은 종의 집이었다. 이 길이 백의종군길의 시발점이다. 서울 감옥에서 권율 원수의 진이 있던 초계경남 합천까지의 길을 '백의종군로'라 하며, 많은 사람이 그 길을 걸으며 이순신을 배운다.

4월 2일 5월 17일 종일 비가 왔다. 조카들과 함께 이야기했다. 방업方業이 음식을 매우 푸짐하게 차려 왔다. 필공筆工을 불러 붓을 매게 했다. 저녁에 도성 안으로 들어가 정승류성룡과 이야기하다가 닭이 울어서야 헤어져 나왔다.

4월 3일 5월 18일 맑음. 일찍 남쪽[1]을 향해 길을 떠났다. 나를 호송할 금오랑 이사빈李士贇, 서리 이수영李壽永, 나장 한언향韓彦香은 먼저 수원부에 도착했다고 한다. 나는 인덕원[2]에서 말을 먹이면서 조용히 누워 쉬다가 저물어서 수원에 들어가 경기관찰사의 수하에서 심부름하는 이름도 모르는 병사아병의 집에서 잤다. 신복룡愼伏龍이 우연히 수원에 왔다가 내가 지나가는 걸 보고는 술을 준비

---

1) 권율 원수의 진영이 있는 합천.
2) 경기도 과천시 인덕원.

해 가지고 와 나를 위로해 주었다. 수원부사 유영건柳永健이 나와서 봤다.

4월 4일 5월 19일   맑음. 일찍 길을 떠나 독성3) 아래에 이르니, 반자 조발이 술을 준비해 놓고 군막을 치고 기다리고 있었다. 취하도록 마시고 다시 길을 떠났다. 진위4)의 옛길을 거쳐서 냇가에서 말을 쉬게 했다. 오산 황천상黃天祥의 집에 가서 점심을 먹었다. 황천상은 내 짐이 무겁다고 말을 내어 싣고 가게 해주니 그저 고마울 뿐이다. 수탄을 거쳐 평택현 이내은손李內隱孫의 집에 투숙했는데, 매우 친절하게 대해 주었다. 자는 방이 좁은 데다 밥하느라 뜨겁게 불까지 때어 땀을 많이 흘렸다.

4월 5일 5월 20일   맑음. 해가 뜨자 길을 떠나 바로 아산에 있는 선산으로 갔다. 근처 수목이 거듭 불 난리를 겪은 탓에 모두 타 죽은 뒤라 차마 볼 수가 없었다. 묘소 앞에서 절하며 곡하는데 한참 동안 일어나지 못했다. 저녁이 되어 외가로 내려가 사당에 절하고, 그길로 곧장 장손인 조카 뇌의 집에 가서 조상의 사당에 곡하며 절했다. 남양 숙부가 별세하였다는 소식을 들었다. 저물녘 본가에 이르러 장인, 장모님의 신위 앞에 절하고, 바로 작은 형님요신과 제수아우 여필의 부인의 사당에도 다녀왔다. 잠자리에 들었으나 마음은 편치 않았다.

---

3)   경기도 오산시 지곶동.
4)   경기도 평택시 진위면 봉남리.

> **덧붙이는 말** 이순신 본가는 원래 장인 방진方震의 집이었는데 그가 처가살이하면서 자연히 처갓집이 그의 집이 되었다. 그래서 본가에 장인, 장모의 신위가 모셔져 있었다. 부모와 조상의 사당은 큰형 희신의 큰아들인 장손 뇌의 집에 모셔져 있었다. 아산에 대소 친척들이 모두 모여 살아 이순신은 아산을 자신의 고향이라 했다.

4월 6일 5월 21일   맑고. 멀고 가까운 친척과 친구들이 모두 모여 오랫동안 못 본 회포를 풀고 돌아갔다.

4월 7일 5월 22일   맑음. 금오랑금부도사이 아산현에서 왔기에 내가 나가서 정성껏 대접했다. 홍 찰방, 이 별좌, 윤효원尹孝元이 보러 왔다. 금오랑은 변흥백卞興伯[5]의 집에서 잤다.

4월 8일 5월 23일   맑음. 아침에 자리를 깔고 남양 숙부의 영전에 곡하고 상복을 입었다. 늦게 변흥백의 집에 가서 이야기 나누었다. 강계장姜稽長이 세상을 떠났다고 하므로 가서 조문하고 오는 길에 홍석견洪石堅의 집에 들렀다. 저녁에 변흥백의 집에 가서 금부도사를 대접했다.

4월 9일 5월 24일   맑음. 동네 사람들이 술병을 들고 와서 멀리 가는 길을 위로하므로 정리상 거절하지 못하고 받아 마셔서 매우 취

---

5) 변존서. 이순신의 외사촌이다.

해 헤어졌다. 홍군우가 노래를 부르고 이숙도도 노래를 불렀다. 나는 노래를 들어도 즐겁지가 않았다. 금부도사는 술을 잘 마시면서도 조금도 실수함이 없었다.

4월 10일 5월 25일   맑음. 아침밥을 먹은 뒤에 변흥백의 집에 가서 금부도사와 함께 이야기했다. 늦게 홍 찰방, 이 별좌 형제, 윤효원 형제가 보러 왔다. 이언길李彦吉, 허제許霽가 술을 들고 왔다.

4월 11일 5월 26일   맑음. 새벽꿈이 너무 심란하여 이루 다 말할 수가 없다.[6] 덕이를 불러 대강 이야기하고 아들 울에게도 말했지만 마음이 계속 불편해서 걷잡을 수가 없으니 이 무슨 조짐인가. 병드신 어머니를 생각하며 나도 몰래 눈물이 흘렀다. 종을 보내어 어머니의 안부를 알아보기로 했다. 금부도사는 온양으로 내려갔다.

4월 12일 5월 27일   맑음. 종 태문太文이 안흥량[7]에서 들어와 편지를 전하는데, 어머니는 "숨이 좀 가쁘시긴 했지만 위아래 모든 사람과 함께 배 2척에 몸을 싣고 9일에 무사히 안흥량에 닿았다"라고 한다. 다만 안흥량에 도착하기 전에 "영광 법성포에 도착하여 배를 대고 자고 있을 때 닻이 끌려 떠내려가는 바람에 같이 오던 두 배가 서로 떨어지는 사고가 일어나긴 했지만 엿새 만에 다시 무사히 만났다"라고도 했다. 아들 울을 먼저 바닷가로 보냈다.

---

6) 그는 어머니의 죽음을 꿈으로 먼저 안다. 이순신의 꿈은 언제나 신통했다.
7) 충청남도 태안군 근흥면 정죽리 해협.

4월 13일 5월 28일   맑음. 일찍 아침을 먹은 뒤에 어머니를 마중하려고 바닷가해암蟹岩8)로 가는 길에 올랐다. 가는 도중에 홍 찰방 집에 잠깐 들러 홍 찰방과 이야기하는 사이에 아들 울이 종 애수를 보내어, "아직은 배 오는 소식이 없다"라고 했다. 그러면서 또 황천상이 술을 갖고 변흥백의 집에 와서 나를 기다리고 있다고 했다. 그래서 홍 찰방과 작별하고 변흥백의 집으로 갔다. 얼마 뒤에 종 순화順和가 배에서 와서 어머니의 부고訃告를 전했다. 뛰쳐나가 가슴을 치며 발을 구르니 하늘의 해조차 캄캄했다. 곧바로 해암 바닷가로 달려가니 배는 벌써 와 있었다. 길에서 배를 바라보며 달려갈 때의 가슴 찢어지는 애통함을 어찌 다 적을 수가 있으랴. 뒷날에 대강 적었다.

4월 14일 5월 29일   맑음. 홍 찰방, 이 별좌가 들어와 곡하고 관을 짰다. 관의 재목은 본영에서 마련해 가지고 온 것인데, 조금도 흠 난 곳이 없다고 했다.

4월 15일 5월 30일   맑음. 늦게 입관했다. 벗 오종수가 모든 것을 정성껏 해주니 그 고마움은 뼈가 가루가 되어도 잊을 수 없다. 관에 넣는 물품에 대해서는 다른 유감이 없으니, 이것만은 다행이다. 천안군수정호인鄭好仁가 들어와서 행상行喪을 준비해 주고 전경복全慶福 씨가 연일 성심을 다하여 상복 만드는 일 등을 돌보아 주니, 고마운 마음을 어찌 말로 다 하랴!

---

8)   충청남도 아산시 인주면 해암리.

4월 16일 5월 31일   궂은비가 왔다. 배를 끌어 중방포9)로 옮겨 대고, 영구를 상여에 올려 싣고 집으로 돌아왔다. 집으로 돌아올 때 낯익은 마을과 산천을 바라보니 찢어지는 듯 아픈 마음을 어찌 말로 다 할 수 있으랴. 집에 와서 빈소를 차렸다. 비는 억수같이 퍼붓고 나는 맥이 다 빠진 데다 남쪽으로 갈 길 또한 급하니 눈물만 흐른다. 그저 어서 죽기만을 기다릴 뿐이다. 천안군수가 돌아갔다.

4월 17일 6월 1일   맑음. 금오랑의 서리 이수영이 공주에서 와서 어서 가자고 다그쳤다.

4월 18일 6월 2일   하루 종일 비가 왔다. 몸이 몹시 불편하여 고개도 내밀지 못하고 그저 빈소 앞에서 곡만 하다가 종 금수金守의 집으로 물러 나왔다. 늦게 계원契員들이 내가 있는 곳으로 모여 와서 곗일을 의논하고 헤어졌다.

4월 19일 6월 3일   맑음. 일찍 길을 떠나며 어머니 영연에 울며 하직했다. 어찌할꼬, 어찌할꼬. 천지에 나같이 기구한 운명이 또 어디 있으랴! 일찍 죽느니만 같지 못하다. 조카 뇌의 집에 가 먼저 조상의 사당에 하직을 아뢰었다. 그길로 길을 떠나 금곡10) 강선전姜宣傳의 집 앞에 이르렀는데 거기서 강정姜晶, 강영수姜泳壽를 만났다. 그들은 말에서 내려 곡했다. 다시 그길로 보산원11)에 이르니 천안군

---

9) 충청남도 아산시 염치읍 중방리.
10) 충청남도 아산시 배방읍 신흥리.
11) 충청남도 천안시 동남구 광덕면 보산원리.

수가 먼저 와 있어서 냇가에서 잠시 말을 쉬었다. 임천군수 한술韓述이 서울에서 중시重試를 보고 앞길을 지나가다가 내가 있다는 말을 듣고 들어와 조문하고 갔다. 아들 회와 면, 조카 봉, 해, 분, 완과 주부 변존서 등이 함께 천안까지 따라왔다. 원인남元仁男도 왔기에 만나 보고 모두와 작별한 뒤 말에 올랐다. 일신역12)에 도착해 잤다. 저녁에 비가 뿌렸다.

> **덧붙이는 말** 어머니 장례를 치르는 4월 13일부터 19일까지 일기에는 후미에 매번 "뒷날에 적었다追錄"는 글을 덧붙여 놓았다.(『난중일기』 전서본)

4월 20일 6월 4일 　맑음. 공주 정천동에서 아침을 먹고, 저녁에 이산尼山13)에 닿으니, 이 고을 원이 반갑게 맞아 주었다. 군청 동헌에서 잤다. 김덕장金德章이 우연히 왔다가 서로 만났고 금부도사도 와서 봤다.

4월 21일 6월 5일 　맑음. 일찍 떠나 은원14)에 이르니 김익金瀷이 우연히 여기에 왔다고 한다. 임달영이 곡식을 사러 은진포로 왔다고 하는데, 그 하는 꼴이 몹시 괴상하고 거짓되었다. 저녁에 여산15) 관노官奴의 집에서 잤다. 한밤중에 홀로 앉았으니 비통한 생각을 견

---

12) 충청남도 공주시 신관동.
13) 충청남도 논산시 노성면.
14) 충청남도 논산시 은진면 연서리.
15) 전라북도 익산시 여산면.

딜 수가 없었다.

4월 22일 6월 6일　맑음. 낮에는 삼례역16) 역리의 집에서 쉬고, 저녁에는 전주 남문 밖 이의신李義臣의 집에서 잤다. 판관 박근朴勤이 보러 왔고 부윤도 후하게 대접했다. 판관이 기름 먹인 종이와 생강 등을 보내왔다.

4월 23일 6월 7일　맑음. 일찍 떠나 오원역17)에 도착하여 역관에서 말도 쉬게 하고 아침밥도 먹었다. 조금 있으니 금부도사가 왔다. 저물어 임실현에 들어가니 현감이 지극히 의례적으로 대했다. 임실 현감은 홍순각洪純慤이다.

4월 24일 6월 8일　맑음. 일찍 떠나 남원에 도착했다. 남원부에서 15리쯤 떨어진 곳에서 정철 등을 만났다. 그들과 남원부 5리 안까지 함께 가다 작별하고, 나는 곧장 10리 밖의 동쪽 이희경李喜慶의 종의 집에 가 잤다. 슬픈 회포를 어찌 다 말하랴.

4월 25일 6월 9일　비가 많이 올 듯한 날씨다. 아침을 먹은 뒤에 길을 떠나 운봉18)의 박롱朴巃의 집에 들어가니 비가 많이 퍼부어서 머리를 내놓을 수가 없었다. 거기서 들으니, 원수가 벌써 진주를 떠나 순천을 향해 갔다고 했다. 곧 사람을 금오랑 있는 곳으로 보내어

---

16) 전라북도 완주군 삼례읍.
17) 전라북도 임실군 관촌면.
18) 전라북도 남원시 운봉읍.

가던 길을 멈추게 했다. 운봉현감 남간南侃은 병으로 나오지 않았다.

4월 26일 6월 10일   흐린 채 개지 않았다. 일찍 아침밥을 먹고 길을 떠나 구례현에 이르니 금오랑이 먼저 와 있었다. 손인필孫仁弼의 집에 거처를 정했더니 구례현감이원춘이 급히 나와 보고는 아주 반갑게 대해 주었다. 금오랑도 와서 만났다. 현감에게 "금오랑에게 술을 권하라"고 청하였더니 현감이 아주 대접을 잘했다. 밤에 앉아 있자니 비통한 생각이 자꾸만 밀려온다.

4월 27일 6월 11일   맑음. 일찍 출발해 송치[19] 아래에 이르니 구례현감이 사람을 보내어 점심을 지어 먹고 가게 했다. 순천 송원[20]에 도착하자 이득종과 정선이 와서 문안하였다. 저녁에 정원명의 집에 도착했다. 원수는 내가 온 것을 알고 군관 권승경權承慶, 권율의 조카을 보내어 조문하고 또 안부를 묻는데, 그 위로하는 말이 못내 간곡하다. 저녁에 이 고을 원순천부사 우치적이 와서 봤다. 정사준도 보러 와서 원균의 망령되고 패악한 짓을 많이 말했다.

4월 28일 6월 12일   맑음. 아침에 또 원수가 군관 권승경을 보내어 문안하고, "상중이라 몸이 피곤할 것이니 기운이 회복되는 대로 천천히 합천으로 오라"고 전했다. 또 전하기를, "통제사이순신와 친한 군관이 한산도(통제처)에 있다 해서 공문으로 그를 불러낼 테니 그를 데리고서 간호를 잘 받으라"고 하며, 한산도로 보낼 편지와

---

19) 전라남도 순천시 서면 학구리.
20) 전라남도 순천시 서면 운평리.

공문을 만들어 왔다. 순천부사의 소실이 세상을 떠났다고 한다.

4월 29일 ^{6월 13일} 맑음. 신 사과와 방응원이 와서 봤다. 병사^{이복남}도 원수의 지시를 받을 일이 있다고 하여 순천부로 들어왔다고 한다. 신 사과와 이야기했다.

4월 30일 ^{6월 14일} 아침에 흐리고 저물 무렵에 비가 왔다. 아침 후 신 사과와 이야기하였다. 그는 병사 이복남에게 붙들려서 술을 마셨다고 한다. 병사는 아침도 먹기 전에 보러 와서, 원균에 대한 일을 많이 말했다. 전라감사^{박흥로}도 원수에게 왔다가 군관을 보내어 안부를 물었다.

☾ 5월 초계의 권율 원수 막하로 가다

> 초계에 있는 원수 막하로 가기 위한 여정은 계속된다. 체찰사를 비롯하여 많은 사람에게 위로와 조문과 대접을 받는다. 만나는 사람마다 한산도 원균의 패악을 말한다.

5월 1일 6월 15일   계속해 비가 내렸다. 신 사과를 데리고 이야기하였다. 순찰사감사 박홍로와 병사는 원수가 머물고 있는 정사준의 집에 모여 함께 술을 마시며 즐겁게 논다고 하였다.

5월 2일 6월 16일   늦게 개었다. 원수는 보성으로 가고, 병마사이복남는 본영강진으로 갔다. 순찰사는 담양으로 가는 길에 내게 와서 만나고 돌아갔다. 순천부사가 와서 봤다. 진흥국陳興國이 좌수영에서 와서 눈물을 흘리면서 원균의 패악을 말했다. 이형복李亨復과 신홍수도 왔다. 남원의 종 끝돌이가 아산 집에서 와서 어머니 영연은 평안하시다고 하고 또 변유헌[1]은 그 식구들을 데리고 무사히 아산 금곡에 도착하였다고 했다. 홀로 빈 동헌순천부에 앉아 있으니 비통함을 어찌 견디랴!

5월 3일 6월 17일   맑음. 신 사과, 방응원, 진흥국이 돌아갔다. 이기

---

1) 이순신 누이의 아들.

남이 와서 만났다. 둘째 아들 울蔚의 이름을 열䓲로 고쳤다. '䓲' 자는, 소리는 기쁠 열悅과 같으며, 뜻은 움이 돋아나다, 초목이 무성하게 자란다는 것으로 매우 좋은 글자이다. 늦게 강소작지가 보러 와서 곡을 했다. 오후 4시쯤에 비가 뿌렸다. 저녁에 순천부사가 와서 봤다.

5월 4일 6월 18일 비가 왔다. 오늘은 돌아가신 어머니 생신날이다.[2] 슬프고 애통함을 참을 길 없다. 닭이 울 때 일어나 앉아서 눈물만 흘릴 뿐이다. 오후에 비가 많이 내렸다. 정사준이 와서 종일 같이 있었다. 이수원도 왔다.

5월 5일 6월 19일 맑음. 새벽꿈이 매우 어지러웠다. 아침에 순천부사가 보러 왔다. 늦게 충청우후 원유남이 한산도에서 와서 원균의 흉포하고 패악한 일을 많이 전하고, 또 진중의 장병들이 이탈하여 반역하니 장차 일이 어찌 될지 헤아리지 못하겠다고 한다. 오늘은 단오절인데 천 리 밖의 땅끝 모퉁이에서 종군하느라 어머니 영연을 멀리 떠나서 장례도 못 지내고,[3] 곡하고 우는 것도 마음대로 못하니 내 무슨 죄로 이런 과보를 받는다는 말인가. 나와 같은 사람은 고금에 둘도 없을 것이다. 생각하니 가슴이 찢어지듯 아프구나. 그러나 어찌하랴. 다만 때를 만나지 못한 것을 한탄할 따름이다.

---

2) 그는 돌아가신 어머니 생일뿐 아니라, 왕가의 제삿날, 조부모, 부모, 형제, 자매, 사촌, 처가 등 모든 가족의 생일과 제삿날 등을 세심히 기억하고 챙긴다. 심지어 거처를 떠나 출장 중에도 챙긴다. 아마도 이를 기재해 놓은 장부가 있었던 것 같다. 이 기록하는 정신이 있었기에 마침내 『난중일기』도 남겼을 것이다.

3) 당시 4품 이상의 관리는 사후 3개월이 지난 뒤 장례를 치렀다.

5월 6일 6월 20일   맑음. 꿈에 돌아가신 두 형님을 만났는데 서로 붙들고 통곡하며 하시는 말씀이 "네가 장사를 지내기도 전에 천 리 밖으로 떠나와 종군하고 있으니 대체 모든 일을 누가 주장한다는 말인가? 통곡만 하고 있으면 어찌하겠는가?" 하셨다. 이것은 두 형님의 혼령이 천 리 밖까지 따라와서 이토록 걱정한 것이니 비통함을 금치 못하겠다. 또 남원의 추수 감독하는 일을 염려하시는데 그것은 무슨 뜻인지 모르겠다. 연일 꿈자리가 어지러운 것도 아마 형님들의 혼령이 말없이 걱정하여 준 것이니 애통함이 한결 더 간절하다. 아침저녁으로 그립고 서러운 마음에 눈물이 엉기어 피가 되건만 아득한 저 하늘은 어째서 내 사정을 살펴 주지 못하는고. 왜 어서 죽지 않는지. 늦게 능성현령 이계명이 상제의 몸인데도 와서 보고 돌아갔다. 흥양의 종 우노음금禹老音金, 박수대朴守每, 조택趙澤과 순화順花의 처가 와서 인사했다. 이기윤李奇胤과 몽생夢生이 왔다. 송정립宋廷立, 송득운宋得運도 왔다가 곧 돌아갔다. 저녁에 정원명이 한산도에서 돌아와 흉한 자원균의 못된 짓을 많이 이야기하였다. 또 들으니, 부찰사한효순가 좌수영으로 와서 병 조리를 한다고 했다. 우수사이억기가 편지를 보내어 조문했다.

5월 7일 6월 21일   맑음. 아침에 정혜사의 중 덕수德修가 와서 미투리 한 켤레를 바치는 것을 아무리 거절하고 받지 않으려 해도 재삼 간절히 받으라고 하므로 결국 값을 쳐주어 보내고, 미투리는 바로 정원명에게 주었다. 늦게 송대기宋大器, 유몽길柳夢吉이 보러 왔다. 서산군수 안괄安适도 한산도에서 와서 음흉한 자원균의 일을 많이 말했다. 저녁에 이기남이 또 왔다. 이원룡이 좌수영에서 돌아왔다.

안괄이 구례에 갔을 때 전 구례현감 조사겸趙士謙의 수절녀를 사통하려 하였으나 뜻을 이루지 못하였다고 한다. 놀랄 일이다.

5월 8일 6월 22일   맑음. 아침에 승장 수인이 밥 지을 중 두우杜宇를 데리고 왔다. 종 한경을 일이 있어 보성으로 보냈다. 흥양의 종 세충이 녹도에서 망아지를 끌고 왔다. 궁장 이지李智가 돌아갔다. 새벽 꿈에 사나운 범을 때려잡고 가죽을 벗겨 휘둘렀는데 이건 무슨 조짐인지 모르겠다. 조종趙琮이 이름을 연璉으로 고치고서 보러 왔고, 조덕수趙德秀도 왔다. 낮에 망아지에 안장을 얹어 정상명鄭詳溟에게 타보라고 했다. 원균이 편지를 보내어 조문하니 이는 곧 원수의 명령에 따라 마지못해 한 것이다. 이경신이 한산도에서 와서 원균에 대해 흉악한 일을 다 말했다. 또 말하기를 원균이 자기가 데리고 온 서리를 곡식 사 오라는 구실로 육지로 보내 놓고 그 아내를 사통하려고 하였는데 그 여인이 발악하며 따르지 않고 밖으로 뛰쳐나와 고함을 지른 일도 있었다고 했다. 원균이 온갖 계략으로 나를 모함했으니 이 또한 운수로다. 뇌물로 실어 보내는 짐이 서울 길에 잇닿았으며, 그렇게 해서 날이 갈수록 심히 나를 헐뜯었으니, 그저 때를 못 만난 것을 한탄할 따름이다.

5월 9일 6월 23일   흐림. 아침에 이형립李亨立이 와서 보고 바로 돌아갔다. 이수원이 광양에서 돌아왔다. 순천 사는 과거 출신의 강승훈姜承勳이 자진해서 군에 응모해 왔다. 부사우치적가 좌수영에서 돌아왔다. 종 경이 보성에서 말을 끌고 왔다.

5월 10일 6월 24일　굳은비가 내렸다. 오늘은 태종太宗의 제삿날이다. 이날은 예로부터 비가 내린다고 하는데太宗雨 과연 저녁나절에 큰비가 왔다. 박줄생朴注叱生이 와서 인사했다. 주인정원명이 보리밥을 지어서 내왔다. 장님 임춘경任春景이 점을 쳐서 운수를 봐주러 왔다. 부찰사도 조문하는 글을 보내왔다. 녹도만호 송여종도 삼麻과 종이 두 가지를 부의로 보내왔다. 전라순찰사는 백미, 중미 각 1곡에다 콩과 소금도 함께 구해 군관을 통해 보낸다고 했다.

5월 11일 6월 25일　맑음. 김효성이 낙안에서 왔다가 곧 돌아갔다. 전 광양현감 김성이 체찰사의 군관이 되어서 화살대를 구하러 순천에 왔다가 근래의 소문을 전하는데, 그 소문이란 모두가 흉인兇人 원균의 일이었다. 부찰사가 온다는 통지가 왔다. 장위張渭가 편지를 보냈다. 정원명이 보리밥을 지어서 내었다. 장님 임춘경이 와서 운수 본 바를 이야기했다. 부찰사가 고을에 도착했다. 정사립과 양정언이 와서 부찰사가 나를 만나 보자 한다고 전했으나 내 몸이 불편하여 만나 보지 못했다.

5월 12일 6월 26일　맑음. 새벽에 이원룡을 보내어 부찰사에게 문안했더니 부찰사는 또 김덕린을 내게 보내어 문안했다. 늦게 이기윤과 기남이 보러 왔다가 도양장으로 돌아간다고 했다. 아침에 아들 열을 부찰사에게 보냈다. 신홍수가 보러 와서 원균에 대해 점을 쳤는데 첫 괘인 수뢰둔이 변하여 천풍구가 되니 용用이 체體를 이기는 것이라 크게 흉하다고 했다. 남해현령이 조문하는 편지를 보내면서 쌀 2섬, 참기름 2되, 조 1섬, 미역 2동을 부의로 보냈다. 저녁에 향사당으로 가서 부찰사와 함께 이야기하고, 자정에야 숙소로 돌아왔다. 정사립과 양정언 등이 와서 닭이 운 뒤에 돌아갔다.

5월 13일 6월 27일 맑음. 어젯밤에 부찰사의 말이 "상사이원익가 보낸 편지에 나에 대한 일[4]을 많이 안타까워하고 탄식했다"라고 한다. 늦게 정사준이 떡을 만들어 왔다. 순천부사가 노자를 보내 주니 너무 미안하다.

5월 14일 6월 28일 맑음. 아침에 순천부사가 와서 보고 돌아갔다. 부찰사도 출발하여 부유[5]로 향해 떠났다. 정사준, 정사립, 양정언 등이 와서 나를 모시고 가겠다고 하기에 같이 아침밥을 먹고 길에 올라 송치 밑으로 가서 말을 쉬게 하고 혼자 바위 위에 앉아서 한동안 곤하게 잤다. 운봉의 박롱이 왔다. 저물 무렵 찬수강[6]을 말에서 내려 걸어서 건넜다. 구례현에 이르러 손인필의 집[7]으로 갔다. 바로 현감이원춘이 보러 왔다.[8]

5월 15일 6월 29일 비가 오다 개다 했다. 주인집은 지대가 낮고 험하여 파리가 벌떼처럼 몰려들어 사람이 밥을 먹을 수가 없었다. 동헌 옆에 있는 모정茅亭으로 옮겼더니 남풍이 불어 들어와 시원했다. 구례현감과 함께 종일 이야기하고 거기서 그대로 잤다.

---

4) 파직되어 백의종군하게 된 일을 말한다.
5) 전라남도 순천시 주암면 창촌리.
6) 전라남도 순천시 황전면과 구례군 사이의 섬진강 지류.
7) 전라남도 구례군 구례읍 봉북리 260.
8) 4월 27일 순천에 가서 정원명의 집에서 17일간 유숙하고, 이날 구례로 갔다.

5월 16일 6월 30일　맑음. 구례현감과 함께 이야기했다. 저녁에 남원의 탐후인이 와서 전하길, 체찰사가 내일 곡성을 거쳐 이 구례현에 들어와 며칠 묵은 뒤에 진주로 갈 것이라고 했다. 구례현감이 점심상을 내왔는데 매우 융숭했다. 대단히 미안했다. 저녁에 정상명이 왔다.

5월 17일 7월 1일　맑음. 구례현감과 이야기했다. 남원 갔던 탐후인이 와서 전하길, 원수가 운봉의 길로 가지 않고 명나라 양 총병陽元을 영접하기 위해 전주로 달려갔다고 한다. 내가 헛걸음한 것 같아 민망하다.

5월 18일 7월 2일　맑고 동풍이 크게 불었다. 저녁에 김종려金宗麗 영공이 나를 보러 남원에서 바로 이리로 왔다. 충청수영의 영리 이엽李燁이 한산도에서 왔기에 아산 집에 보내는 편지를 부쳤다. 그러나 아침부터 술을 먹고 주사를 늘어놓는 꼴이 가증스러웠다.

5월 19일 7월 3일　맑음. 체찰사가 구례현에 들어온다 하므로 성안 관아에 머물러 있기가 미안해서 동문 밖 장세호張世豪의 집으로 옮겨 갔다. 명협정蓂莢亭에 앉아 있는데 구례현감이 보러 왔다. 저녁에 체찰사가 구례현으로 들어왔다. 오후 4시쯤에 소나기가 크게 쏟아지다가 오후 6시쯤에 개었다.

5월 20일 7월 4일　맑음. 저녁에 첨지 김경로가 와서 만났는데, 무주 장박지리張朴只里의 농토가 아주 좋다好品고 말했다. 옥천 사는 권

치중權致中은 김 첨지의 서처남인데, 장박지리란 곳이 옥천 양산창에서 멀지 않다고 했다. 체찰사 이원익이 내가 머물고 있다는 소식을 듣고 먼저 공생貢生을 보내고 이어 군관 이지각李知覺을 보내더니, 조금 있다가 또 사람을 보내어 조문하기를, "일찍 모친상을 당했다는 소식을 듣지 못하였다가 이제야 비로소 듣고 놀라며 애도한다"라고 하고, 저녁에 만날 수 있는가를 물었다. 나는 저녁에 당연히 가서 뵙겠다고 대답하였다. 어두울 무렵 가서 뵈오니, 체찰사는 소복을 입고 기다리고 있었다. 조용히 일을 의논할 때 체찰사는 개탄하기를 마지않았다. 밤이 되도록 이야기하는 중에 "일찍이 임금의 분부有旨가 있었는데 거기에 불편한 말이 많이 있어서 그 심사가 미심쩍었으나 미처 그 뜻을 알지 못했다"[9]라고 했다. 또 말하기를 "음흉한 사람원균의 무고하는 행동이 심했건만 임금이 굽어살피지 못했으니 앞으로 나랏일을 어찌할꼬" 하는 것이었다. 떠나올 때 남南 종사가 사람을 보내서 안부를 물었으나 밤이 깊어 나가 인사하지 못한다고 하였다.

5월 21일 7월 5일   맑음. 박천[10] 군수 유해柳海가 서울에서 내려와서 한산도로 가 공을 세우겠다고 했다. 또 말하기를 은진현에 오니 현감이 한산도로 가는 배편에 대해 이야기하더라고 하였다. 유해가 또 말하기를 "중죄[11]를 지은 이덕룡李德龍이란 자는 돈을 써서 풀려나고 거꾸로 그를 고소한 사람은 옥에 갇혀 세 차례나 형장을

---

9) 이순신을 파직하고 원균을 대신 보내는 얘기를 두고 말한 듯하다.
10) 평안북도 박천군.
11) 왜적과 결탁해 군기를 누설한 죄.

맞고 다 죽어 간다"고 하니 참으로 놀라운 일이다. 그런데 또 과천의 좌수유향소 수장 안홍제安弘濟 등은 이상공李尙公에게 말과 20살짜리 여자 종을 바치고 나서야 석방되었다고 한다. 그는 본시 죽을죄도 짓지 않았지만 여러 번 맞아 죽게 될 형편에 이르자 물건을 바치고서야 비로소 석방된 것이다. 안팎이 모두 바치는 물건의 많고 적음에 따라 죄의 경중이 결정된다 하니 이러다가는 세상이 어떻게 될지 모르겠다. 이것이 이른바 "백전의 돈으로 죽은 혼을 되살린다일맥금전편반혼 一陌金錢便返魂"12)는 것이리라.

5월 22일 7월 6일　　맑음. 남풍이 크게 불었다. 아침에 손인필 부자가 와서 만났다. 유박천柳博川이 승평으로 가서 그길로 한산도로 간다고 하기에 그편에 전라, 경상 두 수사이운룡, 배설과 가리포첨사 등에게 문안 편지를 써 보냈다. 늦게 체찰사의 종사관 김광엽金光燁이 진주에서 구례현으로 들어오고, 배흥립 영공도 온다고 편지가 왔다. 그간의 정회를 풀 수 있을 것 같아 다행이다. 혼자 앉았노라니 비통함을 견디기가 어렵다. 어두울 녘에 기다리던 배흥립 동지와 구례현감 이원춘이 와 만났다.

5월 23일 7월 7일　　아침에 정사룡, 이사순이 와서 보고 원 공원균의 일을 많이 전했다. 늦게 동지 배흥립은 한산도로 돌아갔다. 체찰사가 사람을 보내어 부르므로 가서 뵙고 조용히 의논했는데, 시국의 일이 이미 잘못되어 버린 것에 대하여 많이 분개하며 다만 죽을

---

12) 명나라 구우(瞿佑)가 쓴 소설 『전등신화』에 나오는 칠언율시의 한 구절이다.

날만 기다린다고 했다. 나는 내일 초계로 간다고 했더니, 체찰사는 이대백李大伯이 모은 쌀 2섬을 체자로 써서 이를 성 밖의 집 주인 장세휘張世輝의 집으로 보내 주었다.

5월 24일 7월 8일　맑음. 동풍이 종일 크게 불었다. 아침에 광양 고응명高應明의 아들 언선彦善이 보러 와 한산도 사정을 많이 전했다. 체찰사가 군관 이지각을 보내어 안부를 묻고, "경상우도 연해안 지도를 갖고 싶으나 방도가 없으니 지난날 본 대로 하나 그려 보내 주기 바란다"고 청했다. 그래서 나는 거절할 수가 없어서 지도를 초 잡아 그려 보냈다. 저녁에 비가 크게 내렸다.

5월 25일 7월 9일　비가 왔다. 아침에 초계를 향해 길을 떠나려 하다가 비 때문에 가지 않고 혼자 시골집에 기대어 앉아 있자니 이어지는 회포가 끝이 없다. 슬프고 그리운 생각을 어찌 말로 다 하랴.

5월 26일 7월 10일　종일 많은 비가 내렸다. 비를 무릅쓰고 길을 막 떠나려 하는데 사량만호 변익성을 만났다. 무슨 조사를 받기 위해 이종호에게 붙잡혀 체찰사에게로 가는 길이라고 한다. 잠시 서로 대면하고는 그길로 석주관石柱關[13]에 이르니, 비가 퍼붓듯이 쏟아진다. 말을 쉬게 하고 엎어지고 자빠지면서 간신히 악양[14]의 이정란李定鸞 집에 당도했는데 문을 닫고 거절하는 것이었다. 그 집 뒤에 기와집들도 보여 종들로 하여금 사방으로 흩어져 다른 집을 물색

---

13) 전라남도 구례군 토지면 송정리. 여기서 영남과 호남이 나뉜다.
14) 경상남도 하동군 악양면 평사리.

해 보았으나 합당한 곳을 찾지 못하고 돌아왔다. 이정란의 집은 김덕령의 아우 김덕린이 빌려 쓰고 있는 집이다. 나는 아들 열을 시켜 억지로 청해서 들어가 잤다. 행장이 모두 다 젖었다.

5월 27일 7월 11일   반은 흐렸고 반은 개었다. 아침에 젖은 옷을 널어 바람에 말렸다. 늦게 출발해 두치의 최춘룡崔春龍의 집에 도착하니 사량만호와 이종호가 먼저 와 있었다. 끌려갔던 변익성은 곤장 20대를 맞고 꼼짝도 못 한다고 했다. 유기룡이 보러 왔다.

5월 28일 7월 12일   흐렸으나 비는 오지 않았다. 늦게 길을 떠나 하동현에 도착하니, 하동현감이 반갑게 인사하며, 성안의 별채로 맞아들여 정성을 다하여 대접했다. 그리고 원균이 하는 일에 미친 짓이 많다고 했다. 날이 저물도록 이야기를 나누었다. 변익성도 왔다.

5월 29일 7월 13일   흐림. 몸이 너무 불편하여 길을 떠날 수 없었다. 그대로 머물며 몸조리했다. 하동현감은 정겨운 말을 많이 했다. 황생원이라고 하는 70세나 되는 노인이 하동에 왔다고 하는데 원래는 서울에 살았지만 지금은 떠돌아다닌다 한다. 만나자 했으나 만나지 않았다.

🌙 6월   모여곡에 거처를 잡고
한결같이 나라를 걱정하다

> 하동 옥종을 거쳐 산청 단계를 지나고 이달 8일(출옥 후 67일째)에 초계의 원수 진영에서 원수 권율을 만난다. 백의종군 길이 아무리 어려워도 백성에게 민폐를 끼치는 일만은 엄금한다. 합천 모여곡에 거처를 정하고 백의종군 중이지만 나라를 걱정하는 그 마음은 한결같다. 이달 중순, 원균은 삼도수군을 이끌고 부산 쪽으로 출전했다가 아까운 두 장수만 잃고 패전해 돌아오고 이 소식을 들은 이순신은 절망한다.

6월 1일 7월 14일   비 옴. 일찍 떠나 청수역[1] 시냇가의 정자에 이르러 말을 쉬게 했다. 저물녘에 단성[2]에 사는 박호원朴好元의 농사짓는 종農奴의 집에 들어가니 주인이 반갑게 맞이해 주기는 하나 잠자리가 좋지 못하여 간신히 밤을 지냈다. 비가 밤새도록 내렸다. 하동현감이 기름종이 1축, 장지 2축, 백미 1섬, 참깨 5말, 들깨 3말, 꿀 5되, 소금 5말, 미지[3] 5개를 보냈다.

---

1) 경상남도 하동군 옥종면 정수리.
2) 하동과 진주의 접경지역이다. 지금의 단성면 신등면 생비량면 일대다.
3) 밀랍 먹인 종이. 배에 난 구멍을 막는 데 사용한다.

6월 2일 7월 15일   비가 오다 개다 했다. 일찍 떠나 단계[4] 시냇가에서 아침밥을 먹고 늦게 삼가현[5]에 도착하니, 삼가현감 박몽득은 이미 산성으로 가고 없어서 빈 관사에서 잤다. 고을 사람이 밥을 지어 와서 먹으라고 했으나 민폐가 될 것 같아 종들에게도 먹지 말라고 타일렀다. 삼가현 5리 밖에 있는 홰나무 정자 아래에 앉아 있는데 근처에 사는 노순盧錞, 노일盧鎰 형제가 보러 왔다.

6월 3일 7월 16일   비 옴. 아침에 출발하려고 하니 비가 너무 와서 쭈그리고 앉아 고민하고 있는데 원수의 군관 유홍이 흥양에서 왔길래 그에게 물어보니 "길에 물이 불어 다니지 못할 정도"라고 하여 그대로 유숙했다. 아침에 들으니 종들이 고을 사람의 밥을 얻어 먹었다고 하기에 종에게 매를 때리고 밥한 만큼의 쌀을 도로 갚아 주었다.

6월 4일 7월 17일   흐리다가 맑아져서 일찍 떠나려는데, 삼가현감이 문안의 글을 보내면서 노자까지 보내왔다. 낮에 합천 땅에 이르렀고 마을에서 10리쯤 떨어져 있는 곳에 괴목정槐木亭이 있어 그곳에서 아침을 먹었다. 너무 더워서 한참 동안 말을 더 쉬게 한 후 5리쯤 가니 갈림길이 나왔다. 한 길은 곧바로 고을 합천로 들어가는 길이요, 다른 한 길은 초계로 가는 길이다. 그래서 강 황강을 건너지 않고 초계 쪽으로 10리 남짓 가니, 원수의 진[6]이 바라보였다. 문보文

---

4) 경상남도 산청군 신동면 단계리.
5) 경상남도 합천군 삼가면.
6) 경상남도 합천군 율곡면 낙민리에 있었던 적포진이다.

珤가 하숙했던 집⁷⁾에 들어가 이곳을 숙소로 정했다. 이곳은 개연介硯, 개벼리을 끼고 넘어오는데, 기암절벽이 천 길이나 되고 강물은 굽이돌며 깊었으며, 넘어오는 길은 잔도棧道라 거의 사람이 다니지 못할 만큼 험하고 위험했다. 만일 이 험한 길목을 지킨다면 설사 만 명의 군사가 온다 해도 능히 막아 낼 수 있을 것이다. 이 동리가 모여곡毛汝谷이다.

6월 5일 ⁷월 18일   맑음. 서풍이 크게 불었다. 아침에 초계군수정이길鄭以吉가 모여곡으로 급히 달려왔기에 곧 그를 불러들여 이야기했다. 식후에 중군장 이덕필李德弼도 달려왔으므로 지난날의 이야기를 했다. 조금 있으니 심준도 보러 왔길래 함께 점심을 먹었다. 거처할 방을 도배했다. 저녁에 이승서李承緖가 와서 한산진의 파수병과 복병이 도망갔던 일에 관해 말했다. 이날 아침에 구례 사람손인필과 하동현감이 보내 주었던 사내 종과 말들은 모두 돌려보냈다.

6월 6일 ⁷월 19일   맑음. 자는 방을 다시 고쳐 도배하고 군관들이 거처할 마루방 2칸을 만들었다. 모여곡 주인집의 이웃에 사는 윤감尹鑑, 문익신文益新이 보러 왔다. 종 경을 이대백에게 심부름 보냈더니 "담당 아전이 나가고 없어서 받아 오지 못했다"라고 하고, 곧 이대백이 나를 보러 온다고 전했다. 날은 어둡고 도배한 방은 마르지 않아 부득이 다른 집을 찾아 들어갔는데 그 집 주인이 과부라 하여 곧 또 다른 집으로 옮겨 갔다.

---

7) 경상남도 합천군 율곡면 제내리 모여곡 입구에 있는 이어해(李漁海)의 집.

6월 7일 7월 20일   맑음. 몹시 더웠다. 원수의 군관 박응사朴應泗와 유홍 등이 와서 봤다. 원수의 종사관 황여일黃汝一이 사람을 보내어 문안하므로 곧 사례하는 답장을 보냈다. 도배된 안방에 들어가 잤다.

6월 8일 7월 21일   맑음. 아침에 정상명을 보내어 황 종사관에게 안부를 물었다. 늦게 이덕필과 심준이 보러 왔고 고을 원초계군수이 그 아우와 함께 보러 왔고 또 원수를 마중 갈 10여 명의 원수의 수행원들도 보러 왔다. 점심 후에 원수가 진영에 도착했다 하여 나는 곧 원수를 보러 갔더니 종사관도 원수 앞에 있었다. 원수와 함께 한참 이야기했다. 얼마 후에 원수가 박성朴惺이 써 올린 상소문과 사직서의 초고를 보여 주는데[8], 박성은 "원수의 처사에 허술한 데가 많다"라고 적었다. 그 때문에 불안해진 원수는 "그 상소가 못마땅해 체찰사 앞으로 해명하는 글을 올렸다"라고 했다. 또 상소의 여러 사항[9]을 보고 나서 저물어서야 돌아왔다. 몸이 몹시 불편해서 저녁밥을 먹지 않았다.

6월 9일 7월 22일   날은 흐린 채 개지 않았다. 늦게 정상명을 보내어 먼저 원수에게 문안하고, 다음으로 종사관에게도 문안했다. 처음으로 노마료奴馬料[10]를 받았다. 숫돌을 캐 왔는데 품질이 연일석

---

8) 권율이 자기를 비방하는 박성의 상소를 보여 준 것은 그 속에 이순신을 비방하는 내용(정유년에 가등청정이 바다를 건너온 것이 이순신의 책임이라는 내용이다.)도 있어서 동병상련의 심정으로 보여 준 듯하다.
9) 국가적으로 시급히 시행해야 할 사항들이다.
10) 종과 말을 먹일 비용.

延日石보다 낫다고 한다. 윤감, 문익신, 문보 등이 보러 왔다. 이날은 아우 여필의 생일인데 혼자 변방 진중에 앉아 있으니 회포를 어찌 말로 다 하랴.

6월 10일 7월 23일   맑음. 아침에 가라말검은 말, 월라말얼룩말, 간자말이마와 뺨이 흰 말, 유말갈기는 검고 배가 흰 말 등의 네 발굽을 잘라 주고 편자를 박았다. 원수의 종사관이 삼척 사람 홍연해洪連海를 보내어 문안하고, "좀 있다 직접 보러 오겠다"라고 전했다. 홍연해는 홍견임치첨사의 친조카다. 어려서 같이 놀던 죽마고우 서철徐徹이 합천 땅 동쪽 율진에 사는데, 내가 왔다는 소식을 듣고 보러 왔다. 그의 아이 때 이름은 서갈박지徐乫朴只였다. 음식을 대접해 보냈다. 저녁에 원수의 종사관 황여일이 와서 조용히 이야기하는데, 임진년에 내가 왜적 토벌한 일을 전해 듣고는 찬탄해 마지않았다고 했다. 또 원수가 산성[11]에 험고한 요해지를 설치하지 않은 데 대한 한탄스러움과 당면한 토벌, 방비 대책이 허술한 것 등을 말하는데 밤이 깊은 줄도 모르고 돌아갈 것을 잊고서 이야기했다. 또 그는 내일 원수가 산성을 친히 살펴보러 간다고 했다.

6월 11일 7월 24일   맑음. 중복 날이다. 쇠라도 녹일 것 같고 대지를 찔 것 같이 더웠다. 늦게 명나라 차관 경략經略의 군문에 있는 이문경李文卿이 보러 왔기에 부채를 선물로 주어 보냈다. 어제저녁 종사관과 이야기할 때 변흥백의 종 춘春이 집 편지를 가지고 왔다. 그

---

11) 경상남도 합천군 율곡면 항곡리의 백마산성.

편지로 어머니의 영연이 평안한 줄은 알았으나 돌아가신 어머니에 관한 쓰라린 회포를 어찌 말로 다 하랴! 변홍백이 나를 만나러 여기까지 왔다가 그냥 청도로 돌아갔다고 하니 참으로 섭섭했다. 이날 아침 변홍백에게 편지를 써 보냈다. 아들 열이 토사곽란으로 밤새도록 신음해 애가 타고 말할 수 없이 답답했는데 다행히 닭이 울고 나서는 조금 덜해지고 잠이 들었다. 이날 아침 한산도 여러 장수에게 보낼 편지 14장을 썼다. 경庚의 모친이 편지를 보냈는데 "도둑이 또 일어나고 지내기는 매우 어렵다"라고 했다. 작은 월라말이 더위를 먹었는지 먹지를 않는다.

6월 12일 7월 25일 　맑음. 종 경과 종 인을 한산도 진으로 보냈다. 그 편에 어제 쓴 전라우수사이억기, 충청수사최호崔湖, 경상수사배설, 가리포첨사이응표, 녹도만호송여종, 여도만호김인영, 사도첨사황세득, 동지 배흥립, 조방장 김완, 거제현령안위, 영등포만호조계종, 남해현감박대남, 하동현감신진, 순천부사우치적에게 갈 편지 14장을 보냈다. 늦게 승장 처영處英이 와서 만났다. 부채와 미투리를 바치므로 다른 물건으로써 갚아 보냈다. 그는 적의 정세에 관해 이야기하고 원균에 관해서도 이야기했다. 오후에 들으니 중군장이 군사를 거느리고 적을 향해 갔다고 했다. 어떤 일인지 알아보려고 원수에게 가보니, 원수는 "우병사김응서가 '부산의 적은 창원 등지로 떠나려 하고, 서생포의 적은 경주로 진을 옮길 거라' 보고했기에, 우리가 먼저 복병군을 보내어 길을 막고 적에게 위세를 뽐내려고 중군장 이덕필을 보낸 것이라"고 했다. 병마우후 김자헌金自獻이 일 때문에 원수를 만나러 왔다. 나도 그를 만나 보고 달빛을 받으며 돌아왔다.

덧붙이는 말　　비록 백의종군 중이긴 하나 그는 군인이다. 나라의 안위와 백성의 삶 앞에 무한 책임을 느끼고 있었기에 벼슬 여부를 떠나 그는 나라의 훗날을 걱정했다. 특히 수군의 일에 관해서는 자나 깨나 관심을 놓을 수가 없었다.

6월 13일 7월 26일　　맑음. 늦게 가랑비가 뿌리다가 그쳤다. 병사의 우후 김자헌이 보러 왔기에 한참 동안 이야기하다 점심을 대접해 보냈다. 낮에 왕골을 쪄서 말렸다. 저녁에 이희남의 종이 들어와서 "주인이 우병사의 부대[12]에 입대했기 때문에 지금 원수의 진 근처까지 왔지만 날이 저물어서 뵙지 못하고 딴 데서 쉬고 있다"라고 했다.

6월 14일 7월 27일　　흐리되 비는 오지 않았다. 이른 아침에 이희남이 들어와서 자기 누이의 편지를 전했다. 보니, 아산의 어머니 영연과 위아래 사람들이 두루 무탈하다고 했다. 그러나 쓰리고 그리운 마음을 어이 다 말하랴! 아침밥을 먹은 뒤에 우병사에게 보내는 편지를 썼다. 그 편지를 가지고 이희남이 떠나갔다.

6월 15일 7월 28일　　하루 중에 반은 맑고 반은 흐렸다. 오늘은 보름이건만 군중에 있어 어머니 영연에 잔을 올리고 곡하지 못하니 그리운 마음을 어찌 말로 다 하랴! 초계군수가 떡을 마련해 보냈다. 원수의 종사관 황여일이 군관을 보내어, 오늘 원수가 산성 백마산성

---

12) 당시 의령에 있었다.

으로 간다고 전했다. 나도 뒤를 따라가서 큰 냇가에 이르렀다가 혹시 다른 의견이 있을까 염려되어, 냇가에 앉은 채로 정상명을 보내어 병이 났다고 아뢰게 하고서 그대로 돌아왔다.

> 덧붙이는 말   그는 지금 백의종군하는 신분인데 원수와 함께 산성을 시찰했다 하면 무슨 말이 날까 염려가 되기도 하고, 또 거기서 원수가 자신에게 의견을 구하면 십중팔구 이견異見이 나올 것 같아 그는 산성에 함께 가는 것을 피한 것 같다.

6월 16일 7월 29일   맑음. 종일 혼자 앉았는데 들여다보는 사람이 하나도 없었다. 아들 열과 이원룡을 불러 책을 매어서 변씨 족보를 쓰게 했다. 저녁에 이희남이 언문 편지를 보냈는데, "병마사가 보내 주지 않는다"고 했다. 변광조卞光祖가 보러 왔다. 아들 열은 정상명과 함께 큰 냇가로 가서 전마戰馬를 씻기고 왔다.

6월 17일 7월 30일   흐리나 비는 오지 않았다. 서늘한 기운이 감도니 밤이 쓸쓸하다. 새벽에 일어나 앉았으니 애통함과 그리움을 어찌 말로 다 하랴. 아침을 먹은 뒤에 원수에게 갔더니, 원균의 정직하지 못한 점을 많이 말했다. 또 비변사에서 내려온 공문[13]을 보여 주는데, 원균은 장계에서 "수군과 육군이 함께 나가서 먼저 안골포의 적을 무찌른 연후에 수군이 부산 등지로 진군하겠으니, 안골

---

13) 원균과 권율의 장계문 등.

포의 적을 먼저 칠 수 없겠습니까?"라고 하였다. 반면에 원수는 장계에서 "통제사 원균은 앞으로 나가려고는 아니하고, 오직 안골포의 적만을 먼저 쳐야 한다고 핑계만 댑니다. 수군의 장수들이 대개 원균에 대해 반심을 먹고 있건마는 원균은 안에 들어앉아 나오지 않아서, 장수들과 계책을 합의하는 일이 하나도 없으니 일을 망쳐 버릴 것이 뻔합니다"라고 하였다. 원수에게 고하고 파발로 공문을 띄워 이희남과 변존서, 윤선각尹先覺 등을 모두 오라고 독촉했다. 돌아오는 길에 종사관 황여일이 묵고 있는 집에 들러 한참 동안 이야기하다가 숙소로 돌아왔다. 이희남의 종을 의령산성으로 보냈다. 청도의 파발꾼이 가져가는 공문을 초계군수에게 보여 주고 말았으니 실로 양심이 없는 사람이다.

6월 18일 7월 31일 　흐리기만 하고 비는 오지 않았다. 아침에 종사관 황여일이 종을 보내어 문안했다. 늦게 윤감이 떡을 해 가지고 왔다. 명나라 사람 엽위葉威가 초계에서 와서 말하기를, "명나라 사람 주언룡朱彦龍이 일찍이 일본에 사로잡혀 갔다가 이번에야 비로소 나왔는데, 적병 10만 명이 벌써 사자마沙自麻나 대마도로 나왔을 것이며, 소서행장은 의령을 거쳐 곧장 전라도를 침범할 것이요, 가등청정은 경주, 대구 등지로 진지를 옮기고 이어 안동으로 갈 것이다"라고 했다. 저물 무렵 원수가 사천에 갈 일이 있다고 알려 왔다. 그래서 정상명을 보내어 왜 가는지를 물어보게 하였더니, 수군에 관한 일 때문에 간다고 하였다.

6월 19일 8월 1일 　새벽에 닭이 세 번 울 때 문을 나서 원수의 진

6월 모여곡에 거처를 잡고 한결같이 나라를 걱정하다

으로 가니 날이 훤히 밝았다. 진중에 이르니, 원수와 종사관 황여일이 공무를 보고 있었다. 내가 들어가 뵈니, 원수는 원균에 관한 일을 내게 말하는데, "통제사원균의 하는 일은 그 음흉함이 말이 아니다. 조정에 청하여 안골포와 가덕도의 적을 모조리 무찌른 뒤에야 수군이 나아가 토벌할 수 있다고 하니 이게 무슨 심사겠나? 일을 뒤로 미루면서 출전하지 않으려는 뜻이 뻔하다. 그래서 내가 사천으로 가서 원균은 빼고 세 수사경상·전라·충청만을 독촉하여 진격하도록 할 예정이다. 이제 통제사는 내가 지휘할 것도 없다"라고 했다. 나는 또 조정에서 내려온 유지를 보니, "안골포의 적은 가벼이 들어가 칠 것이 못 된다"라고 하였다. 원수가 나간 후 황 종사관과 함께 이야기하고 있는데 얼마 지나 초계군수가 왔다. 작별하고 나오려 할 때 종사관과 초계군수에게 "진찬순陳贊順에게 심부름을 시키지 말라"고 당부하니 원수부 병방 군관과 초계군수가 모두 그리하겠다고 답했다. 내가 돌아올 때 사로잡혔다 도망해 온 사람엽위이 나를 따라왔다. 대지가 온통 찌듯이 더웠다. 저녁에 작은 월라말이 풀을 조금 먹었다. 정오 때에 우수영 관리 변덕기卞德基, 변덕장卞德章과 늙어 제대한 변경완卞慶琬과 나이 열여덟인 변경남卞敬男이 와서 봤다. 진사 이신길李信吉의 아들인 진사 이일장李日章도 왔다. 밤에 소나기가 크게 내리니 처마의 낙숫물 소리가 요란했다.

> **덧붙이는 말** 원균은 안골포 등의 왜 육지군을 평정하지 않은 채로 적의 본진이 있는 부산 쪽으로 나갈 수 없다 하고, 원수 권율은 조건 없이 바로 나가 적을 치라 했다. 원수의 전략보다 원균의 전략이 훨씬 여물다. 그런데도 대세는 원

수 쪽으로 쏠려 원균은 마침내 매까지 맞고 두 차례에 걸쳐 출전해야 했고 결국에는 대패한다. 원균의 전략이 왜 받아들여지지 않았을까? 그것은 원균 스스로 지은 자신의 과보다. 일찍이 이순신은 "안골포 등지의 왜적을 소탕하지 않고 부산 쪽으로 나아가는 것은 섶을 안고 불속에 뛰어드는 것과 같아 요충인 견내량만 굳건히 지켜 적이 서해를 넘보지 못하게 만들면 된다"라는 소위 견내량 고수 전략을 세우고 한산도를 굳게 지키기만 했다. 그런데 원균은 이순신을 꺾고 자신이 통제사가 될 욕심으로 "이순신은 지키기만 하나 나는 바로 부산으로 나가 적을 섬멸할 수 있다"라고 주장했고 그래서 통제사가 되었기 때문이다. 실제로 원균은 권율의 압박을 이기지 못하고 체찰사의 종사관 남이공에 이끌려 6월 18일 부산 쪽으로 출전했다가 두 장수를 잃고 패전하고는 권율로부터 심한 질책을 받고 다음 달 다시 출전했다가는 대패하고 자신도 죽는다. 출전하면 패전의 가능성이 큰 줄 알지만 출전을 강요당할 수밖에 없었던 원균, 그리고 대책 없이 수군을 몰아치는 체찰사와 권율 도원수, 수군의 운명이 걸린 일을 놓고 벌리는 이들의 불화. 이를 바라보는 이순신의 이날 심정은 어떠했을까?

6월 20일 8월 2일   종일 비가 오는데 밤에는 큰비가 왔다. 늦은 아침에 친구 서철이 보러 왔다. 윤감, 문익신, 문보 등이 와서 만났고, 변유卞瑜도 와서 봤다. 오후에 노마료를 받아 왔다. 병든 말이 차차 나아간다.

6월 21일 8월 3일   비가 오다 개다 했다. 새벽에 덕德과 율온栗溫과 대蕃를 꿈에서 봤는데 반가워하는 빛이 역력했다. 아침에 영덕현령 배진경이 원수에게 인사하러 왔다가 원수가 이미 사천으로 가고 없으므로 나를 보러 와서, 좌도경상좌도의 사정을 많이 전했다. 좌병사성윤문의 군관이 편지를 가지고 왔기에 바로 답장을 써서 보냈다. 종사관 황여일이 사람을 보내 문안했다. 저녁에 주부 변존서, 윤선각이 들어와서 밤까지 이야기했다.

6월 22일 8월 4일   비가 오다 개다 하였다. 아침에 초계군수가 연포국14)을 끓여 와서 권하기는 하나, 그 태도가 거만해 보였다. 그의 일하는 바가 체모를 잃었음은 말해 무엇하랴. 늦게 이희남이 들어와서 우병사의 편지를 전했다. 낮에 정순신鄭舜信, 정사겸, 윤감, 문익신, 문보 등이 와서 만났고, 이선손李先孫도 와서 봤다.

6월 23일 8월 5일   비가 오다 개다 했다. 아침에 불화살화전火箭을 다시 다듬었다. 우병사가 편지를 보낼 때 겸하여 크고 작은 환도環刀도 보냈다는데 가져오는 사람이 물에 빠뜨려 장식과 칼집이 망가졌으니 아깝다. 아침에 나굉의 아들 나재흥羅再興이 그 아버지의 편지를 가지고 와서 만나봤다. 또 궁색한데도 노자까지 보내어 주니 미안스럽다. 오후에 이방李芳이 와서 만났는데 방은 곧 아산 이몽서李夢瑞의 차남이다.

---

14) 무, 두부, 다시마, 고기를 넣고 끓인 맑은장국.

6월 24일 8월 6일   오늘은 입추다. 새벽안개가 사방에 자욱하여 골짜기 안을 분간할 수 없었다. 아침에 수사 권준의 종 세공世功과 감손甘孫이 와서 무밭의 일을 보고했다. 생원 안극가安克可가 만나러 와서 시국에 관해 이야기했다. 무밭을 갈고 심는 일의 감독관으로 이원룡, 이희남, 정상명, 문임수文林守 등을 정하여 보냈다.[15] 오후에 합천군수오운吳澐가 조언형曺彦亨을 보내어 안부를 물었다. 날씨가 찌는 듯 덥다.

6월 25일 8월 7일   맑음. 다시 무씨를 뿌리도록 지시했다. 아침 먹기 전에 황 종사관이 보러 와 수전원균의 출전상황에 관한 일을 많이 말했다. 또 원수가 오늘내일 중에 진으로 돌아올 것이라고 했다. 종사관 황여일은 군사 일을 토론하다가 늦게 돌아갔다. 저녁에 종 경이 한산도에서 돌아왔는데 보성군수 안홍국이 적탄에 맞아 죽었다고 한다. 놀랍고 슬픈 마음을 가눌 수가 없다. 탄식할 따름이다. 적은 한 놈도 잡지 못하고 먼저 두 장수를 잃었으니[16] 통탄함을 어찌 말하랴. 거제현감이 사람을 보내어 미역을 실어 보냈다.

6월 26일 8월 8일   맑음. 새벽에 순천의 종 윤복允福이 현신하기에 곤장 50대를 때렸다. 거제에서 온 사람이 돌아갔다. 늦게 중군장 이덕필과 변홍달, 심준 등이 와서 봤다. 황 종사관이 개벼루犬碩 강가의 정자로 나갔다가 되돌아갔다. 어응린과 박몽삼朴夢參 등이 와서 만났다. 아산 종 평세가 들어와서 "어머니 영연이 평안하고, 위아

---

15) 권율 원수가 이순신에게 병영 부근에서 무를 재배하라고 지시했다 한다.
16) 보성군수 안홍국과 평산포만호 김축이 전사한 것을 말한다.

래 집 사람들은 다 평안하나, 다만 석 달이나 가물어서 올해 농사는 끝장나고 가망이 없다"라고 했다. 그리고 어머니 장삿날은 7월 27일로 미루었다가 다시 8월 4일로 택했다고 한다. 그리운 생각, 슬픈 정회를 어찌 다 말하랴! 저녁에 우병사가 체찰사에게 "아산의 이방과 청주의 이희남이 복병하기 싫어서 원수의 진영 곁으로 피해 있다"라고 말하여, 체찰사가 그 말을 적어 원수에게 공문을 보내니 원수는 무척 성이 나 공문을 다시 작성하여 보냈다. 도대체 병사 김응서가 왜 그런 말을 했는지 그 까닭을 알 수가 없다.[17] 이 날 작은 월라말이 살아나지 못하고[18] 안타깝게도 죽고 말았다.

6월 27일 8월 9일   맑음. 아침에 어응린, 박몽삼 등이 돌아갔다. 이희남과 이방이 체찰사의 행차가 도착하는 곳으로 갔다. 늦게 황여일이 와서 한참 동안 이야기했다. 오후 3시경에 소나기가 크게 쏟아져 잠깐 사이에 물이 불었다.

6월 28일 8월 10일   맑음. 늦게 황해도 백천에 사는 별장 조신옥趙信玉과 홍대방洪大邦 등이 보러 왔다. 또 초계의 아전이 보낸 고목에는, 원수가 내일 남원으로 간다고 하였다. 이날 새벽에 꿈자리가 매우 뒤숭숭했다. 종 경이 물건을 사러 가서 돌아오지 않았다.

6월 29일 8월 11일   맑음. 변존서가 마흘방[19]으로 갔다. 종 경이 돌

---

17) 6월 24일 일기 참조.
18) 6월 19일 일기 참조.
19) 경상남도 합천군 적중면 두방마을.

아오고 이희남, 이방 등도 돌아왔다. 중군장 이덕필과 심준이 와서 "총병관 양원이 삼가三嘉에 이르러 유격 심유경을 꽁꽁 묶어 잡아갔다"라고 전했다.[20] 문임수가 의령에서 와서 전하기를, 체찰사가 벌써 초계역에 당도했다고 한다. 새로 과거에 급제한 양간梁諫이 황천상의 편지를 가지고 왔다. 변 주부변존서가 마흘방에서 돌아왔다.

6월 30일 8월 12일 맑음. 새벽에 정상명을 시켜 체찰사에게 문안드리게 했다. 날씨가 너무 더워 대지가 찌는 듯하였다. 저녁때 홍양의 신여량申汝樑, 신제운申霽雲 등이 와서 연해안 지방에는 비가 알맞게 내렸다고 전했다.

---

20) 심유경은 명나라 병부상서 석성(石星)이 비밀리에 파견한 사람으로서 일본의 소서행장과 함께 강화교섭을 체결하는 중심인물이 되었다. 그는 명 조정과 풍신수길을 속여 가며 거짓으로 외교를 벌이다 풍신수길에 거짓이 탄로 나게 되어 결국 강화 정국은 끝이 나고 정유재란이 터지게 된다. 강화의 실패로 인한 책임을 눈치챈 그는 일본으로 망명하기 위해 남쪽으로 가던 중 양원에게 체포되어 명나라로 끌려간다. 그 후 3년 뒤에 그는 결국 처형당한다.

☾ 7월 칠천량에서 원균의 조선 수군 대패하다

> 원균이 칠천량해전에서 대패함으로써 조선 수군은 거의 전멸하고, 그 자신도 죽는다. 이순신은 아무것도 가진 것 없이 백의종군을 벗고 또 일어난다. 맨땅에서 그를 다시 일으켜 세운 힘의 실체는 과연 무엇일까? 이달에도 그는 어머니가 그립다.

7월 1일 8월 13일   새벽에는 비가 오고 늦게는 개었다. 명나라 사람 3명이 왔는데 부산 가는 길이라 했다. 송대립宋大立이 송득운宋得運과 함께 왔다. 안각安珏도 보러 왔다. 저녁에 서철 및 방덕수方德壽와 그의 아들이 와서 잤다. 이날 밤 가을 기운이 몹시 서늘하니 슬픔과 그리움을 어찌 다 말하랴. 송득운이 원수의 진을 왕래하던 중에 "종사관이 냇가에서 젓대피리 소리를 듣고 있는 것을 봤다"고 한다. 오늘이 바로 경건해야 할 인종의 제삿날인데 매우 놀랄 일이다.

7월 2일 8월 14일   맑음. 아침에 변덕수卞德壽가 돌아왔다. 늦게 신제운과 평해 사는 정인서鄭仁恕가 종사관 심부름으로 문안하러 왔다. 오늘이 돌아가신 아버지 생신인데 멀리 천 리 밖에 와 군무에 꼼짝없이 매여 있으니 이런 서글픈 일이 또 어디 있을까.

7월 3일 8월 15일   맑음. 새벽에 앉아 있으니 싸늘한 기운이 뼈에 스민다. 비통한 마음이 한결 더해졌다. 어머니 제사에 쓸 조과튀김과자와 밀가루를 장만했다. 심부름을 시키라고 정읍의 군사 이양李良, 최언환崔彦還, 건손巾孫 등 세 사람을 보내 왔다. 장후완곡포권관이 남해에서 보러 와서 남해현령의 병이 심하다고 전했다. 걱정스럽다. 얼마 뒤 합천군수 오운이 보러 와서 산성백마산성의 일을 많이 말했다. 점심 후 원수의 진으로 가서 황 종사관과 이야기했다. 종사관은 전적典籍 박안의와 함께 활을 쏘았다. 이때 좌병사가 그 군관을 시켜 항복한 왜인 2명을 잡아 왔는데, 그들은 가등청정의 부하라고 했다. 해가 저물어 돌아왔는데, 고령현감이 성주星州에 붙들려 가 갇혔다 한다.

7월 4일 8월 16일   맑음. 아침에 종사관 황여일이 정인서를 보내어 문안했다. 늦게 이방과 유황이 오고, 흥양의 양점梁霑, 찬纘, 기紀 등이 나라를 위해 자원입대하겠다고 왔다. 변여량, 변회보, 황언기黃彦己 등은 모두 무과에 급제하고서 출사는 않고 있던 사람들인데 나를 만나 보러 왔다. 변사증卞師曾과 변대성卞大成도 만나 보러 왔다. 점심 후 비가 뿌렸다. 아침밥 때 안극가가 보러 왔다. 어두워서 큰 비가 오기 시작해 밤새 그치지 않았다.

7월 5일 8월 17일   비 옴. 체찰사의 종사관 남이공이 초계 관내를 지나간다고 하여, 초계군수가 종사관을 맞이하기 위해 아침에 산성에서 내려와 내 숙소 앞으로 지나갔다. 늦게 변덕수가 왔다. 변존서가 또 마흘방으로 갔다.

7월 6일 8월 18일   맑음. 꿈에 윤삼빙尹三聘을 만났는데 나주로 귀양 간다고 했다. 늦게 이방이 보러 왔다. 빈방에 홀로 앉았으니 그리움과 비통함을 어찌 말로 다 하랴! 저녁에 바깥채에 나가 앉았는데 변존서가 마흘방에서 돌아오기에 안으로 들어왔다. 안각 형제도 변존서를 따라왔다. 이날 제사에 쓸 중배끼[1] 5말을 꿀로 만들어 봉해서 시렁 위에 올려놓았다.

7월 7일 8월 19일   맑음. 오늘은 칠석이다. 슬픔과 그리움을 어찌 다 말하랴. 꿈에 원균과 한자리서 만났는데 내가 원균보다 상석에 앉았다. 음식상을 내올 때 보니 원균이 즐거운 기색을 보이는 것 같았다. 무슨 조짐인지 모르겠다. 박영남이 한산도에서 와서 말하기를 자기 주장원균이 패전한 잘못으로 처벌받기 위해 원수에게 붙들려 왔다고 했다. 초계군수가 계절 산물백과百果을 갖추어 보내 왔다. 아침에 안각 형제가 보러 왔고, 저물녘에는 흥양 박응사가 보러 오고, 심준 등도 보러 왔다. 의령현감 김전金銓이 고령에서 와서 병사의 처사가 잘못된 점을 많이 말했다.

7월 8일 8월 20일   맑음. 아침에 이방이 보러 왔기에 밥을 대접해 보냈다. 그에게서 들으니 원수가 구례에서 나와 벌써 곤양에 도착했다 한다. 늦게 집주인 이어해가 최태보崔台輔와 함께 보러 오고, 변덕수도 보러 왔다. 저녁에 송대립, 유홍, 박영남이 왔다. 그중 송, 유 두 사람은 밤이 깊어 돌아갔다.

---

1) 밀가루와 꿀로 만든 유밀과. 제사에 쓴다.

7월 9일 8월 21일 맑음. 내일 아들 열을 아산으로 보내려고 제사에 쓸 과일을 싸서 봉했다. 늦게 윤감, 문보 등이 술을 가지고 와서 열과 변 주부에게 전별하는 술을 권하고 돌아갔다. 이날 밤 달빛이 대낮같이 밝고, 어머니를 그리며 슬피 우느라 밤늦도록 잠을 이루지 못했다.

7월 10일 8월 22일 맑음. 새벽에 일어나 앉아 열과 변존서를 떠나보내려고 날 새기를 기다렸다. 아침을 먹은 후 정회를 스스로 억누르지 못해 결국 통곡하며 보냈다. 내가 무슨 죄를 지었기에 이 지경에 이르렀단 말인가. 구례로 가 거기서 말을 구해 타고 간다 하니 더욱 걱정이 된다. 열 등이 떠나자마자 종사관 황여일이 와서 한참이나 이야기했다. 늦게 서철이 보러 왔다. 정상명이 전사자를 염할 때 말가죽 대신에 사용할 종이 마대 만들기를 마쳤다. 저녁에 홀로 빈방에 앉아 있노라니 정회가 끓어올라 밤이 깊도록 잠을 이루지 못하고 밤새 뒤척였다.

7월 11일 8월 23일 맑음. 열이 잘 갔는지 걱정이다. 더위가 매우 심하니 염려되지 않을 수 없다. 늦게 변홍달, 신제운, 임중형林仲亨이 보러 왔다. 홀로 빈방에 앉아 있으니 어머니가 한없이 그립다. 종 태문이 종 종이終伊와 함께 순천으로 갔다.

7월 12일 8월 24일 맑음. 아침에 합천군수가 햅쌀과 수박을 보냈다. 점심을 지을 즈음 방응원, 현응진玄應辰, 홍우공洪禹功, 임영립林英立 등이 박명현朴名賢이 있는 곳에서 와서 함께 밥을 먹었다. 종 평세가 열을 따라 마중 갔다가 돌아왔다. 잘 갔다는 소식을 들으니 다행이다. 그러나 어머니를 생각하니 그립고, 내 신세를 생각하니 한탄스럽다. 이희남이 사철쑥을 베어 100묶음 가져왔다.

7월 13일 8월 25일   맑음. 아침에 남해현령이 편지를 보내고 음식도 많이 보내면서 또 전마戰馬를 끌어가라고 하기에 답장을 썼다. 늦게 이태수, 조신옥, 홍대방이 와서 적 토벌할 일을 이야기하였다. 송대립, 장득홍張得洪도 왔다. 장득홍은 자비로 복무하겠다기에 양식 2말을 내주었다. 칡을 캐어 왔다. 남해의 아전이 심부름꾼 2명을 데리고 왔다. 이방도 와서 만났다.

7월 14일 8월 26일   맑음. 이른 아침에 정상명에게 종 평세, 귀인을 딸려서 짐말복마卜馬 2필을 남해로 보냈다. 정상명은 전마를 끌어오기 위해 남해로 간 것이다. 새벽꿈에 내가 체찰사와 함께 어떤 곳에 갔는데, 송장이 많이 널려 있어 혹은 밟고 혹은 머리를 베기도 했다. 아침을 먹을 때 문인수文麟壽가 와가채음식의 일종와 동아전과자의 일종을 가져왔다. 방응원, 윤선각, 현응진, 홍우공 등과 함께 이야기했다. 홍우공은 병든 부친 때문에 종군하고 싶지 않아 팔이 아프다고 핑계 대니 그 심보가 고약하다. 낮 10시께 종사관 황여일은 정인서를 보내어 문안하고, 또 김해 사람으로 왜놈에게 부역했던 김억金億의 고목을 보이는데, "7일에 왜선 500여 척이 부산에서 나오고, 9일에 왜선 1,000척이 합세하여 우리 수군과 절영도 앞바다에서 싸웠는데, 우리 전선 5척이 표류하여 두모포2)에 닿았

---

2) 부산광역시 기장군 기장읍 죽성리.

고, 또 7척은 간 곳을 모른다"라고 하였다. 그 말을 듣고는 분함을 이기지 못하여 황 종사관이 군대 점호하고 있는 곳으로 달려갔다. 그와 만나 앞일을 상의한 후 그대로 앉아서 활 쏘는 것을 구경했다. 얼마 뒤 내가 타고 간 말을 홍대방더러 달려 보라 했더니 매우 잘 달리는 것이었다. 날씨가 비 올 것 같아 바로 돌아왔는데 집에 닿자마자 비가 마구 쏟아졌다. 오후 8시경에는 다시 개어 달빛이 밝아지니 또 온갖 생각이 일어난다.

7월 15일 8월 27일   비가 오다 개다 했다. 늦게 조신옥, 홍대방 등과 여기 있는 윤선각까지 9명을 불러 떡을 차려 먹였다. 아주 늦게 중군 이덕필이 왔다가 저물어서 돌아갔다. 그를 통해 우리 수군 20여 척이 적에게 패했다는 소식을 들었다. 참으로 분통이 터진다. 그러나 어찌할 방책이 없으니 더욱 한스럽다. 어두워서 비가 크게 내렸다.

7월 16일 8월 28일   비가 오다 개다 하면서 날씨가 종일 흐렸다. 아침 식사 후에 손응남孫應男을 중군이덕필에게 보내어 수군의 소식을 좀 더 알아보게 했다. 응남이 중군의 말을 전하는데, "경상좌병사의 긴급 보고로 보아 불리한 일이 많다"고 하면서도 자세히 말하지 않더라는 것이다. 한탄스럽다. 늦게 변의정이란 사람이 수박 두 덩이를 가지고 왔다. 그 모습이 형편없이 어리석고 용렬해 보였다. 궁벽한 촌에 사는 사람이 배우지 못하고 가난해서 저절로 그렇게 된 것이니 이 역시 소박한 모습이 아니겠는가. 낮에 이희남에게 칼을 갈게 했는데 매우 예리하게 갈아 능히 적장의 머리를 벨만 하였다. 소나기가 갑자기 쏟아졌다. 아산 가는 아들 열의 여정에 고생이 많을 것 같아 마음이 놓이지 않는다. 저녁에 영암 송진면에 사는 사삿집 종 세남世男이 서생포에서 벌거벗은 채 맨몸으로 뛰어왔다. 그 까닭을 물으니, "7월 4일에 전라병마우후이엽李曄가 탄 배의 격군이 되어 5일에 칠천도에 가서 정박하고, 6일 옥포에 들어왔다가 7일 날이 밝기도 전에 말곶3)을 거쳐 다대포에 이르렀습니다. 왜선 8척이 정박하고 있기에 우리 배들이 곧장 돌격하니, 왜놈들은 몽땅 뭍으로 올라가고 빈 배만 걸려 있어 우리 수군이 그것들을 끌어내려 불 질러 버렸습니다. 그길로 부산 절영도의 바깥 바다로 향하다가 마침 그때 대마도에서 건너오는 적선 1,000여 척과 마주쳤습니다. 싸우려 했더니 왜선은 흩어져 싸움을 피하므로 어떻게 하지를 못하고 있는 중에 제世男가 탔던 배와 다른 배 6척은 배를 잘 제어하지 못하고 표류하여 서생포 앞바다에 이르러 상륙하려다가 모두 살육당했습니다. 요행히 저만 혼자 숲속으로 들어가 숨어 있다가 무릎으로 기어서 간신히 목숨을 보존해 여기까지 왔습니다"라고 했다. 듣고 보니 참으로 놀라운 일이다. 우리나라에서 믿는 것은 오직 수군뿐인데, 수군마저 이러하니 다시는 희망이 없게 되었다. 더욱이 선장 이엽이 왜적에게 묶여 갔다고 하니 더더욱 원통하다. 손응남이 제집으로 돌아갔다.

덧붙이는 말   실제로 일기 쓴 이날16일이 칠천량 바다서 조선 수군이 전멸하는 날이다. 통제사 원균도 죽는다. 거북선도

---

3) 부산광역시 강서구 천선동 가덕도 최남단.

모두 불탄다. 경상수사 배설은 배 12척을 가지고 서쪽으로 도망간다. 이순신은 조선 수군이 칠천량에서 패전한 정황을 묘하게도 실제 패전한 이날에 세남에게 듣고 일기에 기록했다.

7월 17일 8월 29일 　가끔 비가 내렸다. 아침에 이희남을 종사관에게 보내어 어제 들은 세남의 말을 전했다. 늦게 초계군수가 벽견산성으로부터 돌아가다가 만나고 갔다. 송대립, 유황, 유홍, 장덕홍 등이 보러 왔다가 해가 저물어 돌아갔다. 변대헌卞大獻, 정운룡鄭雲龍, 득룡得龍, 구종仇從 등은 모두 초계의 아전들인데 어머니 집안초계 변씨과 같은 파派라며 보러 왔다. 큰비가 종일 내렸다. 신여길申汝吉이 백지 임명장을 바다 가운데서 분실했다는 이유로 경상순찰사에게 조사받으러 갔다.

7월 18일 8월 30일 　맑음. 새벽에 이덕필이 변홍달과 함께 와서, "16일 새벽에 수군이 밤 기습으로 대패했는데, 통제사 원균, 전라우수사 이억기, 충청수사 최호 및 여러 장수와 많은 사람이 해를 입었다"고 전했다. 통곡함을 참지 못했다. 조금 있으니 원수가 와서 말하되, "일이 이미 이 지경으로 된 이상 어쩔 수 없이 새로이 대책을 세워야 한다"고 말하고, 이야기를 계속했으나 오전 10시가 되어도 대책을 세우지 못했다. 나는 "내가 직접 연해안 지방으로 가서 실지 사정을 보고 듣고 난 뒤에 대책을 정하는 것이 어떻겠는가"라고 말하니, 원수는 그제야 매우 기뻐하며 이를 승낙하였다. 나는 송대립, 유황, 윤선각, 방응원, 현응진, 임영립, 이원룡, 이희남, 홍우공과 함께 길을 떠났다. 삼가현에 도착하니 새로 부임한 삼가현 감 신효업申孝業이 나와 나를 기다리고 있었다. 한치겸韓致謙[4])도 와서 오랫동안 이야기했다.

> **덧붙이는 말**   일기의 이 부분은 역사적으로도 중요할 뿐 아니라 이순신을 공부함에 있어서도 새겨봐야 할 주요한 부분이다. 첫째, 백의종군 중이고 아직 아무런 직책이 없는 상태인데 왜 그는 자청하여 대책을 세워 보겠다 했을까 하는 점과 둘째, 왜 현장을 둘러본 뒤에 대책을 세우려 했을까 하는 점(현장에 답이 있다.)이다. 그리고 이순신을 따라나선 충의에 찬 아홉 장수도 함께 기억해야 할 것이다.

7월 19일 8월 31일   종일 비가 내렸다. 가는 길에 단성의 동산산성[5])에 이르러 그 형세를 살펴보니, 매우 험하여 적이 엿볼 수가 없을 것 같았다. 그대로 단성현에서 유숙했다.

7월 20일 9월 1일   종일토록 계속해 비가 왔다. 아침에 권문임權文任의 조카 권이청權以淸이 와서 만났고, 단성현감 안륙安玏도 와서 봤다. 낮에 진주 정개산성[6]) 아래에 있는 강가의 정자로 갔다. 거기에 진주목사 나정언羅廷彦[7])가 와서 만났다. 굴동의 이희만李希萬의 집에서 잤다.

---

4) 부찰사 한효순의 셋째 아들.
5) 경상남도 산청군 신안면 중촌리의 백마산성. 합천의 백마산성과는 다르다.
6) 경상남도 하동군 옥종면 종화리 산57.
7) 당시 정개산성을 지키고 있었다.

7월 21일 9월 2일   맑음. 일찍 떠나 곤양군에 도착했다. 이곳은 군수 이천추李天樞가 고을을 지키고 있고, 백성들도 대부분 본업농사에 힘써서 혹은 이른 벼를 거두어들이기도 하고, 혹은 보리밭을 갈기도 하였다. 고마운 일이다. 점심 후에 노량에 도착하니, 거제현령 안위와 영등포만호 조계종 등 여남은 사람이 와서 통곡하고, 피해 나온 군사와 백성들도 울부짖지 않는 이가 없었다. 경상수사는 도망갔는지 보이지 않았다. 우후 이의득이 보러 왔기에 패한 상황을 물었다. 모든 사람이 울면서 말하되, "대장 원균이 적을 보고 먼저 육지로 달아나고, 모든 장수도 그를 따라 육지로 도망가 이렇게 되었다"고 했다. 그들은 이어 대장의 잘못을 퍼붓는데 차마 입으로는 표현할 수 없으나 대체로 "그놈의 살점이라도 뜯어 먹고 싶다"는 등의 악담이었다. 거제현령의 배 위에서 자면서 거제현령 안위와 함께 새벽 2시가 지나도록 이야기했다. 조금도 눈을 붙이지 못했고, 그 바람에 눈병이 생겼다.

7월 22일 9월 3일   맑음. 아침에 경상수사 배설이 와서 보고 원균의 패망하던 일을 많이 말했다. 식후에 남해현령 박대남이 있는 곳에 가보니, 병세가 거의 구할 수 없게 되었다. 그래도 짐말과 전마를 서로 바꿀 일을 다시 의논했다. 그는 종 평세와 군사 1명을 데려오겠다고 한다. 오후에 곤양[8]에 도착했다. 몸이 불편하므로 거기서 잤다.[9]

---

8) 경상남도 사천시 곤양면 성내리.
9) 임금은 이날 이순신을 통제사로 재기용하는 교서를 내린다.(8월 3일 수령함.)

7월 23일 ⁹⁹⁴⁹   비가 오다 개다 했다. 아침에 노량에서 지금까지 있었던 일에 관한 보고서를 작성하여 송대립을 시켜 원수부에 보냈다. 곧 뒤따라 떠나서 곤양의 십오리원[10]에 가니, 배백기裵伯起, 배흥립의 부인 일행이 먼저 도착해 있었다. 말에서 내려 잠깐 쉬고 진주 운곡[11]의 전에 유숙했던 곳에 도착하여 잤다. 백기[12]도 와서 잤다.

7월 24일 ⁹⁹⁵⁹   비가 계속해 왔다. 한치겸, 이안인李安仁이 부찰사 있는 곳으로 돌아갔다. 정 씨의 종 예손禮孫과 손 씨의 종이 함께 돌아갔다. 식사를 한 뒤에 이홍훈李弘勛의 집[13]으로 거처를 옮겼다. 방응원이 정개산성에서 와서, "종사관이 정개산성에 왔길래 연해안 사정을 보고 들은 대로 전해 주었다"라고 하였다. 그리고 군량 2섬, 말먹이 콩 2섬, 말편자 7벌을 가져왔다. 이날 저녁 조방장 배흥립이 보러 왔기에 술로 위로했다.

7월 25일 ⁹⁹⁶⁹   맑음. 늦게 개었다. 종사관 황여일이 편지를 보내어 문안했다. 조방장 김언공金彦恭이 보러 왔다가 원수부로 갔다. 배수립이 보러 오고 이곳 주인 이홍훈도 보러 왔다. 남해현령 박대남이 그의 종 용산龍山을 보내어 내일 들어오겠다고 전했다. 저녁에 배흥립을 문병 가보니, 고통이 극심했다. 걱정이다. 황 종사관에게 송득운을 보내 문안했다.

---

10) 경상남도 사천시 곤명면 봉계리 봉계원.
11) 경상남도 하동군 옥종면(진주 굴동).
12) 배흥립은 칠천량해전에서 중상을 입었다.
13) 경상남도 하동군 옥종면 청룡리.

7월 26일 9월 7일　　비가 오다 개다 했다. 일찍 밥을 먹고 정개산성 아래에 있는 송정松亭으로 가서 종사관 황여일과 진주목사와 함께 이야기했다. 해가 저물어 숙소로 돌아왔다.

7월 27일 9월 8일　　종일 비가 내렸다. 이른 아침에 정개산성 건너편 손경례孫景禮의 집으로 거처를 옮겨 머물렀다. 늦게 동지 이천李薦과 판관 정제鄭霽가 와서 체찰사의 명령14)을 전하고 함께 저녁을 먹었다. 이 동지는 배 조방장배흥립이 있는 곳에 가 잤다.

7월 28일 9월 9일　　계속 비가 왔다. 이희량이 보러 왔다. 초저녁에 동지 이천과 진주목사와 소촌찰방 이시경이 와서 밤늦게 이야기하고 왜적과의 응전 대책을 논의하다가 자정이 지나서야 돌아갔다.

7월 29일 9월 10일　　비가 오다 개다 하였다. 아침에 동지 이천과 같이 밥을 먹고 그를 체찰사에게로 보냈다. 늦게 냇가로 나가 군사를 점검하고 말을 달려 보았는데, 원수가 보낸 자들은 모두 말이 없고 활과 화살도 없으니 아무 쓸데가 없었다. 탄식할 일이다. 저녁때 들어오다가 배흥립 동지와 남해현령 박대남에게 들렀다. 밤새 큰비가 왔다. 찰방 이시경에게 사람을 보내 안부를 물었다.

　　덧붙이는 말　　이날의 일기는 한 달 보름 후에 거둘 명량승첩과 관련해 시사하는 바가 많다. 첫째, 당시 육군은 수군에

---

14) 수군을 수습하고 응전 대책을 세울 것을 명령했을 것이다.

비해 오합지졸에 가까웠던 것 같다. 지난번 장문포해전에서 육군과 수군의 전군이 동원되어 원수의 지휘 아래 전투를 벌였지만 원수의 사전 준비와 지휘 능력 부족으로 승전이라 볼 수 없는 졸전을 치르고 원수와 통제사이순신는 추국의 대상이 되기도 했다. 이순신은 이때 육군의 전투 능력에 회의를 느꼈을 것이다. 그가 함경도 시절 군마를 정비하고 치밀한 사전 전략으로 여진족 추장을 사로잡을 때 그의 육군은 강군이었다. 그런데 오늘 원수로부터 받은 육군 부대를 점검해 보니 활도 없고 말도 없어 적을 무찌르는 데 아무 쓸데가 없었다. 이순신은 남해현령 박대남에게 부지런히 전마를 만들어 내라고 했지만 아마도 지금의 육군 병력으로 왜적을 막아 내기는 어렵다는 결론을 내렸을 것 같다.

둘째, 이순신 지휘하의 조선 수군은 막강했다. 싸우면 이겼고 패전을 몰랐다. 그런데 지휘관이 원균으로 바뀌고 나서 반년도 되기 전에 강건했던 수군도 오합지졸로 전락했다. 특히 전쟁 초 경상수군은 원균 수사의 지휘하에 있었는데, 왜적의 막강한 힘에 겁을 먹고, 도망에 필요한 배 4척 정도만 남겨 놓고, 모든 전선을 불태우고 도주하다 부득이 전라수군에 붙어 겨우 명맥을 유지했다.

원균에 이어 지휘권을 잡은 배설 또한 경상수군을 강군으로 이끌지 못했고 칠천량해전에서는 경상수군의 전함 12척 (경상수군의 전함은 원래 36척 정도였는데 전쟁이 일어나자마자 위에서 본 바와 같이 4척 정도만 남았고, 그 후 수년간 병력 증강을 계속한 끝에 12척이 되었다.)을 이끌고 도주했다. 7월 16일 수군이 참패를 당하고 그로부터 7일 후인 7월 22일, 배설은 이순신 앞에 나타났고 그때 아마도 경상수군 배 12척의 소재를 얘기했을 것이다.

셋째, 통제사 이순신은 또 싸워야 했다. 말도 탈 줄 모르는 육군 부대를 데리고 싸워야 할 것인가? 도망만 다니는 경상수군의 전함 12척을 이끌고 싸워야 할 것인가? 이해 8월 15일 일기를 보면 그는 임금의 분부를 받자마자 바로 장계를 올리는데 거기서 이순신은 육군으로 가라는 명을 거부하고 경상수군을 선택한다. 이순신 지휘하의 경상수군은 한 달여 만에 상상할 수 없는 강군으로 변해 명량대승첩을 거둔다.

☾ 8월   다시 삼도수군통제사의 명을 받다

> 백의종군은 끝나고 다시 삼도수군통제사가 되나, 거느릴 군사도 없고 싸움에 쓸 전함도 대포도 없다. 시급히 전황을 파악하고 정보를 수집하며 군비를 끌어모아 수군을 재건해야 했다. 전라도를 순회하며 백성들의 도움으로 수군을 재건해 가는 과정이 눈물겹다. 이달 4일부터 10월 8일까지는 일기가 2개로 중복되는바, 뒤에 적은 일기를 앞엣것과 대조해 보기 편하도록 해당 날짜의 일기 바로 아래 함께 적는다. 무엇을 다르게 썼는지를 대조해 봄으로써 이순신이 왜 그 기간에 두 번의 일기를 썼는지 까닭을 짐작해 볼 수 있다.

8월 1일 9월 11일   큰비가 와서 물이 불었다. 늦게 이 찰방이시경이 와서 만났다. 조신옥과 홍대방 등도 보러 왔다.

8월 2일 9월 12일   잠시 날이 갰다. 홀로 병영 한구석에 앉았으니 어머니 그리운 마음이 그 어떠하랴. 비통함을 이기지 못했다. 이날 밤 꿈에 임금의 명령을 받을 징조가 있었다.

8월 3일 9월 13일   맑음. 이른 아침에 선전관 양호梁護가 뜻밖에 들어와 교서와 유서를 주었는데, 그 내용은 '겸삼도통제사兼三道統制使

를 제수하는 명령'이었다. 숙배한 뒤에 삼가 받았다는 서장書狀을 써서 올렸다. 이날 바로 길을 떠나 곧장 두치 가는 길에 들어섰다. 오후 8시경에 행보역行步驛에 이르러 잠시 말을 쉬게 하고, 자정이 넘어 두치에 이르니 날이 새려고 했다. 남해현령은 길을 잃고 강가의 정자로 잘못 들어갔기에 말에서 내려 불러 왔다. 쌍계동雙溪洞[1]에 이르니, 돌이 뾰족하게 어지럽게 흩어져 있고 막 내린 비에 물이 불어서 간신히 건넜다. 석주관에 이르니, 이원춘과 유해가 복병하여 지키다가 나를 보고는 적을 토벌할 일에 대해 많이 이야기했다. 저물어서 구례현에 도착해 보니 온 경내가 적막했다. 성 북문 밖의 전날에 묵었던 주인집에 들어갔다. 주인은 이미 산골로 피란 가고 없었다. 손인필이 바로 와서 만났는데, 양식을 지고 왔고, 손응남은 때 이른 감을 따 왔다.

> 덧붙이는 말   통제사 복직 명령을 받은 당시 그의 심정이 과연 어땠을까를 생각하며 이날의 일기를 다시 읽어 보자. 복직의 기쁨은 전혀 느껴지지 않고 무거운 책임만 그를 짓누르고 있었음을 쉽게 느낄 수가 있다.

8월 4일 9월 14일   맑음. 아침 식사 후에 압록강원[2]에 가서 점심밥을 지어 먹고 말의 병도 치료했다. 고산현감이 군인들을 병사이복남에게 넘겨주러 와서 수군에 관한 일을 많이 말했다. 오후에 곡성에 가니, 관청과 민가가 온통 비어 있었다. 이 고을에서 하룻밤을

---

1) 경상남도 하동군 화개면.
2) 전라남도 곡성군 오곡면 압록리.

유숙했다. 남해현령 박대남은 곧장 남원으로 갔다.[3]

[중복된 일기]　　　군마를 보내왔다. (…)[4] 압록원鴨綠院에 걸어가서 점심을 지을 때 고산현감 최철강崔鐵剛이 군인을 병사에게 건네주려고 했으나 (…) 어긋나서 길을 잃고 흩어졌다고 한다. 또한 원 공원균이 망령됨이 많았다고 말했다. 낮에 곡성현에 이르니, 인가人家의 불 때는 연기가 끊어졌다. (…)에서 잤다.

8월 5일 9월 15일　맑음. 아침 식사 후 옥과 땅에 이르니 피란민들로 길이 찼다. 매우 놀라운 일이다. 말에서 내려서下馬 손을 맞잡고握手 그들을 위로하며 타일렀다開諭. 고을에 들어갈 때 이기남 부자를 만나 함께 고을에 도착하니, 정사준과 정사립이 마중 나오기에 함께 이야기했다. 옥과현감弘堯佐洪堯佐은 처음에는 병을 핑계 삼아서 나오지 않더니 얼마 후 보러 왔다. 붙잡아다 처벌하려고 했기 때문에 보러 나온 것이다.

[중복된 일기]　　　날이 맑았다. (…) 압록원에 와서 점심을 지어 먹는데, 고산현감이 "군인을 병사에게 인도하러 왔는데 거느리고 온 군인들을 인도할 곳이 없게 되었다"고 말하면서 병사가 경솔히 퇴각한 것을 원망하는 눈치였다. 점심 후 곡성현에 이르니 온 경내에 사람이라고는 없어 말 먹일 여물도 구하기 어려웠다. 거기서 잤다.

---

3)　박대남은 8월 12일부터 시작된 남원성전투에 투입된다.
4)　'(…)' 부분은 군데군데 파손된 글자로 인하여 의미를 해석하기 곤란하다.

8월 6일 9월 16일　　맑음. 이날은 옥과에서 유숙했다. 밤 8시경에 송대립이 적정을 탐지해 가지고 왔다.

중복된 일기　　　날이 맑았다. 아침 후 길을 떠나서 옥과 땅에 들어서니 순천과 낙안의 피란민들로 길이 메었으며 남자 여자 서로 부축하고 가는 것이 차마 볼 수 없었다. 길옆 큰 홰나무가 있는 곳에서 말을 멈추고 말에서 내려 피란민들의 손을 잡고 위로했다. 그들은 울면서 "사또가 다시 오셨으니 이제 우리는 살았다"라고 하였다. 순천의 군관 이기남이 와 인사하면서 "수많은 백성이 죽을지도 모른다"고 하였다. 옥과현에 이르니 원이 병을 칭탁하고 나오지 않았다. 정사준, 사립이 먼저 와서 관청 문 앞에서 나를 기다리고 있었고 조응복, 양동립梁東立도 우리 일행을 따라왔다. 병을 칭탁하고 나오지 않는 현감을 붙잡아 내다가 곤장을 치려고 하였더니 현감 홍요좌가 눈치를 채고 급히 나왔다.

8월 7일 9월 17일　　맑음. 이른 아침에 길에 올라 순천으로 가는데, 도중에 선전관 원집元㠎을 만나 임금의 유지를 받았다. 전라병마사 이복남의 군사들이 모두 퇴각해 저희 집으로 줄을 이어 돌아가므로 그들에게서 말 3필과 활, 화살 등을 빼앗아 왔다. 곡성의 강정江亭, 강변 정자에서 잤다.

중복된 일기　　　날이 맑았다. 바로 순천으로 향하는 도중 고을을 10리쯤 남겨 놓고 임금의 분부를 가지고 온 선전관 원집을 만났다. 길옆에 앉아서 보니 병사가 거느렸던 부대가 모두 뿔뿔이 흩어져 갔다. 이날 닭 울 녘에 송대립이 순천 등지로 가서 적의 정세를 정찰해 가지고 돌아왔다. 곡성의 석곡石谷에 있는 강정에서 잤다.

8월 8일 9월 18일　　새벽에 출발하여 부유창富有倉⁵⁾에서 아침밥을 먹었는데, 병사 이복남은 이미 명령하여 창고에 불을 질러 놓았다. 광양현감 구덕령具德齡, 나주판관 원종의, 옥구현감 김희온金希溫 등이 근처에 있다가 내가 당도했다는 말을 듣고 급히 달려 배경남을 데리고 함께 구치鳩峙로 왔다. 내가 말에서 내려 군령을 내렸더니, 동시에 나와 절을 하였다. 내가 피해 옮겨 다니는 것을 꾸짖었더니, 모두 그 죄를 병사 이복남에게로 돌렸다. 곧장 길에 올라 순천에 당도하니 성 안팎은 인적도 없이 적막했다. 승려 혜희惠熙가 와서 인사하므로 의병장의 직첩을 주었고, 또 총통 등을 다른 곳으로 옮겨 묻어 두라 일렀다. 장전과 편전은 군관들에게 나누어 소지하게 하고 그대로 순천부에서 잤다.

　[중복된 일기]　　날이 맑았다. 새벽에 떠나서 부유로 오다가 중도에서 이형립을 병사에게로 보냈다. 부유에 이르니 병사 이복남이 벌써 부하들을 시키어 불을 질렀기 때문에 남은 것이 잿더미뿐이라 보기에 처참하였다. 점심 후 구치에 이르니 조방장 배경남, 나주판관 원종의, 광양현감 구덕령이 복병하고 있었다. 저문 후 순천부에 다다랐다. 관청과 창고는 그대로 여전하나 병기 등을 병사가 처리하지 않은 채 달아나 버렸으니 놀랍고 놀랍다. 상동 땅에 들어

---

5)　전라남도 순천시 주암면 창촌리.

가니 사방이 괴괴하고 오직 혜희라는 중이 와 인사할 뿐이므로 그에게 승병僧兵의 직첩을 주었다. 군기 중 긴 편전은 군관들더러 지니거나 져 나르도록 하고, 총통과 같이 운반하기 어려운 것들은 깊이 묻고 표를 세워 두라고 하였다. 그대로 상방上房에서 잤다.

8월 9일 9월 19일　맑음. 일찍 출발하여 낙안에 이르니 5리 밖에까지 사람들이 많이 나와 인사하였다. 백성들이 흩어져 달아난 까닭을 물으니, 모두 말하기를 "병사가 먼저 적이 쳐들어온다며 창고에 불을 지르고 달아난 까닭에 백성들도 도망하여 흩어졌다"고 하였다. 관사官舍에 이르니 적막하여 인기척도 없었다. 순천부사 우치적, 김제군수 고봉상高鳳翔 등이 와서 인사했다. 늦게 보성의 조양兆陽에 가서 김안도金安道의 집에서 잤다.

[중복된 일기]　일찍감치 떠나서 낙안에 왔다. 관청, 창고의 곡식, 군기 등은 모두 불타 버렸고 관리와 백성들 중 눈물을 흘리지 않고 이야기하는 사람이 없었다. 한참 지난 후 순천부사 우치적, 김제군수 고봉상이 산골에서 내려와서 병사의 처사가 엉망인 것을 말하면서 그 하는 짓을 보면 패망할 것이 뻔하다고 했다. 점심 후 길을 떠나 10리쯤 오니 길옆에 늙은이들이 죽 늘어서서 서로 다투어 음식을 바치었다. 받지 않았더니 울면서 떼를 쓰며 주는 것이었다. 저녁에 보성 조양창에 왔다. 사람은 하나도 없으나 창고의 곡식만은 봉해 놓은 그대로 있었다. 군관 4명을 시키어 파수를 보게 하고 나는 김안도의 집에서 잤다. 그 집 주인은 벌써 피란 가고 없었다.

8월 10일 9월 20일　맑음. 몸이 불편하여 그대로 안도의 집에서 묵었다.

중복된 일기　날이 맑았다. 몸이 몹시 불편하여 그대로 거기서 묵었다. 배 동지배흥립도 와 같이 묵었다.

8월 11일 9월 21일　맑음. 아침에 양산항梁山杭의 집으로 옮겨서 거기서 잤다. 송희립과 최대성이 와서 만났다.

중복된 일기　날이 맑았다. 아침에 박곡朴谷 양산항의 집으로 옮겼다. 이 집 주인도 벌써 바다로 피란해 갔고, 곡식은 가득 쌓여 있었다. 늦게 송희립과 최대성이 보러 왔다.

8월 12일 9월 22일　맑음. 장계 초고를 정서했다. 그대로 거기서 묵었다. 거제현령과 발포만호소계남蘇季男가 와서 만났다.

중복된 일기　날이 맑았다. 아침에 장계 초고를 수정하였다. 늦게 거제, 발포가 들어와 명령을 들었다. 그들에게서 경상수사 배설의 겁먹고 있는 꼴을 들으니 괘씸하고 한탄함을 금치 못했다. 권세 있는 사람들에게 아첨이나 하고 다니면서 제가 감당치 못할 지위에까지 올라 나랏일을 크게 그르치고 있건마는 조정에서 이를 살피지 못하고 있으니 어찌하랴. 어찌하랴. 보성 원이 왔다.[6]

---

[6] 처음에는 소홀하게 다루었던 배설의 행적을 자세히 기록하는 것을 보면 정유년 일기를 중복해 쓴 이유 중 하나를 짐작해 볼 수 있다.

8월 13일 ⁹월 ²³일   맑음. 거제현령과 발포만호가 와서 인사하고 돌아갔다. 수사배설와 여러 장수 및 피란하여 나온 사람들이 한곳에서 유숙하고 있다는 소식을 들었다.⁷⁾ 우후 이몽구가 오긴 했으나 만나지 않았다. 하동현감을 통해 정개산성과 벽견산성의 외진外陣을 전라병사이복남가 스스로 파괴했다는 소식을 들었다. 비통하다.

중복된 일기   날이 맑았다. 거제현령 안위, 발포만호 소계남이 하직을 고하였다. 우후 이몽구가 들어왔기에 본영전라좌수영의 군기와 군량을 하나도 옮겨 놓지 못한 죄로 곤장 80대를 때렸다. 하동현감 신진이 와서 전하기를 3일 내가 떠나온 이후 진주의 정개산성과 벽견산성도 전라병사가 모두 불 질러 버렸다고 한다. 통탄할 일이다. 통탄할 일이다.

8월 14일 ⁹월 ²⁴일   맑음. 아침에 이몽구에게 곤장 80대를 쳤다. 식후에 장계 7통을 봉하여 윤선각에게 주어 보냈다. 오후에 어사 임몽정任蒙正를 만나기 위해 보성군에 가서 잤다. 밤에 큰비가 물 쏟아지듯 내렸다.

중복된 일기   날이 맑았다. 아침에 각종 장계 7통을 봉해 윤선각을 시켜 올려 보냈다. 저녁에 어사 임몽정 만나기 위해서 보성군에 왔다. 이날 밤에 큰 비가 왔다. 열선루列仙樓⁸⁾에서 잤다.

---

7) 아마도 이날, 경상수사 배설과 도주한 경상수군의 소재와 배 12척이 회령포에 정박하고 있다는 사실을 알았을 것이다.
8) 보성읍성의 객관 북쪽에 있었다고 한다.

8월 15일 9월 25일 　비가 계속 오더니 늦게야 쾌청하였다. 식후에 열선루에 나가 앉았다. 선전관 박천봉朴天鳳이 유지를 가지고 왔다. 그것은 8월 7일에 작성된 것이었다. 영상류柳성룡成龍은 경기 지방으로 나가 순행 중이라고 한다. 곧바로 잘 받았다는 장계를 작성하였다. 보성의 군기를 검열하여 네 마리 말에 나누어 실었다. 저녁에 밝은 달이 열선루 마루 위를 비추니 누대 위에 앉은 마음이 매우 편치 않았다.

|중복된 일기|　　　비가 죽죽 내리다가 늦게 개었다. 선전관 박천봉이 임금의 분부를 전달하는 서한을 가지고 왔는데 8월 7일에 작성된 것이었다. 곧 그 접수를 확인하는 장계를 만들었다. 술을 많이 마셔서 잠들지 못했다.

|덧붙이는 말|　임금의 분부가 왔다. 외롭게 수군에 매달리지 말고 육군에 들어가서 싸우라는 것이다. 이 말도 안 되는 분부를 하도록 류성룡 대감은 뭘 하고 있었냐고 물었다. 그는 경기도로 출장을 가 임금 옆에 없었다고 한다. 그러면 그렇지! 이순신은 곧 임금께 장계를 올린다. "신에게는 아직 12척의 배가 있습니다. 죽기로써 싸우면 이길 수 있습니다. 신이 죽지 않았으매 적이 감히 우리를 어찌지 못합니다." 이 날 열선루의 달은 밝았다. 그는 술을 마시지 않고는 잠들 수 없었다.

8월 16일 9월 26일 　맑음. 아침에 보성군수에게 군관들을 굴암屈岩

으로 보내어 피란 간 관리들을 찾아내도록 시켰다. 선전관 박천봉이 돌아가기에 그편에 나주목사ᵐᵉ⁸경와 어사 임몽정에게 가는 답장을 부쳤다. 박사명朴士明의 집에 사령들을 보냈더니 사명의 집은 이미 비었더라고 한다. 오후에 궁장 지이와 태귀생太貴生, 선의先衣, 대남大男 등이 들어왔다. 김희방과 김붕만도 왔다.

중복된 일기   날이 맑았다. 박천봉이 돌아갔다. 활 만드는 이지와 태귀생이 보러 왔다. 선의와 대남도 왔다. 김희방, 김붕만이 뒤쫓아 왔다.

8월 17일 9월 27일   맑음. 일찍 아침 식사 후에 바로 장흥長興 백사정으로 갔다. 점심 후에 군영구미軍營仇未로 가니 온 경내가 벌써 무인지경이 되다시피 했다. 수사 배설은 내가 탈 배도 보내지 않았다. 장흥의 감관과 색리들이 군량을 모두 훔쳐 가는 판이라 마침 가서 붙잡아다가 곤장을 때렸다. 그대로 잤다.

중복된 일기   날이 맑았다. 밥을 먹고 일찍 길을 떠나 백사정에 와서 말을 쉬고 군영구미에 이르니 경내가 벌써 무인지경이 되어 버렸다. 수사 배설은 탈 배도 보내지 않았다. 장흥 사람이 많은 군량을 훔쳐서 딴 데로 가져가고 있으므로 붙들어다가 곤장을 때렸다. 날이 벌써 저물어 그대로 거기에 머물러 잤다. 배설이 약속을 지키지 않는 것이 괘씸하다.

덧붙이는 말   배설이 장흥군영구미으로 배를 내주면 이순신이 그 배를 타고 12척의 배가 정박해 있는 회령포로 들어가기로 약속했는데 배설이 그 약속을 지키지 않고 배를 내주지 않는 바람에 이순신은 부득이 다음 날 육로로 배를 찾아간다. 배설은 이미 마음이 수군을 떠나 있었고 그저 도망갈 궁리만 하고 있었다.

8월 18일 9월 28일 맑음. 회령포會寧浦로 갔더니, 경상수사 배설이 뱃멀미가 났다고 핑계 대므로 만나지 못했다. 회령포 관사에서 잤다.

중복된 일기 날이 맑았다. 늦은 아침에 바로 회령포에 갔으나, 배설은 뱃멀미를 핑계하고 나오지 않고 다른 장수들만 와서 보았다.

8월 19일 9월 29일 맑음. 장수들로 하여금 교서에 숙배하게 했는데, 배설은 교서를 공경하게 맞아 절하지 않았다. 그 괘씸하고 오만한 태도를 이루 다 말할 수 없기에 그의 영리에게 곤장을 쳤다. 회령포만호 민정붕이 사사로이 피란민 위덕의魏德毅 등으로부터 금품을 받고 전선을 내어 준 죄로 곤장 20대를 쳤다.

중복된 일기 날이 맑았다. 장수들에게 교서에 숙배하게 하는데 배설은 공경하게 맞지 않았다. 그 태도가 극히 놀랍다. 그래서 이방과 영리를 붙들어다가 곤장을 때렸다. 회령포만호 민정붕은 위덕의 등에게서 술과 음식을 얻어먹고 사사로이 전선을 내준 까닭에 곤장 20대를 때렸다.

8월 20일 9월 30일　　맑음. 회령포 앞 포구가 너무 좁아서 이진梨津으로 진을 옮겼다.

중복된 일기　　날이 맑았다. 포구가 좁아서 이진 아래 창사倉舍로 진을 옮기었는데, 몸이 몹시 불편해서 음식도 먹지 못하고 앓았다.

8월 21일 10월 1일　　맑음. 날이 채 새기 전에 곽란이 일어나서 심하게 아팠다. 몸을 차게 해서 그런가 생각하고 소주燒酒를 마셨더니 그만 인사불성이 되어 거의 깨어나지 못할 뻔했다. 꼬박 밤이 새도록 앉아 있었다.

중복된 일기　　날이 맑았다. 새벽 2시쯤에 곽란이 일어났다. 차게 한 까닭인가 의심하고 소주를 마셔 치료하려고 하다가 그만 정신을 잃어버렸다. 거의 깨어나지 못할 뻔하였다. 토하기를 10여 차례나 해 밤새도록 고통스러웠다.

8월 22일 10월 2일　　맑음. 곽란이 점점 심해져서 일어나 움직일 수가 없었다.

중복된 일기　　날이 맑았다. 곽란으로 인하여 정신을 차리지 못하고 용변도 보지 못했다.

8월 23일 10월 3일　　맑음. 병세가 매우 심해져서 배에 머무르기가 불편하여 바다에서 나와 육지에서 잤다.

|중복된 일기| 맑았다. 병세가 아주 위중해서 배에서 거처하기가 심히 불편했고, 또 실상 전쟁 중도 아니라 배에서 내려 포구 밖에서 잤다.

|덧붙이는 말| 몸이 아파 부득이 배에서 내려 육지로 와 잤건만 그것마저 무슨 흠이 될까 봐 "전쟁 중이 아니어서"라는 이유를 훗날 새로 써두어야만 했던 사정을 생각하면 당시의 그의 처지가 눈물겹다.

8월 24일 10월 4일 맑음. 일찍 괘도포掛刀浦에 가서 아침밥을 먹었다. 어란於蘭9) 앞바다에 도착하니, 여기도 가는 곳마다 텅 비어 있었다. 바다 가운데서 잤다.

|중복된 일기| 날이 맑았다. 아침에 괘도포에 이르러 밥을 먹고 낮에 어란 앞바다로 왔다. 가는 곳마다 모두 비어 있었다. 바다 가운데서 잤다.

8월 25일 10월 5일 맑음. 그대로 어란포에 머물렀다. 아침 식사를 할 때 당포唐浦의 포작鮑作이 풀밭에 놓인 소를 훔쳐 끌고 가면서 부대의 시선을 딴 데로 돌리려고 "왜적이 왔다, 왜적이 왔다"라고 헛

---

9) 전라남도 해남군 송지면 어란리.

소문을 퍼뜨렸다. 나는 이미 그것이 거짓임을 알고 헛소리를 낸 두 사람을 잡아다가 목을 베어 효시하게 하니, 군중의 인심이 크게 안정되었다.

중복된 일기   날이 맑았다. 그곳에서 그대로 머물고 있었다. 아침을 먹을 때 당포의 어부漁父가 피란민의 소 두 마리를 훔쳐 끌고 가서 잡아먹으려고 "적이 왔다"고 거짓말을 외쳐 군사들의 눈을 피하려고 했다. 내가 벌써 그런 줄 알고 배를 굳게 매 고정하고 그자들을 잡아들이니 과연 예상한 것과 같았다. 이렇게 해서 인심은 안정시키었으나 배설은 벌써 어디론가 사라지고 보이지 않았다. 거짓말을 한 두 사람은 목을 잘라서 효시했다.

8월 26일 10월 6일 맑음. 그대로 어란포에 머물렀다. 임준영任俊英이 말을 타고 와서 "왜적이 이진에 도착했다"라고 고하였다. 우수사 김억추金億秋가 왔다.

중복된 일기   날이 맑았다. 그대로 어란 바다에 머물렀다. 늦게 임준영이 말을 달려 와서 적선이 벌써 이진에 이르렀다고 하였다. 전라우수사 김억추가 왔는데,[10] 배의 격군이며 모든 기구가 형편이 없으니 해괴하다.

8월 27일 10월 7일 맑음. 그대로 어란 바다 가운데서 머물렀다.

---

10) 이때 김억추가 전선 1척을 끌고 와서 결국 명량해전에 투입된 전선은 13척이다.

중복된 일기　　　　　날이 맑았다. 그대로 어란에 머물고 있었다. 배설이 보러 왔는데 두려워 떨고 있음이 역력했다. 내가 불쑥 "수사는 어디로 피해 갔던 것이냐?"고 질책하며 물었다.

8월 28일 10월 8일　맑음. 적선 8척이 별안간 침입해 오자 여러 배가 두려워 겁을 먹고 피하려 하고, 경상수사도 피하려고 하였다. 나는 꼼짝 않고 있다가 적선이 가까이 오자 나팔을 불고 깃발을 휘두르며 추격했다. 적선들이 물러가는 것을 갈두葛頭까지 뒤쫓아 갔다가 돌아왔다. 저녁에는 장도獐島로 옮겨 갔다.

중복된 일기　　　　　날이 맑았다. 새벽 6시쯤에 적선 8척이 갑자기 덤벼드니 배들이 엉겁결에 퇴각하려고 생각하는 것 같았다. 나는 조금도 동요하지 않고 각지기角指旗를 휘두르며 추격을 명령하니 배들도 뒤로 피하지 못하고 한꺼번에 갈두까지 쫓아 나갔다. 적선이 멀리 도망하므로 더 이상 쫓지 않았다. "뒤따르고 있었던 적선이 모두 50여 척이었다"고 했다. 저녁에는 장도에서 진을 쳤다.

8월 29일 10월 9일　맑음. 아침에 벽파진碧波津으로 건너가 진을 쳤다.

중복된 일기　　　　　날이 맑았다. 아침에 벽파진으로 가서 진을 쳤다.

8월 30일 10월 10일　맑음. 그대로 벽파진에 머물렀다.

중복된 일기　　　　　날이 맑았다. 그대로 벽파진에 머물고 있으면서 정찰병들을 각지로 나누어 보냈다. 배설은 적이 장차 많이 올 것을 두려워해 내빼고 싶으나 주위 장수들의 눈이 무서워 머뭇거리고 있었다. 나는 도망가려는 그의 속내를 잘 알고 있었다. 그러나 드러나지 않는 것을 먼저 발설하는 것은 부하들을 통솔하는 옳은 방법이 아니므로 참고 있었다. 그러던 중에 마침 배설이 제 종을 시키여 소지를 냈는데 병세가 아주 위중해서 조리를 해야겠다는 것이었다. 내가 육지에 올라가서 조리하라고 처결해 주었더니 배설은 우수영을 거쳐 육지로 올라갔다.[11]

---

11) 일기를 중복해 쓰게 된 가장 큰 이유는 배설의 도주에 관한 책임 소재에 있었다는 것을 이날 일기를 보아도 짐작할 수 있다.

☾ 9월   명량에서 크게 이기다

> 9월 일기는 명량승첩의 기록이다. 승첩 일기를 읽노라면 그 어떤 영화보다 감동적이고, 위대한 영상이 눈에 선하게 다가온다. 길이길이 후손에게 들려주어야 할 통쾌한 승리의 이야기다.

9월 1일 10월 11일   맑음. 그대로 벽파진에서 머물렀다.

[중복된 일기]   날이 맑았다. 내가 배에서 내려 벽파정 위에 앉았는데 점세點世가 제주에서 소 다섯 마리를 싣고 와서 바쳤다.

9월 2일 10월 12일   맑음. 정자벽파정 위로 내려가 앉았는데, 포작 점세가 제주에서 와서 인사했다. 이날 새벽에 배설이 도망갔다.

[중복된 일기]   날이 맑았다. 경상우수사 배설이 도망쳤다.

9월 3일 10월 13일   비가 뿌렸다. 배 뜸 아래에서 머리를 웅크리고 앉아 있는 이 심회를 어찌 말로 표현할 수 있겠는가.

[중복된 일기]   아침에 날이 맑더니 저녁에 비가 뿌렸다. 밤에는 북풍이 불었다.

9월 4일 10월 14일 북풍이 크게 불었지만 각 배를 보존할 수 있었다. 천행이다.

중복된 일기   날은 맑으나 북풍이 크게 불었다. 배가 요동쳤으나 다행히 아무 일도 없었다.

9월 5일 10월 15일 북풍이 크게 불어, 배를 지키느라 매우 힘들었다.

중복된 일기   날은 맑으나 북풍이 크게 불었다.

9월 6일 10월 16일 바람은 그친 듯했으나 파도는 가라앉지 않았다.

중복된 일기   날이 맑고 바람도 좀 가라앉았으나 추위가 심해지니 격군들의 노 젓기가 매우 걱정이 된다.

9월 7일 10월 17일 맑음. 바람이 비로소 잠잠하다. 탐망군관探望軍官 임중형이 와서 보고하기를 "적선 55척 가운데 13척이 이미 어란 앞바다에 이르렀는데, 그 뜻이 우리 수군에 있다"고 했다. 그래서 각 배에 엄하게 신칙하였다. 오후 4시에 적선 13척이 곧장 아군의 진 친 곳으로 향해 왔다. 우리 배들도 닻을 올려 바다로 나가 맞서서 공격하니, 적선들이 배를 돌려 달아났다. 먼바다까지 쫓아갔지만 바람과 물결이 거슬러 배가 더 갈 수 없으므로 벽파진으로 되돌아왔다. 아마도 밤에 또 습격이 있을 것 같았다. 과연 밤 10시경에 적선이 포를 쏘며 습격해 왔다. 아군의 여러 배가 겁을 먹고 황

겁해하는 것 같아 다시 엄하게 명령을 내리고 곧장 내가 탄 배가 앞장서서 적선을 향하여 연달아 포를 쏘니 적의 무리는 당해 내지 못할 줄 알고 밤늦게야 물러갔다. 그들은 일찍이 한산도에서 승리했던 자들이다.

중복된 일기   날이 맑았다. 정찰군관 임중형이 와서 보고하기를, 적선 55척 가운데 13척은 벌써 어란 앞바다에 이르고 있는데 그 목적이 틀림없이 우리 수군에 있는 것이라고 하였다. 장수들에게 군령을 내려 재삼 신칙하는 중 오후 4시경에 과연 적선 13척이 대들었다. 우리 편 배들이 닻을 올리고 바다로 나가서 적선을 추격하니 적선은 뱃머리를 돌려 도망갔다. 멀리 바다 밖까지 쫓아가다가 바람과 물결이 모두 거스르고 또 복병선이 있을 우려도 있어서 더 쫓아가지 않았다. 벽파정으로 돌아와서 장수들을 모아 놓고 오늘 밤에는 반드시 적의 야습夜襲이 있을 것이니 모든 장수는 미리 알아서 준비할 것이며 조금이라도 군령을 어기는 자가 있으면 군법대로 시행한다고 재삼 타일러 경계하게 하고 헤어졌다. 밤 10시경 적은 과연 야습을 해와 탄환을 많이 쏘며 덤볐다. 내가 탄 배가 바로 앞장을 서서 지자포를 쏘니 강산이 무너지는 듯하였다. 적들도 함부로 덤벼들기 어려울 줄 알고 나갔다 들어갔다 네 번을 되풀이하면서 탄환만 쏘다가 자정이 지나서는 아주 물러갔다.

9월 8일 10월 18일   맑음. 적선이 오지 않았다.

중복된 일기   날이 맑았다. 장수들을 불러서 대책을 토의하였다. 우수사 김억추는 겨우 만호나 할 만하지 수사가 될 재목은 못 되는 인물인데, 좌의정 김응남이 서로 정다운 사이라고 해서 함부로 임명시켜 보냈다. 이러고야 조정에 사람이 있다고 할 수 있는가. 그저 때를 못 만난 것을 한탄할 뿐이다.

덧붙이는 말   당시 통제사 이순신과 함께 싸워야 할 장수는 충청수사가 부재중이라 경상수사와 전라우수사뿐이었다. 그런데 경상수사 배설은 도망가 버렸고 우수사 김억추는 대책을 논의할 인물조차 못 되었으니 홀로 계책을 세우고 싸워야만 했던 당시 통제사의 참담함을 어찌 말로 다 할 수 있겠는가.

9월 9일 10월 19일 맑음. 오늘이 곧 9일 중양절이다. 군사들에게 음식을 먹이려고 하였는데 마침 부찰사가 지원한 군량이 있었고 제주에서 도착한 소도 다섯 마리가 있었다. 녹도만호와 안골포만호를 시켜 밥을 하고 소를 잡아 장수와 병사들에게 먹이도록 했다. 이때 적선 2척이 곧장 감보도(甘甫島)로 들어와 우리 배의 수를 정탐했다. 영등포만호 조계종이 끝까지 뒤쫓았으나 잡지는 못했다.

중복된 일기   날이 맑았다. 이날은 9일로 한 해의 명절이다. 나는 비록 상복을 입고 있어 고기를 먹을 수 없는 몸이지마는 장병들에게야 먹이지 않을 수 없기에 제주서 나온 소 다섯 마리를 녹도와 안골포 두 만호에게 내주고 장병들을 먹이도록 지시하였다. 늦게 적선 2척이 어란에서 바로 감보도로 와서 우리 수군의 많고 적은 것을 정찰하려고 하였다. 영등만호 조계종이 바짝 추격해서 쫓아가니까 적들은 당황해서 배에 실었던 물건을 모두 바다 가운데에 던져 버리고 달아났다.

9월 10일 10월 20일 맑음. 적의 무리가 멀리 달아났다.

중복된 일기   날이 맑았다. 적선이 멀리 도망가 숨었다.

9월 11일 10월 21일 맑음.

중복된 일기   날이 흐리고 비가 올 것 같았다. 혼자 배 위에 앉았으니 어머님을 그리는 마음에 눈물이 흘러내린다. 천지간에 나와 같은 사람이 어디 또 있겠는가. 아들 회는 내 마음을 알고 대단히 언짢아하였다.

9월 12일 10월 22일 비가 계속 내렸다.

중복된 일기   온종일 비가 뿌렸다. 배 뜸 아래에 앉았자니 마음을 가누기가 힘들었다.

9월 13일 10월 23일 날은 맑았으나 북풍이 크게 불었다.

중복된 일기   날이 맑으나 북풍이 크게 불어서 배가 가만히 있지 못했다. 꿈이 이상도 하다. 임진대첩壬辰大捷 때의 그 꿈과 비슷

했다. 이 무슨 징조일까.

덧붙이는 말 위 일기의 원문은 다음과 같다.

夢有非常
與壬辰大捷略同
未知是兆

여기의 '임진대첩'이란 임진년의 4대첩 중 부산대첩을 이야기하는 것으로 보인다. 그 이유는 부산대첩이 적의 본진에 대한 공격이고 먼 거리를 가서 하는 전투라 이순신에겐 12척으로 싸우는 명량승첩 때와 비슷하게 갑갑한 심정이었을 것이고, 또 실제 『난중일기』상으로 임진년 4승첩 중 부산대첩 때만 꿈꾼 기록(임진년 8월 27, 28일 일기 참조.)이 있기 때문이다.

9월 14일 10월 24일 맑았으나 북풍이 크게 불었다. 임준영이 육지를 정탐하고 달려와서 말하기를, "적선 55척이 벌써 어란 앞바다에 들어왔다"라고 하였다. 또 포로가 되었다가 도망쳐 온 김중걸金仲傑이 다음과 같이 말했다 한다. "이달 6일에 달마산達摩山에서 피란하다가 왜적에게 붙잡혀 묶여서 왜선에 실렸다. 이름 모르는 김해 사람이 왜장에게 청하여 결박을 풀어 주더라. 밤에 김해 사람이 내 귀에 입을 대고 몰래 말하기를 '조선 수군 10여 척이 우리 왜군의 배를 쫓아와서 혹 사람을 죽이고 혹 배를 불태웠으니 보복하지 않을 수 없다. 여러 배를 불러 모아 조선 수군들을 모조리 죽인 뒤 곧장 경강京江, 한강으로 올라가자'고 하더라." 이 말을 비록 다 믿지는 못하겠으나 그럴 리가 없는 것도 아니므로 전라우수영에 전령선傳令船을 보내어 피란민들을 즉시 육지로 올라가도록 당부하였다.

중복된 일기 날이 맑으나 북풍이 크게 불었다. 벽파정 맞은편에서 연기를 올려 신호를 보내기에 배를 보내서 데려왔더니 곧 임준영이다. 그는 정찰한 결과를 보고하기를 적선 200여 척 가운데 55척이 먼저 어란에 들어온 것이라고 하였다. 또 포로 되었다가 도망해 나온 김중걸의 이야기를 전달하였다. 중걸이 이달 초 6일 달야의산達夜依山에서 포로가 되어 결박을 당하고 왜선으로 끌려갔는데 다행히 임진년에 포로 되었던 김해 사람이 왜장에게 빌어서 결박을 풀어 놓고 같은 배에서 지내게 되었다. 한밤중 왜놈들이 잠이 깊이 들었을 때 그 김해 사람은 왜놈들이 서로 의논하던 것을 들은 대로 귀에 대고 다음과 같이 소곤소곤 이야기해 주었다. "조선 수군 10여 척이 우리 배를 추격해서 쏘아 죽이고 불 질러 태웠다. 이것은 아주 통분한 일이다. 각처의 배를 불러 모아 합력해서 조선 수군을 섬멸해야 한다. 그리고 나서 바로 서울로 올라가야 한다." 이 말을 다 믿을 수는 없으나 혹 그럴 수도 없지는 않다. 곧 전령선을 보내서 피란민들을 타일러 육지로 올라가게 하였다.

9월 15일 10월 25일 맑음. 조수의 흐름을 따라 여러 배를 거느리고 우수영 앞바다로 들어가 거기서 머물러 잤다. 밤의 꿈에 이상한 징조가 많았다.

[중복된 일기] 날이 맑았다. 조수를 타고, 여러 장수를 거느리고 우수영 앞바다로 진을 옮기었다. 그것은 벽파정 뒤에 명량이 있는데 적은 수효의 수군으로는 명량을 등지고 진을 칠 수가 없었기 때문이다. 장수들을 불러 모아서 "병법에 이르기를 죽으려 하면 살고 꼭 살려고 하면 죽는다 필사즉생 필생즉사 必死則生 必生則死"고 하였고 또 "한 사람이 길목을 지키면 능히 1,000명도 두렵게 할 수 있다는 말이 있는데 이는 곧 오늘의 우리를 두고서 이른 말이다. 너희 장수들이 오늘 조금이라도 군령을 어긴다면 군율대로 시행해서 작은 일일망정 용서치 않겠다"고 엄격하게 약속하였다. 이날 밤 꿈에 신인神人이 나와 가르쳐 주기를 "이렇게 하면 크게 이기고 저렇게 하면 진다"고 하였다.

9월 16일 10월 26일 맑음. 이른 아침에 망군望軍이 와서 보고하기를 "적선 무려 200여 척이 명량을 거쳐 곧장 진 치고 있는 곳으로 향해 온다"고 했다. 장수들을 불러 거듭 약속한 뒤 닻을 올리고 바다로 나가니, 적선 133척이 우리의 배를 에워쌌다. 지휘선이 홀로 적선 가운데로 들어가 탄환과 화살을 비바람같이 발사했지만, 여러 배가 바라만 보고서 지휘선을 구하러 나오지 않아 앞일을 헤아릴 수 없었다. 지휘선 위에 탄 군사들이 서로 돌아보며 얼굴빛이 새파랗게 질리는 것을 보고 나는 부드러운 얼굴로 "적이 비록 1,000척이라도 감히 우리 배를 곧바로 공격하지 못할 것이니 절대로 동요하지 말고 힘을 다해 적을 향해 쏘아라"고 타일러 말했다. 다른 배들을 돌아보니, 이미 한 마장馬場, 약 400m쯤 물러나 있었고, 우수사 김억추가 탄 배는 아득히 멀리 떨어져 있었다. 지휘선을 돌려 곧장 중군中軍 김응함의 배에 다가가 먼저 그의 목을 베어 효시하고자 하였으나 내 배가 머리를 돌리면 여러 배가 차츰 더 멀리 물러나고 적선은 점차 다가와서 사세가 낭패될 것 같았다. 그래서 다시 중군에게 명을 내리는 휘麾, 깃발와 초요기招搖旗를 세우니 그제야 김응함의 배가 점차 내 배로 가까이 오고 거제현령 안위의 배도 다가왔다. 내가 뱃전에 서서 직접 안위를 불러 말하기를, "안위야! 네가 정녕 군법에 죽고 싶으냐? 물러나 도망간들 살 것 같으냐?"라고 했다. 이에 안위가 황급히 적진 사이를 뚫고 들어가니, 적장의 배와 다른 2척의 배가 안위의 배에 개미처럼 달라붙었다. 안위의 격군 7, 8명마저 물에 뛰어들어 헤엄치고 있으니 안위의 배는 거의 구할 수 없게 되었다. 그래도 나는 배를 돌려 곧장 안위의 배 쪽으로 들어갔다. 안위의 배 위에 있는 군사들도 결사적으로 활을 쏘고 내가 탄 배 위의 군관들도 빗발치듯 활을 쏘아 적선 2척을 남김없이 모두 섬멸하였다. 천행이다. 천행이다. 우리를 에워쌌던 적선 31척도 격파하니 적들이 저항하지 못하고 다시는 침범해 오지 못했다. 그곳에 정박하고자 했으나 물이 빠져 배를 정박하기에 알맞지 않으므로 건너편 포구로 진을 옮겼다가 달빛아래 당사도唐笥島[1]로 옮겨 거기서 밤을 지냈다.

<u>중복된 일기</u>　　　　날이 맑았다. 이른 아침에 특별 정찰부대가 보고하기를 "적선이 수효를 알 수 없을 정도로 많이 명량으로 해서 바로 우리가 진 치고 있는 곳을 향하여 온다"고 하였다. 곧 여러 배

---

1) 전라남도 신안군 암태면 당사리.

로 하여금 닻을 올려서 바다로 나가게 하였는바 적선 130여 척이 우리 배를 에워싸고 대들었다. 우리 편 장수들은 적은 군사로 많은 적을 대적하는 것이라 스스로 낙심하고 모두 회피할 꾀만 내는데 김억추가 탄 배는 벌써 두 마장쯤 밖에 나가 있었다. 내가 노 젓기를 재촉하고 앞장을 서서 지자地字 및 현자玄字 등 각종 총통을 어지럽게 쏘아 탄환은 폭풍우같이 쏟아지고 군관들이 배 위에 총총히 들어서서 화살을 빗발처럼 쏘니 적의 무리가 감히 대들지 못하고 떨어졌다 가까워졌다 하였다. 그러나 여러 겹 포위 속에 들어서 형세가 아주 위태한 지경이라 배 가운데 있는 사람들이 서로 쳐다보고 얼굴빛이 질렸다. 나는 부드럽게 타이르기를 "적선이 제 아무리 많아도 우리 배를 당해 내지 못할 것이다. 조금도 동요하지 말고 전력을 다해 적을 쏘아라"고 일렀다. 장수들의 배를 돌아보니 먼바다에 물러가 있으면서 바라만 보고 나오지 않는 것이다. 내 배를 돌려 군령을 내리자니 적들이 바로 대들 것이라 오도 가도 못할 딱한 형편이 되었다. 다시 마음을 가다듬고 호각을 불어 중군에게 군령을 내리는 기旗를 세우라고 하고 또 초요기를 세우라고 하였다. 중군장 미조항첨사 김응함의 배가 점점 내 배 가까이 왔으며 그보다 거제현령 안위의 배가 먼저 왔다. 내가 배 위에 서서 친히 안위를 불렀다. "안위야, 군율에 죽고 싶으냐. 도망간들 어디서 살 수 있을 것 같으냐?" 안위가 황망히 적진 속으로 돌진하여 들어갔다. 내가 또 김응함을 불렀다. "중군인 네가 멀리 피해 가서 대장을 구하지 않았으니 그 죄를 어찌 면하겠느냐. 당장에 참할 것이나 적의 형세가 급해서 아직은 참는다. 빨리 공을 세워서 죄를 벗어라." 그래서 두 배가 적선을 향해 공격할 때 적장이 탄 배가 수하의 배 2척과 한꺼번에 안위의 배로 대들어서 기어올라 가려고 하였다. 안위와 그 배 위의 사람들이 죽을힘을 다해서 혹 작대기로, 혹 긴 창으로, 또 혹 몽우리돌로 기어오르려는 놈들을 수없이 쳐부수다가 기진맥진할 때 내 배가 뱃머리를 돌려 쫓아 들어가서 빗발치듯 마구 쏘아댔다. 세 배의 적이 거의 다 엎어지고 자빠졌을 때 녹도만호 송여종과 평산포대장 정응두丁應斗의 배가 뒤쫓아 와서 합력해 쏘아 죽여 적은 한 놈도 살아 내빼지 못하였다. 투항한 왜인 준사俊沙는 안골에 있는 적진으로부터 항복해 온 자인데, 내 배 위에 있다가 바다에 빠져 있는 적을 굽어보더니 그림 무늬의 붉은 비단옷을 입은 자가 바로 안골에 있던 적장 마다시馬多時, 구루시마 미치후사라고 하였다. 내가 무상無上, 물긷는 군사 김돌손金乭孫을 시켜 갈고리로 낚아 올린즉 준사가 좋아서 날뛰면서 분명히 마다시라고 하기에 곧 토막토막 베어 죽이라고 명령하였다. 이를 본 적은 기세가 푹 꺾였다. 때마침 물길이 역류에서 순류로 바뀌자 우리 배들은 적이 다시 덤벼들지 못할 것을 알고 일시에 함성을 지르면서 쫓아 들어갔다. 지자, 현자의 총통을 놓아 그 소리가 강산을 뒤흔들며 활을 빗발처럼 쏘아 대어 밀려 가는 적선 31척을 쳐부수었다. 적선은 뱃머리를 돌려 퇴각하고 다시는 우리 수군 가까이 오지 못하였다. 전에 있었던 곳으로 배를 대려 한즉 물결도 험하고 바람도 거슬러, 형세 또한 외롭고 위태하기 때문에 당사도로 옮겨 가서 밤을 지냈다. 이야말로 참으로 천행이다.

9월 17일 10월 27일 맑음. 여올도汝吾乙島[2])에 이르니 피란민들이 무수

---

2) 전라남도 신안군 지도읍 어의리.

히 와서 정박하고 있었다. 임치첨사는 배에 격군이 없어서 나오지 못한다고 했다.

중복된 일기   날이 맑았다. 어외도於外島에 이르니 피란선 무려 300여 척이 먼저 와 있었다. 나주진사 임선林愃, 임환林懽, 임업林業 등이 와보았다. 우리 수군의 승전을 듣고 다투어 치하하면서 양식을 가지고 와서 내놓았다.

9월 18일 10월 28일 맑음. 그대로 그곳에 머물렀다. 임치첨사가 왔다.

중복된 일기   날이 맑았다. 그대로 어외도에서 머물렀다. 내 배에 탔던 순천감목관 김탁과 영노營奴 계생戒生이 탄환에 맞아 전사하였고 박영남, 봉학 및 강진현감 이극신은 탄환에 맞았으나 중상에는 이르지 않았다.

9월 19일 10월 29일 맑음. 일찍 출발하여 칠산도七山島를 건너는데, 바람은 약하고 하늘은 맑아서 배를 몰기에 매우 좋았다. 법성포法聖浦 선창에 이르니, 적은 벌써 침범하여 간혹 민가에 불을 지르기도 했다. 해 질 무렵 홍룡곶洪龍串[3]으로 돌아가 바다 가운데서 잤다.

중복된 일기   날이 맑았다. 일찍이 떠나서 바람이 곱고 물결이 순하기 때문에 순조롭게 칠산 바다를 건넜다. 저녁나절 법성포에

---

3) 전라남도 영광군 홍농읍 계마리.

이른즉 흉악한 적이 육지로 해서 들어와서 민가의 곳곳에 불을 질렀다. 해 질 무렵에 홍농弘農 앞에다가 배를 대고 잤다.

9월 20일 10월 30일 맑고 바람도 순조로웠다. 배를 몰아 고참도古參島[4]에 가니 피란민들이 무수히 배를 정박하고 있었다. 이광보도 와서 만나고 이지화 부자도 왔다.

중복된 일기   날이 맑았다. 새벽에 배를 띄워 바로 위도猬島에 이르니 피란 배가 많이 닿아 있었다. 황득중과 종 금이를 보내서 종 윤금允金을 찾아 보라 하였더니 과연 위도 밖에 있었기에 결박을 지워 배 가운데 실었다. 이광축, 광보가 보러 오고 이지화 부자도 왔다. 날이 저물었기에 머물러 잤다.

9월 21일 10월 31일 맑음. 새벽에 출발하여 고군산도古群山島에 가니 호남순찰사박홍로는 내가 왔다는 말을 듣고서 배를 타고 옥구沃溝로 갔다고 하였다.

중복된 일기   날이 맑았다. 일찍이 떠나서 고군산도에 이르렀다. 전라순찰사는 내가 왔다는 말을 듣더니 배를 타고 급히 옥구로 갔다고 한다. 늦게 광풍이 크게 불었다.

9월 22일 11월 1일 맑음.

---

4) 전라북도 부안군 위도면 위도.

중복된 일기   날이 맑으나 북풍이 크게 불었다. 그대로 거기에 머물렀다. 나주목사 배응경과 무장원 이람李覽이 보러 왔다.

9월 23일 11월 2일 맑음.

중복된 일기   날이 맑았다. 승전에 대한 장계 초안을 잡았다. 정희열丁希悅이 보러 왔다.

9월 24일 11월 3일 맑음.

중복된 일기   날이 맑았다. 몸이 불편해 신음하였다. 김홍원金弘遠이 보러 왔다.

9월 25일 11월 4일 맑음.

중복된 일기   날이 맑았다. 이날 밤 몸이 몹시 좋지 못했다. 식은땀이 전신을 적셨다.

9월 26일 11월 5일 맑음. 이날 밤에는 식은땀이 온몸을 적셨다.

중복된 일기   날이 맑았다. 몸이 좋지 않아 종일 나가지 않았다.

9월 27일 11월 6일 맑음. 송한이 승첩 장계를 가지고 배를 타고 올라갔다. 정제도 충청수사권준에게 전령을 가지고 갔다. 몸이 매우 불편해서 밤새도록 고통스러웠다.

중복된 일기   날이 맑았다. 송한, 김국, 배세춘裵世春 등이 승전에 대한 장계를 가지고 뱃길로 올라갔다. 정제도 부찰사가 보내는 공문을 가지고 충청수사 처소로 떠났다.

9월 28일 11월 7일 맑음. 송한과 정제가 바람에 막혀 되돌아왔다.

중복된 일기   날이 맑았다. 송한과 정제가 바람에 막혀 돌아왔다.

9월 29일 11월 8일 맑음. 송한 등이 바람이 순해지자 다시 떠나갔다.

중복된 일기   날이 맑았다. 장계와 정 판관정제이 다시 떠나갔다.

🌙 10월 아들 면을 잃고 절망하며
고하도에 진을 치다

> 인간 이순신에게 명량대첩의 후유증은 컸다. 미래를 맡길 만하다고 여긴 막내아들 면을 잃은 것이다. 이 일을 기록한 일기는 피로 쓰인 듯하다. 서해를 통해 내려와 우수영 쪽 안편도로 진을 옮겨 간다. 거기서 사태를 수습한 뒤 다시 고하도로 옮겨 수군 재건에 박차를 가한다. 해로가 뚫려 당황한 명은 그제야 황급히 수군을 편성해 진린陳璘으로 하여금 조선의 바다로 가게 한다.

10월 1일 11월 9일   맑음.

중복된 일기   날이 맑았다. 아들 회를 보내서 제 모친도 보고 집안 여러 사람의 생사도 알아 오게 하였다. 심회가 극히 산란하여 편지를 쓸 수가 없었다. 병조兵曹의 역자驛子가 서류를 가지고 와서 아산에 있는 집이 적에게 분탕질을 당해 잿더미가 되고 남은 것이 없다고 전하였다.

10월 2일 11월 10일   맑음. 아들 회가 가정과 식구들의 생사를 알아볼 일로 올라갔다. 홀로 배 위에 앉았으니 온갖 생각이 다 떠올랐다.

중복된 일기　　　날이 맑았다. 아들 회가 배를 타고 올라갔는데 잘 갔는지 모르겠다. 심회를 어찌 다 말하랴.

10월 3일 11월 11일　　맑음. 새벽에 배를 출발하여 도로 변산邊山을 거쳐 곧장 법성포로 내려가니, 바람이 매우 부드럽고 따뜻하기가 봄날과 같았다. 저물어서 법성창法聖倉 앞으로 갔다.

중복된 일기　　　날이 맑았다. 새벽에 배를 띄워서 법성포로 돌아왔다.

10월 4일 11월 12일　맑음.

중복된 일기　　　날이 맑았다. 그대로 머물렀다. 임선, 임박이 포로가 되었다가 적에게 빌고 임치로 돌아와서 편지를 보냈다.

10월 5일 11월 13일　맑음.

중복된 일기　　　날이 맑았다. 그대로 머물면서 마을 집으로 내려가서 잤다.

10월 6일 11월 14일　흐리다가 간혹 눈비가 내리기도 했다.

중복된 일기　　　날이 흐리고 간간이 눈과 비가 내리었다.

10월 7일 11월 15일　　구름이 걷히지 않고 비가 오다 개다 했다.

중복된 일기　　　　바람이 순하지 못하고 날도 혹 갰다가 혹 비 오다 하였다. 전라도에는 어디나 적의 자취가 없다는 것을 들었다.

10월 8일 11월 16일　　맑음. 바람이 순해지는 것 같았다. 새벽에 (…).[1]

중복된 일기　　　　날이 맑고 바람도 순하였다. 배를 띄워서 어외도로 와서 잤다.

10월 9일 11월 17일　　맑음. 일찍이 떠나서 우수영에 이른즉 성 안팎에 인가라고는 하나도 없고 또 사람의 자취도 없어 보기에 참혹하였다. 저녁에 들으니 해남에는 흉악한 적이 아직도 진을 치고 있다고 한다. 날이 막 어두워지려고 할 때 김종려, 정조鄭詔, 백진남白振南 등이 보러 왔다.

10월 10일 11월 18일　　새벽 2시경 비가 뿌리고 북풍이 크게 불어서 배를 띄우지 못하고 그대로 머물렀다. 밤 10시께 중군장 김응함이 와서 보고하기를 "해남에 있는 적들이 곧 퇴각하려는 것 같다"라고 하였다. 이희급李希伋의 부친이 적에게 포로가 되었다가 빌고서 풀려나왔다고 한다. 몸이 불편해서 앉았다 누웠다 하면서 밤을 새웠다. 우우후 이정충이 배로 왔으나 바깥 섬으로 도망가 있었기

---

1) 이하 글자가 빠져 있다.

때문에 만나지 않았다.

10월 11일 ¹¹월 ¹⁹일 맑음. 새벽 2시경에는 바람도 자는 것 같았다. 첫 나팔에 닻을 올려서 바다 가운데로 나왔다. 정찰병 이순李順, 박담동, 박수환朴守還, 태귀생 등을 해남으로 보냈다. 해남에는 연기가 하늘을 덮었다 하니 필시 적의 무리가 달아나면서 불을 지른 것이리라. 낮에 발음發音 안편도安便島²⁾에 이르렀는데 바람도 좋고 날도 화창하였다. 배에서 내려서 제일 높은 산봉우리 위에 올라가서 배를 감추어 둘 만한 곳을 살펴보았다. 동쪽으로는 앞에 섬이 있어서 멀리 바라보이지 않으나 북쪽으로는 나주羅州와 영암靈岩의 월출산月出山까지 터졌고 서쪽으로는 비금도飛禽島까지 통하여 안계眼界가 광활하였다. 조금 있자니까 중군장과 우치적이 올라오고 조효남趙孝南, 안위, 우수가 계속해서 왔다. 날이 저문 후 산에서 내려와 언덕에 앉았으니 조계종이 와서 왜적의 정세를 보고하고 또 "왜적들이 우리 수군을 몹시 겁낸다"라고 말하였다. 이희급의 부친이 와서 포로가 된 경과를 이야기하였다. 마음이 매우 아팠다. 저녁 날씨 따듯하기가 마치 봄과 같다. 아지랑이가 하늘에서 아른거리고 비가 오려는 조짐도 보였다. 초저녁에 달빛은 흰 비단 폭 같은 데 혼자 봉창에 앉았으니 생각이 천 갈래 만 갈래였다. 밤이 들자 식은땀이 온몸을 적셨다. 자정경에는 비가 내렸다. 이날 우수사가 군량선에 있는 사람을 붙들어다가 무릎을 몹시 때렸다고 한다. 해괴하다.

---

2) 전라남도 신안군 안좌면 안좌도로 추정.

10월 12일 11월 20일 비가 죽죽 내리다가 오후 2시쯤 말끔히 개었다. 우수사가 와서 절하고 군량선 사람의 무릎을 때린 죄를 사과하였다. 가리포, 장흥 등의 여러 장수가 와서 절하고 종일 이야기하였다. 정찰선이 나흘이 지나도록 돌아오지 않아서 우려가 되지마는 생각건대 흉악한 적이 멀리 도망을 쳐서 그 뒤를 쫓아간 것이리라. 그대로 발음도發音島에서 머물렀다.

10월 13일 11월 21일 맑음. 아침에 배 조방장과 경상우후가 보러 왔다. 한동안 지나서 정찰선이 임준영을 싣고 왔다. 그래서 적의 정세를 들으니 "해남에 웅거하고 있던 적은 10일 우리 수군이 내려오는 것을 보고는 다음 날 한 놈도 남김없이 도망갔다" 하고 또 "해남의 아전 송언봉宋彦逢과 신용愼容 등은 적에게 붙어서 왜놈을 꼬드겨 지방 선비들을 많이 죽였다"라고 하니 통분함을 이기지 못하겠다. 그래서 곧 순천부사 우치적, 금갑만호 이정표, 제포만호 주의수朱義壽, 당포만호 안이명安以命, 조라만호 정공청鄭公淸 및 군관 임계형, 정상명, 봉좌, 태귀생, 박수환 등을 해남으로 보냈다. 늦게 배에서 내려 언덕에 앉아 배 조방장 및 장흥부사 전봉田鳳과 이야기하였다. 이날 우수영 우후 이정충이 뒤늦게 도착한 죄를 다스렸다. 우수사의 군관 배영수가 와서 보고하기를 "수사의 부친이 바깥 바다에 있다가 살아서 돌아왔다"고 했다. 이날 새벽꿈에 우의정을 만나서 조용히 이야기하다가 깨었다. 낮에 들으니 선전관 네 사람이 법성포에 내려와 있다고 한다. 저녁때 김응함으로부터 "누구인지 모르나 어떤 사람이 섬의 산속에 숨어서 소와 말을 잡아 죽인다"고 보고하였다. 곧 황득중, 오수 등을 보내서 수색하게 하였다.

이날 밤 달빛은 흰 비단 폭과 같고 바람은 한 점도 없는데 혼자 뱃전에 앉아 있노라니 심회를 억제하기 어려웠다. 이리 뒤척 저리 뒤척 앉았다 누웠다 밤새 잠을 이루지 못한 채 하늘을 우러러 탄식만 더할 따름이다.

10월 14일 11월 22일　맑음. 날이 거의 다 샐 녘에 꿈을 꾸니 내가 말을 타고 언덕 위를 달리다가 말이 헛디뎌 내川 가운데로 떨어졌으나 거꾸러지지는 않았다. 막내 아들 면이 나를 붙들어 잡을 것처럼 하다가 그만 꿈을 깼다. 이 무슨 조짐일까. 늦게 배 조방장과 우후 이의득이 보러 왔다. 배裵의 종이 경상도서 와서 적의 정세를 전하였다. 어제 수색 나간 황득중 등이 와서 보고하기를 내수사內需司의 종 강막지姜莫只라고 하는 자가 소를 많이 치기 때문에 12마리를 끌어간 것이라고 하였다. 저녁에 천안서 온 사람이 집안 편지를 전하는데 겉봉을 뜯기도 전에 손이 떨리면서 마음이 섬뜩했다. 우선 겉봉을 해치니 속 봉투 위에 열둘째 아들의 글씨로 '통곡'이란 두 글자가 쓰여 있어 단번에 면葂이 전사한 줄 알았다. 간담이 떨어져 목을 놓아 통곡했다. 하늘이 어찌 이다지도 박절한가. 간담이 타고 찢어지는 것 같다. 내가 죽고 네가 살아야 당연한 일이거늘 네가 죽고 내가 살다니 이런 도리에 어긋난 일이 또 어디 있단 말이냐. 천지가 캄캄하여 해조차도 빛이 변했구나. 슬프다, 내 아들아, 나를 버리고 어디로 갔느냐. 남달리 영특하기로 하늘이 너를 이 세상에 머물러 있지 않게 한 것이냐. 내가 지은 죄가 화禍가 되어 네 몸에 미친 것이냐. 이제 내가 이 세상에서 누구를 의지하고 산단 말이냐. 너를 따라 같이 죽어 지하에서 같이 지내고 같이 울고 싶지만 네 형, 네 누이 또 너의 어머니도 의지할 곳이 없으므로 아직 목숨을 보전해 연명은 한다마는 마음은 죽고 형상만 남아서 울부짖고 통곡할 따름이다. 하룻밤 지내기가 1년 같구나. 이날 밤 9시경 비가 내렸다.

> **덧붙이는 말** 감옥에서 나와 백의종군을 시작할 때 어머니가 돌아가시고, 백의종군에서 풀려 다시 통제사가 되어 명량대승첩을 거두자 패전한 적의 보복으로 가장 사랑한 막내아들을 잃는다. 어머니를 잃고 반년 만에 자식까지 잃은 그의 비통하고 참담한 심정은 과연 어떠했을까. 놀라운 것은 이런 기막힌 상황 아래에서도 일기 속 그의 감정 흐름은 흐트러지지 않고 질서 있게 발현되고 있음이다.

10월 15일 11월 23일 진종일 비 오고 바람 불었다. 누웠다 앉았다 하면서 하루 종일 뒤척였다. 장수들이 아들의 전사 소식을 듣고 위문하러 오니 어떻게 얼굴을 들고 대하랴. 임홍林葒, 임중형, 박신朴信은 적세를 살피기 위해서 작은 배를 타고 흥양, 순천 앞바다로 나갔다.

10월 16일 11월 24일 맑음. 우수사와 미조항첨사를 해남으로 보냈다. 해남현감도 보냈다. 내일이 막내아들의 죽은 소식을 들은 지 나흘째 되는 날이다. 아비로서 한번 실컷 울어 보지도 못했다. 염한塩干³⁾ 강막지의 집으로 갔다. 밤 10쯤 순천부사, 우후이정충, 금갑도, 제포

---

3) 염전에서 소금을 만드는 사람.

등이 해남서 돌아왔는데 적의 수급 13개와 적에게 붙어 우리나라 사람을 여럿 죽게 한 송언봉[4]의 머리를 베어 왔다.

10월 17일 11월 25일 날은 맑으나 온종일 큰 바람이 불었다. 새벽에 흰 띠를 두르고 향을 피우고 곡을 했다. 비통함을 어찌 참을 수 있으랴. 우수사가 보러 왔다.

10월 18일 11월 26일 날이 맑고 바람도 자는 것 같았다. 우수사는 배를 부릴 수가 없어서 들어오지 못하고 바깥 바다에서 잤다. 강막지가 보러 왔다. 임계형과 임준영이 보러 왔다. 밤이 이슥한 후 꿈을 꾸었다.

10월 19일 11월 27일 맑음. 새벽에 꿈을 꾸었다. 고향 집 종 진辰이 내려왔고 죽은 아들을 생각하며 목을 놓아 통곡하는 꿈이었다. 백진사가 보러 왔다. 임계형이 보러 왔다. 늦게 조방장과 경상우후가 보러 왔다. 김신웅金信雄의 아내, 이인세李仁世, 정억부鄭億夫를 붙잡아 왔다. 거제, 안골포, 녹도, 웅천, 제포, 조라포, 당포와 우우후가 보러 왔는데 적을 잡았다는 공문을 가져와 바쳤다. 윤건尹健 형제가 적에게 붙었던 자 2명을 붙잡아 왔다. 어두울 무렵에 코피를 1되가 넘게 흘렸다. 밤에 앉아서 또 아들을 생각하고 울었다. 그 서러움을 어찌 다 말하랴. 영특한 기질로 태어나서 마침내는 이렇게 죽어 영령이 되고 말았으니 네가 끝내 불효자 노릇을 하리라고 내 어찌

---

4) 10월 13일 일기 참조.

알았겠느냐. 비통한 마음에 가슴이 터질 듯하여 억누르기가 정말 어렵구나.

10월 20일 ¹¹월²⁸일 날도 맑고 바람도 잤다. 이른 아침에 미조항첨사, 해남현감, 남해현감이 해남의 군량을 운반하기 위하여 돌아갔다. 안골만호 우수도 하직을 고하고 갔다. 늦게 김종려, 백진남이 보러 와서 윤지눌尹志訥의 고약한 짓을 말하였다. 소음도所音島 등 13개 섬에 있는 염장塩場, 염전의 소금 굽는 것을 감독하는 도감검都監檢으로 김종려를 임명하였다. 영속營屬 사화士化의 모친이 배 안에서 죽었다고 하기에 곧 묻어 주도록 군관에게 지시하였다. 남도포, 여도의 두 만호가 다녀갔다.

10월 21일 ¹¹월²⁹일 새벽 2시경부터 비가 오다 눈이 오다 했다. 바람이 몹시 차가워 뱃사람들이 추워서 얼지 않을까 걱정이 되어 마음을 안정시킬 수 없었다. 오전 8시경에는 눈보라가 크게 일었다. 정상명이 와서 무안현감 남언상이 들어왔다고 보고 했다. 언상은 원래 수군에 속한 관원인데 자기만 살려고 수군으로 오지 않고 몸을 산골에 숨긴지 달포를 넘기고 적이 물러간 이제야 중벌을 받을까 두려워 비로소 나타난 것이다. 그의 하는 짓이 매우 해괴하다. 늦게 가리포첨사 및 배 조방장배흥립과 우후이몽구가 와서 인사했다. 종일 눈보라가 쳤다. 장흥부사가 와서 잤다.

10월 22일 ¹¹월³⁰일 아침에 눈이 오고 늦게 갰다. 장흥부사와 함께 식사를 했다. 오후에 군기사軍器寺의 직장 선기룡宣起龍 등 3명이 유지와 의정부 포고문을 가지고 왔다. 해남현감이 적에게 붙었던 윤해尹海와 김언경金彦京을 결박하여 올려 보냈기에 나장들이 있는 곳에 단단히 가두라고 하였다. 무안현감 남언상은 가리포의 전선에 가두었다. 우수사가 황원에서 와서 김득남金得男을 처형했다고 하였다. 진사 백진남이 와서 만나고 돌아갔다.

10월 23일 12월 1일 맑음. 늦게 김종려와 정수가 와서 만났다. 배 조방장배경남裵慶男과 우후이몽구, 우수사 우후도 왔다. 적량과 영등포가 잇따라 왔다가 저녁에 돌아갔다. 이날 낮에 윤해와 김언경을 처형했다. 대장장이 허막동許莫同을 나주로 보내려고 밤 9시경에 종을 시켜 불렀더니 배가 아프다고 했다. 전마들의 편자가 떨어진 것을 고쳐 박았다.

10월 24일 12월 2일 맑음. 해남에 있던 왜군을 물리치고 식량 322섬을 뺏어 왔다. 초경에 선전관 하응서河應瑞가 유지를 가지고 들어왔는데, 그것은 우후 이몽구를 처형하라는 것이었다.[5] 그 편에 들으니, "명나라 수군[6]이 강화도에 도착했다"고 한다. 밤 10시께 땀이 나기 시작해 등을 적셨는데 자정경에 멈추었다. 새벽 3시경에 선전관과 금오랑이 왔다고 한다. 날이 밝았을 때 들어왔는데, 선전관은 권길權吉이고, 금오랑은 훈련원주부 홍지수洪之壽였다. 무안현감,

---

5) 이몽구는 이순신이 전라좌수사로 부임할 때부터 우후로서 6년 넘게 이순신을 보조·한 장수다. 그러나 칠천량전투에서 패할 때 여수 본영의 많은 군기와 군량을 처리해 가져오지 않고 자기 몸만 피했다. 이순신은 8월 13일 곤장 80대로 이몽구를 처벌했고 조정에선 이날 그를 처형하라는 명령을 한 것이다.
6) 계금(季金)이 이끌고 온 3,000명의 명나라 수군을 말한다.

목포만호, 다경포만호를 잡아갈 일로 여기에 온 것이다.

10월 25일 12월 3일   맑음. 몸이 몹시 불편했다. 윤련이 부안에서 왔다. 종 순화順化가 아산에서 배를 타고 와 집안의 편지를 전했다. 편지를 받아 보고는 마음이 불편하여 이리저리 뒤척이며 혼자 앉아 있었다. 초경에 선전관 박희무朴希茂가 유지를 가지고 왔는데, "명나라 수군의 배가 정박하기에 적합한 곳을 찾아 보고 급히 보고하라"는 것이다. 양희우梁希雨가 장계를 가지고 서울로 올라갔다가 돌아왔다. 충청우후가 편지와 함께 홍시 한 접을 보내왔다.

10월 26일 12월 4일   새벽에 비가 뿌렸다. 조방장 등이 와서 만났다. 김종려, 백진남, 정수 등이 보러 왔다. 이날 밤에 땀이 온몸을 적셨다. 구들장을 너무 데웠기 때문이다.

10월 27일 12월 5일   맑음. 영광군수전협田狹의 아들 전득우田得雨가 군관이 되어 인사하러 왔기에 그를 바로 부친이 있는 곳으로 보내주었다. 그는 홍시 100개를 가져왔다. 밤에 비가 뿌렸다.

10월 28일 12월 6일   맑음. 아침에 여러 가지 장계를 봉하여 피은세皮銀世에게 주어서 보냈다. 늦게 강막지의 집에서 나와 지휘선으로 옮겨 탔다. 저녁에 염장의 도서원都書員 거질산巨叱山이 큰 사슴을 잡아 바치기에 군관들에게 주어 나누어 먹게 했다. 이날 밤에는 바람 한 점 일지 않았다.

10월 29일 ^{12월 7일} 맑음. 날이 거의 샐 무렵 첫 나팔에 배를 띄워 목포로 향하였다. 비와 우박이 섞여 내리고 동풍이 약간 불었다. 목포에 이르러 보화도寶花島에 배를 댄즉, 서북풍을 막아 주고 배를 감추기에 매우 적합했다. 그래서 육지에 올라가서 섬 안을 돌아보니, 지형이 그럴 듯하므로 진을 치고 집 지을 계획을 세웠다.

> 덧붙이는 말 여기 목포 고하도에서 본격적으로 수군 재건에 착수하며 정유년 겨울을 보낸다. 여기서 어느 정도 군비를 확충하자 이듬해 2월 16일 적의 진지에 가까운 고금도로 다시 진을 옮긴다.

10월 30일 ^{12월 8일} 맑으나 동풍이 불고 비 올 조짐이 많았다. 아침에 집 지을 곳에 내려가 앉았자니 여러 장수가 보러 왔다. 해남현감도 와서 적에게 붙었던 자들이 한 짓을 전했다. 아침 일찍 황득중을 시켜 목수를 데리고 섬 북쪽 산 밑에 가서 집 지을 재목을 찍어 오게 했다. 늦게 적에게 붙었던 해남의 정은부鄭銀夫와 김신웅의 계집과 왜놈을 꼬드겨 우리나라 사람을 죽이도록 시킨 자 2명과 양갓집 처녀를 강간한 김애남金愛南을 모두 목 베어 효시하였다. 저녁에 양밀梁謐이 도양장의 곡식을 제멋대로 나누어 주었기에 곤장 60대를 쳤다.

☾ 11월   명량승첩 포상이 없어도
         수군 재건에 최선을 다하다

> 안편도에서 목포 앞 고하도로 이진하고 수군 재건 작업에 본격 착수한다. 입을 것 먹을 것 모두가 부족한 가운데서도 동짓달 매서운 추위를 견뎌 가며 백성들의 도움으로 군자금을 마련하고, 나무 찍어 집 짓고, 선착장 다리 놓고, 배 만들며 하루도 그에게 쉴 날은 없었다. 전력 증강만이 적을 물리치고 나라를 되찾을 유일한 길이니 날씨가 아무리 춥고 주거할 곳조차 마땅치 않아도 어찌 하루인들 쉴 수 있었겠는가. 그 가운데 왕은 명량승첩에 참전한 다른 장수는 벼슬을 높여 포상하면서도 유독 수공자首功者 이순신만은 사소한 적을 잡은 데 불과하다며 은량 몇 푼만 줄 뿐 포상하지 않는다. 그래도 제해권을 되찾아 나라를 살려 냈으니 그는 행복했을 것이다.

11월 1일 12월 9일   비, 비. 아침에 모녹피毛鹿皮 2장이 물에 떠내려 왔기에 곧 이리로 온다는 명나라 장수에게 선물로 주고자 보관해 두었다. 이상한 일이다.[1] 오후 2시경에 비는 갰으나 북풍이 크게 불어 뱃사람들은 추위를 견디기 어려웠다. 나도 선실에서 웅크리고 앉아 있노라니, 심사가 편치 않았고 하루를 지내는 것이 1년 같

---

1) 명나라 장수가 온다는 소식을 듣자마자 귀한 모녹피 2장이 떠내려온 것이 이상하다는 말이다.

았다. 비통함을 어찌 말로 다 하랴. 저녁에 북풍이 크게 불어 밤새도록 배가 흔들리니 사람이 안정할 수 없었다. 땀이 나서 온몸을 적셨다.

11월 2일 12월 10일   흐리지만 비는 오지 않았다. 일찍 들으니 "전라우수사의 전선이 바람에 떠내려가다가 바위에 걸려 부서졌다"라고 한다. 매우 통분한 일이다. 그 전선 군관 당언량唐彦良에게 곤장 80대를 쳤다. 선창에 내려가 앉아서 선착장 다리 놓는 것을 감독했다. 그길로 새 집 짓는 곳으로 올라갔다가 어두워서 배로 내려왔다.

11월 3일 12월 11일   맑음. 일찍 새 집 짓는 곳으로 올라가니 선전관 이길원李吉元이 배설을 처단할 일로 들어왔다. 배설은 이미 성주 본가로 갔는데, 그리로 가지 않고 곧장 이리로 왔으니 그 사정私情을 보아주는 죄가 크다. 선전관을 녹도의 배에 태워 보냈다.

11월 4일 12월 12일   맑음. 일찍 새 집 짓는 곳으로 올라갔다. 선전관 이길원이 떠나지 않았다. 진도군수 선의문이 왔다.

11월 5일 12월 13일   맑음. 따뜻하기가 봄날과 같다. 일찍 새 집 짓는 곳으로 올라갔다가 날이 저물어서 배로 내려왔다. 영암군수 이종성李宗誠이 와서 밥 30말을 지어 일하는 군인들에게 먹였고 또 군량미 200섬을 준비하고, 벼中租 700섬도 준비하였다고 한다. 이날 보성군수 반흔와 흥양현감 최희량崔希亮에게 군량을 둘 곳간 짓는 것을 살펴보게 했다.

11월 6일 ¹²⁴¹⁴일　맑음. 일찍 새 집 짓는 곳으로 올라가 종일 서성거리다가 해가 저무는 것도 몰랐다. 새 집에 지붕을 덮고 군량 곳간도 지었다. 전라우수영의 우후가 벌목해 오려고 황원장黃原場으로 갔다.

11월 7일 ¹²⁴¹⁵일　맑고도 따뜻했다. 아침에 해남의 의병이 왜인의 머리 1급과 환도 한 자루를 가져와 바쳤다. 이종호가 당언국唐彦國을 잡아 왔기에 거제의 배에 가두었다. 늦게 전 홍산현감 윤영현尹英賢과 생원 최집崔潗이 보러 와서 군량으로 벼 40섬과 쌀 8섬을 바쳤다. 며칠 간의 양식으로 도움이 될 만하다. 본영의 박주생朴注生이 왜인의 머리 2급을 베어 왔다. 전 현령 김응인金應仁이 와서 만났다. 이대진의 아들 순생順生이 윤영현을 따라왔다. 저녁에 새 집의 마루를 다 놓았다. 우수사가 와서 만났다. 이날 밤 꿈에 면이 죽는 모습이 보여 슬피 울다가 깨었다. 진도군수가 돌아갔다.

11월 8일 ¹²⁴¹⁶일　맑음. 새벽 3시경 물에 들어가 물고기를 잡는 꿈을 꾸었다. 이날은 따뜻하고 바람이 없었다. 새 방 벽에 흙을 발랐다. 이지화 부자가 와서 만났다. 마루를 만들었다.

11월 9일 ¹²⁴¹⁷일　맑고 따뜻하기가 봄날 같다. 우수사가 와서 만나고 강진현감은 자기 고을로 돌아갔다.

11월 10일 12월 18일   눈, 비가 섞여 내리고 서북풍이 크게 일어 간신히 배를 구호했다. 이정충이 와서 장흥에 있던 적들이 물러갔다고 하였다.

11월 11일 12월 19일   맑고 바람도 약해졌다. 열흘 남짓 만에 새 집을 지었다. 식후에 새 집에 올라가니 평산平山의 새 만호가 도임장을 바쳤는데 그는 하동현감新晉의 형 신훤申萱이다. 전하는 말에 나를 "숭정대부崇政大夫, 종1품로 포상하여 가자加資, 승급하라는 명령이 이미 나왔다"고 한다. 장흥부사와 조방장 배흥립이 와서 만났다. 저녁에 우후 이정충이 왔다가 오후 8시경에 돌아갔다.

> **덧붙이는 말**   조정에서는 명량대첩에 대한 포상으로 이순신을 숭정대부종1품로 승급시켜야 한다고 논의하였고 그 소식이 이순신에게 미리 전해진 듯하다. 그러나 선조는 이순신의 벼슬이 이미 높다 하여 승급시키지 않는다. 한산대첩에서 정헌대부정2품로 승급시킨 이후, 부산대첩에서는 이긴 전투가 아니라며 승급시키지 않고, 이번 명량승첩에서는 사소한 적을 잡은 데 불과하다며 승급시키지 아니해 결국 이순신은 죽을 때까지 승급하지 못한다.

11월 12일 12월 20일   맑음. 이날 늦게, "영암과 나주 사람들이 타작을 못 하게 방해했다"고 해서 그들을 결박 지어 왔기에 그중 주모자를 가려내 처형하고, 그 나머지 4명은 각 배에 가두었다.

11월 13일 12월 21일 맑음.

11월 14일 12월 22일 맑음. 해남현감 유형이 와서 윤단중尹端中이란 자가 무법한 일을 많이 했다고 전했다. 그의 말에 의하면 "해남의 아전들이 법성포로 피란 갔다가 돌아올 때 바람을 만나 배가 기울어져 전복되었는데, 윤단중은 바다 가운데서 만났어도 구조하여 건져 주지는 않고 배의 물건만 빼앗아 갔다"라고 하였다. 그래서 그를 중군선中軍船에 가두고 동조했던 김인수金仁守는 경상도 수영의 배에 가두었다. 내일이 아버님의 제삿날이라 나가지 않았다.

11월 15일 12월 23일 맑음. 따뜻하기가 봄날과 같다. 식후에 새 집에 올라갔다. 늦게 임환과 윤영현이 와서 만났다. 오늘 밤에 송한이 서울에서 이곳으로 들어왔다.

11월 16일 12월 24일 맑음. 아침에 조방장과 장흥부사 및 진중에 있는 여러 장수가 함께 와서 보았다. 군공마련기軍功磨鍊記를 살펴보니 거제현령 안위가 통정대부通政大夫가 되고, 그 나머지도 차례대로 벼슬을 얻었는데 내게는 은자銀子 20냥을 상금으로 보냈다. 명나라 장수 경리經理 양호楊鎬가 붉은 비단 1필을 보내면서 말하기를, "배에 이 붉은 비단을 걸어 치하해 주고 싶으나 떨어져 있어 그렇게 하지 못한다"고 했다. 영의정의 답장도 왔다.

> **덧붙이는 말** 드디어 명량승첩의 포상이 왔다. 최고의 공을 세운 이순신은 앞서 보았듯이 숭정대부로 가자하려다 말고

상금으로 은자 20냥만 보냈고, 다른 장수들에게는 차례로 벼슬을 올려 준다. 선조는 명나라 양호에게 아부하기 위해 나라 구한 공功을 모두 명나라 장수에게 돌리고 "이순신은 사소한 적을 잡는 데 불과하고 이미 벼슬이 높다" 하여 포상할 필요가 없다 했다. 오죽 죄송했으면 명나라 경리 양호가 이순신에게 붉은 비단을 배에 걸라며 최상의 군사 예우를 했을까. 이순신은 이때 명량승첩에서 드러낸 선조의 내심을 알아챘을 것이고, 자칫하다간 승첩을 거둔 데 대한 포상은커녕 육군으로 가서 싸우라는 명령을 어긴 일, 또 배설이 도망가도록 놔둔 일 등 무슨 트집이라도 잡아 책임 추궁을 할지도 모르겠다는 걱정이 들었을 것이다. 그가 정유년 8월 5일부터 10월 8일까지의 일기를 다시 쓴 이유 중에는 이 점 또한 크게 작용했을 것 같다.

11월 17일 12월 25일   비가 계속 내렸다. 양 경리양호의 차관이, 명의 요구에 따라 작성된 초유문招諭文과 면사첩免死帖[2]을 가지고 왔다.

11월 18일 12월 26일   맑음. 따뜻하기가 봄날과 같다. 윤영현이 와서 만났다. 정한기鄭漢起도 왔다. 몸에서 땀이 났다.

11월 19일 12월 27일   흐림. 배 조방장과 장흥부사가 와서 만났다.

---

2) 왜적에 붙었던 자들을 너그럽게 포용하고 사형시키지 말라는 내용임

11월 20일 12월 28일 계속해서 비가 내리고 바람도 불었다. 임준영이 완도를 정탐하고 와서 적선이 없었다고 전했다.

11월 21일 12월 29일 맑음. 송응기 등이 산에서 일할 군사들을 이끌고 해남으로 소나무를 베러 갔다. 이날 저녁에 순생이 와서 잤다.

11월 22일 12월 30일 흐리다 개다 했다. 저녁에 김애金愛가 아산에서 돌아왔다. 그는 유지를 가져온 사람인데, 이달 초 10일에 아산 집에 들러 집 편지도 받아 가지고 온 것이다. 밤에 진눈깨비가 내리고 바람도 크게 불었다. 장흥에 있던 적이 20일에 물러갔다는 소식이 왔다.

11월 23일 12월 31일 바람이 크게 불고 눈도 많이 내렸다. 이날 승첩 장계를 썼다. 저녁에 얼음이 얼었다고 한다. 아산 집에 편지를 쓰자니 죽은 아들이 생각나 눈물을 거둘 수 없었다.

11월 24일 1598년 1월 1일 비와 눈이 내렸다. 서북풍이 연이어 불었다.

11월 25일 1월 2일 눈이 내렸다.

11월 26일 1월 3일 비와 눈이 내렸다. 추위가 갑절이나 혹독하다.

11월 27일 1월 4일 맑음. 이날 장흥의 승첩 계본을 수정했다.

11월 28일 1월 5일　맑음. 계본을 봉했다. 무안에 사는 진사 김덕수 金德秀가 군량으로 벼 15섬을 가져와 바쳤다.

11월 29일 1월 6일　맑음. 마 유격마귀麻貴의 차관 왕재王才가 "명나라 수군이 뱃길로 내려오는 중이다"라고 했다. 전희광田希光과 정봉수 鄭鳳壽가 오고 무안현감도 왔다.

> 덧붙이는 말　이순신의 제해권 장악으로 5년간 명은 바다 걱정을 하지 않았다. 원균이 칠천량해전에서 참패함으로써 명으로 가는 바닷길이 뚫려 버리자 그제야 위기를 느낀 명은 진린 도독과 계금 등에게 5,000명과 3,000명의 수군을 이끌고 조선으로 향하게 한다. 그들은 이순신이 바다를 지켜 준 덕분에 그들 나라를 유지할 수 있었던 점을 고맙게 생각해야 할 것이다.

☾ 12월 수군 재건에 심혈을 기울이다

> 칠천량 패전으로 군의 사기가 땅에 떨어졌다가 명량승첩으로 군세를 다시 회복한다. 적이 동쪽으로 물러갔다고는 하나, 아직은 많이 부족했다. 고하도에는 그때도 눈이 많이 내렸나 보다. 고하도의 이순신은 눈보라와 강추위를 견뎌 내면서 한편으론 새 진지 구축과 수군 재건에 심혈을 기울이고, 다른 한편으론 군기 확립에도 전력을 다한다. 언젠가 다가올 새로운 전투에 대비해서다.

12월 1일 1월 7일   맑고 온화했다. 아침에 경상수사 입부 이순신 李純信이 진영에 왔다.[1] 나는 배가 아파 늦게야 수사를 만났다. 함께 이야기하며 온종일 방책을 논의했다.

12월 2일 1월 8일   맑음. 날씨가 매우 따뜻하여 봄날과 같다. 영암의 향병장鄕兵將 유장춘柳長春이 적을 토벌한 경위를 보고하지 않았기에 곤장 50대를 쳤다. 전 흥산현감 윤영현, 김종려, 백진남, 정수 등이 보러 왔다. 밤 10시경 땀에 젖었다. 북풍이 크게 불었다.

12월 3일 1월 9일   맑으나 바람이 크게 불었다. 몸이 불편하였다.

---

1) 배설이 도망가 빈자리에 입부 이순신(李純信)이 기용되었다.

경상수사가 와서 만났다.

12월 4일 1월 10일　맑음. 매우 추웠다. 늦게 김윤명金允明에게 곤장 40대를 쳤다. 장흥의 교생校生 기업基業이 군량을 훔쳐 실었기에 곤장 30대를 쳤다. 거제현령 및 금갑도만호와 천성보만호가 타작하는 곳에서 돌아왔다. 무안현감과 전희광 등이 돌아갔다.

12월 5일 1월 11일　맑음. 아침에 군공을 세운 장수들에게 상으로 내린 직첩을 나누어 주었다. 김돌손이 봉학을 데리고 함평으로 갔다. 정응남鄭應男은 점세를 데리고 진도로 나갔다. 포작들을 찾아 모으고 동시에 새로 만든 배를 검사하기 위해서다. 해남의 독동禿同을 처형했다. 전 익산군수 고종후高從厚가 왔고, 김억창, 광주의 박자朴仔, 무안의 나 씨나덕명羅德明도 왔다. 도원수의 군관이 유지를 가지고 왔는데, "이번에 선전관을 통해 들으니, 통제사가 아직도 상제의 예법만 지키고 방편을 좇지 않아서 여러 장수가 민망히 여긴다고 한다. 개인 사정이 비록 간절하긴 하나 나랏일이 한창 다급하다. 옛사람의 말에도 '전쟁에 나가 용맹이 없으면 효가 아니다'라고 하였다. 전쟁에 나가 용맹한 것은 소찬素饌을 하여 기력이 곤핍한 자가 능히 할 수 있는 일이 아니다. 예법에도 원칙을 지키는 경經이 있고 방편을 취하는 권權이 있어 꼭 원칙만을 고수할 수는 없는 것이다. 경卿은 내 뜻을 깊이 깨닫고 육식도 하며 방편을 따르도록 하라"고 하였다. 유지와 함께 고기 음식을 하사하셨으니 더욱더 마음이 비통하였다. 해남의 강간, 약탈한 죄인들을 함평현감손경지孫景祉이 자세히 조사했다.

12월 6일 1월 12일　나덕준과 정대청의 아우 응청應淸이 보러 왔다.

12월 7일 1월 13일　맑음.

12월 8일 1월 14일　맑음.

12월 9일 1월 15일　맑음. 종 목년이 들어왔다.

12월 10일 1월 16일　맑음. 조카 해, 아들 열 및 진원현감과 윤간, 이언량이 들어 왔다. 배 만드는 곳에 나가 앉아 감독했다.

12월 11일 1월 17일　맑음. 경상수사와 조방장이 와서 만났다. 우수사도 왔다.

12월 12일 1월 18일　맑음.

12월 13일 1월 19일　가끔 눈이 내렸다.

12월 14일 1월 20일　맑음.

12월 15일 1월 21일　맑음.

12월 16일 1월 22일　맑다가 늦게 눈이 왔다.

12월 17일 1월 23일   눈과 바람이 뒤섞여 휘몰아쳤다. 조카 해와 작별했다.

12월 18일 1월 24일   눈이 내렸다. 조카 해는 어제의 술이 채 깨지도 못한 채 새벽에 배를 타고 떠났다. 마음이 편치 않았다.

12월 19일 1월 25일   종일 눈이 내렸다.

12월 20일 1월 26일   진원현감의 모친과 윤간이 올라갔다. 이몽구 후임으로 온 우후가 교서에 숙배했다.

12월 21일 1월 27일   눈이 내렸다. 아침에 전 홍산현감 윤영현이 목포에서 와서 만났다. 늦게 배 조방장과 경상수사가 왔다가 크게 취하여 돌아갔다.

12월 22일 1월 28일   비와 눈이 섞여 내렸다. 함평현감이 들어왔다.

12월 23일 1월 29일   눈이 3치약 10cm나 왔다. 전라도순찰사 황신가 진영에 도착한다는 소식이 미리 왔다.

12월 24일 1월 30일   눈이 오다 개다 했다. 아침에 이종호를 순찰사에게 보내어 문안했다. 이날 밤 나덕명이 와서 이야기했다. 그는 자기가 머무르는 것을 내가 싫어하는 줄도 모르니 한심한 사람이다. 밤 10시경에 집에 보낼 편지를 썼다.

12월 25일 1월 31일   눈이 내렸다. 아침에 열이 돌아갔는데 제 어미의 병 때문이다. 늦게 경상수사와 배 조방장이 와서 만났다. 오후 6시경에 순찰사가 진중에 이르렀다. 그와 함께 군사의 일을 논의하였는데, 연해안의 19개 고을은 수군에 전속시키기로 하였다. 저녁에는 방 안으로 들어가 조용히 이야기하였다.

12월 26일 2월 1일   눈이 내렸다. 방백순찰사 황신과 함께 방에 앉아서 군사 계책에 대해 조용히 이야기했다. 늦게 경상수사와 배 조방장이 보러 왔다.

12월 27일 2월 2일   눈이 내렸다. 아침 식사 후에 순찰사가 돌아갔다.

12월 28일 2월 3일   맑음. 경상수사와 배 조방장이 와서 만났다. 비로소 경상수사를 지원할 물품이 왔다는 소식을 들었다.[2]

12월 29일 2월 4일   맑음. 김인수를 놓아 주었다. 윤○○[3]에게 곤장 30대를 치고서 놓아 주었다. 영암의 좌수座首는 문초를 받고 (…)[4] 놓아 주었다. 저녁에 중 두우가 종이 백지와 상지常紙 등 모두 50(…)을 가져왔다. 오후 8시경에 5명이 뱃머리에 왔다고 하기에 향노鄕奴를 보냈다. (…) 이것이 무슨 뜻인지 알 수가 없다. 거제현령의 망령됨을 알 수 있다. (…)가 끓는 물에 의해 팔과 손가락을 다

---

2) 이하 글자가 마멸(磨滅, 갈려서 닳아 없어짐.)되었다.
3) 이름은 글자를 알아볼 수 없다.
4) '(…)' 부분은 글자가 마멸되어 알아볼 수 없다.

쳤다고 한다.

12월 30일 2월 5일   입춘이다. 눈보라가 몰아치고 추위가 몹시 심했다. 배 조방장이 와서 만나고 장수들이 모두 와서 만났다. 평산포 만호와 영등포만호는 오지 않았다. 부찰사의 군관이 편지를 가지고 왔다. 오늘 밤은 해가 바뀌는 그믐밤이라 비통한 마음이 더욱 심하였다.

난중일기

戊戌日記
무술일기

1598

이해 2월, 고화도에서 고금도로 진영을 옮긴다. 6월에는 진린이 전라 바다로 이순신 옆에 오고 7월에는 조명연합군이 절이도에서 처음으로 함께 싸운다. 8월 풍신수길이 죽자 일본군은 철수를 시작하고 이순신은 "1척의 배도 그냥 돌려보내지 않겠다"고 다짐한다. 피할 수 없는 마지막 전투, 11월 19일의 노량 관음포 해전! 지루하고 참혹했던 임진 7년 전쟁이 그의 죽음과 함께 드디어 끝이 난다.

🌙 1월   장수들과 모여 새해를 축원하다

1월 1일 2월 6일   맑음. 늦게 잠깐 눈이 내렸다. 경상수사와 조방장 및 여러 장수가 모두 와서 모였다.

> 덧붙이는 말   고하도에서 맞이하는 처음이자 마지막 설날의 모습이다. 내일 모두가 죽을 수 있는 전쟁 중이어도 새해를 맞은 장수들은 다 같이 모여 함께 미래를 축원한다.

1월 2일 2월 7일   맑음. 나라 제삿날이라 출근하지 않았다. 이날 새로 만든 배를 토괴에서 내렸다완공했다. 해남현감이 와서 만나고 돌아갔다. 송대립, 송득운, 김붕만이 각 고을로 나갔다. 진도군수가 와서 보고 돌아갔다.

1월 3일 2월 8일   맑음. 이언량, 송응기 등이 산山 (…).[1]

1월 4일 2월 9일   맑음. 무안현감에게 곤장을 쳤다.

[1월 5일부터 9월 14일까지 일기는 빠지고 없음.]

---

1)   이하 글자가 빠졌음.

☾ 9월 조명연합의 수군, 육군이 순천왜성을 공격하다

> 이달은 바다에서는 이순신의 조선 수군과 진린의 명나라 수군이 합력하고, 육지에서는 권율의 조선 육군과 유정이 이끄는 명나라 육군이 합력하여, 소서행장이 주둔하고 있는 순천왜성을 여러 차례 협공한다.

9월 15일 10월 14일   맑음. 명나라 도독 진린[1]과 함께 일제히 선단을 움직여 고금도를 떠나 나로도羅老島에 가서 잤다.

9월 16일 10월 15일   맑음. 나로도에 머물면서 도독과 함께 술을 마셨다.

9월 17일 10월 16일   맑음. 나로도에 머물며 진린과 함께 술을 마셨다.

9월 18일 10월 17일   맑음. 오후 2시경에 군사를 움직여 방답에 가서 잤다.

9월 19일 10월 18일   맑음. 아침에 좌수영여수 앞바다로 옮겨 정박하니 눈에 보이는 것들이 참혹했다. 자정경에 달빛을 받으며 하개도

---

1) 왜를 총공격하기 위해 조명연합으로 편성된 4로군 중 수로군(水路軍) 대장.

何介島로 옮겨 대었다가 날이 밝기 전에 다시 군사를 움직였다.

9월 20일 10월 19일　맑음. 오전 8시경 묘도猫島에 이르니 명나라 육군 유 제독유정2)이 벌써 진격을 개시했다. 수군과 육군이 모두 협공하니 왜적의 기세가 크게 꺾이고 두려워하는 기색이 역력했다. 수군이 드나들며 대포를 쏘았다.

9월 21일 10월 20일　맑음. 아침에 진군하여 혹은 활을 쏘기도 하고 혹은 대포를 쏘기도 하였다. 종일 적과 싸웠으나 조수로 물이 매우 얕아져서 더 이상 가까이 다가가 싸울 수가 없었다. 남해의 왜적이 경쾌선을 타고 들어와서 정탐하므로 허사인許思仁 등이 추격했다. 적은 육지에 내려 산으로 도망가므로 부득이 그들의 배와 여러 가지 물건들만 빼앗아 왔다. 이 물건들은 바로 도독에게 바쳤다.

9월 22일 10월 21일　맑음. 아침에 공격을 계속하여 들어갔다 나갔다 하는 사이에 명나라 유격계금이 왼쪽 어깨에 탄환을 맞았는데 중상에 이르지는 않았다. 명나라 군사 11명이 탄환을 맞고 죽었다. 지세포만호와 옥포만호도 탄환에 맞았다.

9월 23일 10월 22일　맑음. 도독이 전날의 패전에 대해 화를 내면서 서천만호 및 홍주대장代將과 한산대장에게 각각 곤장 7대씩 치고, 금갑도만호, 제포만호, 회령포만호도 함께 곤장 15대씩 맞았다.

---

2)　4로군 중 서로군(西路軍) 대장.

9월 24일 10월 23일   맑음. 진대강陳大綱3)이 돌아갔다. 원수의 군관이 공문을 가지고 왔다. 충청병사이시언, 서로군 소속의 군관 김정현金鼎鉉이 왔다. 남해 사람 김덕유金德酉 등 5명이 와서 그 고을에 있는 왜적의 정보를 전하였다.

9월 25일 10월 24일   맑음. 진대강이 돌아와 유 제독의 편지를 전했다. 이날도 육군서로군은 공격을 하려고 하나 기구공성누차가 완전치 않아 못 한다고 하였다. 김정현이 와서 만났다.

9월 26일 10월 25일   맑음. 육군의 기구가 아직 갖춰지지 못했다. 저녁에 정응룡鄭應龍이 와서 북도北道, 함경도의 일을 이야기했다.

9월 27일 10월 26일   아침에 잠시 비가 뿌리고 서풍이 크게 불었다. 아침에 명나라 군문軍門 형개邢玠가 글을 보내어 수군이 신속히 진격한 것을 칭찬하였다. 식후에 진 도독을 만나서 조용히 이야기했다. 종일 바람이 크게 불었다. 저녁에 신호의愼好義가 와서 만나고 잤다.

9월 28일 10월 27일   맑으나 서풍이 크게 불어 크고 작은 배들이 드나들 수가 없었다.

9월 29일 10월 28일   맑음.

---

3)　명나라 제독 유정 휘하의 천총(千總).

9월 30일 10월 29일 맑음. 이날 저녁 명나라 수로군의 왕 유격왕원주王元周, 복 유격복일승福日昇, 이 파총이천상李天常이 배 100여 척을 거느리고 진에 도착했다. 이날 밤 불빛이 휘황하게 비치니 적의 무리는 간담이 떨어졌을 것이다.

☽ 10월 뇌물 받은 유정 제독, 군사를 철수하다

> 유정 제독이 돌연히 순천으로 후퇴하겠다고 하자 7차에 걸친 왜교성전투는 수많은 사상자를 내고 별 소득 없이 끝난다. 자주력을 잃고 남의 나라에 의존해 온 조선은 부득이 이 전투를 끝낼 수밖에 없었다. 유정과 함께해 온 권율은 유정의 후퇴 결정을 저지하지 못했다.

10월 1일 10월 30일   맑음. 도독이 새벽에 유 제독에게 가서 잠깐 서로 이야기하고 돌아왔다.[1]

10월 2일 10월 31일   맑음. 오전 6시에 진군했는데 우리 수군이 먼저 앞장서 나가 정오까지 싸워 많은 적을 죽였다. 사도첨사 황세득가 적탄에 맞아 전사하고, 이청일李淸一도 죽었다. 제포만호 주의수, 사량만호 김성옥金聲玉, 해남현감 유형, 진도군수 선의문, 강진현감 송상보宋尙甫 등은 탄환을 맞았으나 죽지는 않았다.

> 덧붙이는 말   조명 연합 육군서로군과 연합 수군수로군은 이날 왜적을 제압할 절호의 기회를 맞았다. 그러나 그날 명의 최

---

1) 기록에 의하면 당시 유정은 다음날 인시(새벽 4시)에 순천 왜성을 공격하기로 약속했고, 이미 공성 기계도 모두 준비되어 있었다 한다.

고 장수인 유정의 태도는 이상했다. 공성 기계만 늘어세워 놓고 독전하지도 후퇴하지도 않았다. 아마도 도망갈 명분과 기회를 찾고 있었던 것 같다. 그 이유는 자기 목숨이 아까웠을 수도 있고 많은 뇌물을 받았기 때문일 수도 있다. 결국 이 왜교성전투에서 연합군 측은 승전 기회를 놓치고 많은 사상자만 내고 말았으며, 그 후 며칠간 더 교전하다가 유정은 결국 7일 순천으로 철수^{도주}했고 이순신도 진린과 함께 고금도로 돌아온다.

10월 3일 ^{11월 1일}　맑음. 도독 진린이 유 제독의 비밀 서신에 따라서 초저녁에 공격을 개시해 밤이 자정에 이르도록 계속 싸웠다. 그러나 유정의 육군은 나팔 소리만 내며 제대로 호응하지 아니했다. 그 결과 명 수군의 사선沙船 19척과 호선虎船 20여 척만 불에 탔을 뿐 별 소득이 없었다. 진린 도독이 화가 치밀어 안절부절못하는 모습은 이루 다 말할 수 없었다. 안골포만호 우수가 탄환에 맞았다.

10월 4일 ^{11월 2일}　맑음. 이른 아침에 또 배를 몰고 나가 종일 적과 싸웠다. 적들은 갈팡질팡하며 황급하게 성안으로 달아났다.

10월 5일 ^{11월 3일}　맑음. 서풍이 크게 불어 배들이 간신히 정박하고 전투 없이 하루를 지냈다.

10월 6일 ^{11월 4일}　맑았으나 서북풍이 크게 불었다. 도원수^{권율}가 군관을 보내어 편지를 전하는데, "유 제독이 후퇴하여 달아나려고 한다"라고 했다. 통분할 일이다. 나랏일이 장차 어떻게 될 것인가.

10월 7일 11월 5일　　맑음. 아침에 송한련이 군량 4섬, 조 1섬, 기름 5되, 꿀 3되를 바치고, 김태정金太丁이 쌀 2섬 1말을 바쳤다.

10월 8일 11월 6일　　맑음.

10월 9일 11월 7일　　육군이 이미 순천 부유로 철수하였으므로, 수군도 일단 고금도로 철수하기로 했다. 도독과 함께 배를 거느리고 바닷가 정자에 도착하였다.

10월 10일 11월 8일　　좌수영에 이르렀다.

10월 11일 11월 9일　　맑음.

10월 12일 11월 10일　　맑음. 나로도에 이르렀다.

[10월 13일부터 11월 7일까지 일기는 빠지고 없음.]

☾ 11월　노량에서의 마지막 전투를 결심하다

> 소서행장의 철수 날짜를 전해 들은 이순신은 7년 전쟁의 마지막 전투를 결심한다. 남의 나라에 와서 싸우는 명의 장수들이야 왜적의 뇌물 공세로 흔들릴 수 있어도 조선의 대장 이순신은 꿈쩍도 하지 않는다. 조선의 사직과 백성들이 받았던 참혹했던 7년 세월의 한恨을 "1척의 적선도 그냥 돌려보내지 않음片船不返"으로써 풀고자 했고, 침략자를 응징하여 땅에 떨어진 정의를 세우고자 했다.

11월 8일 12월 5일　명나라 도독부에 가서 위로연을 베풀어 종일 술을 마시고 어두워져서야 돌아왔다. 조금 있다 도독이 또 보자고 청하기에 다시 나아갔다. 보자고 한 이유는 도독이 육군으로부터 "순천 왜교의 적이 10일경에 철수하여 도망가니 수군이 급히 진군하여 돌아가는 길을 끊어 막으라"는 기별을 받았다는 것이다.

11월 9일 12월 6일　도독과 함께 일시에 함대를 움직여서 백서량白嶼梁에 가서 진을 쳤다.

11월 10일 12월 7일　전라좌수영 앞바다에 가서 진을 쳤다.

11월 11일 12월 8일　묘도에 가서 진을 쳤다.

11월 12일 12월 9일

> 덧붙이는 말   이날 일기는 날짜만 적혀 있다. 금일 아침 소서 행장의 왜군은 철수 준비를 마치고 자기 나라로 돌아가려 했는데, 왜교성 순천왜성 앞 묘도에 늘어서 진을 치고 있는 이순신과 진린의 함대를 보고는 경악했을 것이다.

11월 13일 12월 10일   왜선 10여 척이 장도[1]에 모습을 드러내어, 곧바로 도독과 약속하고, 수군을 거느리고 쫓아갔다. 왜선은 성으로 물러나 움츠리고 온종일 나오지 않았다. 도독과 함께 장도로 나아가 진을 쳤다.

> 덧붙이는 말   소서행장은 명나라 유정 제독의 도움을 받아 이날 먼저 10척을 시켜 탈출해 나가려 했다. 그러나 묘도에 있던 이순신의 수군이 이를 물리치자 왜적은 더 이상 탈출을 시도하지 못했다. 그래서 소서행장은 이번에는 진린과 뇌물로써 탈출 협상을 시도한다.

11월 14일 12월 11일   왜선 2척이 강화를 하자고 바다 가운데까지 나오니 도독이 왜 통사通事, 통역관를 시켜 왜선을 맞이하고, 조용히 1개의 홍기紅旗와 환도 등의 물건을 받았다. 오후 6시에 왜장이 작은 배를 타고 도독부로 들어가서 돼지 두 마리와 술 2통을 도독에게

---

1) 전라남도 여수시 율촌면 장도리에 딸린 섬. 왜교성과 아주 가까운 거리에 있는 작은 섬으로, 지금은 매립되어 육지가 되었다.

바치고 갔다.

11월 15일 12월 12일 이른 아침에 도독에게 가보고 잠시 이야기하고 돌아왔다. 왜선 2척이 강화교섭을 위해 두세 차례 도독의 진중을 드나들었다.

> 덧붙이는 말   이날 이순신과 진린이 만나 한 이야기는 아래와 같다고 한다. 진린은 "나는 잠깐 소서행장을 버려두고 먼저 남해로 가서 그곳에 있는 적을 토벌하려고 하오"라고 말하니, 이순신은 "안 되오, 남해에 있는 사람들은 적이 아니라 모두 포로가 된 우리 동포들이오"라고 했다. 진린이 다시 말했다. "그러나 이미 적에 붙었으니 적과 마찬가지 아니오." 이순신이 다시 답했다. "귀국 황제가 왜적을 무찔러 조선 사람을 구하라 보냈는데 도독은 도리어 적을 살려 보내고 우리 백성을 죽이려 한단 말이오." 부끄러움을 느낀 진린은 이순신을 위협하기 위해 허리에 찬 칼을 빼들고 "이 칼은 우리 황제께서 내게 주신 칼이오"라고 했다. 자기 말에 거역하면 누구도 죽일 수 있다는 말이다. 이순신은 위협에 굴하지 않고 말했다. "한 번 죽는 것은 아깝지 않소. 나는 이 나라의 대장이 되어 결코 적을 놓아 주고 우리 백성을 죽일 수는 없소." 이렇게 이순신은 애국심으로 진린을 제압했고 진린은 결국 이순신과 함께 노량으로 간다.

11월 16일 12월 13일 도독이 부하 장수 진문동陳文同을 왜군의 진영에 들여보냈다. 얼마 있다가 왜선 3척이 말 1필과 창, 칼 등의 물품을 가져와 도독에게 바쳤다.

11월 17일 12월 14일 어제 복병장 발포만호 소계남과 당진포만호 조효열趙孝悅 등이 왜의 중선 1척이 군량을 가득 싣고 남해로부터 바다를 건너려 하는 것을 발견하고, 한산도 앞바다까지 쫓아갔다. 왜적은 해안에 배를 두고 육지로 달아났다. 왜선과 군량은 전부 포획했지만 명나라 군사들이 와서 빼앗아 가버렸다. 그래서 그들은 빈손으로 돌아와서 그 전말을 보고했다.

[이날 일기 이후의 일]

이날 저녁, 소서행장의 진영에서 이상한 횃불이 높이 올랐다. 소서행장을 구하러 남해에 모여든 시마즈, 소오 등의 일본 진영에서도 호응하는 횃불이 마주 올랐다. 뇌물을 받은 진린은 무슨 이유를 붙여서라도 왜적의 탈출을 묵인하고 싸우지 않으려 했으나 이순신의 불 같은 애국심 앞에 그도 함께 싸우기로 한다. 조명의 연합 함대는 다음 날11월 18일 밤이 어둡기를 기다려 뱃머리를 남해로 돌린다. 마지막 노량해전은 이렇게 시작한다. 18일 밤늦게 시작된 전투는 익일 낮까지 계속되었고 이순신은 19일 새벽 동틀 무렵 적의 총탄에 맞아 순국한다. 임진년1592년 1월 1일부터 쓰기 시작한 그의 진중일기도 이날 무술년1598년 11월 17일로 끝나고, 참혹하고 지루했던 임진 7년 전쟁도 그의 죽음과 함께 막을 내린다.

난중일기

찾아보기

*페이지(월/일)

5관 5포	28(1/3)
가면극(왜인들)	383(7/13)
가안책(금갑도만호)	308(10/21)
가야금	336(2/5)
가참도(가조도)	112(7/10)
강막지	504(10/14), 505(10/16), 509(10/28)
강소작지	429(5/3)
강용수(온양)	97(6/2)
강응표	294(8/21)
강응호(도양장)	298(9/3)
개고기	92(5/26), 93(5/27), 100(6/9), 102(6/14)
개도	58(6/2, 6/3)
객사	28(1/8)
거북선	50(4/11, 4/12), 156(2/15)
거제선창	90(5/21)
걸망포	79(3/7), 85(5/9), 110(7/4, 7/5), 113(7/11)
견내량(복병)	69(2/7), 85(5/10), 110(7/3), 113(7/11), 333(1/24), 335(2/3), 338(2/9), 357(4/3)
겸사복(兼司僕)	163(3/5)
계금(명 유격)	531(9/22)
고금도	536(10/9)
고둔포	58(6/3)
고상안(삼가현감)	169(3/30), 171(4/6), 172(4/12)
고여우(적량만호)	126(8/20), 335(2/3), 337(2/6)
곤이도(산양읍 곤리도)	294(8/20)
공태원	286(7/14), 308(10/21)
과거	171(4/6), 387(7/29)
곽재우	220(9/26)
구사직(가리포첨사, 충청수사)	97(6/2), 100(6/11), 102(6/14), 105(6/22), 111(7/7), 117(7/26), 123(8/7), 145(1/27), 166(3/16), 173(4/14)
구화역	159(2/21), 261(4/10), 263(4/25)
군공마련기	515(11/16)
군량(독촉)	261(4/12), 268(5/11), 277(6/10)

*페이지(월/일)

권율(순찰사, 원수)	68(2/5), 72(2/15), 86(5/12), 89(5/19), 167(3/22), 192(7/1), 200(7/21), 207(8/12), 211(8/28), 219(9/22), 272(5/25), 280(6/25), 291(8/7), 426(4/28), 442(6/8), 535(10/6)
권준 (순천부사, 조방장, 경상수사, 충청수사)	32(1/26), 40(2/29), 45(3/20), 67(2/1), 68(2/3), 71(2/13), 76(2/24), 78(3/1, 3/2), 86(5/11), 87(5/13), 92(5/26), 93(5/28), 99(6/7), 107(6/29), 111(7/9), 117(7/26), 132(9/14), 143(1/20), 145(1/26), 175(4/24), 228(10/25), 254(3/16), 278(6/13), 281(6/26), 328(1/11), 332(1/22), 497(9/27)
금토패문	163(3/6)
기효근(남해현령)	54(5/2), 74(2/19), 82(3/18), 86(5/11), 94(5/30), 111(7/9), 129(9/2), 163(3/6), 167(3/18), 254(3/14), 263(4/22), 312(11/7), 373(주1)
김경로(첨지)	174(4/19), 175(4/22), 215(9/6), 434(5/20)
김경록(첨지)	362(4/23), 401(윤8/25)
김굉(남원유생)	259(4/1), 378(6/24)
김대복	286(7/16), 333(1/29), 375(6/13) 398(윤8/9)
김대인	387(7/30)
김덕령(호익장)	146(1/28), 220(9/26), 304(10/3)
김득광(보성군수)	68(2/3, 2/5)
김명원(도원수)	86(5/11), 94(5/29), 418(4/1)
김성일	52(4/17)
김수(접반사)	94(5/29)
김승룡(미조항첨사)	147(1/29), 153(2/11)
김양간	374(6/3)
김억추(전라우수사)	481(8/26), 487(9/8), 521(12/11)
김완 (사도첨사, 조방장)	39(2/25), 45(3/20), 59(6/7), 73(2/18), 118(7/28), 126(8/20), 153(2/9), 237(11/27), 254(3/16), 276(6/9), 335(2/2), 337(2/6), 354(3/23)
김응겸	293(8/17), 316(11/27), 389(8/3), 390(8/9)
김응남(좌의정)	272(5/27)
김응서(경상우병사)	233(11/14), 272(5/25), 284(7/7), 295(8/23), 394(8/27), 452(6/26)
김응함(중군)	492(9/16), 501(10/10)
김인영 (여도만호, 여도권관)	37(2/19), 67(2/1), 73(2/18), 115(7/15), 124(8/11), 153(2/9), 237(11/27), 241(1/4)

찾아보기

＊페이지(월/일)

김제남(금부도사)	173(4/13)
김준계(낙안군수)	152(2/7)
김축(평산포만호)	250(2/21), 376(6/20)
김탁(순천감목관)	495(9/18)
꿈	202(7/27), 204(8/2), 218(9/20), 226(10/14), 231(11/8), 235(11/25), 236(11/25), 430(5/6), 468(8/2), 488(9/13), 504(10/14)
나대용 (군관, 발포가장, 강진현감)	52(4/18), 56(5/29), 81(3/12), 90(5/22), 96(6/1), 99(6/8), 155(2/13), 250(2/21)
나로도	530(9/16), 536(10/12)
남언상(무안현감)	507(10/21)
남이공(종사관)	295(8/24), 449(6/19, 덧붙이는말), 455(7/5),
남치온(무과 동기)	383(7/12)
내산월	406(9/11)
노마료	442(6/9), 449(6/20)
노윤발	193(7/2), 202(7/26), 265(4/29)
녹도가장	67(2/2), 73(2/18)
녹도하인(불)	302(9/25)
뇌(조카)	127(8/23), 129(9/1)
단계 시냇가	440(6/2)
담종인	163(3/6)
당사도	492(9/16)
당포	57(6/2), 58(6/4), 59(6/9), 62(8/25), 85(5/8), 152(2/8)
당항포	58(6/5), 59(6/6), 153(2/9)
대금산	89(5/18, 5/20), 102(6/16), 105(6/24)
대마도	368(5/15)
대청	219(9/24), 227(10/19), 241(1/3), 246(2/1), 256(3/24), 261(4/13), 262(4/17), 268(5/13), 302(9/25)
덕수(중)	430(5/7)
도진의홍 (심안동, 시마즈 요시히로)	255(3/17)
독성(오산 안)	419(4/4)
돈으로 유무죄 정해진다	435(5/21)
동궁	101(6/12)

*페이지(월/일)

동래현령(정광좌)	331(1/18)
동지팥죽	232(11/11)
두모포(기장죽성)	458(7/14)
두을포(한산도 두억리 의항)	114(7/14)
둑제	68(2/5), 301(9/20)
땀	354(3/22), 390(8/9)
뜸	363(4/28)
류성룡 (도체찰사, 영의정, 정승)	42(3/5), 101(6/12), 117(7/25), 118(7/27), 120(8/1), 129(9/2), 130(9/4), 131(9/10), 154(2/12), 165(3/12), 217(9/13), 231(11/8), 250(2/25), 261(4/12), 301(9/17), 417(4/1)
마귀(유격)	518(11/29)
마다시(구루시마 미치후사)	494(9/16)
망궐례	83(5/1)
망하응포(한산도)	104(6/21)
매	337(2/6)
메주	331(1/19)
면(아들)	177(5/1), 181(5/19), 195(7/10), 196(7/12, 7/13), 197(7/15), 202(7/26), 206(8/6), 279(6/19), 302(9/24), 398(윤8/10), 424(4/19), 504(10/14)
명나라 수군	508(10/24), 509(10/25)
모사랑포	61(8/24)
모여곡	441(6/4)
목욕	362(4/24)
목책	358(4/4)
목화(무명)	229(10/28), 252(3/1)
묘도	531(9/20), 537(11/11)
무밭	451(6/24)
미역	167(3/23)
미조항	84(5/7)
민정붕(회령포만호)	478(8/19)
밀포	261(4/12), 256(3/20)
바둑	81(3/13), 82(3/18), 86(5/11), 124(8/12)

	*페이지(월/일)
박대남(남해현령)	373(6/1), 377(6/24), 410(10/4), 432(5/12), 455(7/3), 463(7/22), 470(8/4)
박윤(소근포첨사)	196(7/12)
박종남(조방장)	208(8/17), 253(3/8), 275(6/5)
박진(경상우병사, 순천부사)	171(4/4), 242(1/10)
박천봉(선전관)	476(8/15)
박홍로 (조도어사, 전라감사, 순찰사)	156(2/15), 427(4/30), 428(5/2), 496(9/21)
발포만호(권관)	34(2/7), 46(3/23)
방언숙	242(1/7)
방응원	49(4/9), 457(7/12), 461(7/18), 464(7/24), 457(7/12)
방익순	215(9/6), 302(9/24)
배경남(조방장)	472(8/8)
배설(진주목사, 경상수사)	224(10/9), 250(2/27), 251(2/29), 258(3/29), 261(4/12), 262(4/17), 278(6/13), 436(5/22), 463(7/22), 474(8/12), 477(8/17), 484(9/2), 512(11/3)
배영수 (거문고, 우수사 군관)	268(5/13), 280(6/23), 292(8/11), 503(10/13)
배응경(순천부사)	411(10/5)
배응록	53(4/22)
배흥립 (흥양고흥현감, 장흥부사, 조방장, 경상수사, 조방장)	32(1/26), 37(2/19), 54(5/1), 67(2/2), 114(7/13), 155(2/14), 175(4/21), 206(8/6), 215(9/8), 333(1/27), 344(2/28), 390(8/6), 436(5/22), 444(6/12), 464(7/24), 508(10/23), 523(12/25), 529(1/1)
백마산성	445(6/15), 455(7/3), 462(주5)
벽견산성	475(8/13)
벽파진	482(8/29)
변유헌(누이아들, 조카)	94(5/29), 104(6/19), 166(3/17), 428(5/2)
변익성(사량만호)	437(5/26), 438(5/27)
변존서(흥백, 외사촌)	101(6/12), 110(7/5), 128(8/29), 129(9/1), 158(2/19), 312(11/4), 330(1/17), 420(4/7), 443(6/11), 452(6/29), 457(7/10)
별시(과거)	171(4/6)
보산원(천안 광덕)	423(4/19)
복춘	215(9/6), 218(9/18), 219(9/23), 343(2/25)

*페이지(월/일)

본영	329(1/12), 343(2/24), 402(윤8/29)
봉(조카)	84(5/6), 96(6/1), 104(6/19), 129(9/3), 149(2/4), 398(윤8/10), 417(4/1)
부유(순천 주암)	433(5/14)
부유창(순천 주암)	472(8/8)
불을도	107(6/27, 6/28)
사량	69(2/6), 257(3/26)
사복시	31(1/23)
사인암	200(7/20)
사화랑	74(2/18), 77(2/28)
새로 지은 누대(新樓)	193(7/3), 307(10/13)
서로군	532(9/24)
서생포	460(7/16)
서성(순무어사, 경상우관찰사)	172(4/10), 257(3/26), 333(1/27), 374(6/5), 380(7/1)
서철(죽마고우)	443(6/10), 449(6/20), 457(7/10)
석주관(구례 토지면)	437(5/26)
선거이(전라병사, 충청수사, 충청병사)	91(5/23), 93(5/27), 97(6/3), 129(9/2), 220(9/27), 270(5/18), 274(6/1), 299(9/14), 408(9/24)
선인암	200(주10), 267(5/8), 360(4/13), 381(7/4)
성문개(이일의 사위)	86(5/12)
성언길(진도군수)	73(2/17), 76(2/24)
성윤문(미조첨사, 진주목사, 좌병사)	264(4/29), 341(2/17), 395(8/28), 450(6/21)
성응지	75(2/22), 110(7/5), 211(8/29)
세 조방장(권준, 박종남, 신호)	259(4/3), 270(5/19)
세포(거제)	101(6/13), 112(7/10), 351(3/14)
소계남(발포만호)	474(8/12)
소금(가마솥)	270(5/17, 5/19), 271(5/24), 338(2/11)
소비포	318(12/8)
소서행장	314(11/18)

찾아보기 547

※페이지(월/일)

소소강	162(3/4)
소진포	74(2/20)
손경례	465(7/27)
손인필(구례)	426(4/26), 433(5/14), 469(8/3)
송대립	461(7/18), 472(8/7)
송덕일	264(4/28), 298(9/6)
송두남	125(8/13), 173(4/16)
송여종(녹도만호)	125(8/15), 146(1/27), 153(2/9), 170(4/1), 250(2/22), 286(7/14, 7/16), 337(2/8), 432(5/10), 494(9/16)
송유진(도적)	146(1/28)
송응창(경략, 시랑)	86(5/12), 90(5/22), 92(5/25), 94(5/30)
송한련	53(4/22), 231(11/5), 249(2/19), 337(2/6), 369(5/16), 391(8/10), 536(10/7)
송희립	47(3/26), 102(6/16), 126(8/20), 131(9/8), 205(8/2), 276(6/6), 308(10/22), 314(11/21), 345(2/30), 389(8/3), 474(8/11)
수루(방)	202(7/27, 7/28), 205(8/4), 216(9/11), 263(4/23), 279(6/19), 285(7/9), 302(9/25), 339(2/14)
수인(승장)	431(5/8)
순천귀선(?)	114(7/13)
순천왜교	537(11/8)
순화(順花)	430(5/6)
숭정대부	514(11/11)
승군	41(3/2), 42(3/4)
승려 혜희	472(8/8)
시(詩)	293(8/15)
신경징(비인현감)	373(6/2)
신경황	82(3/17), 115(7/18), 267(5/5)
신사과	410(10/1), 427(4/29)
신호 (낙안군수, 첨지, 조방장)	54(5/2), 68(2/5), 113(7/12), 119(7/29), 128(8/26), 148(2/2), 152(2/7), 228(10/25), 231(11/7), 249(2/16), 275(6/9)
신홍수	329(1/13), 428(5/2), 432(5/12)
심유경(유격)	150(2/5), 331(1/18), 453(6/29)
쌍계동(화개면)	469(8/3)

*페이지(월/일)

씨름	219(9/21), 286(7/15), 362(4/23), 366(5/5)
아내	210(8/27), 211(8/30), 213(9/1), 270(5/16), 389(8/4), 517(11/22), 523(12/25)
아자음포	162(3/4)
안위(거제현령)	174(4/17), 237(11/27), 280(6/21), 463(7/21), 474(8/12), 492(9/16)
안편도(발음도)	502(10/11)
안홍국(보성군수)	176(4/25), 181(5/18), 245(1/30), 250(2/21), 451(6/25)
안흥량(태안군 내 해협)	421(4/12)
압록강원(곡성면 압록리)	469(8/4)
야여문	230(11/3), 242(1/9), 316(11/30), 377(6/24)
양방형(명나라 사신)	305(10/6)
양보(명나라 관원)	91(5/24), 96(6/1)
양원(총병)	434(5/17)
양호(명나라 경리)	515(11/16)
양호(선전관)	468(8/3)
어란	480(8/24)
어머니	27(1/1), 36(2/14), 42(3/4), 47(3/29), 83(5/4), 89(5/18), 96(6/1), 99(6/6), 101(6/12), 104(6/19), 137(1/1), 138(1/11), 139(1/12), 169(3/29), 242(1/5), 263(4/24), 268(5/13), 271(5/21), 275(6/4), 277(6/9, 6/12), 279(6/19), 283(7/3), 286(7/14), 325(1/1), 369(5/18), 398(윤8/12), 410(10/3), 411(10/9), 421(4/11), 422(4/13), 429(5/5)
어영담(광양현감, 조방장)	31(1/22), 55(5/3), 68(2/3), 71(2/13), 81(3/12), 86(5/11), 87(5/13), 93(5/28), 99(6/7), 107(6/29), 111(7/9), 115(7/17), 117(7/26), 149(2/3), 153(2/9), 172(4/9)
어응린(어영담 서자)	242(1/6), 314(11/18), 451(6/26)
여수 앞 바다(좌수영)	530(9/19), 536(10/10), 537(11/10)
여제	170(4/1)
여필(아우)	128(8/29), 129(9/1), 140(1/17), 168(3/25), 244(1/20), 298(9/3), 325(1/3)
연포국	450(6/22)
열선루	476(8/15)
염(아들)	81(3/12), 119(7/29), 121(8/2), 122(8/3)

＊페이지(월/일)

영남관찰사(김수)	49(4/7), 51(4/15), 53(4/20)
영등포	59(6/7), 73(2/18), 76(2/24), 86(5/11), 100(6/10), 102(6/16), 105(6/22, 6/24), 128(8/30), 298(9/3)
오수	117(7/22, 7/24), 182(5/22), 264(4/25), 341(2/17)
오양역	103(6/19), 106(6/26)
오종수	247(2/4)
옥지	340(2/15), 374(6/5), 393(8/19)
옥포(조선)	385(7/21)
완(조카)	398(윤8/10)
왕원주(유격)	533(9/30)
우수(안골만호)	302(9/27), 507(10/20), 535(10/3)
우수영	401(윤8/27)
우치적 (영등만호, 방답첨사, 순천부사)	72(2/15), 94(5/29), 397(윤8/6), 426(4/27), 473(8/9)
울(아들, 정유년 '열'로 개명)	87(5/15), 113(7/12), 117(7/22, 7/23), 140(1/17), 158(2/20), 176(4/28), 298(9/4), 302(9/28), 417(4/1), 421(4/12), 429(5/3), 432(5/12), 444(6/11), 457(7/10), 521(12/10)
웅천/웅포	67(개요), 71(2/12), 79(3/6)
원균 (경상우수사, 영남우수사)	51(4/15), 52(4/18), 56(5/29), 61(8/25), 69(2/8), 75(2/22), 77(2/28), 78(3/2), 85(5/8), 87(5/14, 5/15), 93(5/27), 100(6/10), 116(7/21), 118(7/28), 121(8/2), 123(8/8), 128(8/30), 142(1/19), 144(1/24), 180(5/13), 212(8/30), 214(9/4), 225(10/12), 226(10/17), 242(1/10), 250(2/27), 311(11/1), 401(윤8/24), 431(5/8), 456(7/7)
원두구미 (한산 창좌리 입정포 말달리는 터)	288(7/23)
원식(원균 사촌)	110(7/2), 146(1/28)
원연(원균 동생)	110(7/2), 113(7/11), 116(7/21)
원유남(충청우후)	429(5/5)
원포	62(8/27), 73(2/18)
월라말	444(6/11), 448(6/19), 452(6/26)
유공진(종사관)	266(5/2), 267(5/5), 297(9/1)
유몽인(암행어사)	140(1/16), 156(2/16)

*페이지(월/일)

유원외(명나라 장수)	89(5/19)
유자	301(9/17)
유자도(거제)	90(5/21), 92(5/25), 93(5/27)
유정(명나라 총병, 제독)	146(1/28), 200(7/20), 531(9/20), 534(10/1), 535(10/3), 536(10/6)
유정(사명당)	181(5/16)
유포	123(8/8)
유형(선전관, 해남현감)	109(7/1), 346(3/1), 508(10/22), 534(10/2)
유황	461(7/18)
윤간(윤제현의 아들)	127(8/23), 130(9/4), 417(4/1)
윤근수(판서, 해평군)	201(7/24), 202(7/26), 275(6/3), 304(10/3)
윤두수(좌상, 체찰사)	111(7/6), 218(9/20)
윤련(누이가 부안사람)	204(주1), 233(11/13), 373(6/1), 509(10/25)
윤선각	458(7/14), 461(7/18), 475(8/14)
윤제현(봉사)	85(5/10), 87(5/15), 88(5/16), 95(5/30)
윤홍년(천성만호)	274(6/2)
율포	59(6/7)
은청금자광록대부	84(5/5)
의능(승장)	75(2/22), 106(6/26), 202(7/28), 390(8/8)
이계정(충청수사)	247(2/5)
이광악(곤양군수)	175(4/23), 176(4/26)
이극일(곤양군수)	311(11/2), 377(6/23)
이기남(도양장, 순천군관)	292(8/13), 430(5/7), 432(5/12), 471(8/6)
이년목(二年木)	316(11/27)
이뇌(장조카)	75(2/22), 419(4/5)
이덕필(원수진 중군장)	441(6/5), 444(6/12), 459(7/15)
이몽구(우후)	30(1/16), 40(2/27), 59(6/7), 71(2/14), 268(5/8), 369(5/19), 475(8/13), 507(10/21), 508(10/24)
이몽학	384(7/17)
이복남(나주목사, 전라병사)	404(9/4), 427(4/29), 469(8/4), 471(8/7), 472(8/8)
이분(조카)	75(2/22), 140(1/17), 151(2/7), 154(2/12), 197(7/15), 315(11/25), 417(4/1), 424(4/19)

＊페이지(월/일)

이름	페이지(월/일)
이빈(순변사)	93(5/26), 97(6/3), 129(9/1)
이설(발포가장)	313(11/12), 376(6/19)
이수원	375(6/14), 378(6/28), 431(5/9)
이순신 가계	27(주1)
이순신(입부) (방답첨사, 중위장, 충청수사, 경상수사)	29(1/10), 35(2/8), 54(5/1), 55(5/3), 71(2/13), 94(5/29), 97(6/3), 118(7/29), 121(8/2), 174(4/18), 254(3/16), 417(4/1), 519(12/1), 529(1/1)
이억기(전라우수사)	36(2/13), 58(6/4), 69(2/8), 76(2/24), 82(3/18), 83(5/3), 84(5/7), 98(6/5), 103(6/17), 121(8/2), 123(8/8), 126(8/19), 128(8/26), 157(2/17), 163(3/6), 217(9/15), 227(10/20), 255(3/17), 256(3/24), 264(4/26), 285(7/10), 307(10/16), 336(2/5), 343(2/24), 345(2/30), 346(3/3)
이여송(명나라 제독)	79(3/4), 88(5/17), 100(6/9), 101(6/13)
이엽(선장)	460(7/16)
이영남(소비포권관)	69(2/7), 72(2/15), 73(2/17), 78(3/2), 82(3/18), 85(5/8), 86(5/12), 90(5/21), 97(6/3), 116(7/19), 132(9/12), 142(1/19), 181(5/20), 183(5/27), 201(7/21), 213(9/2), 216(9/11), 230(11/3), 241(1/4), 327(1/7), 366(5/7)
이운룡 (웅천현감, 경상좌수사)	151(2/6), 171(4/6), 181(5/20), 213(9/2), 242(1/10), 305(10/6), 338(2/12), 341(주5), 347(3/4), 350(3/10), 436(5/22)
이원룡	432(5/12), 451(6/24), 461(7/18)
이원익(체찰사)	293(8/19), 295(8/23), 319(12/18), 341(2/18), 387(7/29), 394(8/27), 404(9/4), 435(5/20)
이원춘(구례현감)	426(4/26), 433(5/14)
이응표(가리포첨사)	248(2/15)
이의득(경상우후)	99(6/8), 129(9/2), 313(11/11), 463(7/21)
이일(지사, 순변사)	52(4/17), 130(9/4), 235(11/23, 11/25), 244(1/21)
이정암(전라순찰사)	123(8/8), 126(8/20), 129(9/3), 131(9/7)
이정충(우우후)	118(7/27), 237(11/27), 304(10/2), 308(10/18), 347(3/5), 401(윤8/26), 501(10/10), 514(11/10)
이정형(부체찰사)	356(3/29), 418(4/1)
이종성(명나라 사신)	358(4/7)
이종호(사량만호)	301(9/21), 314(11/21), 438(5/27), 513(11/7)
이지화(거문고)	400(윤8/18)

＊페이지(월/일)

이진	479(8/20)
이질(병)	277(6/9)
이찬(선전관)	260(4/5)
이천(동지)	465(7/29)
이홍명(첨사)	80(3/10), 89(5/19), 90(5/21), 91(5/23), 93(5/28), 98(6/5)
이홍훈	464(7/24)
이희남	231(11/10), 318(12/7), 445(6/14), 451(6/24), 458(7/12), 459(7/16), 461(7/18)
이희삼(원수의 군관)	277(6/11)
인덕원(과천 안)	418(4/3)
일식	170(4/1)
임달영	309(10/26), 338(2/11), 377(6/20), 424(4/21)
임발영(독운어사)	93(5/28)
임영립	457(7/12), 461(7/18)
임준영	481(8/26), 489(9/14), 503(10/13)
임중형(탐망군관)	485(9/7)
임춘경(점치는 장님)	432(5/10)
장도	482(8/28), 538(11/13)
장린(방답첨사)	253(3/9)
장문포	117(7/24), 221(9/29), 287(7/18)
장홍유(파총)	198(7/17)
저도	162(3/4)
적도	106(6/26), 220(9/27)
적선 1000척	458(7/14), 460(7/16)
점세(포작)	484(9/1)
정개산성	462(7/20), 475(8/13)
정걸(조방장, 충청수사)	38(2/21), 61(8/24), 96(6/1), 118(7/28), 121(8/2), 126(8/19), 128(8/26), 206(8/8), 210(8/24)
정경달(종사관)	146(1/28), 153(2/11), 400(윤8/21)
정사립	164(3/7), 168(3/24), 183(5/29), 297(9/1), 354(3/23), 433(5/12), 470(8/5)
정사준	399(윤8/15), 426(4/27), 428(5/1), 429(5/4), 470(8/5)
정상명(정원명의 동생)	431(5/8), 442(6/8), 451(6/24)

*페이지(월/일)

정운(녹도만호)	38(2/22), 54(5/1), 55(5/3)
정원명(송강 정철의 조카, 순천)	194(7/6), 210(8/25), 426(4/27), 430(5/7)
정응운(조방장)	249(2/17), 301(9/19)
정의길(초계군수)	447(6/17), 448(6/19), 450(6/22)
정종(의사)	121(8/2), 155(2/14)
정철(영의정)	72(2/16)
정철(丁哲)	272(5/27), 425(4/24)
정철로 만든 총통	86(5/12), 132(9/14), 364(5/2)
정탁(좌찬성, 우의정)	149(2/4), 261(4/12), 418(4/1)
정항	298(9/3), 309(10/25)
제만춘(가배량 권관)	125(8/16), 151(2/7), 152(2/8)
제주	146(1/27), 199(7/18), 309(10/26), 341(2/18), 377(6/20)
제한국(망보는 장수)	160(2/29)
제홍록(경상군관)	155(2/13), 159(2/21)
조계종(영등포 만호)	155(2/13), 168(3/26), 205(8/5), 227(10/21), 338(2/11), 341(2/18), 342(2/20), 463(7/21), 487(9/9), 502(10/11), 524(12/30)
조대곤(경상우병사)	47(3/25), 49(4/7), 51(4/17)
조붕	103(6/17), 104(6/20)
조응도(고성현령)	171(4/6), 261(4/13), 383(7/14)
조총	374(6/7)
조형도(사도시주부)	253(3/11), 276(6/9)
종 경	386(7/27), 431(5/9), 441(6/6), 444(6/12), 452(6/28)
종 금	329(1/12), 330(1/17), 332(1/23), 354(3/22), 375(6/9), 496(9/20)
종정도	180(5/14), 353(3/21), 372(5/27)
준사(투항왜인)	494(9/16)
지도	162(3/3), 287(7/18), 312(11/3)
지도(경상우도 地圖)	437(5/24)
지이(궁장)	381(7/7), 388(8/2), 477(8/16)
진대강(명나라 천총)	532(9/24)
진린(명나라 도독)	530(9/15), 534(10/1), 535(10/3), 538(11/14)
진무성	336(2/4), 398(윤8/10)

*페이지(월/일)

진해	162(3/4)
진해루	54(5/1), 84(5/4, 5/7)
착량	113(7/12), 181(5/19)
처영(승장)	444(6/12)
청어	326(1/4)
초요기	492(9/16)
촉석루	295(8/23)
최경회(경상우병사)	91(5/23), 93(5/27)
최대성	267(5/5), 474(8/11)
최철견(광주목사)	407(9/19)
최호(충청수사)	444(6/12), 461(7/18)
칠천도(량)	62(8/27), 70(2/8), 71(2/14), 76(2/24), 77(2/29), 79(3/6), 90(5/22), 91(5/24), 221(9/29)
칡	209(8/19), 312(11/6), 387(7/30)
침	344(2/28), 361(4/19)
침도(둔덕의 방화도)	260(4/8)
침도(사천 신수동)	294(8/21)
침벽정	61(8/24)
칼 쓰기	349(3/6)
탐후선	197(7/14), 268(5/13)
태구련	286(7/14), 288(7/21)
태귀생	477(8/16)
통신사	382(7/9), 388(8/1)
통제처(統制處)	426(4/28)
통소(嘯)	329(1/13)
포구	121(8/2), 198(7/17), 200(7/20), 289(7/28), 359(4/9)
표범가죽	385(7/21)
풍신수길	128(8/26)
피리	207(8/13), 333(1/29)
필공(筆工)	418(4/2)
하천수	397(윤8/5)
한산도 상봉(망산)	296(8/27)

*페이지(월/일)

한산도 전봉(前峰)	256(3/23)
한산도	80(3/8)
한산진	411(10/10)
한효순(경상감사, 부체찰사)	148(2/1), 399(윤8/14), 430(5/6), 432(5/12)
해(조카, 봉의 아우)	87(5/15), 88(5/16), 116(7/20), 127(8/23, 8/24), 182(5/24), 183(5/25)
해자	29(1/11)
해평장(통영 봉평동 해평마을)	262(4/17), 344(2/26)
해포(해암)	84(5/6), 89(5/18), 114(7/13), 422(4/13)
행주산성	114(7/13)
허내은만	362(4/22), 370(5/24), 376(6/15)
현덕린	272(5/26), 275(6/3)
현소	331(1/19)
현응진	457(7/12), 458(7/14), 461(7/18)
형개(명나라 군문)	532(9/27)
홍세공(호남순찰사)	295(8/23)
홍우공	457(7/12), 458(7/14), 461(7/18)
홍유의(흥양현감)	261(4/14), 264(4/26), 276(6/6), 337(2/7), 410(10/3)
환도	288(7/21)
활터정자(사정)	142(1/19), 152(2/8), 153(2/11), 157(2/16, 2/17), 158(2/18), 168(3/25), 173(4/16), 177(5/1), 209(8/23), 388(8/1)
황득중	312(11/3), 341(2/18), 342(2/19), 389(8/3), 496(9/20), 504(10/14), 510(10/30)
황세득 (장흥부사, 흥양현감, 사도첨사)	159(2/28), 170(4/1), 171(4/6), 210(8/25), 215(9/8), 242(1/10), 245(1/26), 246(2/2), 444(6/12), 534(10/2)
황신(순찰사, 통신사, 첨지)	382(7/10), 523(12/25)
황여일(원수 종사관)	442(6/7)
황정록(발포만호)	67(2/1), 150(2/5), 376(6/19)
회(맏아들)	88(5/16), 91(5/23), 92(5/24), 104(6/21), 125(8/15), 177(5/2), 179(5/10), 181(5/19), 211(8/28), 229(10/30), 244(1/21), 298(9/8), 302(9/28), 424(4/19), 488(9/11), 499(10/2)
회령포	478(8/18)
흉도	162(3/3), 163(3/6), 221(9/28), 224(10/6)

	*페이지(월/일)
흉몽, 길몽	62(8/28)
흰머리카락	101(6/12)

개정증보판

이순신이 보고 쓴 임진왜란 7년사
의역 난중일기

초판 1쇄 발행	2024년 11월 10일
개정증보판 1쇄 발행	2025년 11월 5일
지은이	이순신
엮어 옮긴이	김종대
펴낸이	신민식
펴낸곳	가디언
출판등록	제2010-000113호
주소	서울시 마포구 토정로 222 한국출판콘텐츠센터 419호
전화	02-332-4103
팩스	02-332-4111
이메일	gadian7@naver.com
CD	김혜수
마케팅	남유미
디자인	미래출판기획
종이	월드페이퍼(주)
인쇄 제본	㈜상지사
ISBN	979-11-6778-173-4 (03900)

* 책값은 뒤표지에 적혀 있습니다.
* 잘못 만들어진 책은 구입하신 서점에서 바꾸어 드립니다.
* 이 책의 전부 또는 일부 내용을 재사용하려면 사전에 가디언의 동의를 받아야 합니다.

이 책의 인세 전액은 (사)부산여해재단에서 충무공사상 선양기금으로 사용합니다.